Objektorientiertes Reverse Engineering

René Klösch Harald Gall

Objektorientiertes Reverse Engineering

Von klassischer zu objektorientierter Software

Mit 53 Abbildungen

Springer

Dr. René Klösch/Dr. Harald Gall
Technische Universität Wien
Institut für Informationssysteme
Abteilung für Verteilte Systeme
Argentinierstraße 8/184-1
A-1040 Wien

ISBN-13: 978-3-540-58374-5 e-ISBN-13: 978-3-642-79221-2
DOI: 10.1007/978-3-642-79221-2

CIP-Aufnahme beantragt

Umschlaggestaltung: Künkel + Lopka, Ilvesheim
Satz: Reproduktionsfertige Vorlagen von den Autoren
SPIN 10475883 33/3142 – 5 4 3 2 1 0 – Gedruckt auf säurefreiem Papier

Vorwort

Die Software-Entwicklung war bisher vor allem auf die Neuerstellung von Software-Systemen konzentriert. Daneben hat in den letzten Jahren jedoch die Wartung von insbesondere großen, gewachsenen Systemen zunehmend an Bedeutung gewonnen.

Die steigende Bedeutung der Wartung solcher gewachsenen Applikationen, sowie deren Komplexität hat zur Entwicklung verschiedener, sogenannter Re-Engineering oder Reverse-Engineering-Ansätze sowohl in der Forschung als auch in der Praxis geführt.

Mit der zunehmenden Verbreitung der objektorientierten Konzepte werden auch die Bereiche des Re-Engineerings bzw. Reverse Engineerings von diesen erfaßt.

In diesem Buch versuchen wir nicht nur eine Einführung in die vielfältige Terminologie im Bereich des Reverse Engineerings zu geben, sowie einen Überblick über den aktuellen Stand dieses Bereichs der Software-Technologie zu präsentieren, sondern zeigen darüber hinaus einen konkreten objektorientierten Reverse-Engineering-Prozeß – untermauert durch ein praktisches Beispiel. Der in diesem Buch vorgestellte objektorientierte Reverse-Engineering-Prozeß ermöglicht – unter Einbeziehung eines menschlichen Experten – die Transformation von gewachsenen Applikationen in eine objektorientierte und somit leichter wartbare und für die Wiederverwendung besser geeignete Architektur.

Diesem Buch liegt eine praktische Fallstudie zugrunde, die ein Fakturierungssystem für das Baunebengewerbe, speziell bei der Kies- und Sandgewinnung, realisiert. IFAS (Integriertes Fakturierungs- und Abrechnungssystem) wurde im Jahre 1991 entwickelt und befindet sich seitdem erfolgreich im Einsatz. Im Laufe der Zeit wurde das Programm durch Wartungstätigkeiten unübersichtlich (seitens Größe und Komplexität) und somit schwer wartbar.

Diese Fallstudie dient als Grundlage für die Beschreibung des objektorientierten Reverse-Engineering-Prozesses und versucht, die einzelnen Schritte wie auch die Ergebnisse mittels Beispielen aus dem IFAS-System anschaulich zu demonstrieren.

Dieses System wurde aus mehreren Gründen als Fallstudie für den COREM-Prozeß herangezogen: Die Größe und Komplexität des Programms ist mit ca. 30 K LOC repräsentativ für eine solche Transformation, die Verständlichkeit ist, da es sich um eine kommerzielle Anwendung mit weit verbreitetem Charakter handelt, für einen breiten Leserkreis gegeben und es handelt sich um ein im Laufe der Zeit gewachsenes System.

Das Buch führt durch seine Kapitelstruktur von den allgemeinen Grundlagen und Konzepten des Reverse Engineering und der objektorientierten Anwendungsmodellierung, sowie des objektorientierten Entwurfs hin in die ausführliche Beschreibung der einzelnen Schritte eines objektorientierten Reverse-Engineering-Prozesses.

In Kapitel 1 wird eine Begriffsbestimmung für mit Reverse Engineering verwandte Begriffe durchgeführt, sowie die allgemeinen Vorteile und Einsatzbereiche von Reverse Engineering beschrieben. Es wird dabei auch kurz auf die Probleme bei der Software-Wartung und der Wiederverwendung eingegangen, die die eigentliche Ursache für das wachsende Interesse der Entwickler und Wartungsingenieure an solchen Reverse-Engineering-Methoden und -Werkzeugen darstellen.

Design Recovery stellt eine spezielle Methode im Rahmen des Reverse Engineerings dar, welches für das objektorientierte Reverse Engineering von besonderer Bedeutung ist. Dem Themenkreis des Design Recoverys wird daher im Kapitel 1 breiter Raum gewidmet, was für das Verständnis der nachfolgenden Kapitel wichtig ist.

Das folgende Kapitel 2 führt in den Bereich der objektorientierten Analyse und des objektorientierten Entwurfs ein, soweit dies für das Verständnis des objektorientierten Reverse Engineering erforderlich ist. Darüber hinaus beschreibt dieses Kapitel die Fallstudie in Form einer einfachen Systemspezifikation. Den Abschluß des Kapitels bildet die Anwendung der objektorientierten Analysemethode von Coad und Yourdon [CY91a] auf die Fallstudie.

Kapitel 3 gibt einen Überblick über eine konkrete objektorientierte Reverse-Engineering-Methode, die sogenannte *Capsule Oriented Reverse Engineering Method* (COREM) und versucht, deren Zielsetzungen hinsichtlich Software-Wartung und Software-Wiederverwendung zu erläutern. Dabei werden sowohl die Voraussetzungen für eine erfolgreiche Anwendung von COREM als auch die Einschränkungen diskutiert. Da COREM nicht vollständig automatisierbar ist, wird in diesem Abschnitt auch die Rolle des sogenannten Reuse Engineers und dessen notwendiges Wissen und Fähigkeiten definiert.

Die folgenden Kapitel beschreiben ausführlich die Durchführung eines objektorientierten Reverse-Engineering-Prozesses mittels COREM und verdeutlichen diesen jeweils durch Anwendung auf die Fallstudie.

Kapitel 10 faßt die Ergebnisse dieser objektorientierten Reverse-Engineering-Methode zusammen und gibt einen kurzen Ausblick auf eine mögliche Teilautomatisierung der *Capsule Oriented Reverse Engineering Method*.

Wir möchten allen Beteiligten danken, die an der Entstehung dieses Buches in unterschiedlichster Weise mitgewirkt haben. Besonderen Dank möchten wir Prof. Roland Mittermeir, Universität Klagenfurt, sowie unserem Kollegen Robert Barta für viele interessante und zielführende Diskussionen und Anregungen aussprechen. Ein Dank geht auch an Prof. Helmut Kerner für seine wohlwollende Unterstützung. Weiters gebührt unserem unermüdlichen LaTeX-"Guru" Manfred Hauswirth sowie Martin Kufner und Markus Schranz Dank für ihre Bemühungen um stilistische und layouttechnische Fragen. Nicht zuletzt möchten wir uns beim Springer-Verlag, insbesondere dem Team von Herrn Rossbach, für die freundliche und unkomplizierte Unterstützung bei der Erscheinung dieses Buches bedanken.

Wir danken all unseren Lieben und Bekannten, die uns während der schweren Zeit der Entstehung dieses Buches unterstützt und ermuntert haben und auf viele gemeinsame Abende und Wochenenden verzichteten. Wir hoffen, es hat sich gelohnt.

Wien, im Februar 1995

René Klösch,
Harald Gall

Inhaltsverzeichnis

Abbildungsverzeichnis

Kapitel 1

Reverse Engineering

1.1 Einführung in das Reverse Engineering

Mit der zunehmenden Alterung von im praktischen Einsatz befindlichen Systemen ist durch laufende Wartung und Adaption auch deren Größe und Komplexität im Laufe der Zeit gestiegen. Große, gewachsene Applikationen können heute nicht mehr einfach durch Neuentwicklung eines äquivalenten Systems ersetzt werden, da ihre genauen Anforderungen, ihre Funktionsweise u. dgl. – welche über Jahre hinweg gewachsen sind und angepaßt wurden – vielfach gar nicht mehr explizit bekannt oder identifizierbar sind. Eine vollständige Neuentwicklung würde für das betroffene Unternehmen daher ein unabschätzbares Risiko darstellen, so daß alternative Methoden zur Erhöhung der Lebensdauer von gewachsenen Applikationen zunehmend an Bedeutung gewinnen.

Zu solchen alternativen Maßnahmen zählen u.a. Begriffe wie Reverse Engineering, Re-Engineering, Software-Recycling, Software-Sanierung u. dgl., die in den letzten Jahren besondere Verbreitung erlangt haben.

Um dem Leser Klarheit über die Vielfalt der mit diesem Themenkreis verbundenen Begriffe zu geben, wollen wir im folgenden Abschnitt vorerst eine Begriffsbestimmung vornehmen.

1.1.1 Die Begriffswelt

Reverse Engineering hat sich – wie eingangs bereits erwähnt – in den letzten Jahren im Zuge der sogenannten Software-Wartungskrise entwickelt und wird heute vorwiegend in dem Bereich der Software-Wartung eingesetzt. Dieses Kapitel versucht auch eine Begriffsbestimmung zu geben, da der Begriff "Reverse Engineering" bisher noch von keinem internationalen Gremium (wie z.B. IEEE oder ISO) genormt wurde.

Dabei wollen wir, ausgehend vom klassischen "Forward Engineering", den Begriff "Reverse Engineering" bestimmen.

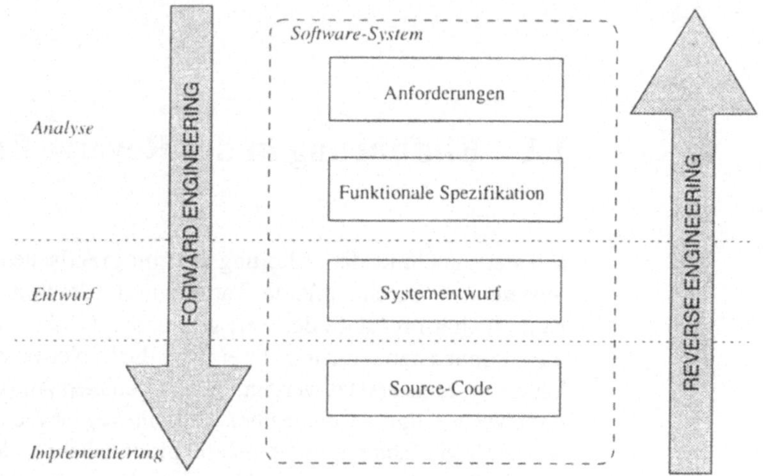

Abbildung 1.1: Forward und Reverse Engineering

Der Software-Life-Cycle wurde anfangs mit dem sogenannten "Wasserfall-Modell" (waterfall model, [Roy70]) beschrieben, wobei streng sequentiell von einer Problemspezifikation hin zum Design und zur Implementierung vorgegangen wird. Eine Weiterentwicklung dieses Modells unter Berücksichtigung einer zyklischen Abfolge der einzelnen Phasen wurde in Form des "Spiralmodells" (spiral model, [Boe88]) bekannt. Daneben wurden noch andere Modelle entworfen, die von der rein sequentiellen Vorgangsweise zur Software-Erstellung dahingehend abweichen, daß zusammen mit dem Benutzer immer wieder Prototypen erstellt und verbessert werden ("rapid prototyping", vgl. [Boe81]). Darüber hinaus gibt es noch Modelle zur Erstellung objektorientierter Software, wie z.B. das "fountain model" von

[HE90], das wie ein Springbrunnen einen Wechsel von einer Phase zu jeder anderen fließend ermöglicht. Lediglich im Falle von Wartung oder Erweiterung des Systems "fällt" man dabei wieder zurück in die Phase der Anforderungsanalyse und beginnt von dort den "Wasserstrahl" der Software-Entwicklung von vorne.

Im Gegensatz zum "Forward Engineering" analysiert das Reverse Engineering – im Sinne der Definition von Chikofsky und Cross [CC90] – ein existierendes Software-System, um die System-Komponenten und deren Abhängigkeiten zu identifizieren und dann entsprechende Repräsentationen des Systems in einem höheren Abstraktionsgrad zu erzeugen (vgl. Abb.1.1).

Bevor wir jedoch genauer auf die Definition des Begriffs "Reverse Engineering" bzw. auf eine Erklärung damit verbundener Begriffe (z.B. Re-Engineering, Design Recovery u. dgl.) eingehen, wollen wir die zuvor angesprochene Krise in der Software-Wartung beleuchten.

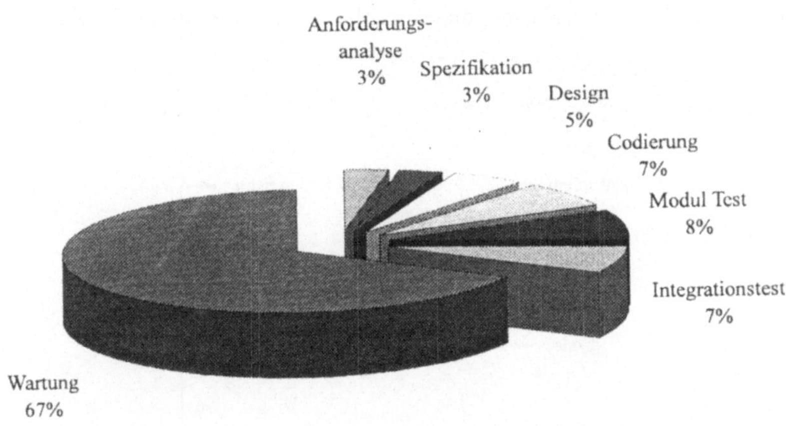

Abbildung 1.2: Kostenverteilung im Software-Life-Cycle [ZSG79]

1.1.2 Die Krise in der Software-Wartung

Software-Wartung

Die Wartung von Software wurde lange Zeit als profane Aufgabe gesehen, die weder produktiv noch umsatzsteigernd ist. Wartung wurde demzufolge als notwendiges Übel betrachtet und in vielen Firmen den Junior Programmierern aufgebürdet, die ohne entsprechende Werkzeuge auch keine qualitativ gute Wartung durchführen konnten, da ihnen nahezu sämtliche Information über das zu wartende Software-System fehlte. Darüber hinaus waren den mit der Wartung Beauftragten vielfach die Ziele der durchzuführenden Wartungsaktivitäten unklar oder gänzlich unbekannt.

Die Wartung verursacht im Rahmen eines kompletten Software-Entwicklungszyklus jedoch nahezu 10-mal soviel Kosten wie die eigentliche Implementierung und benötigt ungefähr zwei Drittel des gesamten Entwicklungsaufwandes. Abbildung 1.2 aus [ZSG79] zeigt eine graphische Übersicht der in der jeweiligen Entwicklungsphase prozentuell anfallenden Kosten für ein Software-System.

Aufgrund dieser Kostenverteilung und der zur Zeit nur spärlich vorhandenen und eingesetzten Tools zur Software-Wartung muß man wohl von einer Krise in der Software-Wartung sprechen. Eine mögliche Lösung besteht neben der Bewußtseinsbildung über die Bedeutung der Wartung in der Entwicklung verbesserter Methoden und Tools für die Wartung von Software sowie im umfassenden Einsatz dieser Tools durch das Wartungspersonal.

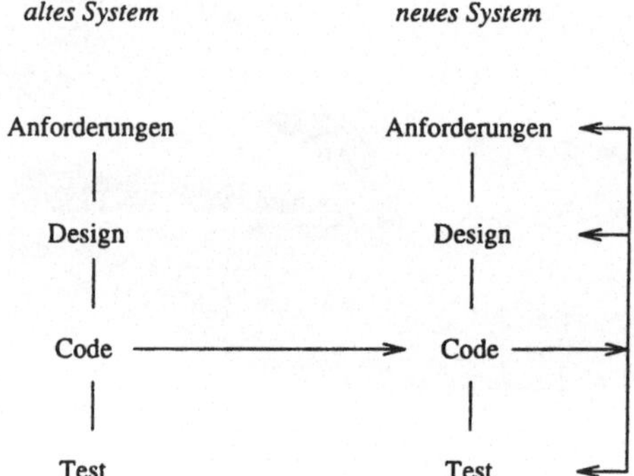

Abbildung 1.3: "quick-fix"-Wartungsmodell [Bas90]

Wartungsmodelle

Die in der Praxis vielfach übliche Vorgangsweise bei der Wartung wird durch das sogenannte "quick-fix model" [Bas90] charakterisiert: Beim "quick-fix"-Wartungsmodell wird der Source Code herangezogen und rasch an geänderte Bedürfnisse angepaßt. Die Änderungen an den restlichen Dokumenten (z.B. Design, Anforderungen u. dgl.) werden – wenn überhaupt – erst nachträglich vorgenommen (vgl. Abb. 1.3).

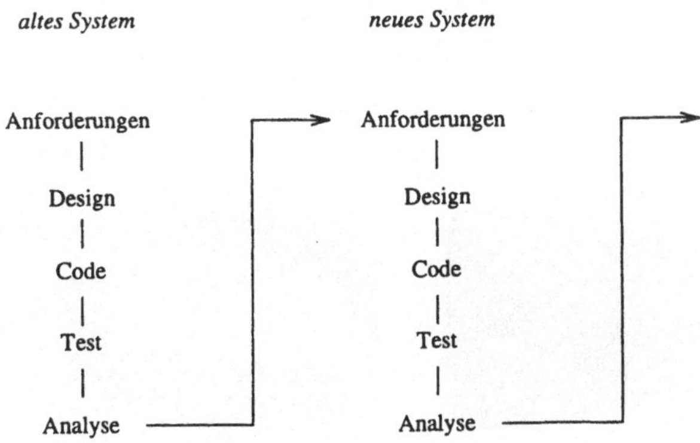

Abbildung 1.4: "iterative enhancement"-Wartungsmodell [Bas90]

Es ist leicht einzusehen, daß eine wiederholte – oft jahrelange – Anwendung des "quick-fix"-Wartungsmodells zu äußerst unübersichtlichen und beinahe unwartbaren Systemen führen kann. Die Praxis zeigt jedoch, daß aus Mangel an geeigneten Wartungsmodellen bzw. auch Tools, vielfach das "quick-fix"-Wartungsmodell – trotz dieser Konsequenzen – als einzige Alternative verbleibt.

Ein diszipliniertes Wartungsmodell hingegen muß – nach ausführlicher Analyse der Anforderungen – eine kontrollierte Adaptierung aller beeinflußten Dokumente garantieren. Ein solches Wartungsmodell wird von Basili [Bas90] als "iterative enhancement model" beschrieben (vgl. Abb. 1.4), welches die Dokumente schrittweise – beginnend bei jenem auf höchstem Abstraktionsniveau – an die Änderungen anpaßt.

Betrachtet man die aufgewendete Zeit für die einzelnen Aktivitäten während der Software-Wartung (siehe Abbildung 1.5 aus [Fra92]), so läßt sich daraus die besondere Bedeutung des Verstehens des Programmcodes für eine erfolgreiche Software-Wartung ableiten. Gerade für den Bereich des Programmverstehens wird daher die Wichtigkeit von Werkzeugen deutlich, welche eine signifikante Steigerung der Produktivität im Wartungsprozeß ermöglichen.

Bevor wir nunmehr näher auf die Ziele und Vorteile des Reverse Engineering eingehen, wollen wir eine umfassende Begriffsbestimmung vornehmen.

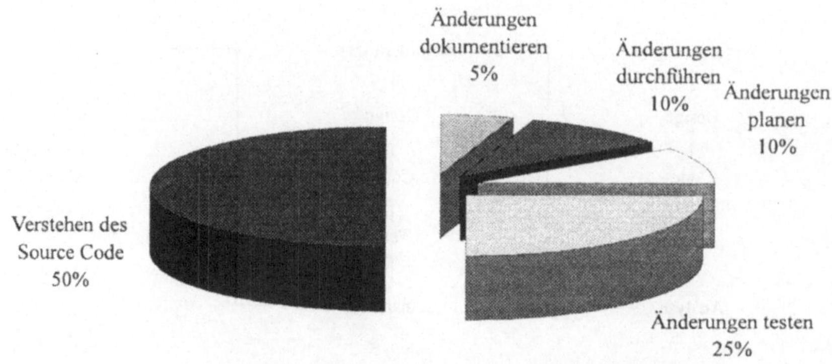

Abbildung 1.5: Aktivitäten in der Software-Wartung [Fra92]

1.1.3 Begriffsbestimmung

Im Zusammenhang mit Reverse Engineering wird man mit einer Reihe von zum Teil sehr ähnlich klingenden Begriffen konfrontiert, so daß es sinnvoll ist, diese zu kategorisieren.

Im Gegensatz zu Reverse Engineering ist der Begriff der Software-Wartung von ANSI/IEEE wie folgt genormt:

Definition: *Software-Wartung [ANSI/IEEE Std. 610.12-1990]*

> Software-Wartung ist die Modifikation eines Software-Produktes oder einer Komponente, nach der Auslieferung, mit dem Zweck
>
> - der Fehlerkorrektur,
> - der Verbesserung der Performance oder anderer Systemattribute,
> - der Adaptierung an eine geänderte Umgebung.

Wartungsarten

Der Prozeß der Software-Wartung ist also nicht nur auf die Fehlerkorrektur beschränkt, man kann vielmehr folgende Arten von Wartung unterscheiden [LS80]:

(1) Korrektive Wartung beschreibt die Behebung von Fehlern.

(2) Adaptive Wartung beschäftigt sich mit der Anpassung von Software an sich ändernde Umgebungen (z.B. neue Hardware, geändertes Betriebssystem). Adaptive Wartung führt jedoch zu keiner Änderung der Systemfunktionalität.

(3) Perfektionierende Wartung versucht Systeme an sich ändernde Anforderungen anzupassen (Änderungen der Systemfunktionalität, verbesserte Performance usw.).

(4) Präventive Wartung beschäftigt sich mit der Verbesserung der Wartbarkeit des Systems (Updating von Dokumentation, Hinzufügen von Kommentaren, Restrukturierungen und Modularisierung usw.).

Die Verteilung dieser Wartungsaktivitäten zeigt Abb.1.6, basierend auf [LS80], doch haben aktuelle Studien gezeigt, daß sich diese Verteilung kaum verändert hat [vVl93].

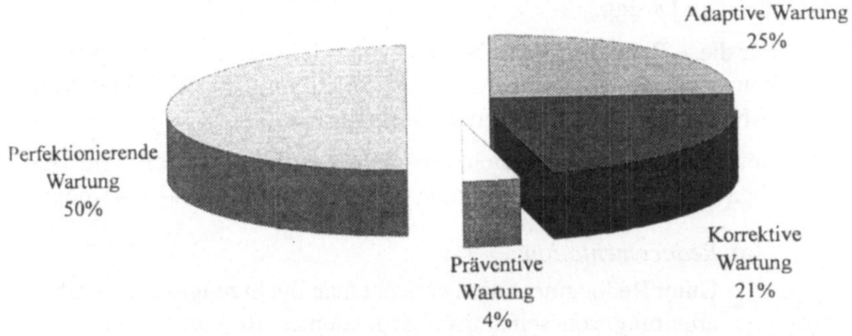

Abbildung 1.6: Verteilung der Arten von Wartung [LS80]

Für das Reverse Engineering und die damit verbundenen Begriffe gibt es noch keine offiziellen Definitionen von Normungsgremien, aber sehr wohl eine in der Literatur anerkannte und verbreitete Kategorisierung und Definition, die auf Arbeiten des "IEEE Technical Committee on Software-Engineering – Subcommittee on Reverse Engineering" und jener von Chikofsky und Cross [CC90] basieren.

1. **Reverse Engineering**

   Unter Reverse Engineering versteht man den Prozeß der Analyse eines bestehenden Systems, mit dem Zweck

   - der Identifikation von Systemkomponenten und deren Beziehungen untereinander, sowie
   - der Erzeugung von Darstellungen des untersuchten Systems auf unterschiedlichen, höheren Abstraktionsniveaus.

   Reverse Engineering beschäftigt sich grundsätzlich mit der Repräsentation eines bestehenden Systems durch verschiedene Abstraktionen, nicht jedoch mit der Änderung des untersuchten Systems. Es handelt sich beim Reverse Engineering also um einen Prozeß der Untersuchung und Repräsentation, nicht jedoch um einen Änderungs- oder Adaptierungsprozeß.

   Reverse Engineering bezieht sich auf alle Phasen des Software-Life-Cycles, z.B. der Erzeugung von Design-Repräsentationen aus Source Code, der Rückübersetzung von Datenbankbeschreibungen in ein logisches Schema bzw. in ein konzeptionelles Datenmodell (z.B. Entity-Relationship-Modell) und der Ableitung der Anforderungsanalyse aus dem Design.

   Für diese Bereiche gibt es bereits mehr oder weniger leistungsfähige kommerzielle Werkzeuge, wie z.B. Soft_Reorg [Ser92], Spec_View [RN92] oder das Bachmann Toolset [RH90].

   Reverse Engineering besteht aus mehreren Subprozessen, von welchen insbesondere die folgenden beiden häufig verwendet werden:

   (a) *Redocumentation*

   Unter Redocumentation versteht man die Erzeugung oder Überarbeitung von semantisch äquivalenten Repräsentationen des Systems innerhalb desselben Abstraktionsniveaus (z.B. Darstellung des Datenflusses, des Kontrollflusses, der Modulstruktur). Die resultierenden Darstellungen repräsentieren das System aus unterschiedlichen Sichten.

   Beispiele für Redocumentation-Tools sind u.a. Pretty Printer, Diagramm-Generatoren und Cross-Reference-Listing-Generatoren.

   (b) *Design Recovery*

   Unter Design Recovery versteht man einen Subprozeß von Reverse Engineering, in welchem zusätzliche Information (z.B. Wissen über die Anwendungsdomäne und informale Beziehungen) verwendet wird, um Abstraktionen des untersuchten Systems zu generieren. Diese Abstraktionen gehen über jene hinaus, die ohne zusätzliche Informationen aus dem System ableitbar sind.

Die erzeugten Abstraktionen umfassen herkömmliche Repräsentationen des Software Engineerings (wie Datenfluß, Modul-Aufrufstrukturen u. dgl.) und darüber hinaus informale Beschreibungen der Anwendung und der Domäne.

2. **Restructuring**

   Restructuring ist die Transformation von einer Repräsentation des untersuchten Systems in eine andere, auf demselben Abstraktionsniveau. Durch den Prozeß des Restructuring wird das äußere Verhalten (Funktionalität und Semantik) des untersuchten Systems nicht verändert.

   Eine sehr weit verbreitete Form von Restructuring ist die *code-to-code*-Transformation mit dem Ziel einer besseren Strukturierung des Source Codes (z.B. im Sinne von Structured Design von [YC79]). Es gibt jedoch auch andere Formen des Restructuring, wie z.B. die Datennormalisierung (*data-to-data*-Transformation).

   Ziele, die durch Restrukturierung von Systemen erreicht werden können, sind u.a. eine verbesserte Modularisierung/Strukturierung und dadurch erhöhte Lesbarkeit und verbesserte Testbarkeit.

   Viele Arten des Restructuring (u.a. die *code-to-code*-Transformation) können weitgehend unabhängig vom Zweck des untersuchten Systems (d.h. ohne Wissen über die Aufgaben der Applikation) durchgeführt werden, z.B. das Ersetzen von IF-Statements durch CASE-Strukturen.

   Dementsprechend besitzen die meisten am Markt befindlichen Wartungswerkzeuge eine relativ gute Restrukturierungsfähigkeit.

3. **Re-Engineering**

   Re-Engineering ist die Untersuchung und Änderung eines bestehenden Systems mit dem Ziel, das System in einer neuen, geänderten Form zu implementieren. Dies kann sich auch auf die Adaptierung des Systems an geänderte Anforderungen erstrecken.

   Re-Engineering inkludiert daher üblicherweise eine Reverse-Engineering-Phase (zur abstrakteren Darstellung des Systems) und eine Forward-Engineering- oder Restructuring-Phase. Abbildung 1.7

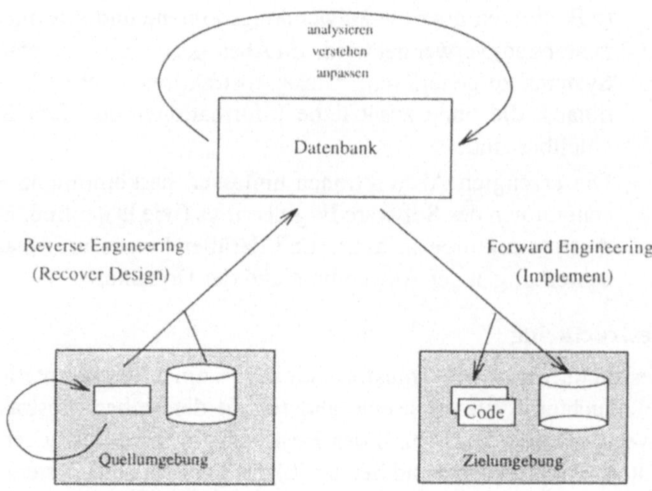

Abbildung 1.7: Software-Re-Engineering [Laf90]

stellt dieses Zusammenwirken zwischen Reverse Engineering und Forward Engineering im Zuge des Re-Engineerings graphisch dar [Laf90].

Die Zusammenhänge zwischen den mit Reverse Engineering verbundenen Prozessen und den verschiedenen Software-Life-Cycle-Phasen lassen sich graphisch wie in Abbildung 1.8 (aus [CC90]) darstellen.

Nachdem wir nunmehr die mit Reverse Engineering in Zusammenhang stehenden Begriffe definiert und erläutert haben, wollen wir uns im nächsten Abschnitt kurz mit den Zielen von Reverse Engineering beschäftigen.

1.1.4 Ziele von Reverse Engineering

Eines der Hauptziele von Reverse Engineering steht in engem Zusammenhang mit der ursprünglichen Form der Anwendung dieses Prozesses, nämlich der Wartung bestehender Software-Systeme. Die Ziele von Reverse Engineering beschränken sich jedoch nicht nur auf die Wartung, sondern lassen sich auf folgende erweitern:

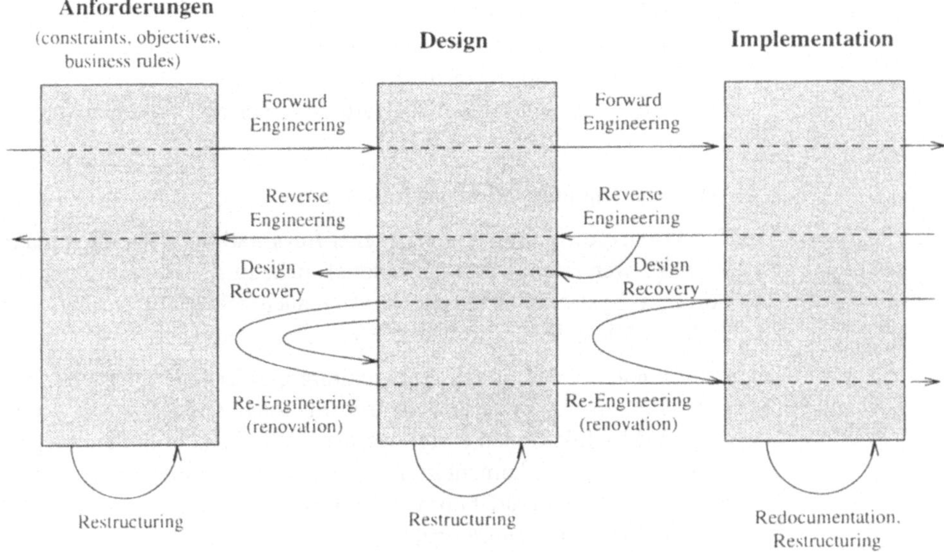

Abbildung 1.8: Reverse Engineering und verwandte Prozesse [CC90]

- Beherrschung der Systemkomplexität:

  Reverse Engineering ist eine sehr effektive Methode, um die Komplexität von großen Software-Systemen handhabbar zu machen. Eine unbedingt notwendige Voraussetzung dafür ist eine weitgehende Automatisierung dieses Prozesses, verbunden mit der Integration in CASE-Tools.

- Erzeugen von fehlender oder alternativer Dokumentation:

  Die Verwendung graphischer System-Repräsentationen ist eine nützliche und weitverbreitete Vorgangsweise. Trotzdem verlassen sich viele Entwickler auf einzelne Perspektiven des Systems (z.B. Datenflußdiagramm, Entity-Relationship-Diagramm), weil die Erstellung solcher Repräsentationen aufwendig ist. Reverse Engineering bietet die Möglichkeit – nachträglich und automationsunterstützt –, verschiedene Repräsentationen desselben Systems zu generieren und somit den Entwicklungsprozeß maßgeblich zu beeinflussen.

  Darüber hinaus kann Reverse Engineering für die Generierung von Teilen der Systemdokumentation angewendet werden.

Die nachträgliche Erstellung von Systemdokumentation mittels Reverse Engineering ist natürlich mit erheblichem Aufwand verbunden, so daß Reverse Engineering nicht als "Wundermittel" zur Bereinigung mangelnder Disziplin beim Forward Engineering angesehen werden darf.

- Wiedergewinnung verlorener Information:

  Die Wiedergewinnung von verlorener Information ist vor allem dann wichtig, wenn das Wartungspersonal nicht in die Entwicklung des Software-Systems einbezogen war und auch keinerlei Informationen in dieser Hinsicht für die Wartung zur Verfügung hat.

  Insbesondere während der Entwicklung und Lebenszeit großer Systeme kommt es zum Verlust von Information über das System. Änderungen, Modifikationen u. dgl. werden vielfach nicht in der entsprechenden Systemdokumentation nachgezogen, so daß die Information (insbesondere auf höheren Abstraktionsniveaus, wie z.B. dem System-Entwurf) verloren geht.

  Reverse Engineering (vor allem Design Recovery) versucht Information aus bestehenden Systemen zu extrahieren und zu repräsentieren. Ziel ist es dabei, die sogenannte Verstehensspanne (engl. "span of understanding") zu verkürzen [BH92]. Die Verstehensspanne beschreibt jene Zeit, die der Wartungsingenieur benötigt, um ein bestimmtes Code-Stück zu verstehen. Reverse Engineering versucht, den Bereich des verstandenen Source Code pro Zeiteinheit zu vergrößern [McC92].

- Erkennung von Seiteneffekten und Anomalien:

  Sowohl ein mangelhafter Entwurf zu Beginn der Entwicklung eines Systems als auch Wartungsaktivitäten während der Lebenszeit des Systems führen oftmals zu unerwünschten Seiteneffekten (z.B. geringe Performance). Durch Reverse Engineering (z.B. Restructuring) können solche Seiteneffekte und Anomalien identifiziert und behoben werden.

- Migration auf eine andere Hardware/Software-Plattform bzw. Integration in eine CASE-Umgebung:

  Die Migration auf eine neue Plattform steht in engem Zusammenhang mit der Wiederverwendung von Software. Man versucht dabei, möglichst viele Teile der ursprünglichen Software auch im neuen System einzusetzen, um bei der Migration eine höhere Produktivität zu erreichen.

Die Integration eines Software-Systems in eine CASE-Umgebung besteht zum Großteil darin, ein entsprechendes Repository (=Datenbank) aufzubauen, worin sich die einzelnen Systemteile und deren Beziehungen wiederfinden, um die Software in einer CASE-Umgebung weiterbearbeiten zu können. Hierbei läßt sich auch ein Zusammenhang zu den vorher erwähnten Aspekten der Beherrschung sowie der Software-Wiederverwendung feststellen.

- Erleichterung der Software-Wiederverwendung:

  Ein wichtiges Ziel von Reverse Engineering ist die Identifikation von wiederverwendbaren Teilen (z.B. Komponenten, Dokumentationsteilen, Design-Elementen) in bestehenden Systemen (*Reverse Engineering for Reuse*), um diese in einem Repository (einer sogenannten *Software-Components Library*, SCL) für weitere Systementwicklungen zugänglich zu machen.

  Reverse Engineering for Reuse ermöglicht so die Extraktion von wiederverwendbaren Elementen aus bestehender Software, anstelle der Neuentwicklung wiederverwendbarer Komponenten. Man muß in diesem Zusammenhang jedoch berücksichtigen, daß nur ein sehr kleiner Anteil bestehender Software für eine Wiederverwendung geeignet ist, da bei ihrer Entwicklung oftmals sehr geringes Augenmerk auf die Aspekte der Wiederverwendbarkeit gelegt wurde.

Kandidaten

Betrachtet man die oben genannten Ziele, so lassen sich daraus die Eigenschaften typischer Kandidaten für die Anwendung von Reverse Engineering ableiten, wie z.B.:

- Der Source Code ist schlecht strukturiert
- Das System benötigt umfassende korrektive Wartung
- Die Dokumentation ist veraltet
- Design-Informationen fehlen ganz oder sind nicht vollständig
- Einige Module sind unüberschaubar komplex geworden
- Eine Migration auf eine neue Plattform (Hardware oder Software) ist notwendig

1.1.5 Vorteile durch Reverse Engineering

Aus den zuvor genannten Zielen von Reverse Engineering lassen sich auch direkt einige bedeutende Vorteile der Anwendung von Reverse Engineering ableiten:

- Kosteneinsparungen in der folgenden Software-Wartung
- Qualitätsverbesserung
- Vorteile im Wettbewerb
- Wiederverwendung von Software-Komponenten

Die Kosteneinsparungen im Rahmen des Software-Entwicklungsprozesses ergeben sich vor allem in der späteren Wartung des Systems, die eine wichtige Rolle im Gesamtlebenszyklus einnimmt.

Eine Qualitätsverbesserung wird dahingehend erreicht, daß man im Zuge der Wartung nicht nur Korrekturen auf Implementierungsniveau vornimmt, sondern das System auf einem höheren Abstraktionsniveau darstellt, um dann Korrekturen auch in diesen Dokumenten (z.B. Systementwurf) durchzuführen. Somit können Inkonsistenzen vermieden werden, die ansonsten Eingang in das System finden und sich extrem schlecht auf die Qualität (vor allem bei erneuter Wartung) auswirken.

Eng im Zusammenhang mit der Qualitätsverbesserung steht der Wettbewerbsvorteil, wenn Software in kürzerer Zeit qualitativ besser gewartet und adaptiert werden kann. Dieser Wettbewerbsvorteil ergibt sich natürlich auch bei Plattform-Migrationen, sowie Neuentwicklungen, da Reverse Engineering die Wiederverwendbarkeit maßgeblich beeinflußt.

Reverse Engineering bietet außerdem die Möglichkeit, durch die Analyse existierender Systeme, Software-Komponenten zu extrahieren, um diese für zukünftige Projekte zur Verfügung zu stellen. Dieses *Reverse Engineering for Reuse* kann zusammen mit der Generalisation der identifizierten Software-Komponente das Wiederverwendungspotential erhöhen.

Grundsätzlich stellt sich für jedes Unternehmen mit großen, gewachsenen Applikationen in Hinblick auf Reverse Engineering folgende Frage: Soll die bestehende Applikation saniert (d.h. einem Reverse-Engineering-Prozeß unterworfen) werden oder eine vollständig neues System entwickelt werden?

Eine solche Entscheidung wird üblicherweise nach Analyse und Bewertung der bestehenden Applikation getroffen, die sowohl nach betriebswirtschaftlichen als auch technischen Kriterien erfolgt [Sne91].

Für eine Neuentwicklung entscheidet man sich i.a., falls die Funktionalität der Applikation erheblich erweitert werden muß, so daß eine Sanierung sehr umständlich und teuer werden würde. Einer Sanierung werden Systeme hingegen dann unterzogen, wenn die Werkzeuge zur Unterstützung des Reverse-Engineering-Prozesses sichergestellt werden können, sich die Funktionalität der Anwendung nicht maßgeblich ändert und ein bestimmtes Mindestmaß an Information über das System vorhanden ist (Systemdokumentation, ein an der Entwicklung beteiligter Mitarbeiter u. dgl.).

1.1.6 Stärken und Schwächen

Wie aus den vorangegangenen Abschnitten ersichtlich ist, bieten Reverse-Engineering-Methoden und -Tools einen konkreten Ansatzpunkt zur Bewältigung der Software-Wartungskrise. Eine der Stärken liegt daher in der Erhöhung der Wartungsproduktivität.

Wichtig erscheint dabei die Erstellung einer Datenbank, worin die Ergebnisse des Reverse-Engineering-Prozesses (Systemkomponenten, etc.) abgelegt und auch in späteren Update- und Wartungsaktivitäten wiederverwendet werden können. Darüber hinaus erhält das Wartungspersonal dadurch verstärkt Zugang zu modernen Tools und Techniken, so daß die Bedeutung des Wartungsprozesses an sich im Unternehmen aufgewertet wird.

Diese offensichtlichen Stärken haben in letzter Zeit auch dazu geführt, daß ein verstärktes Interesse für Reverse-Engineering-Methoden und -Werkzeugen seitens unterschiedlicher Unternehmen mit großen EDV-Systemen, wie z.B. Banken und Versicherungen, einen weiter steigenden Bedarf in dieser Richtung erwarten läßt.

Eine der größten Schwächen von zur Zeit verfügbaren Reverse Engineering Tools ist deren mangelnde Integrationsmöglichkeit in mehreren Hinsichten:

- Tool-zu-Tool-Integration:

  Das Analyse-Tool ist u.U. von einem anderen Hersteller als das Restrukturierungs-Tool, was die Übernahme der Ergebnisse von einem Tool zum anderen erschwert bzw. unmöglich macht. Es müssen daher einheitliche Schnittstellen zwischen den Tools definiert werden, um einen vollständigen Informationsaustausch zu gewährleisten.

- Integration in CASE-Tools:

  Eine Integration von Reverse Engineering Tools in bestehende CASE-Tools ist zum gegenwärtigen Zeitpunkt kaum möglich. Dies begründet sich einerseits in der mangelnden Verbreitung von Reverse

Engineering Tools und andererseits in der erst wachsenden Anwendung von CASE-Tools im kommerziellen Einsatz, insbesondere deren Konzentration auf den Forward-Engineering-Prozeß.

- Integration in den Software-Life-Cycle:

  Die von Reverse Engineering Tools mit Information gefüllten Repositories können derzeit in der herkömmlichen Software-Entwicklung vielfach nicht produktivitätssteigernd weiterverwendet werden, da die darin gespeicherte Information meist zu anwendungsspezifisch und somit kaum wiederverwendbar ist. Um dem Aspekt der Wiederverwendbarkeit Rechnung zu tragen, muß der Speicherung generischer (d.h. domain-spezifischer anstelle von applikationsspezifischer) Information größere Bedeutung beigemessen werden.

Man muß in diesem Zusammenhang jedoch berücksichtigen, daß ein ursprünglich schlecht entworfenes Software-System durch die bloße Anwendung von automatischen Reverse Engineering Tools noch zu keinem gut entworfenen System wird. Eine solche qualitätsverbessernde Systemtransformation erfordert natürlich einen erhöhten Aufwand und viel Know-how, das von einem erfahrenen Wartungsingenieur zugeführt werden muß. Eine vollständige Automatisierbarkeit ist dabei nicht zu erreichen.

1.1.7 Schwierigkeiten bei der Anwendung

Reverse Engineering Tools müssen die unterschiedlichsten Schwierigkeiten, die in den zu untersuchenden Software-Systemen auftreten können, bewältigen, wie z.B.:

- umfangreiches Source-Code-Volumen
- mangelndes Wissen über das Programm
- inkonsistente Entwicklungsstandards (modulares Programmieren, *information engineering* [MF81],[MM83], etc.)
- nicht aktuelle oder fehlende Dokumentation
- hohe Redundanz

Aufgrund dieser Schwierigkeiten ergeben sich mehrere alternative Lösungsansätze für die Durchführung von Reverse Engineering:

- Die Information wird manuell aus dem Source Code extrahiert, was aufgrund der Menge des Source Codes sehr aufwendig und kaum realisierbar ist.

- Reverse Engineering Tools werden zusammen mit einem Reverse Engineer angewendet, um bessere Ergebnisse zu erzielen (interaktive Reverse Engineering Tools).

- Die Qualität des vorliegenden Software-Systems wird zuerst mittels Redokumentations- und Restrukturierungs-Tools verbessert und erst danach ein entsprechendes Reverse Engineering Tool angewendet.

Ein vielversprechender Ansatz zu diesen Möglichkeiten ist eine Mischform: Nach einer entsprechenden Verbesserung der Qualität der vorliegenden Software wird mit Hilfe eines Reverse Engineers und dessen Erfahrung der Reverse-Engineering-Prozeß interaktiv angewendet.

1.2 Design Recovery

Im folgenden Abschnitt wollen wir auf einen speziellen Teilaspekt des Reverse Engineering, das Design Recovery, näher eingehen, da dies für das Verständnis des objektorientierten Reverse Engineerings von besonderer Bedeutung ist.

Design Recovery versucht, neben den Ergebnissen einer statischen Analyse (Structure Charts, Nesting Trees u. dgl.), weitere Informationen wie Domänenwissen und externe Informationen (z.B. persönliche Erfahrung) zu verwenden, um semantisch bedeutende Abstraktionen aus dem Programm gewinnen zu können.

Das wiedergewonnene Design muß konventionelle Software-Engineering-Repräsentationen und informales Wissen über die Problemdomäne und deren spezielle Begriffe beinhalten. Design Recovery spielt sowohl bei der Erzeugung neuer Software-Systeme wie bei der Wartung bereits bestehender Systeme eine wichtige Rolle, um dem Engineer das Verständnis vom Programm bzw. über Konzepte aus der Problemdomäne zu vermitteln.

Die existierenden Design-Recovery-Ansätze wollen wir in modellbasierte, wissensbasierte, auf formale Methoden basierte und objektorientierte Methoden einteilen und jeweils einige wichtige Vertreter näher erläutern.

1.2.1 Modellbasiertes Design Recovery

Modellbasierte Design-Recovery-Methoden versuchen, domänenspezifisches Wissen eines Experten in einem eigenen Modell, das zumeist als *Domain Model* bezeichnet wird, zu repräsentieren. Mit den Komponenten eines solchen *Domain Models* wird versucht, möglichst viele Zuordnungen und Beziehungen zwischen Source-Code-Teilen und abstrakten, domänenspezifischen Komponenten abzuleiten.

1.2.1.1 Desire

Das von Biggerstaff [Big89] entwickelte Desire versucht, mittels informalem Wissen über den Anwendungsbereich diverse Software-Engineering-Repräsentationen (wie z.B. Modulstrukturen, Datenfluß oder auch formale Spezifikationen) aus dem Source Code abzuleiten. Dieses zusätzliche Domänenwissen ermöglicht es, mehr Informationen aus dem Source Code zu erhalten als herkömmliche Reverse-Engineering-Methoden imstande sind.

Der Desire-Prozeß besteht aus drei Schritten:

1. Erhöhung des Programmverständnisses zur Software-Wartung.
2. Verwenden der *reverse* generierten Komponenten zur Einrichtung einer *Reuse Library.*
3. Verwendung der Resultate aus der *Reuse Library* für weitere Design-Recovery-Prozesse.

Im ersten Schritt werden Systemstrukturen, wie z.B. Subsystem-, Modul- und auch Datenstrukturen aus dem Source Code extrahiert. Daneben werden auch Design-Strukturen, d.s. informale Diagramme, Konzepte und Relationen, sowie Design-Entscheidungen ermittelt.

Modulstrukturen werden von bestimmten Programmiersprachen (z.B. Modula, Pascal, etc.) explizit unterstützt, was eine Ableitung solcher Systemstrukturen erleichtert. Neben der Unterstützung durch die Programmiersprache hilft auch die Erfahrung und die Intuition des Software Engineers, der bestimmte Source-Code-Strukturen mit erwarteten organisatorischen Mustern der Applikation verknüpfen und somit das Reverse Engineering erleichtern kann. Die Ungenauigkeit der Muster bedingt, daß es für den Engineer nur ungefähre Richtlinien für diesen Identifikationsprozeß gibt.

Ein wichtiger Schritt bei der Identifikation von System- und Design-Strukturen ist die Assoziation der Source-Code-Strukturen mit den zugehörigen informalen, semantischen Konzepten aus dem Anwendungsbereich. Zu jedem Modul oder Subsystem werden die darin vorkommenden Konzepte analysiert und zum Teil formalisiert. Abhängig vom Anwendungsbereich werden auch "wichtige" Datenstrukturen (z.B. eine Rechnung im Anwendungsbereich Fakturierung) identifiziert und eine Beziehung zu informalen, abstrakten Konzepten hergestellt.

Neben diesen Systemstrukturen und konzeptuellen Abstraktionen werden mittels Reverse-Engineering-Techniken (vgl. dazu Abschnitt 1.2.5) Software-Engineering-Dokumente erzeugt: Dabei handelt es sich typischerweise um Structure Charts, Datenflußdiagramme, Nesting Trees, etc. [Mar87], [IEE91]. Wichtig für die weitere Vorgangsweise im Design Recovery sind die Zusammenhänge zwischen Systemstrukturen und informalen Abstraktionen, die mittels definierten Zuordnungen festgehalten werden.

Domain Model

Im zweiten Schritt werden die identifizierten Komponenten (Source Code und Abstraktionen) in einer Datenbank abgelegt. Dieser Schritt kann aber erst nach einer Generalisierung der jeweiligen Komponente erfolgen, damit die Komponente für ein breiteres Spektrum von Applikationen verwendbar wird. Die neu gewonnenen Abstraktionen werden in die *Reuse Library* eingetragen. Außerdem wird das vorhandene Modell des Anwendungsbereichs (i.e. das *Domain Model*) hinsichtlich neu hinzugekommener Komponenten adaptiert.

Dieser zweite Schritt fügt demzufolge neue Komponenten in die *Reuse Library* ein und erweitert das bestehende *Domain Model*. Diese iterative Erweiterung und Verbesserung hilft bei zukünftigen Design-Recovery-Prozessen, ähnliche Komponenten zu identifizieren und somit Software-Systeme leichter und schneller verständlich zu machen.

Im dritten Schritt wird der eigentliche modellbasierte Design-Recovery-Prozeß durchgeführt: Die Ergebnisse aus den beiden vorigen Schritten werden auf ein Software-System angewendet. Die abstrakten Design-Komponenten des *Domain Models* bilden dabei den Ausgangspunkt zur Identifikation von ähnlichen Komponenten im Source Code. Dazu muß allerdings angemerkt werden, daß die im *Domain Model* gespeicherten Konzepte zumeist nicht exakt auf Source-Code-Teile abgebildet werden können, eine Zuordnung aufgrund von semantischen Hinweisen über Prozedur- und Datenstrukturnamen jedoch oftmals erfolgen kann.

Die Abbildung von Domain-Konzepten auf Source-Code-Teile erfolgt zweistufig:

1. *direktes* Binden mittels linguistischer Idiome

2. *indirektes* Binden mittels Datenstruktur-Idiome

Die Abbildung 1.9 zeigt die Suche nach Source-Code-Teilen mit Hilfe von Idiomen für einen Multitasking-Window-Manager.

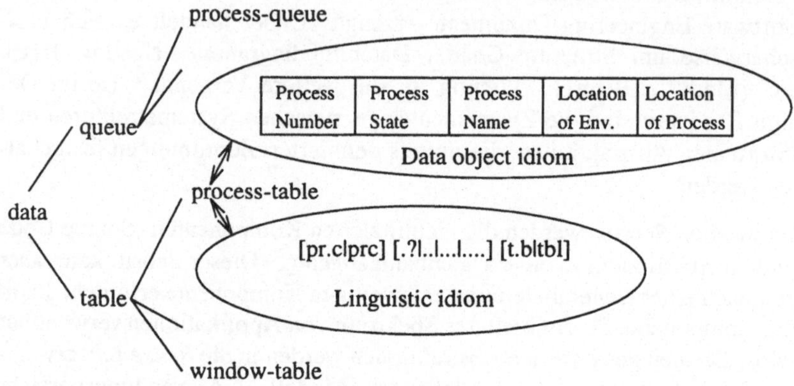

Abbildung 1.9: *Domain Model* eines Multitasking-Window-Managers [Big89]

Das Ergebnis in diesem Beispiel ist eine direkte Bindung zwischen der Prozeßtabelle `prctbl` und dem dazugehörigen linguistischen Idiom und eine indirekte Bindung zum Source Code über das Datenstruktur-Idiom (mit den einzelnen Komponenten einer Prozeßtabelle).

Desire berücksichtigt Konzepte aus dem Anwendungsbereich und repräsentiert diese in einem *Domain Model*. Die Suche nach solchen Domain-Konzepten ist stark vom menschlichen Experten abhängig und unterliegt Problemen, die typischerweise im Zusammenhang mit solchen abstrakten Konzepten stehen:

- Syntaktische Variationen im Source Code
- Implementierungsvarianten
- Überlappende Implementierungen

- Nicht-zuzuordnende Source-Code-Teile

Diese Probleme müssen durch den menschlichen Experten und dessen Wissen über den Anwendungsbereich ausgeglichen werden, um gute Resultate für das Design Recovery zu erreichen.

Ein weiteres Problem stellt die Abbildung von allgemeinen Domänen-Konzepten auf eine konkrete Implementierung (i.e. eine Instanzierung einer Applikation in einer Domäne) dar: Ein möglichst generelles *Domain Model* ist zwar für die Wiederverwendung vorteilhaft, kann jedoch im Einzelfall nicht unbeträchtliche Schwierigkeiten bei der Identifikation von Ähnlichkeiten im Source Code darstellen. Aus diesem Grund erscheint eine Instanzierung eines allgemeinen *Domain Models* oder aber das Generieren von Zwischendarstellungen auf unterschiedlichen Abstraktionsniveaus als zweckmäßig. Bei einer solchen Vorgangsweise könnte mehr auf die konkreten Anforderungen einer Applikation Rücksicht genommen und die Abbildungsergebnisse des Design-Recovery-Prozesses verbessert werden.

1.2.2 Wissensbasiertes Design Recovery

Wissensbasiertes Design Recovery versucht, Programmstrukturen (Algorithmen und Datenstrukturen) abstrakt in einer Wissensbasis zu repräsentieren und im Zuge des Design Recoverys Instanzierungen einzelner Strukturen im Source Code zu finden.

Die in diesem Abschnitt angeführten Werkzeuge (Tools) führen einen solchen Design-Recovery-Prozeß automatisiert durch und stoßen deshalb rasch an die Grenze der praxisnahen Verwendung. Oft ist eine Zuordnung solcher abstrakten Konzepte aber nur durch menschliche Hilfe möglich, doch bei weitem nicht ausreichend zur Lösung des generellen *Concept Assignment Problems* [BMW93], [BMW94].

1.2.2.1 Program Analysis Tool (PAT)

Das *Program Analysis Tool* von Harandi und Ning [HN90] stellt ein Tool zur Unterstützung der Software-Wartung dar. Die Mittel, die es für dieses Ziel zur Verfügung stellt, dienen der automatischen Programmanalyse, die dem Wartungsingenieur das Verstehen von *high-level*-Konzepten des vorliegenden Programms erleichtern soll.

statische Programm-analyse

PAT führt dazu eine statische Programmanalyse durch, ohne dabei jedoch Informationen aus der Spezifikation zu berücksichtigen. Programmkonzepte werden in einer Wissensbasis repräsentiert und mittels eines heuristikbasierten Mechanismus auf Source-Code-Teile abzubilden versucht.

Zur Verbesserung des Verständnisses wird das Abstraktionsniveau schrittweise erhöht. Das Abstraktionsniveau definiert die jeweilige Programmsicht:

- Implementierungsebene
- Strukturebene
- Funktionsebene
- Domänenebene

Die Implementierungsebene abstrahiert von der Programmiersprache und den implementierungsspezifischen Details. Eine Programmsicht auf dieser Ebene kann beispielsweise als abstrakter Syntaxbaum oder als Symboltabelle repräsentiert werden.

Die Strukturebene abstrahiert weitere sprachabhängige Details, um die Programmstruktur von verschiedenen Perspektiven aus zu zeigen: Datenfluß- und Kontrollfluß-Graphen, Petri-Netze oder auch Structure Charts dienen zur Darstellung dieser Programmsicht.

Die Funktionsebene stellt eine abstrakte Repräsentation von funktional äquivalenten, aber strukturell verschiedenen Implementierungen dar und erreicht damit eine logische Gruppierung des Software-Systems. Die Repräsentation dieser Gruppierungen konzentriert sich aber auf die algorithmische Darstellung.

Auf Domänenebene wird versucht, diese algorithmische Darstellung der Funktionsebene durch Konzepte und Abläufe aus der Anwendungsdomäne zu ersetzen und damit eine allgemeinere Programmsicht zu erhalten.

PAT versucht nun mittels sprachunabhängiger Basiselemente (wie z.B. Schleifenkonstrukte, Deklarationen von Prozeduren, Variablen oder Konstanten, Muster für bestimmte Sortieralgorithmen, das Tauschen von Variablenwerten oder spezielle Zählermanipulationen) das vorliegende Software-System zu beschreiben. Mit diesen sogenannten Events werden möglichst viele syntaktischen wie semantischen Konzepte eines Programms abstrakt ausgedrückt. Die Klassifikationshierarchie von Events erlaubt somit die Repräsentation von Programmwissen.

Programmpläne

Programmpläne, die in einer Wissensbasis gespeichert sind, werden für die Repräsentation von Analysewissen verwendet: Aus den Events und den vorhandenen Programmplänen werden neue, komplexere Events abgeleitet. Diese komplexeren Events werden iterativ zur Ableitung weiterer Events verwendet; dies wird solange durchgeführt, bis eine weitere Ableitung nicht mehr möglich ist. Das Ergebnis ist zumeist eine komplexe Operation (wie z.B. *bubble sort*).

PAT stellt eine Reihe von Werkzeugen für diesen Design-Recovery-Prozeß bereit, die sich von einem Programm-Parser zur Generierung von Events über ein Werkzeug zur Ableitung von komplexen Events bis hin zu diversen Werkzeugen zur Aufbereitung der Ergebnisse erstrecken (z.B. Darstellung der Verbindungen von Events oder auch eine natürlich-sprachliche Beschreibung des untersuchten Programms).

PAT bietet durch die Möglichkeit, eine Fehleranalyse mittels Unifikation der Programmvariablen und der Planvariablen durchführen zu können, eine wichtige Unterstützung für die Software-Wartung. Speziell die korrektive Wartung kann durch ein solches Tool erleichtert werden.

Die Analyse von Source Code mittels PAT ist aber durch zwei Faktoren eingeschränkt: Einerseits treten bei der Ableitung von Events und der Abbildung auf Programmpläne ähnliche Unschärfen wie bei modellbasierten Ansätzen auf (vgl. dazu Abschnitt 1.2.1.1). Andererseits kann die Einbeziehung eines menschlichen Experten für viele Analysefälle zu besseren Resultaten führen, da Events und Programmpläne zumeist nur auf Funktionsebene definiert werden können, das menschliche Auffassungsvermögen jedoch komplexere Beziehungen (auf Domänenebene) auflösen und somit derlei Unschärfen bewältigen kann.

1.2.2.2 Programmclichés

Das von Rich und Wills [RW90] entwickelte Recognizer Tool versucht, von Programmierern häufig verwendete Programmstrukturen (sogenannte Programmclichés) in Software-Systemen zu identifizieren. Damit kann die Dokumentation für das untersuchte Software-System automatisch *reverse* generiert werden.

Cliché

Recognizer arbeitet mit kleinen CommonLisp-Programmen und generiert eine hierarchische Beschreibung des Programms anhand von Clichés. Dabei wird aber keine direkte Abbildung von Clichés auf den Source Code vorgenommen, sondern zuerst eine Transformation des Programms in eine sprachunabhängige, graphische Repräsentation, dem sogenannten *Plan Calculus*, durchgeführt.

Plan Calculus

Die Transformation in die Zwischendarstellung des *Plan Calculus* ermöglicht, die Schwierigkeiten mit syntaktischen Variationen und unzusammenhängenden Clichés zu lösen, indem Details von Algorithmen abstrahiert werden. Der *Plan Calculus* kombiniert die Eigenschaften von Datenflußdiagrammen und abstrakten Datentypen und stellt einen Graphen mit Knoten (i.e. Operationen) und Kanten (i.e. Kontroll- und Datenfluß) dar.

Recognizer repräsentiert individuelle Programmstrukturen als auch abstrakte Strukturen in Clichés. Die Beziehung zwischen diesen Implementationsclichés und den Spezifikationsclichés wird durch sogenannte *overlays* festgelegt.

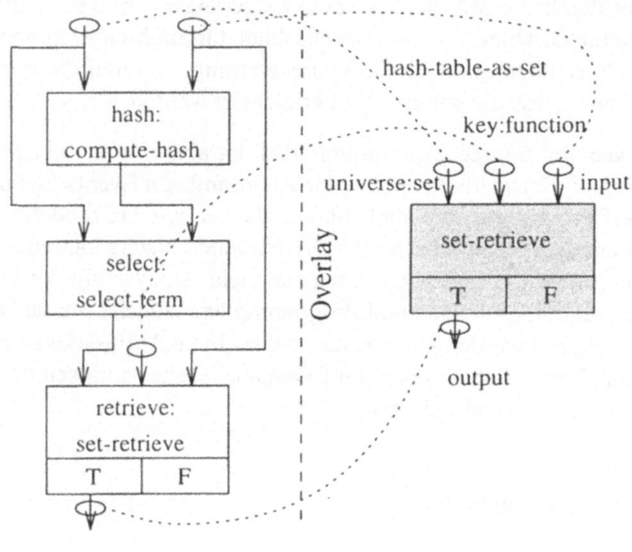

Abbildung 1.10: Hash-Tabelle in *Plan-Calculus*-Repräsentation [RW90]

In Abbildung 1.10 werden Implementations- und Spezifikationsclichés anhand einer Hash-Tabelle und deren Repräsentation im *Plan Calculus* dargestellt. Das *overlay* besteht immer aus zwei Plänen und den korrespondierenden Verbindungen dazwischen. Im Beispiel aus Abbildung 1.10 wird die Beziehung zwischen der `set-retrieve`-Spezifikation und der `hash-`

`table-retrieve`-Implementierung gezeigt. Die gepunkteten Linien repräsentieren die korrespondierenden Teile.

Solche *overlays* werden im *Programmer's Apprentice* Tool-Set [RW88] sowohl für die Programmanalyse als auch für die Programmentwicklung verwendet: In der Analyse werden Implementierungsclichés durch Spezifikationsclichés ersetzt. In der Entwicklung können abstrakte Spezifikationsclichés durch spezielle Instanzierung in konkrete Implementationsclichés umgeformt werden.

Recognizer ist ein Tool, das vorwiegend für kleine Applikationen verwendet werden kann. Für kommerzielle Anwendungen jedoch benötigt es zu kostenintensive Identifikationsprozesse zur Suche aller möglichen Ableitungen des Programmplans aus der Cliché Library. Außerdem scheint die Einschränkung auf CommonLisp-Programme zu restriktiv für eine praxisnahe Verwendung.

1.2.3 Design Recovery basierend auf formalen Methoden

Viele Design-Recovery-Verfahren, die auf formalen Methoden basieren, beschäftigen sich mit Reverse Engineering von COBOL-Applikationen. Dabei wird COBOL-Source-Code analysiert und in eine Spezifikationssprache (z.B. Z [Spi89] oder Z++ [Lan91]) transformiert.

Reverse Engineering mittels formaler Methoden war ein wichtiger Teil des ESPRIT-Projektes REDO [vZu93a]. Die von Breuer, Lano und Haughton [BL91], [LBH93] entwickelten Methoden für COBOL sollen hier kurz erläutert werden.

Funktionale Abstraktionen von COBOL-Source-Code werden in drei Schritten durchgeführt:

1. Translation der Applikation in eine Zwischensprache (i.e. UNIFORM) und Elimination von redundanten Sprachteilen. Dieser Schritt schränkt die ursprünglichen Sprachkonstrukte auf eine kleinere Untermenge ein.

2. Unter Verwendung von Datenflußdiagrammen werden assoziierte Variablen gruppiert und somit objekt-ähnliche Strukturen erzeugt. Die Funktionalität des Source Codes wird – nach einer speziellen Analyse – in Gleichungen der Zwischensprache ausgedrückt.

3. Die abstrakte, funktionale Beschreibung wird den objekt-ähnlichen Strukturen entsprechend zugeordnet, und anschließend wird eine Spezifikation dieser objektbasierten Darstellung des Systems in einer Spezifikationssprache (z.B. Z oder Z++) abgeleitet.

Diese Schritte können nicht voll automatisiert durchgeführt werden, so daß menschliche Intervention (durch Intuition und Domänenwissen) erforderlich ist.

Design-Recovery-Techniken

Aus diesen formalen Design-Revocery-Methoden lassen sich einige Techniken herausgreifen, die auch für andere Design-Recovery-Ansätze von Interesse sind:

- Umformung des Source Codes in eine Zwischensprache zur Restrukturierung und Elimination von Redundanzen
- Aufteilen des Source Codes in sogenannte *Phasen*:
  Eine Phase definiert ein Source-Code-Stück, das kein Öffnen oder Schließen einer Datei beinhaltet. Damit können jene Teile identifiziert werden, die Dateien verarbeiten, und durch eine detaillierte Untersuchung kann auch die Art der Funktion präzisiert werden.
- Mit Programm-*Slices* [Wei84] können jene Programmteile identifiziert werden, die eine bestimmten Variable verwenden.
- Mittels Heuristiken können Source-Code-Teile prinzipiell erklärt werden. Tabelle 1.1 zeigt eine solche Heuristik.

# Inputs	# Outputs	Purpose
0	0	Arithmetic function, or string manipulation
1 (stdin)	0	Building up data in an internal table or value
0	1 (stdout)	Output routine
1 (file)	1	Data extraction, summarization, or rearrangement
1 (stdin)	1	Building up data in file
1	2	Data validation or data extraction
2	1	Master-transaction updating
2	2	Master-transaction updating with error reports

Tabelle 1.1: Heuristik aus [LBH93]

Die in diesem Abschnitt vorgestellten formalen Methoden beschränken sich vor allem auf die Analyse von COBOL-Programmen. Da COBOL sehr spezifische Sprachkonstrukte aufweist, lassen sich nicht alle Methoden verallgemeinern. So stellt die Transformation in die Zwischensprache UNIFORM einen Schritt dar, der speziell für COBOL-Applikationen notwendig ist, um Sprachkonstrukte wie z.B. `GOTO's`, `PARAGRAPHs` oder auch `PERFORM THRU` in eine optimierte Form zu bringen.

Viele andere Techniken (z.B. Programm-*Slices* oder Phasen) lassen sich auch für andere Design-Recovery-Methoden adaptieren, die nicht auf die *reverse* Generierung von Spezifikationen in Z oder Z++ abzielen.

1.2.4 Objektorientiertes Design Recovery

Objektorientierte Design-Recovery-Methoden haben das Ziel, die Eigenschaften des objektorientierten Paradigmas auch für den Reverse-Engineering-Prozeß nutzbar zu machen. Im Zuge des Prozesses wird versucht, "Objekte" in einem prozeduralen Programm zu identifizieren, um dann eine objektorientierte Repräsentation vom Software-System zu generieren.

Im Bereich des objektorientierten Reverse Engineerings gibt es derzeit nur wenige Ansätze, die meisten davon konzentrieren sich lediglich auf einige, durch statische Analyse ableitbare Aspekte.

Liu und Wilde schlagen in [LW90] vor, entweder globale Daten oder Datentypen für die Identifikation von Objekten heranzuziehen. Ausgehend von diesen Daten werden jeweils einem Objekt zuzuordnende Operationen im Source Code identifiziert.

Im ersten Schritt erhält man eine Menge von Objektkandidaten, von denen nicht notwendigerweise alle Objekte werden. Ein solcher Objektkandidat kann in der Form

$$\textit{Candidate Object} = (F,T,D)$$

dargestellt werden. Dabei stellt F die Menge der Methoden, T die Menge der Typen und D die Menge der Attribute dar. Diese Definition von Objektkandidaten von [LW90] läßt die Möglichkeit offen, daß jede der angeführten Mengen leer sein kann. Idealerweise sollte es auch keine Überlappungen von Objektkandidaten geben, was in Software-Systemen aufgrund wiederholter Wartungstätigkeiten oder auch Effizienzsteigerungsmaßnahmen meist nicht der Fall ist.

1.2.4.1 Globale Daten als Objekte

Jede Variable, die von zumindest zwei Prozeduren gemeinsam verwendet wird, bezeichnet man als globale Variable. Die von Liu und Wilde [LW90] vorgeschlagene Methode identifiziert für jede globale Variable x die Menge jener Prozeduren $P(x)$, die x direkt benutzen.

Die Mengen $P(x_i)$ werden in einem Graphen dargestellt und als Knoten eingetragen. Eine Verbindung zwischen zwei Knoten $P(x_i)$ und $P(x_j)$ besteht dann, wenn eine Prozedur dieser zwei Mengen beide globalen Variablen x_i und x_j verwendet.

Aus einem solchen Graphen erhält man Objektkandidaten, indem zusammengehörige Teilgraphen zu einem einzigen Objektkandidaten abgeleitet werden. Ein solcher zusammengehöriger Teilgraph repräsentiert jene Prozeduren, welche dieselben globalen Variablen verwenden.

Diese Vorgangsweise, die nur auf der bloßen Verwendung von globalen Variablen beruht, kann zu unerwünscht "großen" Objekten führen, wenn es Prozeduren gibt, die viele globale Variablen verwenden. Dies kann soweit gehen, daß die gesamte, *reverse* generierte Systembeschreibung aus einigen wenigen Objekten besteht.

Darüber hinaus sollte nicht bloß die Verwendung einer globalen Variable allein ausschlaggebend für die Objektdefinition sein. Eine Abstufung in Manipulation und Verwendung (*write, read*) kann zu verbesserten Resultaten führen. Trotzdem kann ohne menschliche Intervention keine semantischgehaltvolle Objektidentifikation durchgeführt werden.

1.2.4.2 Typen als Objekte

Ebenso wie globalen Daten können auch Typen zur Objektidentifikation herangezogen werden. Dabei werden Typen (von Parametern oder Rückgabewerten) nach einer Subtyprelation geordnet.

Funktionen werden aufgrund ihrer Parameter und Rückgabewerte einzelnen Typen zugeteilt. Falls eine Funktion mit mehreren Typen operiert, so wird die Funktion dem jeweiligen Supertyp zugeordnet. Jede Gruppierung aus einem bestimmten Typ und den darauf operierenden Funktionen wird zu einem Objektkandidaten.

Dieses Verfahren kann – ähnlich wie bei globalen Daten – zu sehr "großen" Objekten führen. Auch in diesem Fall kann eine menschliche Intervention sehr rasch zu besseren Resultaten führen, denn eine bloße automatisierte Identifikation von Objekten liefert eine Menge solcher Objektkandidaten. Viele davon kommen jedoch nicht als Objekte in Betracht.

Haughton und Lano schlagen in [HL91] vor, Basistypen (wie z.B. Real oder Integer) als Objektkandidaten von vornherein auszuschließen, das hilft, die Anzahl der Objektkandidaten auf eine überschaubare Menge zu reduzieren. Auf diese Weise könnte auch der von [LW90] vorgeschlagene Ansatz verbessert werden.

1.2.4.3 Externe Datenstrukturen als Objekte

Auch externe Daten (z.B. Files) stellen Kandidaten für die Objektidentifikation in prozeduralen Software-Systemen dar. Für die Identifikation von Objekten definieren Haughton und Lano in [HL91] folgende Richtlinien:

1. Identifikation der abstrakten Datentypen und deren zugehörigen Operationen: Dazu werden jene Typen herangezogen, die keine Basistypen sind.
2. Gruppieren der Source-Code-Segmente, die zu einer Funktion eines Datentypen zusammengefaßt werden können.
3. Beschreibung der identifizierten Objekte in Z++ Notation.
4. Normalisierung der Objekte hinsichtlich Vererbung: Haben mehrere Objekte ähnliche Operationen, so können diese Operationen in einem neuen Objekt zusammengefaßt werden. Bei Operationen, die ähnlich sind und nur von wenigen Objekten verwendet werden, kann eine generelle Operation definiert und in den jeweiligen Objekten eine Verfeinerung der Operation vorgenommen werden.

Zur Identifikation der Datentypen werden dabei hauptsächlich externe Datenstrukturen herangezogen. Die Operationen werden durch Lese- und Schreiboperationen definiert. Die Attribute eines Objekts werden durch die Datentypdefinitionen des Files festgelegt.

Für den Fall, daß keine externen Datenstrukturen für das objektorientierte Design Recovery zur Verfügung stehen, werden von Haughton und Lano jedoch keine Methoden angegeben, die eine Objektidentifikation ermöglichen.

Sowohl die Ableitung von Objekten als auch deren Beziehung zu einer algebraischen Spezifikation bedarf Heuristiken und ist somit von menschlicher Intervention abhängig. Eine genaue Beschreibung, wie identifizierte Objekte in Z++ ausgedrückt werden können, findet sich in [HL91].

1.2.4.4 Applikationssemantische Daten als Objekte

Die in den späteren Kapiteln dieses Buches beschriebene objektorientierte Reverse-Engineering-Methode (entwickelt von den Autoren), versucht für die Identifikation der Objekte in prozeduralen Systemen eine vollständige Transformation des ursprünglich prozeduralen Systems in eine objektorientierte Architektur durchzuführen.

Durch Anhebung des Abstraktionsniveaus und Zuführung externen (Domänen-) Wissens durch einen menschlichen Engineer, werden applikationssemantische Daten durch Zuhilfenahme eines unabhängig von der Implementierung entwickelten objektorientierten Anwendungsmodells (jedoch basierend auf denselben Anforderungen) identifiziert und zur Objektbildung herangezogen.

Im nächsten Abschnitt werden grundlegende Design-Recovery-Techniken beschrieben, die in vielen zuvor erwähnten Methoden Anwendung finden. Dazu zählen vor allem die *reverse* Generierung diverser Design-Dokumente, wie z.B. Structure Chart, Datenflußdiagramme oder auch Nesting Trees.

1.2.5 Grundlegende Design-Recovery-Techniken

Bei der Betrachtung des Design Recoverys eines prozeduralen Programms muß man untersuchen, welche Design-Teile man automatisch aus der Implementierung generieren kann.

Beim Prozeß des Design Recovery muß von einer Implementierung ausgegangen werden, d.h. die im Zuge der strukturierten Analyse (SA) und des strukturierten Designs (SD) eingehaltene Reihenfolge der Generierung von Entity-Relationship-Diagrammen, Datenflußdiagrammen und Structure Charts wird dabei vollkommen umgedreht. Es wird nämlich versucht, aus den Details der bereits vorliegenden Implementierung allgemeinere, abstraktere Design-Informationen abzuleiten. Die oben angeführten Arten von Diagrammen stellen diesbezüglich in umgekehrter Reihenfolge eine zunehmende Programmabstraktion dar.

In der Folge wollen wir zeigen, wie solche Diagramme aus bestehendem prozeduralen Code generiert werden, und welche Art von Design-Informationen darin repräsentiert werden kann.

1.2.5.1 Generieren von Structure Charts

Ein Structure Chart ist ein wesentliches Werkzeug zur Darstellung der Programmstruktur für die Erstellung eines strukturierten Designs (SD). Es zeigt die Aufteilung des Gesamtsystems in seine Module[1], wie diese im Rahmen der funktionalen Dekomposition [Par72] organisiert sind und schließlich welche Informationen (Daten) zwischen den Modulen ausgetauscht werden. Es ergibt sich für die Darstellung des Gesamtsystems eine Hierarchie von Modulaufrufen samt zugehörigem Datenfluß zwischen den Modulen.

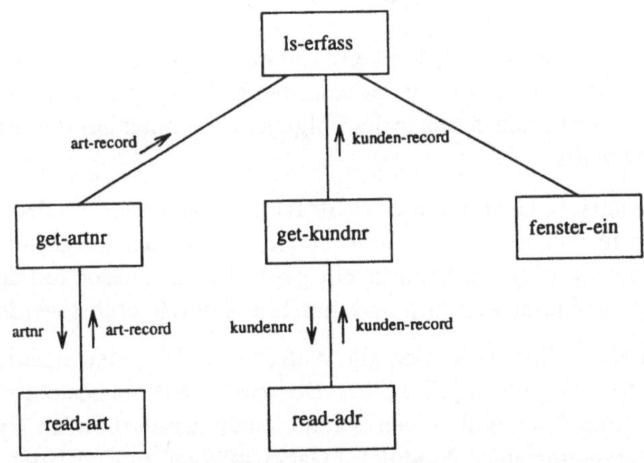

Abbildung 1.11: Structure Chart

Ein Structure Chart beschränkt sich auf die Repräsentation von Modulen als sogenannte *black boxes*, d.h. es wird speziell deren Verhalten nach außen hin (mit Input und Output) und nicht deren innere Funktionalität modelliert. Der Name des Moduls repräsentiert dabei im Diagramm die prinzipielle Funktion. Im Structure Chart werden die statischen Modulaufrufe dargestellt.

[1] In diesem Abschnitt wird der Begriff "Modul" im Sinne einer Programmeinheit (z.B. eine Prozedur oder eine Funktion) verwendet.

Im Rahmen der Notation für Structure Charts repräsentieren rechteckige Boxen jeweils ein Modul und jede Kante zwischen zwei Boxen stellt den jeweiligen Modulaufruf dar. Darüber hinaus zeigt das Diagramm noch den Datenfluß bei einem solchen Aufruf durch entsprechende zusätzliche Pfeile (samt Angabe der Daten) an den Kanten.

Die genaue graphische Notation findet sich u.a. bei Yourdon und Constantine [YC79] oder auch bei Benedusi et al. [BCD92]. Structure Charts können neben dieser grundsätzlichen Darstellung von Modulaufrufen und Datenfluß noch durch weitere Informationen erweitert werden:

- Aufruf von Modulen aufgrund von Entscheidungen im Kontrollfluß des Programms
- wiederholter Aufruf von Modulen
- indirekter Datenfluß aufgrund globaler Daten

Für diese Erweiterungsmöglichkeiten zu den "einfachen" Structure Charts gibt es ebenfalls eine genaue Beschreibung der graphischen Notation in [BCD92]. Wir beziehen uns in der Folge jedoch immer auf die "einfachen" Structure Charts.

Das automatische Generieren eines Structure Charts erfordert demnach, daß alle Aufrufe von Prozeduren bzw. Unterprogrammen festgestellt werden und der Datenfluß an der Schnittstelle geprüft wird. Dieser Teil des Design Recovery kann relativ einfach und maschinell durchgeführt werden.

In einem ersten Schritt werden alle Aufrufe von Modulen ermittelt und in einer Matrix dargestellt [CDM90]. Der zweite Schritt besteht nun darin, den expliziten Datenfluß an den Schnittstellen herauszufinden (Input- und Output-Parameter eines Moduls). Dabei müssen zunächst die formalen Parameter der Schnittstellen durch die aktuellen Parameter des Prozeduraufrufes ersetzt werden. Diese Variablen, die zwischen den Modulen als Input- bzw. Outputparameter fungieren, werden dann an den Kanten des Structure Charts zwischen dem aufrufenden und dem gerufenen Modul eingetragen.

Das mit einem Structure Chart dargestellte Design eines Programms liefert demnach Informationen über die effektive Aufrufstruktur der Module untereinander sowie deren expliziten Datenaustausch an den Schnittstellen.

Damit man jedoch neben dem expliziten Datenaustausch über Modulschnittstellen auch den impliziten Datenaustausch über globale Variablen ermitteln kann, bedienen wir uns der Generierung von sogenannten Nesting Trees.

1.2.5.2 Generieren von Nesting Trees

Ein Nesting Tree (NT) besteht aus einer Menge von Knoten, die die Module des Systems repräsentieren, und einer Menge von Kanten als geordnete Paare (n_i, n_j) der Relation *"directly nested"* [WCW88]. Diese Relation bedeutet, daß ein Modul n_j (d.i. eine Prozedur oder eine Funktion) direkt in einem anderen Modul n_i deklariert (*nested*) ist.

Das nachstehende Beispiel aus [WCW88] zeigt eine Deklaration von Prozeduren und deren Repräsentation als Nesting Tree (siehe Abbildung 1.12).

Nesting Trees eines Programms können von unterschiedlichen Programmsichten aus generiert werden. Einerseits kann man mit einem Nesting Tree die Verschachtelung der Deklarationen von Prozeduren und Funktionen darstellen, andererseits kann man mit Hilfe der Sichtbarkeitsregeln (der zugrunde liegenden Programmiersprache) den Gültigkeitsbereich einer Variable ermitteln. Dieser Gültigkeitsbereich kann dann in einem Nesting Tree oder einer Sichtbarkeitsbereichsmatrix für jede Variable im System dargestellt werden.

```
begin
  PROCEDURE A;

    PROCEDURE B;

      PROCEDURE D;
      begin ... end D;

      PROCEDURE E;
      begin ... end E;

    begin ... end B;

    PROCEDURE C;

      PROCEDURE F;
      begin ... end F;

      PROCEDURE G;
      begin ... end G;

    begin ... end C;

  begin ... end A;
end;
```

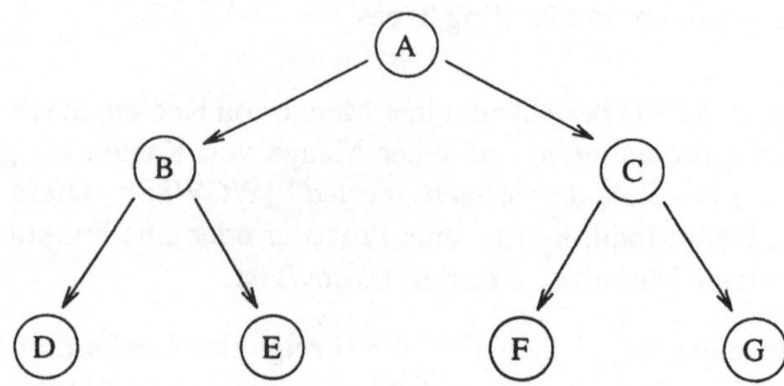

Abbildung 1.12: Nesting Tree

Nesting Trees von Modulen können tool-unterstützt erstellt werden, indem die Deklarationen stufenweise untersucht werden. Nesting Trees von Variablen werden mittels Untersuchung der Verwendung einer jeden Variable in Modulen ermittelt.

Die Design-Information, die mit Nesting Trees aus einem Programm gewonnen werden kann, vervollständigt das durch Structure Charts in einem ersten Schritt erhaltene Design in dem Sinne, daß nun auch Informationen über die Sichtbarkeit von Variablen und Modulen vorliegen.

1.2.5.3 Generieren von Datenflußdiagrammen

Datenflußdiagramme werden vor allem in der System-Design-Phase verwendet, um den Datenfluß sowie die Datentransformation (ersetzen der formalen Parameter von Prozeduren durch die aktuellen Parameter) zu modellieren.

Diese ursprünglich streng *top-down* angewandte Methode der Datenmodellierung eignet sich genausogut auch für das *bottom-up* Generieren von Datenflußdiagrammen aus bestehendem Programmcode. Die Schwierigkeit bei der *reverse* Erzeugung von Datenflußdiagrammen liegt in den verschiedenen Ebenen, die notwendig sind, um die Übersichtlichkeit und somit die Verständlichkeit gewährleisten zu können.

Die hier angeführte Methode zur Erzeugung von Datenflußdiagrammen aus Code geht auf die Arbeiten von Benedusi, Cimitile und De Carlini [BCD89], [BCD92] zurück.

Der erste Schritt im Erzeugen eines Datenflußdiagramms aus Code besteht darin, eine möglichst umfassende statische Analyse des Programms durchzuführen. Bevor es aber zu einer Anwendung dieser kommen kann, müssen einige Problemfälle, die im vorliegenden Programm auftreten können, in die Betrachtungen miteinbezogen werden:

- Programme sind nur selten in sinnvolle Modulstrukturen aufgeteilt
- Redundanzen (Daten wie Funktionen bzw. Prozeduren) sind ein steter Bestandteil eines Programms
- Die Sichtbarkeitsbereiche von Daten wie Prozeduren sind zum Teil weiter ausgedehnt als für das Programm notwendig bzw. überhaupt sinnvoll

Will man das prozedurale Ausgangssystem von solchen Problemfällen befreien, so muß man u.U. große Teile des Source Codes ändern. Man bedenke dabei, daß die Elimination von Attribut-Redundanzen, d.h. die Normalisierung der Daten auf 2. bzw. 3. Normalform, sehr viele Programmstellen betrifft.

Führt man ein komplettes Re-Engineering des Ausgangsystems durch, so stellt sich die Elimination von solchen Problemfällen als schwieriges Problem heraus. Dem Aspekt der Restrukturierung aktueller Modulstrukturen in sinnvoll zusammenhängende Teile widmeten sich u.a. Choi und Scacchi in [CS90], wobei sie sich auf große Systeme konzentrierten.

Redundanzen und Sichtbarkeitsbereiche betreffen vorwiegend das Erzeugen von Datenflußdiagrammen aus Source Code, währenddessen sich wenig sinnvolle Modulstrukturen vermehrt im Erzeugen von Structure Charts negativ auswirken können.

Datenflußdiagramm

Den Ausgang für die Generierung eines Datenflußdiagramms bildet das Structure Chart des Programms, dessen genaue Erzeugung im vorangegangenen Abschnitt 1.2.5.1 erläutert wurde. Wir gehen in der Folge davon aus, daß die Anzahl der Verfeinerungen (=Ebenen) des Datenflußdiagramms der Anzahl der Ebenen des Structure Charts entsprechen soll.

Für die Analyse der Sichtbarkeitsbereiche werden in jedem Modul bzw. jeder Prozedur folgende Teile untersucht [BCD89]:

- Deklarationsteil: welche Variablen, Konstanten und formale Parameter sind im Modul vorhanden

- *non-calling instructions* (die Aufrufe anderer Module bzw. Prozeduren sind ja bereits aus dem Structure Chart ersichtlich):
  - *external writings* (EW): Schreibeoperationen auf Files
  - *external readings* (ER): Leseoperationen von Files
  - *internal writings* (IW): Output zu anderen Modulen/Prozeduren
  - *internal readings* (IR): Input von anderen Modulen/Prozeduren
- Die Liste der aktuellen Parameter assoziiert mit den formalen Parametern des aktivierten Moduls

Zusätzlich zu der vorgeschlagenen Analyse eines jeden Moduls ist es wichtig, den Sichtbarkeitsbereich von Variablen, die in einem Modul entweder verwendet (*used*) oder auch manipuliert (*defined*) werden, zu untersuchen.

Zur Rekonstruktion des Datenflusses in einem prozeduralen Programm ist es notwendig, die globalen Variablen zu identifizieren. Dabei untersucht man die statische Verschachtelung (*nesting*) der Prozeduren im Source Code.

Für das gesamte Programm wird eine *Variable/Prozedur*-Matrix nach Benedusi, Cimitile und De Carlini [BCD92] erstellt. Eine solche Variable/Prozedur-Matrix zeigt die statische Verschachtelung von Prozeduren und die Sichtbarkeitsbereiche von Variablen in Abhängigkeit von den Sichtbarkeitsregeln der zugrundeliegenden Programmiersprache (in unserem Fall handelt es sich um Turbo Pascal). Bei der Erstellung einer solchen Variable/Prozedur-Matrix geht man folgendermaßen vor:

1. Ersetze in jedem Modul die formalen Parameter durch die aktuellen Parameter (damit erhält man die aktuellen Variablen des Programms und überblendet die in diesem Schritt für die statische Analyse unwichtigen formalen Parameter).

2. In jedem Modul wird jede Instruktion auf die Deklaration, Definition oder Verwendung einer Variablen abstrahiert. Es entstehen dabei drei Mengen von Variablen: Deklarierte (*declared*), definierte (*defined*) und verwendete (*used*) Variablen.

3. In *depth-first*-Reihenfolge werden die lokal definierten Variablen gefiltert: In jeder Ebene werden die lokal deklarierten Variablen untersucht, ob diese in einem aufgerufenen (nachfolgenden) Modul verwendet oder definiert werden. Ist dies nicht der Fall, hat die Variable nur lokale Bedeutung und kann aus den drei Mengen gestrichen

werden. Hat ein Modul keinen Nachfolger[2], d.h. es gibt keinen weiteren Aufruf eines anderen Moduls, so werden einfach die lokalen Variablen aus den Mengen *declared*, *used* und *defined* gestrichen.

Das nachstehende Beispiel soll verdeutlichen, wie man aus einem prozeduralen Programm eine solche Matrix erstellen kann. Im Programm wurden dabei alle dafür irrelevanten Teile weggelassen und folgende Abkürzungen verwendet:

$dcl(v)$ ... Deklaration einer Variablen v
$d(v)$ ... Definition einer Variablen v
$u(v)$ ... Verwendung einer Variablen v

```
program ifas;
   {keine Konstanten}
   dcl(auswahl:BYTE);

   procedure auswahl_fenster(VAR ch:BYTE);
   dcl(x,y:BYTE);
   begin
     d(x); d(y);
     d(ch);
     repeat
       u(x); u(y);
       d(ch);
     until cond(ch);
   end;

   begin {ifas}
     repeat
       auswahl_fenster(auswahl);
     until cond(auswahl);
   end. {ifas}
```

Die aufgrund der statischen Schachtelung der Prozeduren entstehende Variable/Prozedur-Matrix hat dann das in Tabelle 1.2 dargestellte Aussehen.

Die Abkürzung 'DLEV' bezeichnet in der Tabelle 1.2 die jeweilige Deklarationsebene einer Prozedur. Das Ergebnis ist demzufolge eine Variable/Prozedur-Matrix, die sämtliche Informationen über die Variablen des Systems beinhaltet:

---

[2] Man spricht in diesem Fall von einem *Terminal-Modul*.

	Deklarationen		Prozeduren	
DLEV	Prozeduren	Variable	ifas	auswahl_fenster
0	ifas	auswahl	u	du
1	auswahl_fenster	x		du
		y		du

Tabelle 1.2: Variable/Prozedur-Matrix

- Deklaration und Sichtbarkeit
- Verwendung und Definition

Ein weiterer Schritt besteht nun in der Eliminierung von Problemfällen, die aufgrund der Variable/Prozedur-Matrix festgestellt werden können.

Wird eine Variable in einer Ebene lediglich deklariert (also weder definiert noch verwendet) und nur in einem einzigen direkt nachfolgenden Modul verwendet oder definiert, sollte die Variable besser in diesem nachfolgenden Modul deklariert werden, um eine sinnvolle Sichtbarkeit zu erreichen.

Hat man diese Problemfälle aus den jeweiligen Variablendeklarationen entfernt, so wird die Analyse der globalen Daten noch einmal durchlaufen, um diese Variablen, die jetzt nur mehr lokale Bedeutung haben, aus der Matrix der globalen Daten zu entfernen. Gerade jene Variablen (bzw. deren Deklaration), die durch die Filterung des oben genannten Problemfalles in ein Nachfolgemodul verschoben wurden, können dort plötzlich nur mehr lokale Bedeutung besitzen. Aus diesem Grund werden sie iterativ aus der Matrix der globalen Variablen entfernt.

In einem Datenflußdiagramm muß für jedes Modul M seine Funktionalität repräsentiert werden, die sich wie folgt zusammensetzt:

- Die Funktionalität aller Module des Aufrufbaumes von M, d.s. alle direkt oder indirekt von M aufgerufenen Module
- Die restlichen Operationen des Moduls M, die keine Modulaufrufe darstellen

Die Methode zur Erzeugung von Datenflußdiagrammen kann in drei Phasen unterteilt werden [BCD89]: **Methode**

1. Ersetzen der formalen durch die aktuellen Parameter
2. Zuordnung der Module (= Knoten aus dem Structure Chart) zur entsprechenden Ebene im Datenflußdiagramm
3. Identifikation der *data stores* in jeder Ebene des Datenflußdiagramms und ihre Relation zu den (Daten-)Prozessen derselben Ebene

Zuerst ersetzt man, wie oben beschrieben, die formalen durch die aktuellen Parameter in *depth-first*-Reihenfolge und bildet für jedes Modul seine *non-calling instructions* erster Stufe: EW1, ER1, IW1, IR1. Man erhält somit vier Mengen, die die Ein-/Ausgabe eines Moduls charakterisieren.

Danach verwirft man alle lokal deklarierten Variablen aus den sogenannten *Terminal-Modulen* (das sind Module, die selbst keine weiteren Module aufrufen). Wieder geht man in *depth-first*-Reihenfolge daran, aus den Input-Daten IR1 und ER1 des Moduls jene Variablen zu eliminieren, die in keinem Nachfolger definiert (beschrieben) werden. Diese Variablen sind demzufolge in den Mengen IW1 und EW1 der nachfolgenden Module nicht vorhanden und haben somit nur lokale Bedeutung. Dasselbe wird gleichzeitig für alle Output-Daten IW1 und EW1 des Moduls durchgeführt, wobei alle Variablen eliminiert werden, die in keinem nachfolgenden Modul gelesen werden. Man erhält daraus die Mengen EW2, ER2, IW2 und IR2.

Als Ergebnis enthalten die Input-/Output-Mengen der Module jene Variablen, die nicht nur lokalen Einfluß auf ein Modul haben, sondern den tatsächlichen Datenfluß zwischen den Modulen des Systems repräsentieren.

Übrig bleibt noch das Herausfiltern der *repositories* (*buffer* und *data stores*) jeder Hierarchiestufe. Dazu werden die von denselben Modulen importierten und/oder exportierten Variablen – zur vereinfachten Darstellung im Datenflußdiagramm – in einen *buffer* bzw. ein *data store* zusammengefaßt.

Die Anwendung der obigen Vorgangsweise führt letztendlich zur Generierung eines Datenflußdiagramms, das aber, im Unterschied zu einem *top-down* erzeugten Datenflußdiagramm, einen geringeren Abstraktionsgrad aufweist. Dies liegt vor allem darin begründet, daß die Prozesse und der Datenfluß aufgrund des Detaillierungsgrades des vorliegenden Programmcodes spezifischer und detailtreu sind, währenddessen ein *top-down* generiertes Datenflußdiagramm noch einen gewissen Freiraum für die Implementierung beläßt.

Sinnvollerweise werden wir die Ergebnisse aus der Erzeugung des Datenflußdiagramms (Prozesse, *buffer*, *data stores*) dazu benutzen, um auch das Structure Chart daran anzupassen. Somit wird einerseits die gleiche Benennung von zusammengefaßten Variablen verwendet und andererseits der durch die Eliminierung von Problemfällen (Sichtbarkeit von Variablen) restrukturierte Datenfluß ins Structure Chart übernommen.

Kapitel 2

Objektorientierte Anwendungsmodellierung

Objektorientierung hat in den letzten Jahren in allen Bereichen der Software-Entwicklung steigende Bedeutung erlangt. Objektorientierung wird heute vielfach überschätzt und geradezu euphorisch gepriesen, eine Beurteilung der sich die Autoren jedoch nicht vorbehaltlos anschließen können.

Dennoch besitzt die Objektorientierung, obwohl sie nicht als Wundermittel zur Lösung aller Software-Engineering-Probleme betrachtet werden darf, doch einige Vorteile gegenüber herkömmlichen Software-Entwicklungsmethoden, wie z.B.:

- Der objektorientierte Ansatz ist ein sehr natürlicher Ansatz zur Modellierung der realen Welt. Die Konzepte der realen Welt lassen sich in einem objektorientierten Modell oftmals einfach repräsentieren. Dadurch ergeben sich i.a. gut lesbare Entwürfe, die auch mit dem Anwender diskutiert und abgeklärt werden können.

  Der objektorientierte Ansatz ist stärker an der Problemstrukturierung orientiert als beispielsweise strukturierte Methoden, deren Module oft schwieriger auf Konzepte der realen Welt rückführbar sind.

- Die Umsetzung der Analyse in einen Entwurf bzw. eine Implementierung wird durch das objektorientierte Paradigma gut unterstützt. Die Objekthierarchie beispielsweise läßt sich einfach in eine konkrete Klassenhierarchie zur Realisierung umsetzen (vorausgesetzt es wird auch eine objektorientierte Programmiersprache zur Implementierung verwendet).

- Der objektorientierte Ansatz unterstützt eine flexible Modellierung von Systemen, d.h. Systeme werden leichter an Änderungen adaptierbar. Dies wird wiederum durch die direkte Abbildung zwischen Konzepten der realen Welt und jenen des objektorientierten Modells erreicht. Darüber hinaus unterstützen verschiedene Mechanismen des objektorientierten Paradigmas, wie z.B. jenes der Vererbung oder jenes der strengen Kapselung, diese Flexibilität.
- Das Konzept der Wiederverwendbarkeit – in jüngster Zeit Gegenstand intensiver Diskussionen – wird durch den objektorientierten Ansatz in vielfältiger Weise unterstützt: Die bereits zuvor erwähnten Konzepte der Vererbung, Kapselung u. dgl. erhöhen nicht nur die Wartbarkeit, sondern auch die Wiederverwendbarkeit von Systemen bzw. Systemteilen (z.B. unabhängige Verwendung von Objekten oder keine Seiteneffekte) Außerdem sind Objekte (als Abbildung der realen Welt) i.a. wesentlich "stabiler" als Funktionen, die im Zuge herkömmlicher Methoden primär modelliert werden (z.B. Objekte, wie "Dokument" oder "Kunde") sind über verschiedene Applikationen hinweg leichter wiederverwendbar als spezielle Funktionen).

Wie aus diesem kurzen Diskurs deutlich wird, bietet das objektorientierte Paradigma einige Konzepte, die zu einer signifikanten Verbesserung der Wartbarkeit, als auch Wiederverwendbarkeit von Software-Systemen führen können. Die Betonung im vorigen Satz liegt auf dem Wort "können", denn Objektorientierung alleine muß noch nicht zu einer guten Analyse bzw. einem guten Entwurf führen. Es gibt z.B. Fälle, in welchem sich keine natürliche Abbildung zwischen realer Welt und objektorientiertem Modell finden läßt (z.B. Modellierung von Telekommunikationsprotokollen) bzw. eine solche nur künstlich erzwungen werden kann, was vielfach zu unbrauchbaren Ergebnissen führt.

Es sei also an dieser Stelle nochmals erwähnt, daß das objektorientierte Paradigma wichtige Vorteile gegenüber herkömmlichen Entwicklungsmethoden bietet, die vom Software-Entwickler aber auch richtig genutzt und umgesetzt werden müssen.

In den folgenden Abschnitten dieses Kapitels wollen wir uns daher mit den wichtigsten Grundlagen der objektorientierten Analyse (OOA) und des objektorientierten Entwurfs (OOD) beschäftigen, um später bei der Beschreibung einer konkreten objektorientierten Reverse-Engineering-Methode auf diese Konzepte aufbauen zu können.

2.1 Objektorientierte Analyse und Design – Eine Einführung

Im Gegensatz zur strukturierten Analyse und zum strukturierten Entwurf gibt es in der objektorientierten Analyse bzw. Entwurf eine viel weniger scharfe Trennlinie zwischen diesen beiden Phasen der Software-Entwicklung. Während bei der strukturierten Analyse und dem strukturierten Entwurf eine solche Trennung durch den methodenbedingten Strukturbruch bei der Transformation von der Analyse in den Entwurf deutlich wird, haben die objektorientierte Analyse und der objektorientierte Entwurf einen fließenden Übergang. Auch in der Literatur wird der Übergang zwischen diesen beiden Phasen unterschiedlich interpretiert. Analyseschritte mancher Methoden sind in anderen beispielsweise bereits Teil des Entwurfs und umgekehrt.

Objektorientierte Analyse und Entwurf ergänzen sich in der Durchgängigkeit der Modellierung der Objekte der realen Welt bis hin zur Umsetzung derselben in einer objektorientierten Implementierung.

Beide Phasen verwenden die gleichen objektorientierten Modellierungskonstrukte (i.e. Objekte, Klassen, Attribute, Operationen), beschäftigen sich jedoch mit der Modellierung verschiedener Bereiche: Während die objektorientierte Analyse die Komponenten der realen Welt (des sogenannten Problemraumes) beschreibt, ist das Ziel des objektorientierten Entwurfs die Modellierung jener Komponenten, die für die Umsetzung der Anforderungen in einer Systemumgebung notwendig sind (z.B. Klassen/Objekte zur Realisierung der Mensch-Maschine-Schnittstelle, zur Verwaltung der Daten oder zur Prozeßverwaltung).

Es stellt sich nunmehr gerade in bezug auf objektorientiertes Design die Frage nach geeigneten Analysemethoden, die den objektorientierten Entwurf optimal ergänzen. Insbesondere klassisch strukturierte bzw. algorithmisch basierte Analysemethoden können das objektorientierte Design erheblich verkomplizieren.

Eine sorgfältige Untersuchung und Auswahl der mit dem objektorientierten Entwurf zu kombinierenden Analysemethoden erscheint daher von besonderer Bedeutung.

Dem Software-Entwickler bieten sich u.a. folgende Alternativen zur Durchführung der Anforderungsanalyse:

1. *Informale Spezifikation*

   Informale (natürlichsprachliche) Spezifikationen sind eine sehr einfache, aber auch problematische Methode der Analyse. Diese u.a. von R. Abbott [Abb83] vorgeschlagene Methode reduziert die Identifikation von Objekten und Operationen auf die in der natürlichsprachlichen Beschreibung des Problemraumes enthaltenen Substantive (entsprechen den Objekten) und Verben (entsprechen den Operationen).

Derartige Ansätze können aufgrund der allgemein bekannten Probleme natürlichsprachlicher Spezifikationen (Unexaktheit der natürlichen Sprache) jedoch nur im experimentellen Bereich angesiedelt werden und bilden daher keine geeignete Ausgangsbasis für ein objektorientiertes Design.

2. *Strukturierte Analyse*

   Eine mögliche Analysemethode als Ausgangsbasis für ein objektorientiertes Design ist sicherlich die strukturierte Analyse, beschrieben u.a. von Yourdon [You89], DeMarco [DeM79], Gane und Sarson [GS79] bzw. Ward und Mellor [WM85].

   Vorteile dieser Analysemethode sind ihre weite Verbreitung unter Software-Entwicklern, ihr hoher Reifegrad, aber auch eine reiche Unterstützung durch existierende CASE-Tools.

Identifikation von Klassen/ Objekten

Es gibt unterschiedliche Ansätze zur Ableitung von Klassen, Objekten bzw. Operationen aus den Dokumenten der strukturierten Analyse (z.B. Structure Charts oder Datenflußdiagramme). Beispielsweise schlägt Booch [Boo91] vor, aufbauend auf Datenflußdiagrammen (in der Terminologie von Ward und Mellor [WM85]) folgende Entitäten als Objekte zu identifizieren:

- external entities
- data stores
- control stores
- control transformations

Klassen könnten nach seiner Vorgangsweise aus

- data flows
- control flows

abgeleitet werden.

Bei der Verwendung von strukturierten Analysemethoden als Ausgangsbasis für das objektorientierte Design muß jedoch berücksichtigt werden, daß das ursprünglich auf die strukturierte Analyse folgende strukturierte Design grundsätzlich orthogonal zu den Prinzipien des objektorientierten Design ist. Die Datenflußdiagramme der strukturierten Analyse sollten auf keinen Fall das System-Design widerspiegeln, sondern ausschließlich die grundlegenden Konzepte des Problemraumes beschreiben.

Es ist daher äußerst schwierig und problematisch, einen objektorientierten Entwurf aus algorithmisch zerlegten (analysierten) Systemen zu generieren.

3. *Objektorientierte Analyse*

   Objektorientierte Analyse versucht die Klassen und Objekte des Problemraumes zu beschreiben. Objektorientiertes Design definiert dazu jene Komponenten (Objekte, Klassen u. dgl.), die notwendig sind, um die Anforderungen in einer Systemumgebung umzusetzen. Objektorientierte Analyse eignet sich aufgrund ihrer ergänzenden Ausrichtung – wie nicht anders zu erwarten – optimal als Ausgangsbasis für das objektorientierte Design.

   Methoden

   Es gibt unterschiedliche Vorgangsweisen, Klassen bzw. Objekte aus dem Problemraum abzuleiten. Die bedeutendsten sind (ohne bewertende Reihenfolge) jene von Bailin (Object-Oriented Software-Specification) [Bai89], Wirfs-Brock et al. (Responsibility Driven Design) [WWW90], Booch (Object-Oriented Design) [Boo91], Jacobson et al. (Object-Oriented Software-Engineering) [JCJÖ92], Martin und Odell (OOA & OOD) [MO92], Shlaer und Mellor [SM88] [Lan93], die objektorientierte strukturierte Analyse (OSA) von Embley, Kurtz und Woodfield [EKW92], die objektorientierte Modellierungstechnik (OMT) von Rumbaugh et al. [RBP+91] oder die objektorientierte Analyse (OOA) von Coad und Yourdon [CY91a].

2.2 Objektorientierte Systemanalyse

2.2.1 Einleitung

Nachdem wir uns – basierend auf den Ergebnissen der vorangegangenen Diskussion – entschlossen haben, objektorientierte Analysemethoden für die Erstellung eines objektorientierten Anwendungsmodells zu verwenden, wollen wir im folgenden Abschnitt die objektorientierte Analyse näher erläutern.

Prinzipiell eignen sich die meisten der bekannten objektorientierten Analysemethoden für eine solche objektorientierte Anwendungsmodellierung. Aufgrund der Einfachheit der Methodik sowie der damit verbundenen guten Übersichtlichkeit, wollen wir uns in diesem Buch auf die objektorientierte Analysemethode von Coad und Yourdon [CY91a] mit deren dazugehörenden objektorientierten Design-Methode [CY91b] beschränken und im folgenden kurz deren grundlegende Konzepte erläutern.

2.2.2 Der Problemraum

Anwendungsdomäne

Bei der Durchführung von Projekten stellen sich dem Systemanalytiker eine Reihe von Problemen, wie z.B. das Verstehen der Anwendungsdomäne, Kommunikationsprobleme zwischen dem Systemanalytiker und den Spezialisten aus der Anwendungsdomäne (diese müssen nicht gleich die späteren Benutzer sein), die laufende Änderung der Anforderungen oder die Wiederverwendungsproblematik. Beispiele für zuvor erwähnte Anwendungsdomänen sind u.a. Finanzbereich, Flugkontrollsystem, Versicherungen und Telekommunikation. All diese Anwendungsdomänen besitzen unterschiedliche Konzepte, verwenden eine eigene Terminologie u. dgl.

Die Untersuchung der Anwendungsdomäne kann mit dem Verstehen des Problemraumes gleichgesetzt werden, d.h. der Systemanalytiker muß – trotz der oben angeführten Probleme – den Problemraum bis zu einem bestimmten Grad verstehen, um diesen modellieren zu können.

Für die Bewältigung der Komplexität des Problemraumes bieten sich verschiedene – in der Literatur ausführlich diskutierte [Mey88], [Weg87], [Par72] – Mechanismen an, zu welchen im Bereich der objektorientierten Modellierung u.a. folgende zählen:

- Abstraktion
  - *procedural abstraction*

    Diese sehr häufig vom Anforderungsanalytiker verwendete Art der Abstraktion wird auch als "Funktions-/Subfunktions"-Abstraktion bezeichnet. Ein charakteristisches Werkzeug für diese Abstraktion ist das Structure Chart.

– *data abstraction*

Das Prinzip der Datenabstraktion wird in der objektorientierten Analyse durch die Definition von Attributen und Methoden (Services) eines Objektes realisiert, wobei der Zugriff auf den Zustand eines Objektes nur über seine Methoden erfolgen kann.

- Kapselung (Information Hiding)

  Das objektorientierte Paradigma setzt das Konzept des *information hiding* im Sinne von D.L. Parnas [Par72] konsequent um. Bereits Parnas forderte, daß ein Modul nur bestimmte Informationen anderen Modulen sichtbar macht, bestimmte Informationen (z.B. Implementierungsdetails) jedoch vor anderen Modulen versteckt. Objekte präsentieren über eine genau definierte Schnittstelle alle nach "außen" sichtbaren Attribute bzw. Operationen, alle weiteren Details bleiben verborgen und können daher von anderen Objekten nicht verwendet oder manipuliert werden.

- Vererbung

  Das Konzept der Vererbung ist ein äußerst mächtiges Konzept zur Bewältigung von Komplexität und stellt eines der wichtigsten Prinzipien des objektorientierten Paradigmas im Unterschied zu herkömmlichen Entwicklungsparadigmen dar.

  Vererbung bedeutet die Weitergabe von Eigenschaften, die einmal spezifiziert werden und dann spezialisiert bzw. generalisiert werden können. Die Weitergabe erfolgt entlang einer baumartigen (Einfachvererbung) bzw. gitterförmigen (Mehrfachvererbung) Vererbungshierarchie.

  Durch die Vererbung von Eigenschaften kann das Prinzip der Wiederverwendung äußerst effektiv umgesetzt werden.

- Informationsorganisation

  Die gesamte Information muß für eine Verwendung strukturiert werden. Dazu bieten sich im Zuge der objektorientierten Analyse folgende wichtige Konzepte an:

  – Objekte und deren Attribute
  – die *Whole-Part*-Struktur (*part-of*)
  – die Klassifikationsstruktur (*is-a*)

2.3 Grundlegende Konzepte der objektorientierten Analyse

Wie aus den Ausführungen der vorigen Abschnitte bereits bekannt, beschäftigt sich der Systemanalytiker bei der objektorientierten Analyse mit der Bewältigung und Organisation der Komplexität des Problemraumes (jenes Teils der realen Welt, der für die Modellierung des Informationssystems von Bedeutung ist).

Die objektorientierte Analyse basiert dazu auf folgenden grundlegenden Konzepten:

- Darstellung der Anforderungen durch die zuvor erwähnten Organisationsprinzipien ("Objekte und deren Attribute", *Whole-Part*-Struktur, Klassifikationsstruktur).
- Zusammenfassung von Attributen und Services als Ganzes zu Objekten.
- Minimierung der gegenseitigen Objektabhängigkeiten. Ein Prinzip, das nicht neu, sondern bereits aus der strukturierten Analyse bekannt ist.
- Verwendung einer einheitlichen und konsistenten Darstellungsweise für die Analyse- und Design-Phase (Integration von objektorientierter Analyse (OOA) und objektorientiertem Design (OOD)).[1]

Die meisten objektorientierten Analyse- und Entwurfsmethoden eignen sich für die Untersuchung und Beschreibung von Systemen in unterschiedlichen Anwendungsdomänen und sind daher universell einsetzbar.

Der Prozeß der objektorientierten Analyse nach Coad und Yourdon [CY91a] erfolgt in mehreren Schritten:

1. Identifikation der Klassen und Objekte
2. Definition der Klassen- bzw. Objekt-Attribute (sowie Attribut-Relationen)

[1] Diese Integration ist in den meisten objektorientierten Analysemethoden, auch in jener von Coad und Yourdon, vorgesehen.

3. Definition der Klassen- bzw. Objekt-Services (sowie Service-Relationen)
4. Identifikation von Strukturen

Im folgenden werden die einzelnen Schritte der objektorientierten Analyse genauer diskutiert.

2.3.1 Identifikation der Klassen und Objekte

Unter einem Objekt versteht man die Abstraktion von Entitäten des Problemraumes, über welche das zu entwickelnde System Informationen benötigt.[2] Anders betrachtet ist ein Objekt die Kapselung von Attributen und den exklusiv zu diesen Attributen gehörenden Operationen (Services). Die Beschreibung eines oder mehrerer Objekte mit einer Menge ähnlicher Attribute bzw. Operationen bezeichnet man als Klasse. Im Sinne dieser einfachen Definition kann eine Klasse auch als "Schablone" zur Erzeugung von Objekten interpretiert werden. Die Klasse beinhaltet außerdem die Beschreibung, wie ein neues Objekt der Klasse erzeugt wird.

Die Grundvoraussetzung für die Klassen- und Objektidentifikation ist die Untersuchung bzw. das Verständnis der Terminologie des zu beschreibenden Problemraumes. Dazu gehören Gespräche mit Experten der Anwendungsdomäne, sowie die Untersuchung bereits bestehender objektorientierter Analysen ähnlicher (verwandter) Systeme (in derselben oder in verwandten Anwendungsdomänen).

Diese Untersuchung des Problemraumes wird durch die Anfertigung bzw. Verwendung bereits bestehender Abstraktionsmittel (z.B. informale Diagramme) über die Systemkomponenten, den Daten- bzw. Kontrollfluß und die Interaktionen unterstützt.

Kriterien für Klassen/ Objekte

Anschließend stellt sich die Frage, nach welchen Kriterien Klassen bzw. Objekte im Problemraum identifiziert werden können. Coad und Yourdon schlagen dazu folgende Kriterien vor:

- Andere Systeme und Geräte
  Mit welchen anderen Systemen interagiert das zu entwickelnde System? Solche "außenstehende " Systeme werden auch in herkömmlichen SystemAnalysemethoden (z.B. *structured analysis* [You89]) in die Analyse miteinbezogen (*terminators*).

[2] Es soll an dieser Stelle keine allgemeine Einführung in die Objektorientierung erfolgen. Eine solche ausführliche Diskussion würde den Rahmen dieses Buches sprengen.

Unter den Geräten, mit welchen das zu untersuchende System interagiert, sind jedoch keine implementierungsspezifischen Computer-Komponenten (wie etwa Festplatten u. dgl.) zu verstehen, sondern Geräte, mit welchen das System interagiert und welche daher im System "gespeichert" werden müssen (z.B. Sensoren).

- Physikalische Dinge und Ereignisse

  Ereignisse, über welche das System Bescheid wissen muß, d.h. die sich das System merken muß (*events remembered*), werden als Objekte im System repräsentiert (z.B. die Zulassung eines Autos ist ein Ereignis, das in einem Kraftfahrzeugverwaltungssystem repräsentiert werden muß).

  Aus der Intuition heraus erklärt sich die Repräsentation von physikalischen Dingen als Objekte, wenn diese für das System von Interesse sind. Bei einem Kraftfahrzeugverwaltungssystem wird daher auch ein Kraftfahrzeug als Objekt im System repräsentiert werden.

- Rollen

  Personen, die in irgendeinem Zusammenhang mit dem zu untersuchenden System stehen, "spielen" eine Rolle. Diese Rollen von Personen können zwei unterschiedliche Arten aufweisen: Rollen, in welchen die Person mit dem System kommuniziert, d.h. interagiert (z.B. Kunde), und solche, in denen die Person in keinerlei Interaktion mit dem System steht, jedoch trotzdem Information über diese Person im System "gespeichert" werden muß.

- Organisatorische Prozesse

  In vielen Systemen ist es notwendig auch organisatorische Prozesse (*organizational procedures*), wie z.B. den Prozeß der "Abrechnung", als Objekt im System zu repräsentieren, d.h. Informationen darüber zu speichern. Organisatorische Prozesse sind u.U. nicht aus der Beschreibung des Problemraumes erkennbar, aber das System ist direkt für deren Beschreibung verantwortlich.

- Örtlichkeiten und Standorte

  Vielfach ist es für das System von Interesse, Wissen über unterschiedliche Örtlichkeiten (z.B. physikalische Standorte) als Objekte zu repräsentieren und daher darüber Information zu speichern.

- Organisatorische Einheiten

  Unter Umständen ist es auch erforderlich, im System festzuhalten, welchen organisatorischen Einheiten (z.B. Verkauf_Europa, Verkauf_Asien) Personen u. dgl. zugeordnet sind. Dann müssen auch diese organisatorischen Einheiten als Objekte im System repräsentiert werden.

Objekt-/ Klassen-Kandidaten

Aufgrund der zuvor angeführten Punkte können verschiedene Kandidaten für Klassen bzw. Objekte im System identifiziert werden. Es stellt sich nunmehr noch die Frage, ob alle auf diese Weise identifizierten Klassen- bzw. Objektkandidaten auch tatsächlich als Klassen oder Objekte im System repräsentiert werden sollen.

Für diese Entscheidung sollten einige Kriterien berücksichtigt werden:

- Inwiefern ist es für das System notwendig, über das betroffene Objekt auch tatsächlich Information zu speichern? Man berücksichtige in diesem Zusammenhang, daß es durchaus Entitäten des Problemraumes gibt, deren Repräsentation im System nicht erforderlich ist. Diesbezüglich sollte eine sehr strenge Überprüfung erfolgen, da ansonsten eine Vielzahl von Systemobjekten erzeugt wird. Demgegenüber sind unbedingte Erfordernisse der Systemanforderungen zu berücksichtigen, d.h. Objekte, die als reale Objekte im Problemraum existieren und für das System von Bedeutung sind, müssen auch im System repräsentiert werden (auch wenn sie für das Design oder die Implementierung nicht erforderlich wären).
- In enger Verbindung mit der zuvor erwähnten Überprüfung steht auch die Forderung nach der Existenz von Objektattributen. Gibt es überhaupt Attribute für Objektkandidaten? Darüber hinaus sollten die Mehrzahl der Attribute eines Objektes zu jedem Zeitpunkt auch tatsächlich mit einem Wert belegt werden können. Hat ein Objektkandidat nur ein einziges Attribut, so stellt sich die Frage, ob dieses mögliche Objekt nicht als Attribut eines anderen Objektes repräsentiert werden kann. Eine analoge Fragestellung ergibt sich für Klassenkandidaten, die nur ein einziges Objekt beinhalten.

Notation:

Objekte werden durch doppelt gerahmte, *Klassen*, die keine direkt erzeugten Objekte besitzen (z.B. Superklassen in Generalisations- bzw. Spezialisations-Hierarchien) durch einfach gerahmte, abgerundete Boxen repräsentiert. Im oberen Drittel des Objektes bzw. der Klasse wird deren Namen, darunter die Attribute und im untersten Drittel die Operationen (Services) eingetragen.

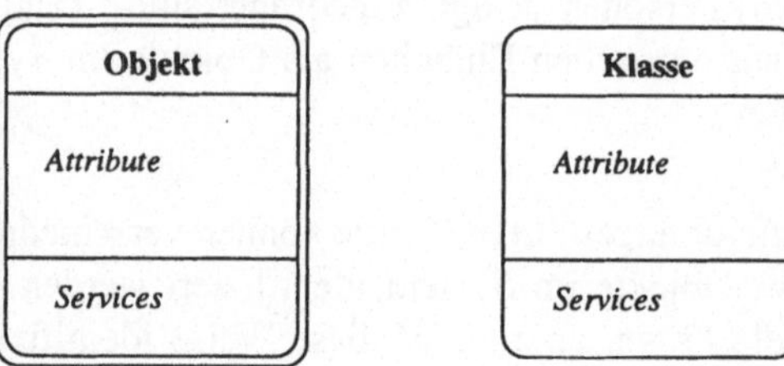

2.3.2 Definition der Objektattribute

Unter einem Attribut versteht man Daten, die einen Teil der Zustandsinformation eines Objektes enthalten. Jedes Attribut erhält in jedem Objekt eine eigene Wertebelegung. Durch die Attribute wird der "innere Zustand" eines Objektes repräsentiert. Die Manipulation von Attributen eines Objektes erfolgt ausschließlich durch die Operationen (i.e. Services) des betreffenden Objektes.

Objekt-attribute

Für die Definition der Attribute von Objekten muß wiederum ein Analyse- und Auswahlprozeß – ähnlich dem zuvor erwähnten – durchgeführt werden:

1. Identifikation der Attribute:
   Für jedes Objekt stellt sich die Frage, durch welche Attribute sein innerer Zustand beschrieben werden soll. Diese Beschreibung sollte derjenigen im Problemraum entsprechen und für das System auch wirklich relevant sein (vgl. diesbezügliche Aussagen in den vorigen Abschnitten). Insbesondere sollte in diesem Zusammenhang die Frage nach den möglichen Zuständen des Objektes in Abhängigkeit von der Zeit berücksichtigt werden.

2. Positionierung der Attribute:
   Die Zuordnung der Attribute zu den Objekten erfolgt im allgemeinen nach "natürlichen" Kriterien. Ist es jedoch nicht klar, welchem Objekt ein Attribut zugeordnet werden soll, so muß der Problemraum zur Entscheidung herangezogen werden: Die Attribute sollten die reale Welt modellieren. Dadurch wird eine optimale Stabilität und Konsistenz des Modells erreicht.

   Für Generalisierungs-/Spezialisierungsstrukturen sollten gemeinsame Attribute so "hoch wie möglich" innerhalb der Hierarchie positioniert werden.

3. Identifikation von *instance connections*:
   Da Attribute den inneren Zustand eines Objektes charakterisieren und dieser Zustand von anderen Objekten abhängig sein kann, müssen auch diese Zusammenhänge zwischen Objekten[3] modelliert werden. Dazu dienen die *instance connections*, die zur Modellierung der Attribut-Relation dienen.

   Notation:

   Instance connections werden durch Linien zwischen den in Beziehung stehenden Objekten mit der zugehörigen Kardinalität in beiden Richtungen dargestellt. Die Kardinalität legt mengenmäßige Bedingungen zwischen den durch die Attribut-Relation verbundenen Objekten fest.

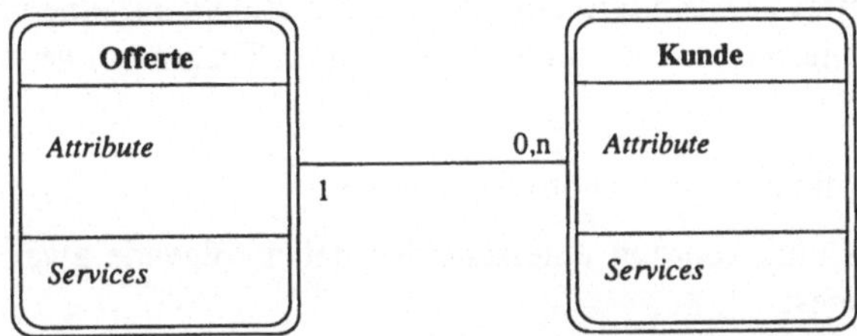

   In diesem Beispiel ist eine `Offerte` genau einem `Kunden` zugeordnet, wogegen jeder `Kunde` kein (0) oder beliebig viele (n) `Offerten` erhalten kann.

4. Spezifikation der Attribute:
   Jedes Attribut wird durch einen Namen und eine zugehörige Beschreibung spezifiziert. Diese zusätzliche Beschreibung enthält Informationen, wie etwa die Maßeinheit, den zulässigen Wertebereich, die Genauigkeit, erforderliche Voraussetzungen u. dgl.

   Die zusätzliche Beschreibung der Attribute wird nicht in die graphische Repräsentation eingetragen.

2.3.3 Definition der Objekt-Services

Services (Methoden) beschreiben das Verhalten eines Objektes. Services manipulieren die Attribute des Objektes und beeinflussen somit den Zustand

[3] Objekte werden manchmal auch als Instanzen oder Inkarnationen von Klassen bezeichnet. Daher hat sich für Objekte auch die Bezeichnung Instanz (engl. instance) eingebürgert.

des Objektes. Außerdem wird durch die Service-Definition die notwendige Kommunikation zwischen den Objekten (genauer zwischen den Services der Objekte) festgelegt.

Objekt-Services

Die Definition der Services erfolgt in mehreren Schritten:

1. Identifikation der Objektzustände:

   Jedes Objekt durchläuft im Laufe seines "Lebenszyklus" eine Reihe von Zuständen, die jeweils durch den Wert der Attribute repräsentiert werden.

   Um die Objektzustände zu identifizieren, muß daher die Wertebelegung der Attribute des Objektes in Abhängigkeit von der Zeit untersucht werden. Die Darstellung der Objektzustände erfolgt in einem *Objektzustandsdiagramm*. Für die Notation kann eine übliche Darstellungsweise, z.B. ein State-Transition-Diagramm verwendet werden.

2. Identifikation der benötigten Services:

   Coad und Yourdon unterscheiden dabei folgende zwei Arten von Services:

   (a) Algorithmisch einfache Services: Darunter versteht man all jene Services, die nach ähnlichen Prinzipien funktionieren, wie z.B. die Instanzierung eines Objektes (`create`), das Verbinden von Objekten (`connect`), das Löschen eines Objektes (`release`) oder die Überprüfung von Werten u. dgl.

   (b) Algorithmisch komplexe Services: Diese werden wiederum in zwei Subkategorien unterteilt:

      i. Services, die ein Ergebnis aus den Attributen eines Objektes berechnen (`calculate`).

      ii. Services, die ein externes System oder Gerät überwachen (`monitor`).

   Zur Definition von algorithmisch komplexen Services betrachtet man die erforderlichen Wertebelegungen der Attribute sowie die Anforderungen aus dem Problemraum.

3. Identifikation der *message connections*:

   Eine *message connection* beschreibt die Abhängigkeit zwischen Services verschiedener Objekte. Durch eine Nachricht (*message*) wird der Service eines anderen Objektes aufgerufen und dessen Ergebnisse vom aufrufenden Service verwendet. Durch die Definition der *message connections* wird sozusagen die Dynamik des gesamten objektorientierten Systems festgelegt.

Notation:

Eine *message connection* wird durch einen Pfeil zwischen den zwei beteiligten Objekten (vom Sender zum Empfänger der Nachricht) charakterisiert.

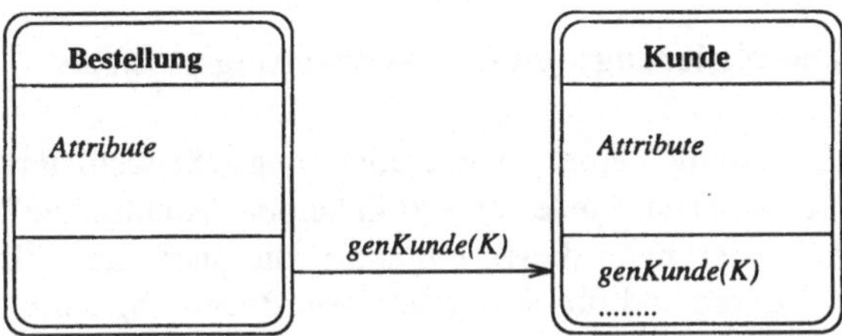

Die "benötigte" Verarbeitung (Service) wird in der Sender-Spezifikation eingetragen und in der Empfänger-Spezifikation definiert.

4. Spezifikation der Services:

   Zur Spezifikation der Services werden verschiedene, bekannte Hilfsmittel verwendet. Eine Methode ist die Verwendung von *service charts* [CY91a]. Diese graphische Notation spezifiziert das Objektverhalten in Abhängigkeit vom jeweiligen Zustand, unter Verwendung von Preconditions, Triggern und Terminatoren.

   Es können natürlich auch andere Methoden verwendet werden, wie z.B. eine informale Spezifikation in Pseudo-Code.

2.3.4 Identifikation der Objektstruktur

Das objektorientierte Paradigma verwendet unterschiedliche Organisationsprinzipien wie Generalisierung, Spezialisierung, Aggregation und Assoziation. Die Identifikation von Strukturen stellt daher einen der wichtigsten Schritte der objektorientierten Analyse dar.

Durch die Definition von Strukturen – basierend auf den tatsächlichen Zusammenhängen in der realen Welt – kann die Komplexität des Problemraumes strukturiert und somit beherrscht werden.

Im Sinne der objektorientierten Analyse unterscheiden wir im folgenden zwei Arten von Strukturen:

1. Die Generalisierungs-/Spezialisierungsstruktur repräsentiert eine Klassifikationsstruktur (*is-a*-Relation).

2. Die *Whole-Part*-Struktur repräsentiert sowohl eine Aggregations- als auch Assoziationsstruktur (*part-of*-Relation bzw. *member-of*-Relation).

2.3.4.1 Generalisierungs- und Spezialisierungsstruktur

Für die Erstellung einer Generalisierungs-/Spezialisierungsstruktur (Gen/Spec-Struktur) wird jedes Objekt in beiden "Richtungen" untersucht: Gibt es Spezialisierungen dieses Objektes, die auch tatsächlich im Problemraum existieren und für das System von Bedeutung sind, und hält die Spezialisierung einer Überprüfung hinsichtlich der zuvor erwähnten Kriterien für Objekte stand? Gibt es auch tatsächlich eine Vererbung zwischen Generalisierung und dieser Spezialisierung?

Auch in die "Gegenrichtung" muß eine Generalisierung eines Objektes diesen Anforderungen entsprechen, um in die Struktur miteinbezogen zu werden.

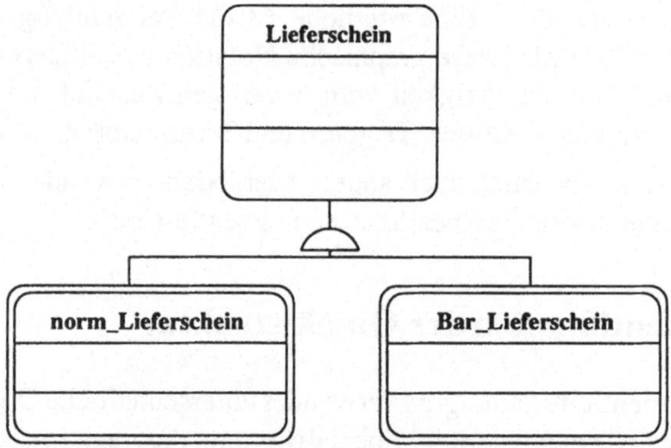

Notation:

Eine Gen/Spec-Struktur zwischen Objekten wird durch einen Halbkreis auf dem Kreuzungspunkt der Verbindungslinien charakterisiert.

Das Beispiel zeigt eine Spezialisierung des Objektes `Lieferschein` in einen "normalen" `norm_Lieferschein` und einen auch als Bar-Rechnung fungierenden `Bar_Lieferschein`.

Außerdem lassen sich in dieser Notation auch weitere Generalisierungen bzw. Spezialisierungen in die Struktur integrieren, wie folgendes Beispiel für eine mögliche `Lieferschein`-Struktur zeigt. In der untersten Spezialisierungsebene befinden sich die im System benötigten `Leistungs/m³_LS` und `Leistungs/to_LS`. Die Spezialisierungen in erster Ebene (`to-Lieferschein`, `Leistungs-LS` und `m³-Lieferschein`) werden im System aber ebenfalls benötigt.

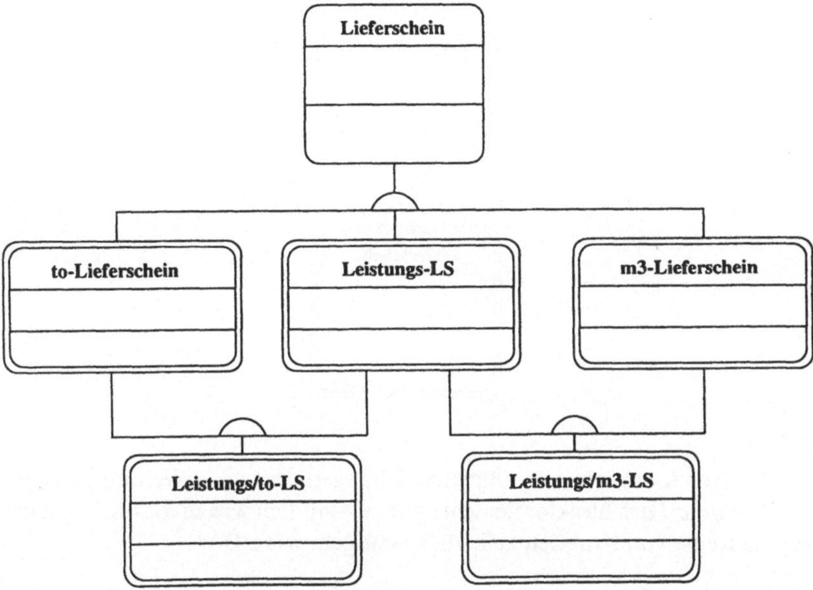

2.3.4.2 *Whole-Part*-Struktur

Die *Whole-Part*-Struktur dient zur Repräsentation der *part-of*-Relation (Aggregation) und der *member-of*-Relation (Assoziation). Beide Relationen sind wichtige Konzepte zur Handhabung der Komplexität des Problemraumes und lassen sich direkt aus der realen Welt in die Struktur abbilden.

Zusätzlich wird in diese Struktur die Kardinalität der Elemente der Relation zu jedem Zeitpunkt eingetragen (bekannt von den E/R-Diagrammen).

Notation:

Die *Whole-Part*-Struktur wird durch ein Dreieck auf der Linie zwischen den beteiligten Objekten charakterisiert. An den Linienenden wird die Kardinalität der Relation in beiden Richtungen eingetragen.

Das folgende Beispiel zeigt eine *part-of*-Relation als *Whole-Part*-Struktur für eine `Rechnung`, die aus 1 bis n `Lieferscheinen` bestehen kann. Jeder `Lieferschein` ist aber Bestandteil von genau einer `Rechnung`.

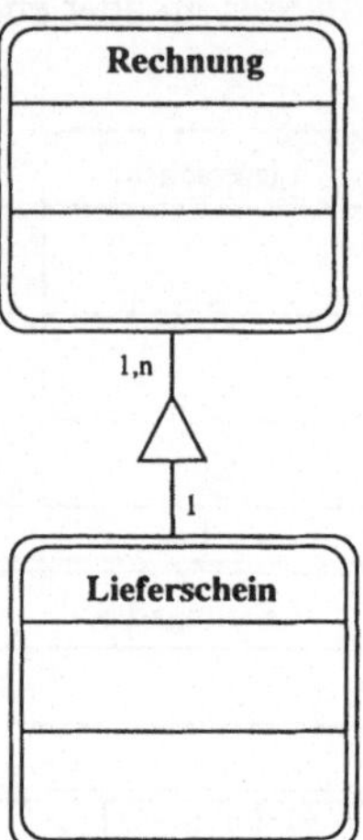

Für die Repräsentation von Objektbeziehungen der realen Welt im Modell durch *Whole-Part*-Strukturelemente gilt es – ähnlich wie zuvor für Objekte –, eine Reihe von Kriterien zu berücksichtigen, wie z.B.:

- Existiert eine entsprechende *Whole-Part*-Struktur auch in der der realen Welt bzw. im Problemraum?
- Ist eine u.U. in der realen Welt (bzw. im Problemraum) existierende Relation auch für das System von Bedeutung, so daß sie als Struktur repräsentiert werden muß?
- Repräsentiert ein Element der Relation nur einen einzelnen Status? Ist dies der Fall, so ist es günstiger, anstelle eines eigenen Objektes, ein Attribut zu wählen.

2.3.5 Objektrepräsentation

Nach der Durchführung obiger Schritte zur Erstellung eines objektorientierten Modells sind sowohl die einzelnen Komponenten eines Objektes als auch die zwischen den Objekten existierenden Strukturen identifiziert und können graphisch repräsentiert werden.

Wie aus den obigen Ausführungen hervorgegangen ist, werden neben der graphischen Repräsentation des Gesamtmodells (ggf. unterteilt in mehrere Bereiche, *Subjects* genannt, vgl. folgenden Abschnitte) noch zusätzliche – teilweise aus dem Software Engineering bereits bekannte – Mechanismen zur detaillierteren Beschreibung verwendet (z.B. State-Transition-Diagramme).

Auch für die genaue Beschreibung von Klassen und Objekten muß über die graphische Notation hinaus eine textuelle Notation (das sogenannte *class-&-object-template*) verwendet werden, die die gesamte Information des Modells enthält:

Class-&-Object-Template

```
SPECIFICATION Object_Name
    ATTRIBUTE Attr_Name: Attr_Beschreibung
    EXTERNAL_INPUT
    EXTERNAL_OUTPUT
    OBJECT_STATE_DIAGRAM
    ADDITIONAL_CONSTRAINTS
    NOTES
    SERVICE <Service_Name & Service_Chart>
```

2.3.6 Repräsentation des Gesamtmodells

Nach der Durchführung der einzelnen Schritte der objektorientierten Analyse liegen unterschiedliche Informationen auf verschiedenen Abstraktionsebenen vor. Durch Zusammenfügen aller – während des oben beschriebenen Prozesses – entstandenen Dokumente erhält man eine Beschreibung des Gesamtmodells.

In realen Software-Projekten kann die Anzahl der Objekte einer objektorientierten Analyse zwischen 35 und 100 liegen. Es ist leicht einzusehen, daß eine solche Anzahl von Entitäten in einem einzigen Modell (bzw. graphischen Darstellung) sehr unübersichtlich ist und dem Prinzip der Handhabbarkeit der Komplexität des Problemraumes zuwiderläuft.

Daher bietet sich in der Methode von Coad und Yourdon die Möglichkeit, das Gesamtmodell in mehrere, zusammenhängende *Subjects* zu untergliedern, d.h. eine weitere Abstraktionsebene zur Erhöhung der Verständlichkeit zu definieren. Eine ideale Aufteilung umfaßt circa fünf bis neun Objekte pro Subject.

Die Einteilung in Subjects sollte nach verschiedenen Kriterien erfolgen:

1. Die "oberste" Klasse jeder Struktur sollte jeweils einem eigenen Subject zugeordnet werden (bzw. ein eigenes Subject definieren). Alle dieser Struktur zugehörigen Entitäten werden diesem Subject zugeordnet.
2. Einzelne (nicht in einer Struktur vorkommende) Entitäten werden in ein eigenes Subject zusammengefaßt.
3. Die so erlangte Subject-Struktur sollte hinsichtlich folgender Punkte redefiniert werden:
   - Subjects sollen Problem-Subdomänen entsprechen.
   - Minimierung der Abhängigkeiten bzw. Interaktionen zwischen den Subjects. (Abhängigkeiten werden durch Strukturen, Interaktionen durch *message connections* repräsentiert.)

Ein objektorientiertes Anwendungsmodell (OOA-Modell) nach Coad und Yourdon besteht also z.B. aus folgenden Teilen:

- Das 5-stufige OOA (objektorientierte Analyse)-Modell, mit
  - Subject-Diagramm
  - Class-&-Object Aufzählung
  - Struktur-Diagrammen
  - Attribut-Spezifikationen und Zuordnungen
  - Service-Spezifikationen und Zuordnungen
- den detaillierten Objekt-Spezifikationen (*templates*)
- zusätzlichen Diagrammen (State-Transition-Diagrammen u. dgl.)

Das entstehende Gesamtmodell der objektorientierten Analyse wird von Coad und Yourdon in folgenden fünf Schichten (Layers) mit unterschiedlichem Abstraktionsniveau dargestellt:

1. Subject Layer
2. Class-&-Object Layer
3. Structure Layer
4. Attribute Layer
5. Service Layer

Bei der nachfolgenden Diskussion des von uns dargestellen Beispiels wollen wir jedoch – aufgrund der geringen Anzahl der Objekte – auf eine Untergliederung in verschiedene Subjects verzichten.

2.4 Modellierungsansätze für das objektorientierte Anwendungsmodell

Bei der Identifikation der Klassen/Objekte im Zuge der Erstellung eines objektorientierten Anwendungsmodells bieten sich dem Entwickler verschiedene Freiheitsgrade bei der Definition derselben (z.B. "Was wird nun tatsächlich ein Objekt?").

Diese Identifikation von Entitäten (d.s. im objektorientierten Anwendungsmodell die Klassen/Objekte), wird i.a. sehr stark vom zugrundeliegenden Paradigma beeinflußt (in unserem Fall also vom objektorientierten Paradigma). Während das prozedurale Paradigma eine funktionale Zerlegung zur Problemlösung anwendet (d.h. die Lösung ist eine Folge von Prozessen), betont das objektorientierte Paradigma die Repräsentation des Problems in Form von Entitäten (Klassen/Objekten).

Modellierungsansätze

Da im Zuge des objektorientierten Reverse Engineering beide Paradigmen von Interesse sind (bestehende, über lange Zeit gewachsene Systeme wurden i.a. mit prozeduralen Konzepten entwickelt), wollen wir die Erstellung des objektorientierten Anwendungsmodells (d.i. die Identifikation der Klassen/Objekte, Attribute, Services und Relationen) hinsichtlich folgender beider Ansätze (in Anlehnung an [MS92]) betrachten:

- *Client-Server-Ansatz* [4]
  Im Client-Server-Ansatz werden alle Objekte des Systems als gleichwertig betrachtet. Die Objekte interagieren miteinander durch den

[4] Die Bezeichnung dieses Ansatzes leitet sich aus der in der Informatik allgemein üblichen Bezeichnung von "Server" als Diensterbringer und "Client" als Anforderer eines Dienstes ab.

Austausch von Nachrichten. Die Gesamtfunktionalität des Systems wird durch die Gesamtheit dieser Interaktionen erreicht. Der Kontrollfluß des Gesamtsystems wird über alle (oder zumindest einen großen Teil der) Objekte verteilt.

- *Master-Slave-Ansatz*

  Im Master-Slave-Ansatz wird ein Objekt zum zentralen Steuerungsobjekt des Systems bestimmt ("Master"). Das "Master"-Objekt realisiert den Kontrollfluß des Systems und verteilt diesen auf die übrigen Objekte ("Slaves").

Das Client-Server-Paradigma entspricht der im allgemeinen üblichen Vorgangsweise bei der objektorientierten Systementwicklung, wogegen bei der prozeduralen Systementwicklung vielfach ein zentrales Systemsteuerungsmodul ("Master") verwendet wird (Hauptprogramm).

Das objektorientierte Anwendungsmodell kann somit hinsichtlich beider oben erwähnter Ansätze ausgeführt werden, wobei der Master-Slave-Ansatz eine stark an das prozedurale Paradigma angelehnte Ausprägung des objektorientierten Anwendungsmodells darstellt.

Um im Zuge des objektorientierten Reverse Engineering zu wirklich objektorientierten Systemen zu gelangen, die auch für eine spätere objektorientierte Wiederverwendung geeignet sind, wollen wir uns jedoch auf eine tatsächlich objektorientierte Ausrichtung des Anwendungsmodells (und daher auf den Client-Server-Ansatz) konzentrieren.

2.5 Anwendung von OOA auf die Fallstudie IFAS

In den folgenden Abschnitten dieses Buches wollen wir immer wieder die Umsetzung der beschriebenen Konzepte an einem praktischen Beispiel zeigen.

Wir verwenden dazu ein Fakturierungs- und Abrechnungssystem aus der kommerziellen Anwendungsdomäne, da dieses sehr anschaulich und daher für einen breiten Leserkreis ohne ausführliche Zusatzinformation verständlich ist.

Im folgenden geben wir kurz jene Informationen, die für das Verständnis dieser Fallstudie notwendig sind.

2.5.1 Allgemeine Systembeschreibung

Das "Integrierte Fakturierungs- und Abrechnungssystem" (IFAS) dient zur Fakturierung von Lieferscheinen im Baunebengewerbe. Dabei wird Schotter (Kiese und Sande) entweder vom Kunden selbst abgeholt oder vom Lieferanten per LKW zugestellt. Das IFAS hat die Aufgabe, die in den verschiedenen Kieswerken ausgestellten Lieferscheine elektronisch zu erfassen und eine Fakturierung durchzuführen. Die Funktionalität erstreckt sich dabei von der Kunden- und Artikelverwaltung über die Offertenlegung und Fakturierung.

Bei der Faktur wird besonders auf die vom Kunden gewünschte Abrechnungsart, die nach Baustellen getrennt oder gesamt über alle Baustellen sein kann, Rücksicht genommen. Im IFAS muß man Lieferscheine stornieren können, falls eine Fehllieferung erfolgte.

2.5.2 Informale Systemspezifikation

Die Funktionalität des Systems "Integriertes Fakturierungs- und Abrechnungssystem" (IFAS) kann informal wie folgt (grob) beschrieben werden:

> Ein Kunde wendet sich an das Büro und verlangt eine Offerte. Diese Offerte wird erstellt und gilt im Falle des Geschäftsabschlusses als Preisvereinbarung.
>
> Aufgrund einer Offerte bestellt ein Kunde Ware (Artikel) unter Angabe eines bestimmten Lieferungsortes (Bestimmungsort) und eines Lieferungszeitpunktes.
>
> Ein Lastkraftwagen des Lieferanten wird mit dem entsprechenden Artikel beladen und liefert die gewünschte Ware zum Lieferungszeitpunkt an den Bestimmungsort. Beim Beladen des LKW wird ein Lieferschein mit der geladenen Ware und Menge erstellt, welcher vom Kunden gegengezeichnet wird und danach ins Büro zur Fakturierung gelangt.
>
> Im Büro werden die Lieferscheine nach Kunden sortiert und periodisch Rechnungen für die einzelnen Kunden erstellt.

Die Struktur des Geschäftsfalles ist in Abbildung 2.1 graphisch skizziert.

Diese informale Grobspezifikation dient als Grundlage für die folgende objektorientierte Analyse.

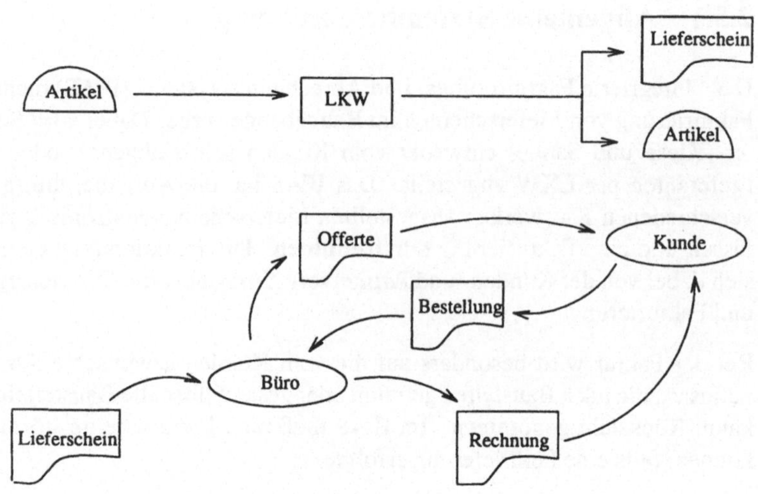

Abbildung 2.1: IFAS-Geschäftsfall

2.5.3 Klassen/Objekt- und Attributdefinition

Aus der informalen Grobspezifikation des Systems IFAS lassen sich bereits einige Objekt- bzw. Klassenkandidaten direkt ableiten (Objekte der realen Welt), wie z.B.:

`Artikel, LKW, Lieferschein, Offerte, Bestellung, Rechnung, Kunde, Büro`

Aus der graphischen Darstellung (Abbildung 2.1) kann darüber hinaus eine besonders "aktive" Rolle der beiden Objektkandidaten `Büro` und `Kunde` abgeleitet werden. Im folgenden wollen wir jedoch einen Client-Server-Ansatz für das objektorientierte Anwendungsmodell verwenden, so daß darin der Objektkandidat `Büro` nicht mehr auftritt. Da es im Client-Server-Ansatz kein zentrales Steuerungselement gibt, wird dessen Funktionalität auf die übrigen Objekte aufgeteilt.

Für die Erstellung eines Gesamtmodells des zu untersuchenden Systems werden natürlich Informationen benötigt, die über die oben angegebene Grobspezifikation hinausgehen. Diese für die Funktionalität eines realen

Systems erforderlichen Einschränkungen müssen daher während des Analyseprozesses zwischen Anwender (*domain expert*) und Analytiker z.B. durch Gespräche definiert und in das Gesamtmodell eingebaut werden.

Zu diesen zusätzlichen Informationen gehören unter anderen:

- Gegenseitige Attribut-Abhängigkeiten zwischen Klassen bzw. Objekten.
- Unterschiedliche Arten von Klassen bzw. Objekten, die sich im Zuge der objektorientierten Analyse als Strukturen herauskristallisieren werden (z.B. Generalisierungen bzw. Spezialisierungen).
- Zusätzliche Attribute und Services, die erst bei detaillierterer Analyse des Geschäftsfalles in Erscheinung treten und daher nicht von vornherein einer Klasse bzw. einem Objekt zugeordnet werden können.

Im konkreten Beispiel wurden für die Definition der Klassen- bzw. Objekt-Attribute u.a. folgende zusätzliche Anforderungen berücksichtigt:

- Das Objekt `Artikel` benötigt neben seiner Bezeichnung (z.B. "Schotter EB 0-10") auch das Attribut `Produktionsort`, da derselbe Artikel in verschiedenen Produktionsstätten mit unterschiedlichen Preisen verkauft werden kann. Darüber hinaus muß die `Einheit` für den Artikel gespeichert werden sowie der `Umrechnungsfaktor` zwischen den einzelnen Einheiten, da z.B. ein Artikel mit der Einheit m^3 auch in Tonnen (*to*) verkauft werden kann und dann eine Umrechnung erforderlich wird.
- Bei einer `Bestellung` muß der Kunde neben dem gewünschten `Lieferungs_Zeitpunkt` auch die gewünschte `Abrechnungsart` angeben. Diese Abrechnungsart wird als Attribut des Objektes `Bestellung` aufgenommen und legt später die Art der Abrechnung (Standardabrechnung, sortiert nach Lieferscheinen bzw. Abrechnung nach Baustellen sortiert) fest. Die eingehenden Bestellungen werden nach ihrem Bestellungszeitpunkt (Attribut `Bestellungs_Zeitpunkt`) gereiht. Es ist jedoch möglich, daß die Reihung einer Bestellung manuell festgelegt wird (z.B. Bestellungen mit einer sehr hohen Priorität). Daher ist die Einführung eines weiteren Attributes `Reihung` erforderlich.
- Mit der ersten Bestellung zu einer bestimmten Offerte erhält der Kunde eine ausgedruckte `Auftragsbestätigung` übersandt.

- Eine Offerte besitzt eine bestimmte Gültigkeitsdauer. Diese kann sich über eine konkrete Anfrage hinaus erstrecken (z.B. für eine ganze Saison, längstens jedoch für ein Geschäftsjahr). Die in einer Offerte vereinbarten Zahlungskonditionen redefinieren jene Zahlungskonditionen, die ein Kunde standardmäßig besitzt. Werden in einer Offerte keine speziellen Zahlungskonditionen vereinbart (z.B. Stammkunden-Konditionen), so gelten die allgemeinen Zahlungskonditionen.

- Neben dem Objekt Lieferschein gibt es auch ein Objekt Bar-Lieferschein, das sich in den Attributen z.T. vom Objekt Lieferschein unterscheidet. Ein Bar-Lieferschein fungiert gleichzeitig als Lieferschein und Bar-Rechnung (d.h. es erfolgt für einen Bar-Lieferschein keine gesonderte Fakturierung im Büro). Der Bar-Lieferschein besitzt daher das zusätzliche Attribut Betrag und ein redefiniertes Attribut Zustand mit den Werten {offen, bezahlt, storniert} (ähnlich einer Rechnung).

- Durch die Einführung des zusätzlichen Objektes Bar-Lieferschein muß auch die Bestellung um das Attribut Zahlungsart erweitert werden. Bei der Bestellung muß der Kunde angeben, ob er die erhaltene Ware direkt bei Ablieferung bar bezahlt (d.h. es wird ein Bar-Lieferschein erzeugt und mit dem LKW mitgegeben), oder ob er eine Rechnung (mit Zahlschein) erhalten möchte (d.h. es wird ein "normaler" Lieferschein generiert und fakturiert).

Die nachfolgende Tabelle faßt die Klassen bzw. Objekte mit den benötigten Attributen sowie den Wertebereichen für diese Attribute des Systems IFAS zusammen. Die Notation ▷ Objekt bedeutet dabei, daß eine Attribut-Relation zu einem oder mehreren anderen Objekten (in der Terminologie von Coad und Yourdon eine *instance connection*) bezüglich der Attribute besteht.

Beispiel: Das Objekt Lieferschein benötigt neben seinen direkt angeführten Attributen (Menge, Einheit, Zustand) auch Attribute der Objekte Artikel (z.B. Bezeichnung, Umrechnungsfaktor), LKW (z.B. Kennzeichen, um festzustellen, mit welchem LKW der entsprechende Artikel geliefert wurde), Kunde (z.B. Name, Adresse, um festzustellen, für welchen Kunden eine bestimmte Lieferung erfolgte), sowie Bestellung (z.B. Menge, um festzustellen, welche Menge eines bestimmten Artikels geliefert wurde).

Klasse/Objekt	Attribut	Wertebereich
Artikel	Bezeichnung	
	Produktionsort	{Klagenfurt, Graz, Erzberg}
	Umrechnungsfaktor	$f \in$ Umrechnungstabelle
	Einheit	{m^3, to, h}
	Preis/Einheit	> 0 Schilling
LKW	Kennzeichen	
▷ Artikel	Zustand	{leer, beladen}
▷ Lieferschein		
Lieferschein	Datum	Datum
▷ Artikel	Menge	> 0 to, m^3, h
▷ LKW	Einheit	{m^3, to, h}
▷ Kunde	Zustand	{nicht_fakturiert, fakturiert, storniert}
▷ Bestellung		
Bar-Lieferschein	Betrag	> 0 Schilling
▷ Artikel	Zustand	{offen, bezahlt, storniert}
▷ LKW		
▷ Kunde		
▷ Bestellung		
Kunde	Name	
▷ Offerte	Adresse	
▷ Bestellung	Zahlungskonditionen	≥ 0 % innerhalb ≥ 0 Tage
Bestellung	Bestellungs_Zeitpunkt	Datum + Zeit
▷ Artikel	Menge	> 0 to, m^3, h
▷ Kunde	Lieferungs_Zeitpunkt	Datum + Zeit
▷ Offerte	Abrechnungsart	{Standard, Baustellen}
	Reihung	nat. Zahl > 0
	Zustand	{gereiht, in_Bearbeitung, erledigt}
	Zahlungsart	{Rechnung, bar}
Offerte	Bestimmungsort	
▷ Artikel	Menge	> 0 to, m^3, h
▷ Kunde	Gültigkeitsdauer	0 < Gültigkeitsdauer < 365 Tage
	Preis	> 0 Schilling
	Zahlungskonditionen	≥ 0 % innerhalb ≥ 0 Tage
Auftragsbestätigung	Datum	Datum
▷ Offerte	Betrag	> 0 Schilling
Rechnung	Rechnungsdatum	Datum
▷ Offerte	Endbetrag	> 0 Schilling
▷ Lieferschein	Zustand	{in_Bearbeitung, offen, bezahlt}

2.5.4 Service-Definition

Für die Identifikation und Definition der Services der Objekte muß die Gesamtfunktionalität des Systems analysiert werden. Im konkreten Beispiel wurden daher folgende Systemfunktionen (Abläufe) berücksichtigt, die in

Services der Objekte münden:

- Bestimmte Funktionen werden durch den Systembenutzer (z.B. Sekretärin) von "außen" an das System herangetragen, wie z.B.:
    - Durchführung der Warenauslieferung (Service *ausliefernWare* des Objektes `LKW`). Meist periodisch wird diese Funktion an das System herangetragen, worauf das System eine Reihung der eingegangenen Bestellungen vornimmt, für die höchstgereihte freie LKW-Kapazitäten ermittelt und die Auslieferung durchgeführt, was zur Generierung eines Lieferscheines führt.
    - Eine explizite Reihung vornehmen (Service *reiheBestellung* des Objektes `Bestellung`). Manchmal kann ein manuelles Einordnen der vorliegenden Bestellung (z.B. eine bestimmte Bestellung soll vorgezogen werden) erforderlich sein. Andernfalls erfolgt das Ordnen der Bestellungen nach dem Zeitpunkt der Bestellung.
    - Durchführung der Fakturierung (Service *erstelleRechnung* des Objektes `Rechnung`). In bestimmten Intervallen wird eine Fakturierung durchgeführt (z.B. alle 14 Tage). Dann werden alle noch nicht fakturierten Lieferscheine nach Kunden sortiert und in einer Lieferscheinliste (`LS_L`) zusammengefaßt.
- Das zusätzlich eingeführte Objekt `Bar-Lieferschein` besitzt den Service *erstelleBarLS*, der sich vom Service *erstelleLS* des Objekts `Lieferschein` durch den Parameter Betrag unterscheidet.
- Die Funktionalität der Objekte `Rechnung` bzw. `Lieferschein` umfaßt auch einige Geschäftsfälle, die nicht unmittelbar aus der Grobspezifikation ersichtlich sind. Diese zusätzlichen Geschäftsfälle sind z.B.:
    - Rechnungsbeanstandung/Korrektur:
      Nachdem eine Rechnung erstellt und an den Kunden gesandt wurde, ist es möglich, daß dieser die Rechnung aufgrund verschiedener Mängel ablehnt. Solche Mängel sind u.a.:
        * falsche Lieferscheindaten:
          D.h. die Daten auf einem der Lieferscheine, die der Rechnung zugrunde liegen, sind falsch (z.B. falsche Artikelbezeichnung oder falscher Bestimmungsort). In diesem Fall werden ggf. die Daten auf dem betreffenden Lieferschein korrigiert und die Rechnung neu fakturiert.

  * falsche Rechnungsdaten:
    Dies können z.B. eine falsche Abrechnungsart (Standard anstelle von Baustellen-Abrechnung), ein falscher Preis (falsche Offerten-Zuordnung), falsche Zahlungskonditionen oder ein falsch zugeordneter Lieferschein sein. Die Behebung eines solchen Fehlers erfordert daher eine komplexere Behandlung, abhängig davon, ob nur ein Attribut der Rechnung selbst geändert werden muß (z.B. Rechnungsdatum) oder ob eine neue Offerte zur Fakturierung herangezogen werden muß bzw. auch andere Rechnungen neu fakturiert werden müssen (z.B. bei einer falschen Lieferschein-Zuordnung). Diese Fehlerbehandlung wird in nachstehender Service-Spezifikation als *behebeRE-Fehler* abgekürzt.

- Bestellungsänderungen:
  Nachdem eine Bestellung eingegangen ist, kann es vorkommen, daß der Kunde seine Bestellung in verschiedenen Punkten abändert. Dabei ist zu berücksichtigen, ob die Bestellung zwar aufgenommen (und daher eingereiht), aber noch nicht in Bearbeitung ist (d.h. es wurden noch keine Auslieferungen vorgenommen). Ist die Bestellung eingeordnet, so wird diese gelöscht und durch die neue, geänderte Bestellung (als neue Bestellung) ersetzt. Andernfalls wird der bereits erledigte Teil der Bestellung abgeschlossen (Attribut `Zustand` der Bestellung auf `erledigt` gesetzt), und die Restbestellung als neue Bestellung aufgenommen. In beiden Fällen erfolgt eine Neureihung (i.a. Rückreihung) der Bestellung (aufgrund des Bestell- d.h. Änderungszeitpunktes). Diese Rückreihung kann durch eine explizite Reihung der Bestellung (mittels Service *reiheBestellung*) aufgehoben werden. Die Verantwortung für eine solche Vorreihung liegt jedoch außerhalb des Systems.

- Bestellungsstornierungen:
  Im Falle einer Stornierung einer Bestellung treten wiederum oben erwähnte Fälle auf: Ist die Bestellung noch nicht in Bearbeitung, so kann sie einfach gelöscht werden. Ist sie jedoch bereits in Bearbeitung (d.h. Teile sind bereits ausgeliefert), so kann bestenfalls noch eine Umdirigierung eines eventuell bereits beladenen LKWs für eine andere Bestellung erfolgen. Sollte es der Fall sein, daß ein LKW gerade mit einer zu einer stornierenden Bestellung gehörenden Ladung unterwegs ist, so muß für diese Ladung eine entsprechende Ersatzbestellung gesucht,

diese vorgereiht und ein neuer Lieferschein erzeugt werden (entweder ein Lieferschein oder Bar-Lieferschein, abhängig von der Ersatzbestellung). Der alte Lieferschein wird storniert. Die bereits ausgelieferten Teile der Bestellung werden abgeschlossen und abgerechnet.

In der nachstehenden Tabelle werden die grundlegenden Services der einzelnen Klassen bzw. Objekte zusammengefaßt, sowie eine Grobspezifikation in Pseudo-Code angegeben.

Die Notation → *Service-Name* bedeutet, daß es sich bei diesem Service um einen von außen angestoßenen Service handelt (z.B. → *stornaereBestellung* zeigt, daß der Service *stornaereBestellung* nicht vom System selbst, sondern von außen (z.B. Sekretärin) angestoßen wird).

Man beachte dabei, daß die Systemfunktionalität in diesem Beispiel nicht in einem zentralen Steuerungsobjekt konzentriert ist, wie dies etwa einem Master-Slave-Ansatz entsprechen würde, sondern in tatsächlich objektorientierter Weise über alle Objekte (dem Client-Server-Ansatz entsprechend) verteilt ist.

Klasse/Objekt	Service	Spezifikation
Artikel	*zeigAttribut(A)*	zeigt Wert für Attribut A
	ändereAttribut(A, W)	ändert für Attribut A den Wert auf W
	generiereArtikel(A)	generiert einen Artikel mit A=Attribute
	löscheArtikel	löscht den Artikel
LKW	*zeigAttribut(A)*	zeigt Wert für Attribut A
	ändereAttribut(A, W)	ändert für Attribut A den Wert auf W

	→ *ausliefernWare(A,M,O)*	IF Zustand=leer THEN
		∀ Bestellung *zeigAttribut(A)*
		ermittle B mit höchster Reihung
		Bestellung
		ändereAttribut(Zustand,in_Bearbeitung)
		LKW beladen mit A=Artikel, M=Menge und ausliefern mit O=Bestimmungsort
		ändereAttribut(Zustand,beladen)
		IF Zahlungsart=bar THEN
		Bar-Lieferschein
		erstelleBarLS(K,LKW,A,Attr,Betrag)
		ELSE
		Lieferschein *erstelleLS(K,LKW,A,Attr)*
		FI
		wenn gesamte Ware ausgeliefert:
		Bestellung
		ändereAttribut(Zustand,erledigt)
		IF Zustand=beladen THEN
		ändereBestimmungsort(Ort_neu)
		Bestellung
		ändereAttribut(Zustand,in_Bearbeitung)
		IF Zahlungsart=bar THEN
		Bar-Lieferschein
		erstelleBarLS(K,LKW,A,Attr,Betrag)
		ELSE
		Lieferschein *erstelleLS(K,LKW,A,Attr)*
		FI
		wenn gesamte Ware ausgeliefert:
		Bestellung
		ändereAttribut(Zustand,erledigt)

Lieferschein	*zeigAttribut(A)*	zeigt Wert für Attribut A
	ändereAttribut(A, W)	ändert für Attribut A den Wert auf W
	storniereLS	*ändereAttribut(Zustand,storniert)*
	erstelleLS(K,L,A,Attr)	erstelle einen Lieferschein mit K= Kunde, L= LKW, A= Artikel, Attr:= Attribute(Bestimmungsort, Menge, Abrechnungsart) *ändereAttribut(Zustand,nicht_fakturiert)*

Klasse/Objekt	Service	Spezifikation
Bar-Lieferschein	*erstelleBarLS (K,L,A,Attr,Betrag)*	erstelle einen Bar-Lieferschein mit K= Kunde, L= LKW, A= Artikel, Attr:= Attribute(Bestimmungsort, Menge, Abrechnungsart) und Betrag *ändereAttribut(Zustand,offen)*
Kunde	*zeigAttribut(A)*	zeigt Wert für Attribut A
	ändereAttribut(A,W)	ändert für Attribut A den Wert auf W
	generiereKunde(A,ZK)	generiert einen Kunden mit A=Attribute und ZK = Zahlungskonditionen
	löscheKunde	löscht den Kunden
Bestellung	*zeigAttribut(A)*	zeigt Wert für Attribut A
	ändereAttribut(A,W)	ändert für Attribut A den Wert auf W
	→ *genBestellung(B)*	IF ¬∃ K THEN Kunde *generiereKunde(A,ZK)* FI IF ¬∃ Offerte mit (K,A,O,M) THEN Offerte *generiereOfferte(K,A,O,M)* FI Auftragsbest. *genAufbest(K,O)* speichere die Bestellung *ändereAttribut(Reihung,N#)* *ändereAttribut(Zustand,gereiht)*

	→ *storniereBestellung*	IF Zustand=gereiht THEN
		löscheBestellung FI
		IF Zustand=in_Bearbeitung THEN
		∀ LKW ermittle, ob für B beladen
		IF LKW für B beladen THEN
		ermittle Ersatzbestellung B_neu
		B_neu *ändereAttribut(Reihung,1)*
		FI
		IF Zahlungsart=bar THEN
		BarLS *ändereAttribut(Zustand,storno)*
		ELSE
		Lieferschein
		ändereAttribut(Zustand,storno)
		FI
		ändereAttribut(Zustand,erledigt)
		LKW *ausliefernWare(A,M,Ort_neu)*

	reiheBestellung(B,R)	B *ändereAttribut(Reihung,R)*
	→ *ändereBestellung(B)*	IF Zustand=gereiht THEN *löscheBestellung* FI IF Zustand=in_Bearbeitung THEN *ändereAttribut(Zustand,erledigt)* FI *genBestellung(B_neu)*
	löscheBestellung	löscht die Bestellung

Klasse/Objekt	Service	Spezifikation
Auftragsbe- stätigung	*genAufbest(K,O)*	generiert eine Auftragsbest. für K = Kunde und O = Offerte und druckt diese aus
Offerte	*zeigAttribut(A)*	zeigt Wert für Attribut A
	ändereAttribut(A,W)	ändert für Attribut A den Wert auf W
	→ *generiereOfferte(K,A,O,M)*	IF ¬∃ A THEN Artikel *generiereArtikel(A)* OR lehne ab FI IF ¬∃ K THEN Kunde *generiere-Kunde(A,ZK)* FI kalkuliere Preis+Zahlungskonditionen *generiereOfferte(K,A,O,M)*
Rechnung	*zeigAttribut(A)*	zeigt Wert für Attribut A
	ändereAttribut(A,W)	ändert für Attribut A den Wert auf W
	→ *erstelleRechnung(K,LS_L)*	∀ Lieferscheine *zeigAttribut(Zustand)* ∀ Lieferscheine mit Zustand=nicht_fakturiert sortiere nach Kunden und erstelle jeweils LS_L ∀ Kunden mit nicht-fakturierten Liefer-scheinen: *ändereAttribut(Zustand,in_Bearbeitung)* ∀ Lieferscheine(K) ∈ LS_L *zeigAttri-but(A)* bildeAbrechnung(Abrechnungsart) druckeRechnung *ändereAttribut(Zustand,offen)*

	→ *korrigiereRE(F)*	IF Fehler F=falsche LS-Daten THEN
		Lieferschein *ändereAttribute(A,W_neu)* FI
		IF F=falsche RE-Daten THEN
		behebeRE-Fehler(F) FI
		erstelle LS_L
		erstelleRechnung(K,LS_L)

Zur besseren Übersicht werden in den folgenden Abbildungen die statischen und dynamischen Aspekte des objektorientierten Anwendungsmodells getrennt dargestellt.

Die Abbildung 2.2 zeigt die statische Struktur des objektorientierten Anwendungsmodells für das integrierte Fakturierungs- und Abrechnungssystem (IFAS).

Die anschließende Abbildung 2.3 zeigt die *message connections* für das Anwendungsmodell. Zur besseren Übersichtlichkeit werden die *message connections* mit Buchstaben für ihre Funktion und mit Zahlen für die Reihenfolge der Aufrufe versehen.

Diese haben folgende Bedeutung:

A *Bestellung aufnehmen*

A1 ... *genKunde(K)*
A2 ... *genOfferte(K,A,O,M)*
A3 ... *genAufbest(K,O)*

B *Offerte erstellen*

B1 ... *genArtikel(A)*
B2 ... *genKunde(K)*

C *Rechnung legen*

C1 ... *zeigAttribut(Zustand)*
C2 ... *zeigAttribut(A)*

D *Ware ausliefern*

D11 ... *zeigAttribut(A)*
D12 ... *ändereAttribut(Zustand, in_Bearbeitung)*
D13a ... *erstelleBarLS*
oder
D13b ... *erstelleLS*
D14 ... *ändereAttribut(Zustand, erledigt)*
bzw.
D21 ... *ändereAttribut(Zustand, in_Bearbeitung)*
D22a ... *erstelleBarLS*
oder
D22b ... *erstelleLS*
D23 ... *ändereAttribut(Zustand, erledigt)*

E *Bestellung stornieren*

E1 ... *zeigAttribut(Zustand)*
E21 ... *ändereAttribut(Zustand, storno)*
oder
E22 ... *ändereAttribut(Zustand, storno)*
E3 ... *ausliefernWare(O_neu)*

F *Rechnung korrigieren*

F1 ... *ändereAttribut(A,W_neu)*

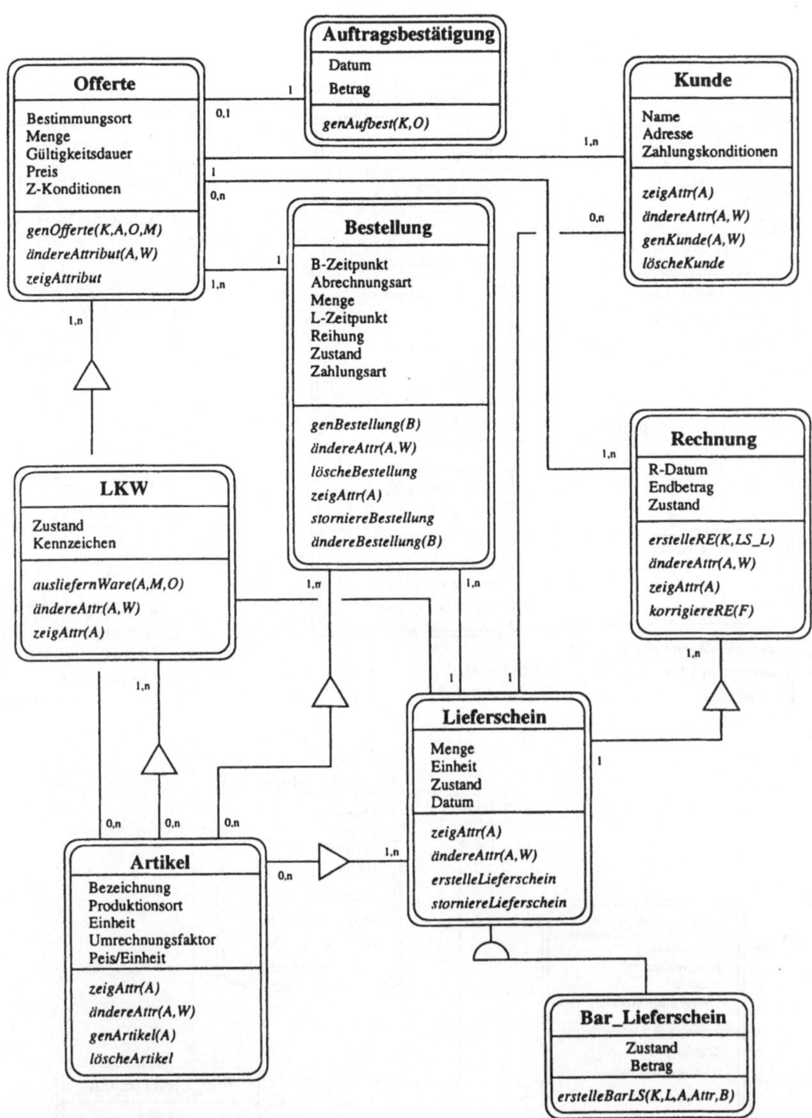

Abbildung 2.2: Objektorientiertes Anwendungsmodell von IFAS (statische Aspekte)

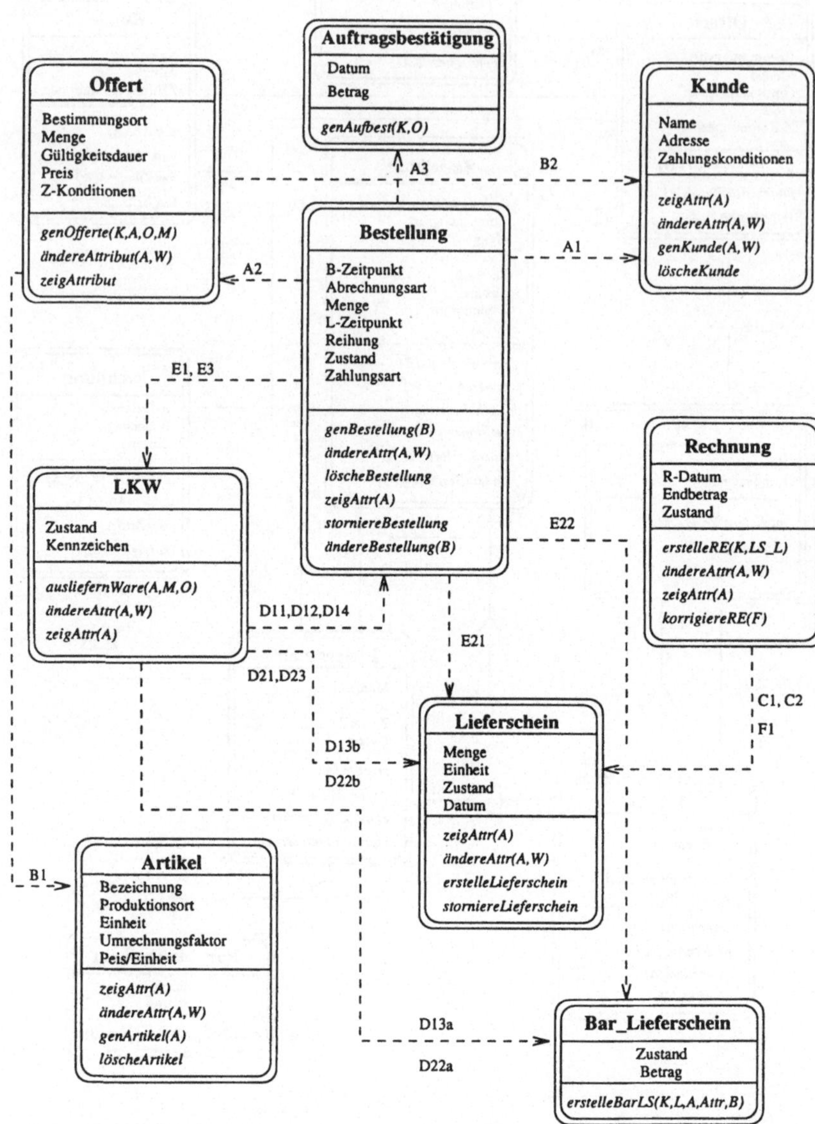

Abbildung 2.3: Objektorientiertes Anwendungsmodell von IFAS (*message connections*)

2.6 Objektorientierter Systementwurf

Der objektorientierte Entwurf ist im Zuge des objektorientierten Reverse Engineering insbesondere für die Verbesserung der Ergebnisse des Reverse-Engineering-Prozesses von Interesse. In diesem Abschnitt führen wir daher die grundlegenden Konzepte des objektorientierten Entwurfs ein, um so das Verständnis der nachfolgenden Kapitel zu ermöglichen.

Objektorientierter Entwurf beschäftigt sich mit der Umsetzung der Anforderungen in einer Systemumgebung und ist – wie bereits im Abschnitt 2.1 erwähnt – nicht mit dem Entwurf des herkömmlichen Software-Life-Cycle vergleichbar. Während des objektorientierten Designs (OOD) wird das objektorientierte Anwendungsmodell (als Ergebnis der objektorientierten Analyse) schrittweise verfeinert und so ein Wechsel der Betonung von den Anwendungsbereichs-Konzepten (der Analyse) zu den Systemkonzepten (dem Design) durchgeführt.

Beim des objektorientierten Design werden jedoch nicht nur zusätzliche Klassen bzw. Objekte, die für die Realisierung eines Systems notwendig sind, definiert, sondern auch in der Analyse definierte Operationen in Form von Algorithmen ausgedrückt, komplexe Operationen in mehrere, einfachere gegliedert sowie Klassen, Objekte, Attribute und Relationen als Datenstrukturen dargestellt. Darüber hinaus müssen dabei Systemvoraussetzungen, Performance-Überlegungen u. dgl. mitberücksichtigt werden.

Die meisten objektorientierten Systementwicklungsmethoden, die sowohl die Analyse- als auch Entwurfsphase explizit unterstützen (z.B. OMT von Rumbaugh et al. [RBP+91], OOA/OOD von Coad und Yourdon [CY91a], [CY91b]) definieren die Design-Phase als eine solche Erweiterung und Detaillierung des, in der Analyse entwickelten, objektorientierten Anwendungsmodells.

OOD Vorgangsweise

In diesem Fall müssen während des Systementwurfs u.a. folgende Schritte durchgeführt werden:

- Übernahme der Objekte, Klassen und Strukturen aus der Analyse und ggf. Einführung zusätzlicher Klassen bzw. Verteilung von Analyse-Objekten auf mehrere Objekte zur Effizienzsteigerung.

- Entwicklung von Algorithmen zur Implementierung der Operationen aus der Analyse und ggf. schrittweise Dekomposition komplexer Operationen in einfachere.

- Umsetzung des Kontrollflusses des Systems in das Programm (z.B. durch einen Scheduler, der externe Events in Operationsaufrufe umsetzt, oder Entwurf von Algorithmen für den Kontrollfluß).
- Architektonische Entscheidungen, wie etwa Zerlegung des Systems in Subsysteme, Ablaufsteuerung (Kontrollfluß), Daten-Management u. dgl.

OOD Methoden

Objektorientierte Software-Entwicklungsmethoden, die keine explizite Trennung zwischen Analyse und Design vorsehen bzw. üblicherweise als objektorientierte Design-Methoden bezeichnet werden (z.B. OOD von Booch [Boo91], HOOD von Robinson [Rob92] oder OOSD von Wasserman et al. [WPM89]), konzentrieren sich vor allem auf die Entwurfsphase und gehen meist nicht näher auf die vorgelagerte Analysephase ein. Manche verweisen dazu auf "herkömmliche", strukturierte Analysemethoden (z.B. OOSD von Wassermann et al.) oder etwa *Domain Analysis* (z.B. OOD von Booch). Diese siedeln ihre gesamte Methodik in der Design-Phase an (so auch die Definition der Klassen bzw. Objekte, Relationen sowie den Aufbau der Hierarchien u. dgl.).

Für das in den nachfolgenden Kapiteln beschriebene objektorientierte Reverse Engineering ist es jedoch vorteilhaft, eine stärkere Trennung zwischen Analyse- und Design-Phase zu betonen. Durch die Generierung eines objektorientierten Anwendungsmodells auf Analyseniveau wird ein Paradigmenwechsel auf sehr abstraktem Niveau (und somit ohne in dieser Phase belastende Implementierungsdetails) überhaupt erst möglich. In einem weiteren Schritt (dem objektorientierten Design) wird dann das objektorientierte Anwendungsmodell um Design-Informationen erweitert.

Aufgrund dieser Überlegungen konzentrieren wir unsere Betrachtungen auf eine explizite Trennung von Analyse- und Design-Phase.

Aufgrund ihrer Einfachheit und Übersichtlichkeit für eine solche Einführung wollen wir dafür die Methode von Coad und Yourdon [CY91b] herausgreifen und anhand dieser einige wesentliche Konzepte des objektorientierten Designs erläutern. Darüber hinaus ermöglicht dies die Weiterverwendung der im Zuge der objektorientierten Analyse eingeführten Notation im objektorientierten Entwurf.

Objektorientiertes Design nach Coad/Yourdon [CY91b] besteht aus vier Schritten, wobei jeder Schritt eine spezielle Komponente des objektorientierten Entwurfes erstellt. Es handelt sich dabei um den Entwurf folgender Komponenten:

1. *problem domain component* (PDC)
2. *human interaction component* (HIC)
3. *task management component* (TMC)
4. *data management component* (DMC)

In der Folge wenden wir uns nun jedem Schritt im einzelnen zu.

2.6.1 Entwurf der Problem-Domain-Komponente (PDC)

Dieser Schritt versucht, die Resultate aus der objektorientierten Analyse (dies entspricht den Komponenten aus dem objektorientierten Anwendungsmodell) als integralen Bestandteil für das Design des Systems zu verwenden. Es gilt hierbei den *trade-off* der Design-Struktur zwischen der Problemdomäne und den Modifikationskriterien abzustimmen.

Im wesentlichen handelt es sich dabei um drei Schritte:

1. Anwendung der objektorientierten Analyse

   OOA und OOD verlangen keine spezielle Entwurfsstrategie, sondern lassen die Vorgehensweise offen. Bei der Anwendung der objektorientierten Analyse [CY91a] und des Designs [CY91b] können die unterschiedlichen Entwicklungsstrategien wie Spiralmodell [Boe81], Wasserfall- oder auch Springbrunnenmodell [HE90] durchlaufen werden.
2. Verbesserung der OOA-Resultate

   Durch Änderungen der Anforderungen (vom Benutzer des Systems), der Marktsituation oder auch der Komplexität des Systems sind zum Teil Veränderungen im OOA-Modell erforderlich, die problemlos während des objektorientierten Designs durchgeführt werden können.
3. Erweiterung der objektorientierten Analyse

   Die Erweiterung und Adaptierung des während der objektorientierten Analyse erstellten Anwendungsmodells umfaßt u.a.:

   - Gruppierung von problemspezifischen Klassen
   - Anpassung an das von der darunterliegenden Programmiersprache unterstützte Vererbungskonzept (z.B. keine Vererbung, Einfach- bzw. Mehrfachvererbung)

- Maßnahmen zur Verbesserung der Performance
- Erzeugung eines Protokolls in Form eines Supertyps (Klasse) bei ähnlichen Services
- Wiederverwendung von bereits bestehenden Design-Teilen und Klassen

Die zweite Komponente neben der Verfeinerung der Problemdomäne befaßt sich mit dem Entwurf einer Mensch-Maschine-Schnittstelle für das zu entwickelnde System.

2.6.2 Entwurf der Mensch-Maschine-Schnittstelle (HIC)

Die Mensch-Maschine-Schnittstelle umfaßt alle Komponenten, die für die Eingabe wie auch die Ausgabe von Information mit dem Informationssystem notwendig sind. Natürlich werden wichtige Aspekte der Mensch-Maschine-Schnittstelle bereits im Zuge der objektorientierten Analyse spezifiziert (vor allem die notwendige I/O-Information). Während des objektorientierten Entwurfs der HIC werden diese Ergebnisse im Detail definiert. Im speziellen handelt es sich um die Definition von Fenstern wie auch *reports* und deren Formate (Größe, Aussehen und Inhalt).

Manche Entwickler bevorzugen es, den Entwurf der HIC bereits sehr detailliert parallel zur objektorientierten Analyse durchzuführen, um diesen wichtigen Aspekt der Informationssystemmodellierung frühzeitig mit dem Anwender abklären zu können. Durch eine geeignete Gliederung der Subjects in der objektorientierten Analyse (z.B. ein eigenes Subject für die I/O-Komponenten) wird diese Vorgangsweise in der objektorientierten Analyse bzw. Entwurf unterstützt.

Eine bewährte Strategie zur Erstellung der Mensch-Maschine-Schnittstelle ist das Prototyping, wobei der Benutzer des Systems in die Erstellung der Bildschirmmasken und der *reports* eingebunden wird, um somit eine optimale Akzeptanz zu erreichen. Es müssen in diesem Prozeß sowohl die Benutzerschnittstelle wie auch die Kommandos zur Ausführung von Funktionen entworfen werden. Dabei müssen sequentiell die einzelnen Teile, die im Rahmen der Mensch-Maschine-Schnittstelle zusammenwirken, betrachtet werden:

1. Benutzer

   Die Benutzer werden nach verschiedenen Kritierien klassifiziert, um eine Abstimmung des Systems an die unterschiedlichen Anforderungen zu erreichen. Eine Klassifikation nach folgenden Kriterien erscheint sinnvoll:

   - Organisationsebene
   - Benutzerkategorie (Kunde, Benutzer)
   - Kenntnisse (Anfänger, Fortgeschrittener)

2. Task Szenarien

   Es wird für jede Benutzerkategorie ein typisches Szenario, d.h. eine typische Arbeitssituation (Aufgabenbereiche), definiert.

3. Kommandohierarchie

   Die Abfolge von Benutzereingaben wird mittels Prototyping ermittelt. Dazu verwendet man typischerweise:

   - Abfolgen von Bildschirmmasken
   - Menüs und Fenstertechniken
   - *Icons*

   Nach diesem Prototyping ist es erforderlich, die Kommandohierarchie nach verschiedenen Kriterien nochmals zu überarbeiten, um eine konsistente Form zu erhalten:

   - Die Services sollten nach der Häufigkeit der Verwendung oder in der Reihenfolge der Verwendung sortiert werden.
   - Die Services sollten untereinander auf eine *Whole-Part* Struktur untersucht werden, um eine eventuelle Schachtelung vornehmen zu können.
   - Die eingeschränkte Aufnahmefähigkeit des Benutzers sollte stets in das Design miteinbezogen werden. Untersuchungen von Miller [Mil75] zufolge sollten nie wesentlich mehr als sieben Elemente (Begriffe u. dgl.) zugleich am Schirm angezeigt werden. Das mentale Modell der Kommandohierarchie sollte nicht zu komplex sein, so daß der Benutzer keine schriftlichen Aufzeichnungen für die Navigation im System benötigt.

- Die Anzahl der Schritte zur letztendlichen Ausführung einer Funktion sollte gering gehalten werden. Trotzdem sollte es für geübte Benutzer sogenannte "*short cuts*" geben, die es erlauben, durch Tastenkombinationen eine Funktion sofort auszuführen.

Grundsätzlich ist beim Design der Benutzerschnittstelle noch zu beachten, daß die Konsistenz (bezüglich Bezeichnungen, Aktionen, etc.) in allen Ebenen der Benutzerführung gewahrt bleibt. Es muß zusätzlich die Möglichkeit geben, daß ein Benutzer Fehler korrigieren kann (z.B. mit Hilfe einer *undo*-Funktion zum Aufheben der letzten Aktion).

4. Design des GUI

Eine graphische Benutzerschnittstelle (GUI) wird in Form von Fenstern und einzelnen graphischen Elementen entworfen. Abhängig von der Art der Oberfläche (z.B. Presentation Manager, OSF MOTIF, MacApp, etc.) muß auf unterschiedliche Design-Probleme geachtet werden.

Eine HIC-Klasse besteht allgemein aus einer Reihe von Definitionen, die hier nur auszugsweise angegeben werden sollen:

- Menübalken, *Pulldown*-Menüs, *Popup*-Menüs
- Services zur Generierung dieser Menüs
- Information, die in diesem Fenster repräsentiert wird

Neben der Benutzerschnittstelle gilt es, auch das Verhalten des Systems auf die verwendete Hardware- bzw. Software-Architektur abzustimmen.

2.6.3 Entwurf der Task-Management-Komponente (TMC)

In manchen Systemen kann es von Vorteil (u.U. sogar notwendig) sein, daß Programme nicht rein sequentiell, sondern parallel (z.B. auf mehreren Prozessoren) laufen. Dann ist es notwendig, das System bereits hinsichtlich einer solchen Parallelität (engl. concurrency) zu entwerfen. Dazu dient im objektorientierten Entwurf die TMC.

Die Task-Management-Komponente beschreibt das Design für das im System benötigte parallele Verhalten. Die Parallelität kann dabei auf unterschiedlichen Hardware-Architekturen aufsetzen und sich somit von einer Multi-Prozessor- bis hin zu einer Multi-Tasking-Parallelität erstrecken.

In diesem Schritt des Designs werden demnach die Tasks (Prozesse) samt den entsprechenden zugehörigen Services entworfen. Die Strategie, das Design der Tasks auf deren Klassifikation aufzubauen, geht auf die Arbeiten von Gomaa [Gom89] zurück.

Dabei wird zwischen folgenden Arten von Tasks unterschieden:

1. Event-driven Tasks

   Ein solcher Task wartet auf das Eintreffen eines Ereignisses (z.B. ein Interrupt, der durch ankommende Daten ausgelöst wird), verarbeitet dann diese Daten, verständigt u.U. andere Tasks davon und wird danach wieder passiv. Solche Tasks sind zumeist verantwortlich für die Kommunikation mit physikalischen Geräten, Fenstern, anderen Tasks oder auch Subsystemen.

2. Clock-driven Tasks

   Im Gegensatz zu event-driven Tasks, die passiv auf das Eintreffen eines Ereignisses warten, werden clock-driven Tasks periodisch durch eine "Systemuhr" aktiviert.

   Das System löst periodisch Interrupts aus, auf die der Task entsprechend reagiert und seine Funktion durchführt. Diese Art von Tasks wird i.a. bei periodischer Kommunikation verwendet.

3. Priority-Tasks und kritische Tasks

   Für jeden Priority-Task gibt es zeitliche Einschränkungen für dessen Aktivierung. High-priority-Tasks haben beispielsweise eine sehr enge zeitliche Beschränkung, in welcher sie ihre Aufgaben abgearbeitet haben müssen und erfordern daher eine sehr genau geplante Ressourcen-Zuteilung (Prozessorzeit u. dgl.).

   Kritische Tasks müssen sehr genau betrachtet werden, da diese u.U. für das Weiterfunktionieren des Systems essentiell sind. Solche Tasks müssen zum Teil isoliert werden, um eine gewisse Fehlertoleranz des Systems zu gewährleisten.

4. Koordinations-Tasks

   Laufen in einem System mehrere Tasks parallel, so wird i.a. ein spezieller Task (Koordinations-Task) benötigt, der die Parallelität im System koordiniert (Task switching, Ressourcen-Zuteilung u. dgl.).

   Ein solcher Task bringt zusätzlichen Overhead (z.B. durch die Zeit, die für den *context switch* benötigt wird). Der Vorteil liegt in der Kapselung der Inter-Task-Koordination. Diese Tasks sollten aber nicht dazu verwendet werden, um zusätzliche Services zu implementieren (solche zusätzlichen Services gehören zu den Klassen bzw. Objekten).

In einem weiteren Schritt ist es notwendig, alle bisher entworfenen Tasks noch einmal genau zu überprüfen, ob diese auch unbedingt für die Systemfunktionalität erforderlich sind. Eine zu große Anzahl von Tasks erhöht auf alle Fälle unnötig die Komplexität des Systems und verschlechtert das Verständnis des Entwurfs. Jeder Task sollte prinzipiell einer der zuvor angeführten Kategorien 1 - 3 zugeordnet werden können.

Jeder Task muß mittels Namen und kurzer Beschreibung spezifiziert werden. Wird ein Service durch mehrere Tasks realisiert, so müssen die Service-Namen und -Beschreibungen so abgeändert werden, daß je ein Service mittels einem Task realisiert werden kann.

Dabei ist wichtig, daß die Information, welcher Service in neue Services (aufgrund der Task-Struktur) aufgeteilt wurde, erhalten bleibt, um den Entwurf entsprechend adaptieren zu können.

Für Services, die eine Koordination oder Kommunikation mit Geräten, Tasks und Subsystemen beinhalten, muß deren Service-Spezifikation um protokoll-spezifische Details erweitert werden.

Die vierte Komponente des objektorientierten Designs befaßt sich mit dem Aufbau des Datenmodells für die zu erstellende Applikation.

2.6.4 Entwurf der Daten-Management-Komponente (DMC)

Dieser Entwurfsschritt definiert die Infrastruktur zur Speicherung und zum Wiederauffinden von Objekten. Prinzipiell soll auf dieser Ebene des Entwurfs eine Daten-Management-Transparenz hergestellt werden, d.h., daß die tatsächliche Art der Speicherung (z.B. welche Art von Datenbank) auf Objektebene verborgen bleibt.

Speicherung von Objekten

Grundsätzlich lassen sich mehrere Ansätze zur Speicherung der Objekte in einem System unterscheiden:

1. Flache Dateistruktur (*flat file structure*)

   Eine flache Dateistruktur stellt nur die grundlegenden Dateiorganisationsmechanismen und ggf. einfache Sortiermechanismen zur Verfügung.

2. Relationale Datenbanksysteme (RDBS)

   In einer Daten-Management-Komponente, basierend auf einem relationalen DBS, kann man die Daten hinsichtlich Redundanz normalisieren. Dazu stehen die aus der Datenbanktheorie bekannten Normalformen zur Verfügung [Cod72], [BBG78]. Der Vorteil von Normalformen (d.h. weniger Tabellen) kommt im objektorientierten Design bzw. der Implementierung durch den komplexeren Service zur Abspeicherung eines Objektes und dem geringeren Zusammenhang zwischen Tabellen und den Komponenten aus der Problemdomäne weniger zum Tragen. Im konkreten begnügt man sich meist mit der dritten Normalform.

3. Objektorientierte Datenbanksysteme (OO-DBS)

   Bei objektorientierten Datenbanksystemen lassen sich zwei wichtige Ansätze unterscheiden:

   (a) *Relationale Erweiterung:* Diese entsprechen einer relationalen Datenbank, die um die Fähigkeit zur Definition von abstrakten Datentypen (ADTs), Vererbung und um generelle Services für die Manipulation von Klassen und Objekten (z.B. `create`) erweitert wurde.

   (b) *Erweiterung einer objektorientierten Programmiersprache:* In diesem Fall wird eine objektorientierte Programmiersprache um die Syntax und die Speicherungsfähigkeit einer Datenbank erweitert. Es handelt sich dann um rein objektorientierte Datenbanken, wobei keine Übersetzung zwischen Speicher- und Programm-Datenstrukturen notwendig ist, wenn sowohl in der objektorientierten Datenbank wie auch in der objektorientierten Programmiersprache dasselbe Objektmodell verwendet wird.

Der Entwurf der Daten-Management-Komponente schließt den Entwurf des Layouts der Daten wie der zugehörigen Services mit ein. Die Schritte für den Entwurf des Daten-Layouts und der zugeordneten Services sollen in der Folge kurz erläutert werden:

1. Entwurf des Daten-Layouts

   (a) Flache Dateistruktur:

      - Definition der Tabellen in erster Normalform: Zuerst werden alle Klassen und deren Attribute aufgelistet und diese Liste dann in erste Normalform gebracht.
      - Definition einer Datei für jede dieser Tabellen in erster Normalform
      - Vergleich der Performance- und Speicheranforderungen: Aufgrund dieser Anforderungen werden dann entsprechende Abänderungen der ersten Normalform vorgenommen, wie z.B.:
         - Zusammenfassen der Attribute einer Gen/Spec-Struktur in einer einzigen Datei zur Reduktion der Dateienanzahl. Es werden somit in einer Datei mehr Attribute gespeichert als ursprünglich durch die erste Normalform vorgesehen waren.
         - Attribute werden anstelle von separaten Feldern in einem Feld kombiniert. Dadurch wird weniger Speicherplatz belegt, gleichzeitig aber bedarf dies zusätzlicher Verarbeitungszeit zur Kodierung und Dekodierung mehrerer Attribute in ein Feld.

   (b) Relationale Datenbanken:

      - Definition der Tabellen in dritter Normalform: Nach der Erstellung einer Liste aller Attribute der Klassen, wird diese Liste ähnlich wie bei einer flachen Dateistruktur in dritte Normalform gebracht, was an sich ausreicht und die Komplexität des Services zur Speicherung einzelner Objekte nicht unnötig verkompliziert.
      - Für jede der definierten Tabellen in dritter Normalform werden die entsprechenden Tabellen der Datenbank definiert.
      - Ebenso wie bei flacher Dateistruktur werden auch hier die Anforderungen an die Performance sowie die Speicherkapazitäten mit den Tabellen abgeglichen und gegebenenfalls Anpassungen vorgenommen.

   (c) Objektorientierte Datenbanken:

      - Relationale Erweiterung: Dabei findet dieselbe Vorgangsweise Anwendung wie bei relationalen Datenbanken.

- Programmiersprachenerweiterung: Bei diesem Datenmodell werden die Objektwerte (Attribute) direkt auf Speicherstrukturen der objektorientierten Datenbank abgebildet.

2. Entwurf der zugeordneten Services

   Jede Klasse/Objekt erhält zusätzliche Attribute (z.B. `Storage-Layout`) und Services (z.B. `save, retrieve`). Es handelt sich dabei um implizite Attribute und Services, d.h. diese kommen nicht im Attribut oder Service Layer hinzu, sondern werden in der Objekt(Klassen)-Beschreibung definiert und dort beschrieben.

   Dieser sogenannte "*store yourself*"-Ansatz stellt den Übergang zwischen den Komponenten der Problemdomäne und jenen des Daten-Managements dar. Dies bedeutet bei

   - flacher Dateistruktur: Jedes Objekt kennt die Dateien, die geöffnet werden, wie auf spezielle Records positioniert wird und wie die Lese- und Schreibzugriffe auf den Dateien durchgeführt werden können.
   - relationalen Datenbanken: Jedes Objekt kennt den Zugriff auf die Tabellen (Spalten und Zeilen) der Datenbank sowie die zugehörigen Schreib- und Leseoperationen.
   - objektorientierten Datenbanken: Bei der relationalen Erweiterung gelten dieselben Einschränkungen wie bei relationalen Datenbanken. Keine zusätzlichen Services sind beim Ansatz der Programmiersprachenerweiterung notwendig, da die Datenbank von sich aus das "*store yourself*"-Verhalten für jedes Objekt erbringt.

   Im Falle von flacher Dateistruktur oder relationalen Datenbanken ist zu beachten, daß die Definition eines Server-Objekts mit speziellen Services für die Speicherung und das Wiederauffinden von Objekten vorteilhaft sein kann, da u.a. auch weitere Design-Komponenten dieses spezielle Server-Objekt benutzen können.

2.6.5 Kriterien für einen objektorientierten Entwurf

Bei der Erstellung eines objektorientierten Entwurfs müssen natürlich auch einige Kriterien berücksichtigt werden, nach denen man einen solchen Entwurf letztendlich bewerten kann. Diese Kriterien sollten bei der Entwicklung aller vier Komponenten des objektorientierten Entwurfs angewendet werden, um eine optimale Basis für spätere Wartungstätigkeiten, Systemerweiterungen oder auch die Wiederverwendung einzelner Entwurfsteile zu schaffen.

In der Folge sollen nun einige wichtige Kriterien herausgegriffen und kurz erläutert werden.

2.6.5.1 Coupling

Das Konzept des Coupling ist bereits seit dem strukturierten Entwurf [YC79] bekannt und ist natürlich auch im objektorientierten Entwurf von Bedeutung.

Unter Coupling versteht man den Grad der Abhängigkeit zwischen den einzelnen Teilen eines Entwurfs. Coupling vermittelt eine Charakteristik des Designs: Ändert man einen Teil des Designs, so sollte diese Änderung nur minimalen Einfluß auf die übrigen Teile des Designs haben. Im anderen Fall handelt es sich um zu starkes Coupling und eine zu große gegenseitige Beeinflussung der Komponenten, so daß im Falle einer Änderung mit großen (systemweiten) Auswirkungen gerechnet werden muß.

Im objektorientierten Entwurf geht es darum, die Verbindungen zwischen Objekten und Klassen auf den Grad des Couplings hin zu untersuchen. Dieser Grad des Couplings zwischen zwei Komponenten wird an der Anzahl und Komplexität der Informationen gemessen, die zwischen den Komponenten ausgetauscht werden.

Prinzipiell wird zwischen zwei Arten von Coupling im objektorientierten Entwurf [CY91b] unterschieden: Interaction Coupling aufgrund von *message connections* zwischen Objekten und Inheritance Coupling aufgrund von Gen/Spec-Strukturen zwischen Objekten.

1. Interaction Coupling:

   Die *message connections* zwischen Objekten werden danach analysiert, inwieweit man deren Komplexität reduzieren kann. Dies betrifft einerseits jede *message connection* an sich und andererseits die Gesamtheit an *message connections*, die von einem Objekt ausgehen.

   Es soll versucht werden, '*tightly coupled*' (d.s. sehr stark gekoppelte) Objekte auf ein vernünftiges Maß an Interaction Coupling zu bringen. Eine Überarbeitung von Objekten, die nur Nachrichten "durchschleusen" (*message pass-through*), ist ein typisches Beispiel, diese Art von Coupling aufzulösen.

2. Inheritance Coupling:

   Dieses Coupling zwischen einer Generalisierungsklasse und einer Spezialisierungsklasse drückt sich in Form von Attributen und Services aus, die in der Struktur vererbt werden. Wenn eine Klasse die meisten Attribute oder Services der Generalisierungsklasse redefiniert, so besteht kein natürlich strenges Coupling zwischen diesen beiden. Ferner kann die Spezialisierungsklasse die Attribute zwar erben, aber nicht verwenden. In beiden Fällen sollte nach besseren Alternativen gesucht und ein solches unnötiges Coupling vermieden werden. Dieses unnötige Coupling kann nämlich genausogut auf einen Fehler in der Analyse deuten, da Spezialisierungsklassen im objektorientierten Entwurf u.U. allgemeiner als deren Generalisierungen aufscheinen.

Neben dem Coupling gehört auch noch die Cohesion zu den wichtigen Kriterien eines objektorientierten Entwurfs.

2.6.5.2 Cohesion

Bei Cohesion handelt es sich um die Abhängigkeit innerhalb einer Gruppe von Design-Komponenten. Ein optimaler Entwurf maximiert die Cohesion (d.i. der innere Zusammenhang zwischen zusammengehörigen Entwurfsteilen). Es wird hierbei nach Service-, Klassen- und Gen/Spec-Cohesion unterschieden:

1. Service-Cohesion:

   Ein Service, der mehr als eine Funktion ausführt, oder aber auch nur Teile einer Funktion ausführt, ist ungeeignet, um strenge Design-Kriterien zu erfüllen. Potentielle Kandidaten dafür sind neben Funktionen mit großem Umfang (Programmzeilen) solche, die eine tiefe Verschachtelung (z.B. `case`-Verzweigungen) aufweisen. *Cohesive* Services müssen entweder aufgespalten oder bei Teilfunktionalität zusammengefaßt werden.

2. Klassen-Cohesion:

   Die Attribute wie die Services einer Klasse sollten *cohesive* sein, d.h. es sollte auf keinen Fall nicht verwendete Attribute oder Services geben.

   Dieses Kriterium ist ohne großen Aufwand und relativ einfach zu erfüllen.

3. Gen/Spec-Cohesion:

   Es handelt sich dabei um den Zusammenhang zwischen den einzelnen Klassen einer Gen/Spec-Struktur. Dabei muß untersucht werden, wie der Abstraktionsgrad in den einzelnen Ebenen der Hierarchie ist (gleichmäßig zunehmend bzw. abnehmend) und ob somit jede angeführte Klasse auch in die betreffende Struktur gehört.

Neben den beiden erläuterten Kriterien *Coupling* und *Cohesion* gibt es natürlich noch einige andere, von denen besonders die Wiederverwendung von Komponenten besonderes Augenmerk verdient.

2.6.5.3 Wiederverwendung (Reuse)

Die Wiederverwendung von Software-Komponenten (auf Analyse-, Design- oder auch Implementierungsebene) bildet einen zentralen Aspekt im objektorientierten Paradigma. Durch die Unterstützung verschiedener Mechanismen, wie z.B. die Möglichkeit, Verhalten zu vererben, bietet sich gerade ein objektorientierter Ansatz an, um für zukünftige Projekte eine gute Ausgangsbasis zu bilden und so Produktionskosten durch Wiederverwendung einzusparen.

Für die erfolgreiche Wiederverwendung sind einige Voraussetzungen zu erfüllen, die in der Literatur schon ausführlich diskutiert ([Mat87], [MYTT90], [BC91]) und deshalb nur mehr der Vollständigkeit halber kurz angeführt werden:

- finanzielle Investitionen zur Produktion von wiederverwendbaren Teilen
- verstärkte Qualitätskontrollen in der Software-Entwicklung
- vermehrter Wartungsaufwand für die Software-Bibliotheken

Ein wesentlicher Vorteil, den objektorientierte Software-Components Libraries erbringen, besteht darin, daß eine Wiederverwendung weitgehend ohne Modifikationen von Code auskommt. Durch Erweiterung und Spezialisierung von Klassen mittels Vererbung kann eine diesbezügliche Wiederverwendung vereinfacht werden.

Kapitel 3

COREM – Objektorientiertes Reverse Engineering

Die nachfolgenden Kapitel geben eine Einführung in eine konkrete objektorientierte Reverse-Engineering-Methode, genannt *Capsule Oriented Reverse Engineering Method (COREM)*, und erläutern an Hand dieser Methode die Problemkreise des objektorientierten Reverse Engineerings sowie verschiedene Lösungsansätze.

Dieser Abschnitt gibt einen Gesamtüberblick über die generelle Vorgangsweise der *Capsule Oriented Reverse Engineering Method (COREM)*, deren Ziele sowie Voraussetzungen und Einschränkungen. Darüber hinaus wird COREM gegenüber herkömmlichen Reverse-Engineering-Methoden in Hinblick auf das objektorientierte Reverse Engineering eingeordnet.

3.1 Einführung und Motivation

COREM unterscheidet sich in seiner grundlegenden Zielsetzung von anderen Reverse-Engineering-Methoden. Ziel von COREM ist zwar auch die Untersuchung und Bearbeitung von bestehenden Software-Systemen, jedoch nicht mit dem ausschließlichen Zweck der Systemwartung, sondern mit dem Ziel, das behandelte Ausgangssystem in ein objektbasiertes

System (*capsule based system*)[1] umzuwandeln (vgl. Abbildung 3.1). Dadurch erhofft man sich eine Reduzierung des Wartungsaufwandes und eine Verbesserung der Wiederverwendbarkeit (vgl. Abschnitt 3.3).

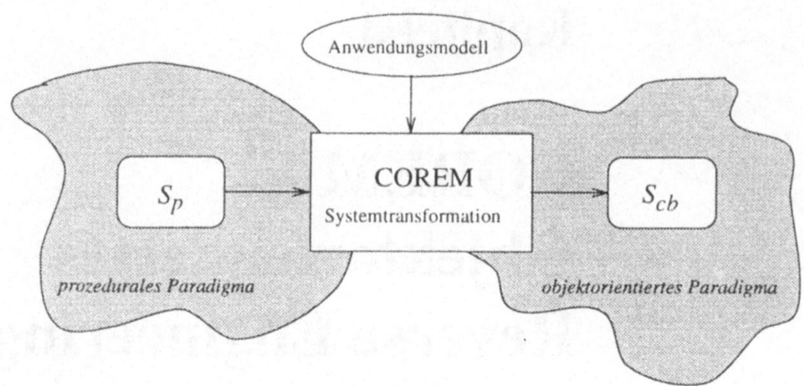

Abbildung 3.1: Systemtransformation und Paradigmenwechsel

Capsules

Zur Erreichung dieser Ziele führt COREM eine Neustrukturierung der prozeduralen Architektur des Ausgangssystems S_p in eine aus *capsules*[2] bestehende objektorientierte Architektur durch. Das so entstehende *capsule based* System S_{cb} besitzt dieselbe Funktionalität wie das ursprünglich prozedurale System S_p, besteht jedoch aus weitgehend unabhängigen *capsules*.

Die Tranformation des prozeduralen Ausgangssystems S_p in das *capsule based* System S_{cb} (in der Folge auch objektorientiertes Ziel-System genannt) realisiert einige wichtige Konzepte des objektorientierten Paradigmas zur Handhabung von Systemkomplexität, wie z.B.:

- *Capsules* realisieren das Konzept der prozeduralen und Datenabstraktion durch Zusammenfassung der applikationssemantischen (das sind die objektbildenden) Datenstrukturen mit den diese manipulierenden Prozeduren bzw. Funktionen des Ausgangssystems.

[1] Im Gegensatz zu vollständig objektorientierten Systemen bestehen objektbasierte Systeme zwar aus Objekten (im objektorientierten Sinne), besitzen aber keine Vererbungsstrukturen (*inheritance*).[Weg87]

[2] Wie wir in diesem Kapitel noch ausführen werden, bestehen einige Unterschiede zwischen den entstehenden *capsules* und Objekten, so daß wir anstelle des Begriffs Objekt jenen der *capsule* verwenden. *Capsules* besitzen jedoch die wichtigsten Eigenschaften von Objekten.

- *Capsules* realisieren eine strenge Datenkapselung (*data encapsulation*).

- *Capsules* kommunizieren ausschließlich über ihre Schnittstellen (*message passing* im objektorientierten Sinn).

Unterschied zu Objekten

Capsules sind aus den oben erwähnten Gründen syntaktisch nahezu unabhängig verwendbar, was ihre Wiederverwendbarkeit sowie die Wartbarkeit des entstehenden Systems deutlich erhöht.

Capsules und Objekte unterscheiden sich in folgenden Punkten:

- Während Objekte, ausgehend von einer Anforderungsanalyse, durch Anwendung von objektorientierten Analyse-, Design- und Implementierungsmethoden entstehen, werden *capsules* durch einen Reverse-Engineering-Prozeß aus prozeduralem Source Code generiert.

- Die in vielen objektorientierten Programmiersprachen unterstützten Konzepte der öffentlichen und privaten Daten eines Objektes können aufgrund der *reverse* Entstehung von *capsules* nicht realisiert werden.

- Es erfolgt keine explizite Unterscheidung zwischen Klassen und Objekten (i.e. Instanz einer Klasse). Dies stellt keine Einschränkung dar, da in der Praxis Objekte vielfach reine Ansammlungen von Daten und den zugehörigen Prozeduren/Funktionen darstellen.

Da das Ausgangssystem S_p jedoch ursprünglich prozedural entworfen und implementiert wurde, müssen im Zuge des COREM-System-Transformationsprozesses einige Zwischenschritte durchgeführt werden, die erst eine objektorientierte Systemtransformation ermöglichen.

Eine solche Systemtransformation kann durch die Unterschiedlichkeit der zugrundeliegenden Paradigmen (prozedural vs. objektorientiert) nicht unmittelbar auf dem Implementierungsniveau (Source-Code-Transformation) erfolgen. Man berücksichtige in diesem Zusammenhang, daß das Ausgangssystem S_p nach funktionalen Kriterien entworfen und implementiert wurde. Eine Umwandlung in ein zumindest objektbasiertes System kann daher erst nach der Identifikation von applikationssemantischen Datenstrukturen und der zugehörigen Prozeduren bzw. Funktionen erfolgen. Eine solche Identifikation samt Zuordnung und Systemumgruppierung erfordert eine Anhebung des Abstraktionsniveaus.

3.2 Die Systemtransformation

Ausgangspunkt von COREM ist – wie im vorigen Abschnitt bereits erwähnt – das gemäß eines prozeduralen Systementwurfs implementierte System S_p. COREM geht davon aus, daß für diese Implementierung entweder keine oder nur unvollständige Systementwurfsdokumente zur Verfügung stehen. Voraussetzung für den COREM-System-Transformationsprozeß ist jedoch das Vorliegen einer Anforderungsanalyse für das prozedurale Ausgangssystem, aus der ein objektorientiertes Anwendungsmodell erzeugt werden kann, oder zumindest die Möglichkeit eine solche Anforderungsanalyse durchführen zu können.

Aus der vorliegenden Systemimplementierung muß – unter Zuhilfenahme eines zu entwickelnden objektorientierten Anwendungsmodells – ein dieser Implementierung entsprechender Systementwurf rekonstruiert werden (Design Recovery). Wie verschiedene bereits bestehende Ansätze für ein solches Design Recovery zeigen ([Big89], [Das89]), ist es erforderlich, bei diesem Design Recovery auch informales Wissen aus der Anwendungsdomäne einfließen zu lassen.

Ein objektorientiertes Anwendungsmodell wird üblicherweise von einem *Application Domain Engineer* mittels der Anforderungsanalyse für das Ausgangssystem erstellt.

In COREM wird ein solches Anwendungsmodell jedoch nicht nur zur Rekonstruktion des System-Designs von S_p verwendet, sondern dient auch als zentrales Element für den COREM-System-Transformationsprozeß, der tatsächlichen Transformation des prozeduralen Ausgangssystems in das objektorientierte Ziel-System (vgl. Abbildung 3.2).

Für die Zwecke des objektorientierten Reverse Engineering mittels COREM erweist es sich als notwendig, nicht ein "prozedurales" Anwendungsmodell, sondern direkt ein objektorientiertes Anwendungsmodell zu erzeugen. Die Definition eines solchen objektorientierten Anwendungsmodells kann durch die Verwendung herkömmlicher objektorientierter Analysemethoden (OOA) erfolgen (z.B. [CY91a], [EKW92], [RBP+91]).

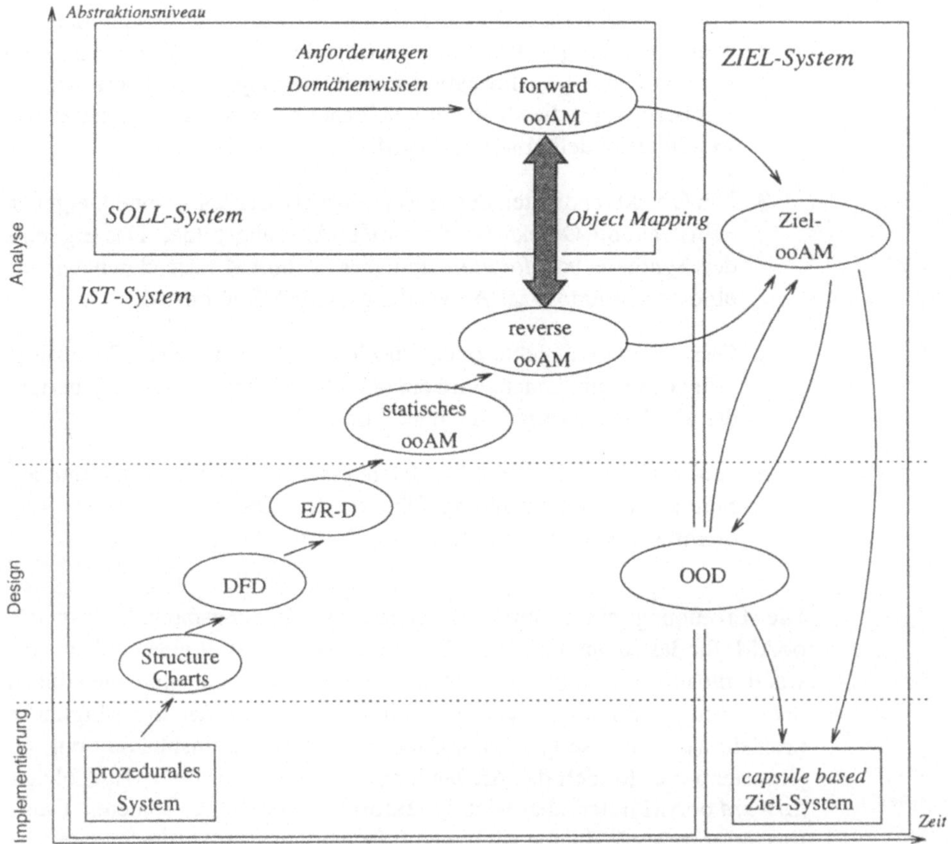

Abbildung 3.2: Der COREM-System-Transformationsprozeß

Anwendungsmodelle

Zur Verdeutlichung des System-Transformationsprozesses wollen wir die Reihenfolge und die Bezeichnungen der verschiedenen zu erstellenden Anwendungsmodelle definieren:

1. Aus dem prozeduralen Source Code wird unter Zuhilfenahme von Design-Recovery-Methoden ein objektorientiertes Modell der Anwendung *reverse* generiert. Dieses bezeichnen wir in der Folge als *reverse* generiertes, objektorientiertes Anwendungsmodell, *reverse* ooAM.

2. Unabhängig von der Implementierung wird mittels der Anforderungs-

analyse vom *Reuse Engineer* ein objektorientiertes Modell der Anwendung erzeugt. Dieses hat den Charakter eines Soll-Systems, dem wir uns in der Transformation soweit wie möglich annähern wollen. Wir bezeichnen dieses als *forward* generiertes, objektorientiertes Anwendungsmodell, *forward* ooAM.

3. Die Objektkandidaten des *reverse* ooAMs werden in einem eigenen Schritt auf die Objekte des *forward* ooAMs abgebildet. Das Ergebnis der Synthese von *forward* und *reverse* ooAM bezeichnen wir als objektorientiertes Ziel-Anwendungsmodell, Ziel-ooAM.

4. Damit weitere Objekte zwischen Ziel-ooAM und Source Code zugeordnet werden können, wird ein objektorientierter Entwurf generiert, der als Ziel-Entwurf bezeichnet wird.

5. Aufgrund des Ziel-ooAMs kann eine Systemtransformation auf Source-Code-Ebene durchgeführt werden. Das resultierende objektorientierte System bezeichnen wir als Ziel-System.

Die Erzeugung eines objektorientierten Anwendungsmodells (*forward* ooAM) für das zu untersuchende System S_p bedingt zwar einen hohen Aufwand (die informalen Informationen über die Anwendungsdomäne können dabei weitgehend wiederverwendet werden), da von der ursprünglichen prozeduralen Analyse bzw. vom Entwurf weitgehend unabhängig ein objektorientiertes Modell der Anwendung erstellt werden muß. Ein solches *forward* ooAM liefert aber wichtige Informationen für den späteren Transformationsprozeß. Solche wichtigen Informationen sind insbesondere:

- Objekte des objektorientierten Anwendungsmodells:

  Diese Objekte sind Abstraktionen der applikationssemantischen Daten sowie der zugehörigen Prozeduren bzw. Funktionen. Durch die Erstellung eines objektorientierten Anwendungsmodells (*forward* ooAMs) können in einer späten Transformationsphase die objektbildenden Datenstrukturen des prozeduralen Ausgangssystems identifiziert werden.

- Attribute der entstehenden Objekte:

  Attribute identifizieren die lokalen Datenstrukturen, die den inneren Zustand eines Objektes repräsentieren. Dadurch können jene Datenstrukturen des prozeduralen Systems ermittelt werden, die später lokal als Attribute für das jeweilige zu bildende Objekt dienen.

- Funktionalität der entstehenden Objekte:

  Durch das objektorientierte Anwendungsmodell werden auch die Services der späteren Objekte (bzw. *capsules*) festgelegt. Über eine reine Datenflußanalyse hinaus können dadurch jene Prozeduren/Funktionen des Ausgangssystems bestimmt werden, die für die Erbringung einer bestimmten Objektfunktionalität erforderlich sind und somit den jeweiligen Objekten (*capsules*) zugeordnet werden müssen.

Das objektorientierte Anwendungsmodell (*forward* ooAM) stellt somit insgesamt eine Vorgabe für das zu generierende objektorientierte Ziel-System dar und bietet darüber hinaus eine Menge von Detailinformationen, die für die Zuordnung von Prozeduren/Funktionen bzw. Datenstrukturen zu den Objekten (*capsules*) erforderlich sind.

Durch die *reverse* Erstellung eines System-Designs für das Ausgangssystem S_p wird dessen Abstraktionsgrad soweit erhöht, daß eine hinreichende Unabhängigkeit von programmiersprachenspezifischen Implementierungsdetails erreicht wird. Durch diesen Design-Recovery-Schritt erfolgt ein Informationsgewinn. Zur Darstellung des System-Designs von S_p werden herkömmliche Mechanismen, wie z.B. Datenflußdiagramme, Entity-Relationship-Diagramme, Structure Charts u. dgl. verwendet.

Reuse Engineer

Im Verlauf der Erhöhung des Abstraktionsniveaus während der Generierung solcher Entwurfsdokumente muß Information zugeführt werden, die nicht automatisch aus dem Source Code abgeleitet werden kann. Es wird daher deutlich, daß dieser Design-Recovery-Schritt nicht vollständig automatisierbar ist, sondern die Zuführung von Information durch einen "menschlichen" Reuse Engineer benötigt. Eine möglichst weitgehende maschinelle Unterstützung ist – aufgrund des Umfanges und der Komplexität kommerzieller Software-Systeme – jedoch unbedingt anzustreben (z.B. interaktive Werkzeuge).

Um eine objektorientierte Transformation des Ausgangssystems vornehmen zu können, ist es erforderlich, eine geeignete Zuordnung der Elemente des prozeduralen Ausgangssystems (d.s. Prozeduren/Funktionen, Datenstrukturen u. dgl.) zu Elementen des *forward* ooAMs (d.s. Objekte, deren Attribute, Services u. dgl.) zu finden (vgl. Abbildung 3.3).

applikationssemantische Datenstruktur

Einerseits müssen Datenstrukturen des prozeduralen Systems auf ihre applikationssemantische Bedeutung untersucht werden, d.h. die objektbildenden Datenstrukturen müssen identifiziert werden. Andererseits müssen Prozeduren bzw. Funktionen des Ausgangssystems den entsprechenden Objekten als Services zugeordnet werden, um die definierte Funktionalität des entstehenden Systems S_{cb} zu erhalten. Eine solche Zuordnung wird durch die Generierung von Dokumenten mit zunehmendem Abstraktionsniveau ermöglicht.

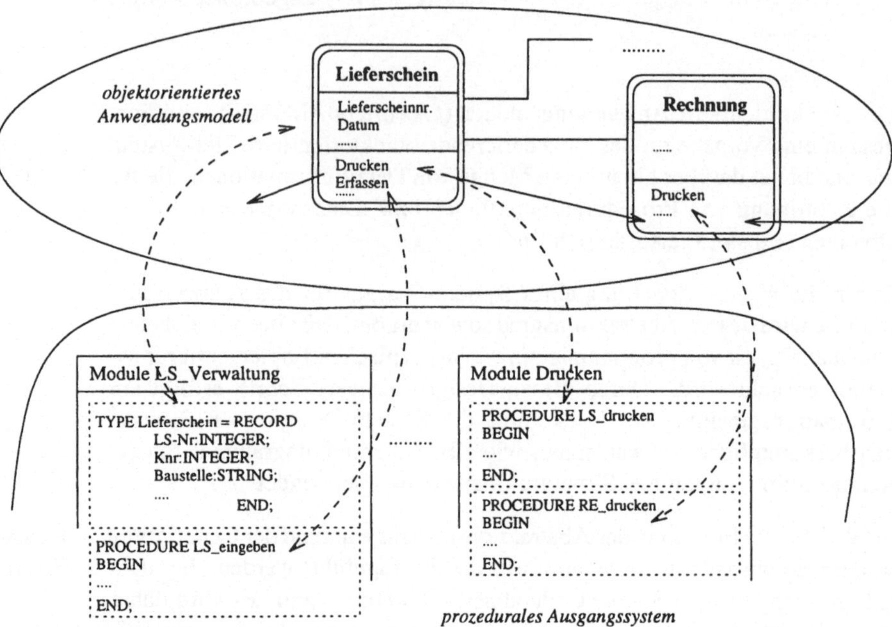

Abbildung 3.3: Zuordnung von Elementen

Zuordnungsprobleme

Bei dieser Zuordnung von Elementen aus dem Source Code des prozeduralen Ausgangssystems zu Objekten des *forward* ooAMs müssen jedoch einige Probleme berücksichtigt werden, die eine vollautomatische Zuordnung unmöglich machen, wie z.B.:

- *Namenskonventionen*

  Die Bezeichnung der Elemente des *forward* ooAMs wird sich i.a. von jener in der Implementierung des untersuchten Systems unterscheiden, da beide Dokumente (u.U. von unterschiedlichen Personen) zu verschiedenen Zeitpunkten erstellt wurden. Die Bezeichnungsweise im objektorientierten Anwendungsmodell ist darüber hinaus i.a. wesentlich abstrakter, da sich dieses auf Analyseniveau befindet, wogegen in der Implementierung vielfach Abkürzungen (z.B. `LS` anstelle von `Lieferschein`) verwendet werden.

Vielfach ist eine 1:1-Abbildung von Prozeduren/Funktionen auf Services nicht möglich (ein Service eines Objektes im objektorientierten Anwendungsmodell wird u.U. durch eine Menge von Prozeduren/Funktionen des prozeduralen Ausgangssystems realisiert).

- *Strukturunterschiede*

  Die Struktur des prozeduralen Systems unterscheidet sich grundlegend von der objektorientierten Struktur des *forward* ooAMs. Das prozedurale System wurde nach funktionalen Kriterien (*functional decomposition*) entworfen, das *forward* ooAM hingegen nach den stark datenorientierten Konzepten der objektorientierten Analyse.

- *Nicht-Zuordnung von Teilen*

  Gewisse Teile des prozeduralen System-Designs werden sich aus oben erwähnten Gründen und der Unterschiedlichkeit der beiden Paradigmen (prozedurales vs. objektorientiertes) überhaupt nicht im objektorientierten Anwendungsmodell wiederfinden lassen. Genauso werden sich gewisse Objekte (oder Teile von Objekten, z.B. Services) keinen Implementierungsteilen zuordnen lassen.

  Es muß daher davon ausgegangen werden, daß nur ein bestimmter Teil des prozeduralen Ausgangssystems in Objekte (*capsules*) umgewandelt werden kann, die vollständig den objektorientierten Kriterien entsprechen. Ein gewisser prozeduraler "Rest" (das sogenannte prozedurale Rest-System) muß aufgrund funktionaler Kriterien in eine objektähnliche Struktur überführt werden.

Bei der Zuordnung von Implementierungsteilen des prozeduralen Ausgangssystems zu Objekten des *forward* ooAMs muß das Ausgangssystem in seine Bestandteile zerlegt und nach objektorientierten Kriterien neu zusammengefaßt werden. Dazu wird die ursprüngliche Modulstruktur des prozeduralen Ausgangssystems aufgelöst, so daß aufgrund der zuvor definierten Zuordnungen zwischen Elementen des *forward* ooAMs und des prozeduralen Systems S_p Datenstrukturen sowie Prozeduren und Funktionen den neuzubildenden Objekten zugeordnet werden können.

COREM Prozeß

Die zuvor erwähnten Schritte lassen sich wie folgt zum COREM-System-Transformationsprozeß zusammenfassen (vgl. auch Abbildung 3.2):

1. COREM *Design Recovery*

   (a) *Reverse* Generierung eines Entity-Relationship-Diagrammes für das prozedurale Ausgangssystem, unter Zuhilfenahme von aus dem Source Code generierten Structure Charts und Datenflußdiagrammen.

   (b) *Reverse* Generierung eines vereinfachten, statischen, objektorientierten Anwendungsmodells aus dem Entity-Relationship-Diagramm und Anreicherung desselben um dynamische Aspekte aus der Implementierung zu einem *reverse* generierten, objektorientierten Anwendungsmodell (*reverse* ooAM).

2. COREM *Application Modeling*

   Erstellung eines objektorientierten Anwendungsmodells aufgrund der Anforderungsanalyse sowie dem Wissen über die betreffende Anwendungsdomäne. Dieses Anwendungsmodell wird als *forward* generiertes, objektorientiertes Anwendungsmodell bezeichnet (*forward* ooAM).

3. COREM *Object Mapping*

   (a) Objekt-Mapping zwischen den *reverse* und *forward* generierten ooAMs zur Bildung eines objektorientierten Ziel-Anwendungsmodells, welches eine Synthese beider ooAMs darstellt und somit das Ziel-ooAM definiert.

   (b) Generierung eines vereinfachten, objektorientierten System-Entwurfs aus dem Ziel-ooAM, um weitere Objekte (Design-Objekte) durch Implementierungsteile des prozeduralen Ausgangssystems dem Ziel-ooAM zuordnen zu können.

4. COREM *System Transformation*

   Generierung des objektorientierten Ziel-Systems auf Source-Code Ebene durch Zuordnung und syntaktische Adaptierung der Implementierungsteile des prozeduralen Ausgangssystems zu den Objekten des objektorientierten Ziel-Systems. Adaptierung der im Object-Mapping-Prozeß nicht abbildbaren Teile für eine objektorientierte Verwendung.

Die Schritte 1a und 1b dienen zur schrittweisen Erhöhung des Abstraktionsniveaus und stellen eine Beschreibung des prozeduralen Ausgangssystems dar. Schritt 2 definiert ein objektorientiertes Anwendungsmodell des Systems, das *forward* ooAM. Die Schritte 3a, 3b und 4 dienen der Zuordnung der Implementierungsteile des prozeduralen Ausgangssystems zu den Objekten des entstandenen objektorientierten Ziel-Systems.

3.3 Zielsetzungen von COREM

Nach der genaueren Betrachtung der einzelnen Teilschritte des COREM-System-Transformationsprozesses werden zwei unterschiedliche Reverse Engineering-Zielsetzungen deutlich, die durch COREM realisiert werden können:

3.3.1 Verbesserung der Systemwartung

Unter dieser Zielsetzung verstehen wir die Erhöhung der Wartbarkeit des prozeduralen Ausgangssystems S_p durch Umwandlung desselben in ein objektorientiertes Ziel-System. Es ist klar, daß nur ein gewisser Teil des prozeduralen Ausgangssystems aufgrund von Informationen aus einem objektorientierten Anwendungsmodell in Objekte umgeformt werden kann und ein bestimmter Anteil an prozeduralem "Rest" (sogenanntes prozedurales Rest-System) übrigbleibt. Dieser "Rest" ist jedoch für die Funktionalität des Systems unbedingt erforderlich (ansonsten würde es sich dabei ausschließlich um "toten" Code handeln).

COREM ermöglicht diese Zielsetzung, indem es einen Teil des prozeduralen Ausgangssystems in leichter wartbare, objekt-ähnliche *capsules* umwandelt. Diese *capsules* realisieren objektorientierte Konzepte, wie etwa Datenkapselung, "saubere" Kommunikation über Services u. dgl.

COREM bietet darüber hinaus noch die Möglichkeit, das übrigbleibende, prozedurale Rest-System nach funktionalen Kriterien in eine Menge von "Pseudo"-Objekten zu untergliedern und so dessen Wartung weiter zu vereinfachen.

3.3.2 Verbesserung der Wiederverwendbarkeit

Gerade bei der Wiederverwendung von prozeduralen Software-Komponenten gibt es eine Reihe von nur schwer zu handhabenden Problemen (z.B. Module Interconnection), die sich im objektorientierten Paradigma durch die Wiederverwendung von Objekten anstelle von Komponenten relativ einfach lösen lassen.

COREM bietet Möglichkeiten zur Verbesserung der Wiederverwendbarkeit von ursprünglich prozeduralen Systemteilen, indem es das prozedurale Ausgangssystem in eine objekt-ähnliche Architektur umwandelt und auf diese die Anwendung objektorientierter System-Entwicklungsmethoden ermöglicht. Wie zuvor bereits erwähnt kann nur ein bestimmter Prozentsatz des prozeduralen Ausgangssystems für eine objektorientierte System-Entwicklung wiederverwendet werden ("objektorientiertes Recycling").

Abbildung 3.4 stellt diese beiden möglichen – für das Software Engineering wichtigen – Zielsetzungen von COREM graphisch dar.

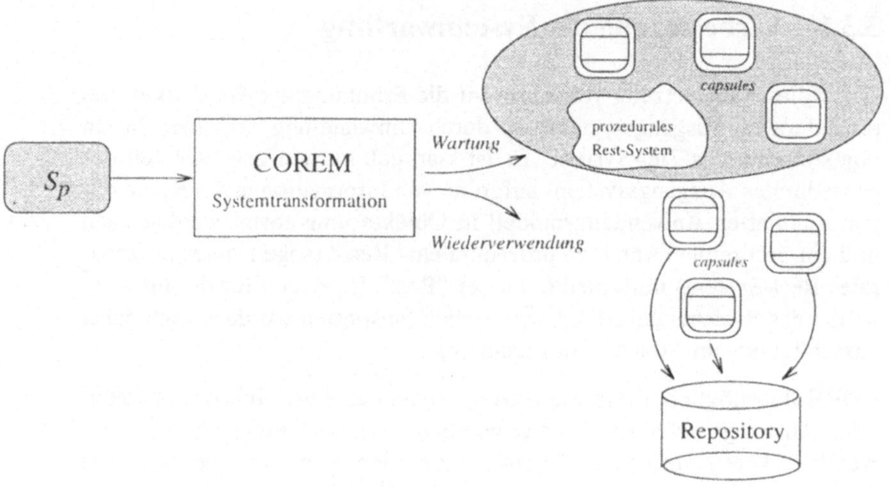

Abbildung 3.4: Unterschiedliche Zielsetzungen von COREM

3.4 COREM im Vergleich zu anderen Reverse-Engineering-Methoden

COREM unterstützt aufgrund seiner Konzeption mehrere Ziele von Reverse Engineering, nämlich:

- Wiedergewinnung verlorener Information
- Erleichterung der Wartung
- Erleichterung der Software-Wiederverwendung

Eine Wiedergewinnung verlorener Information ist sowohl eine Voraussetzung als auch ein Ergebnis eines jeden Reverse-Engineering-Prozesses. Auch COREM ist auf die Wiedergewinnung von Information – insbesondere Design-Information – angewiesen. Nicht direkt als Ergebnis von COREM, sondern als "Nebenprodukt" fallen Zusatzinformationen über das Ausgangssystem S_p an, nämlich in Form

- von Structure Charts, Datenflußdiagrammen sowie eines Entity-Relationship-Diagramms von S_p und
- eines objektorientierten Anwendungsmodells (sowohl für das Ausgangssystem S_p als auch für das objektorientierte Ziel-System).

Dabei muß von den üblichen Voraussetzungen von Reverse-Engineering-Kandidaten ausgegangen werden, wie etwa schlecht strukturiertem Source Code, veralteter bzw. überhaupt nicht vorhandener Dokumentation und großer Modul- sowie Systemkomplexität.

Durch die Umwandlung der Implementierung eines prozeduralen Ausgangssystems S_p in ein *capsule based* System S_{cb}, das aus weitgehend unabhängig verwendbaren *capsules* (ähnlich Objekten im objektorientierten Paradigma) besteht, wird die Wartbarkeit des Systems signifikant erhöht. Man berücksichtige in diesem Zusammenhang die Konzepte der Datenkapselung sowie der expliziten Schnittstellen und des Geheimnisprinzips, die durch das entstehende Ergebnissystem S_{cb} realisiert werden.

3.5 Voraussetzungen und Einschränkungen von COREM

Unter Berücksichtigung der grundsätzlichen Vorgangsweise von COREM stellen sich einige grundlegende Probleme, die in diesem Zusammenhang erörtert werden müssen:

1. *Die Wiedergewinnung verlorener Information*

   Ähnlich wie bei allen Reverse-Engineering-Methoden stellt sich in COREM das Problem der Wiedergewinnung verlorener Information. Im Falle von COREM definieren wir als notwendige Voraussetzungen für die Durchführung des System-Transformationsprozesses nur das Vorliegen der Implementierung des prozeduralen Ausgangssystems S_p sowie die Durchführbarkeit einer dem Ausgangssystem entsprechenden Anforderungsanalyse.

   Dadurch stellt sich das Problem der Wiedergewinnung von Design-Information aus der Systemimplementierung (Design Recovery), wobei davon ausgegangen werden kann, daß weder irgendeine zusätzliche Dokumentation noch Informationen eines Entwicklers bzw. Designers des Ausgangssystems zugänglich sind.

   Um unter diesen Vorgaben ein entsprechendes Design aus der Systemimplementierung rekonstruieren zu können, muß ein Anwendungsmodell des implementierten Systems erstellt werden. Bei der Erstellung eines solchen Anwendungsmodells gibt es – da sich dieses auf einem sehr hohen Abstraktionsniveau (Analyse) befindet – viele Freiheitsgrade, so daß dieses Anwendungsmodell sehr weit von der Implementierung abweichen kann (z.B. vollständig objektorientierte Modellierung vs. prozedurale Implementierung). Um den COREM-System-Transformationsprozeß zu vereinfachen, sind daher einige Punkte bei der Erstellung des objektorientierten Anwendungsmodells zu berücksichtigen, die im Detail in Kapitel 2 diskutiert wurden.

2. *Eignung der Programmiersprache*

   Den letzte Schritt des COREM-System-Transformationsprozesses stellt die Umwandlung des prozeduralen Systems in ein *capsule based* System dar. Das entstehende System realisiert – wie bereits vorher erwähnt – einige grundlegenden Konzepte des objektorientierten Paradigmas (Datenkapselung, ausschließlich direkte Kommunikation über "Service"-Schnittstellen u. dgl.).

   Das bedeutet, daß die Programmiersprache der ursprünglichen System-Implementierung geeignete Konzepte für die Realisierung solcher objektorientierten Mechanismen bieten muß, um eine zusätzliche Erhöhung der Problemkomplexität durch einen andernfalls notwendigen Programmiersprachenwechsel zu verhindern.

   Optimale Voraussetzungen bieten Sprachen der dritten Generation, für welche bereits objektorientierte Erweiterungen existieren, wie z.B. C mit C++ oder Pascal mit Object Pascal. In solchen Fällen können alle objektorientierten Konzepte, die als Ergebnis der System-Transformation entstehen, tatsächlich implementiert werden.

In diesem Buch beschränken wir unsere Untersuchungen auf die Programmiersprache Turbo Pascal. Die dargestellten Konzepte sind jedoch weitgehend sprachunabhängig. Die Umsetzung der erzielten Ergebnisse sowie die Untersuchung von erforderlichen Adaptierungen bei Anwendung des COREM-System-Transformationsprozesses auf Sprachen ohne objektorientierte Erweiterungen, z.B. COBOL (welches aufgrund seiner weiten Verbreitung im kommerziellen Anwendungsbereich von besonderem Interesse ist), könnte durch eine vorgelagerte Sprachtransformation von COBOL nach C und anschließender Transformation von C nach C++ gelöst werden. Solche Betrachtungen sind jedoch nicht Gegenstand dieses Buches.

3. *Vollständige Automatisierbarkeit*

Wie in den vorigen Abschnitten bereits punktuell erörtert wurde, ist eine vollständige Automatisierbarkeit von COREM nicht zu gewährleisten. Dies liegt insbesondere an folgenden Punkten:

- Die Erstellung eines objektorientierten Anwendungsmodells ist nur durch einen menschlichen Benutzer (z.B. *Reuse Engineer* oder *Application Domain Engineer*) realisierbar. Eine Tool-Unterstützung ist bei Anwendung geeigneter Methoden möglich.
- Die Erstellung eines System-Designs für das prozedurale Ausgangssystem S_p ist ebenfalls nur semiautomatisch realisierbar. Obwohl ein automatisches Design Recovery erstrebenswert wäre, zeigen einschlägige Arbeiten in der Literatur, daß ein wirklich umfassendes Design Recovery nur mit Hilfe menschlicher Information (Intuition, informales Wissen u. dgl.) möglich ist (vgl. auch [Ara85], [vZu93b]).
- Im Zuge des gesamten COREM-System-Transformationsprozesses sind immer wieder Eingriffe des *Reuse Engineers* erforderlich, wie z.B. das Treffen von Entscheidungen (Mapping zwischen *forward* und *reverse* generierten, objektorientierten Anwendungsmodellen, Identifikation von Prozeduren/Funktionen u. dgl.), die – ohne Einschleppung von extremen Unsicherheiten – nicht automatisierbar sind.

Aufgrund dieser Einschränkungen der Automatisierbarkeit werden wir bei der Beschreibung des COREM-System-Transformationsprozesses an den jeweiligen Stellen die durch den *Reuse Engineer* einzubringende Information bzw. durchzuführende Tätigkeit genau definieren.

3.6 Die Rolle des Reuse Engineers

Während des COREM-System-Transformationsprozesses muß an verschiedenen Stellen immer wieder "menschliche" Information zugeführt werden, insbesondere zur Erhöhung des Abstraktionsniveaus des prozeduralen Ausgangssystems.

Gerade bei der *reverse* Generierung von *high-level*-Dokumenten (z.B. Entity-Relationship-Diagramm aus Source Code, *reverse* generiertes objektorientiertes Anwendungsmodell aus dem Entity-Relationship-Diagramm) müssen immer wieder Entscheidungen getroffen werden, die semantische Informationen benötigen, die nicht automatisch aus dem weniger abstrakten Dokument abgeleitet werden können. An solchen Stellen muß daher der *Reuse Engineer* eingreifen.

Für die Zuführung von "menschlicher" Information benötigt der *Reuse Engineer* u.a. folgendes Wissen:

- *Wissen aus dem Anwendungsbereich:*

  Unter *Wissen aus dem Anwendungsbereich (application domain knowledge)* verstehen wir jenes Wissen, das der *Reuse Engineer* über die Anwendungsdomäne des untersuchten prozeduralen Systems benötigt und zwar sowohl zur Erstellung eines Anwendungsmodells als auch für die Zuführung von Detail-Informationen während des COREM-System-Transformationsprozesses.

  Mit dem Gebiet des *Application Domain Modeling* beschäftigen sich in der Literatur u.a. G. Arango [Ara88], [Ara89] oder R. Prieto-Diaz [Pri87].

- *Anforderungen:*

  Der *Reuse Engineer* benötigt darüber hinaus auch die Anforderungen (*requirements*) des prozeduralen Ausgangssystems ("Welche Funktionalität erbringt bzw. soll/muß das System erbringen ?"), z.B. zur Erstellung des *forward* generierten, objektorientierten Anwendungsmodells, aber auch für andere, im Zuge des COREM-System-Transformationsprozesses anstehende Entscheidungen.

Neben dieser sehr stark von der Anwendungsdomäne bzw. vom Ausgangssystem selbst abhängigen Art von Wissen, muß der *Reuse Engineer* natürlich auch bestimmte allgemeine Kenntnisse bzw. Fähigkeiten besitzen, wie etwa:

- Allgemeine Software-Engineering-Kenntnisse:

  Das sind insbesondere Kenntnisse über die Software-Entwicklung und der dabei benötigten bzw. verwendeten Teilschritte (z.B. Erstellung von Entity-Relationship-Diagrammen, Datenflußdiagrammen, Structure Charts und Anwendungsmodellierung).

  Dabei ist zu berücksichtigen, daß die Anwendungsmodellierung (d.i. die Erstellung des *forward* ooAMs) auch von einer vom *Reuse Engineer* verschiedenen Person, unabhängig vom COREM-Design-Recovery-Prozeß durchgeführt werden kann (z.B. durch einen *Application Domain Engineer*). Voraussetzung für eine solche getrennte Durchführung ist jedoch die Verwendung der identischen Anforderungen (*requirements*).

- Kenntnisse über den COREM-System-Transformationsprozeß:

  Darunter sind sowohl allgemeine Kenntnisse über Reverse Engineering, Software-Wartung u. dgl. als auch die Methodik von COREM selbst zu verstehen. COREM gibt dem *Reuse Engineer* eine Leitlinie für die Vorgangsweise und bietet ihm in jedem Teilschritt Mechanismen und Vorschläge für die Lösung von Teilproblemen an. Dabei bedient sich COREM zum Großteil herkömmlicher Software-Engineering-Mechanismen, setzt diese jedoch gezielt für die Erreichung der Teilergebnisse ein.

COREM Tool-Unterstützung

Für eine kommerzielle Anwendung von COREM in der Praxis muß jedoch – da die Zuführung von "menschlicher" Information erforderlich ist – zumindest eine Tool-Unterstützung angestrebt werden, die sehr wohl realisierbar, aber nicht Gegenstand dieses Buches ist. Eine solche Tool-Unterstützung bietet sich z.B. in folgenden Bereichen an:

- Generierung von Structure Charts und Datenflußdiagrammen aus Source Code (vgl. dazu die Ausführungen von Benedusi et al. [BCD89], [BCD92]).

- Identifikation von *Data-Store-Entitäten* bzw. *Non-Data-Store-Entitäten* sowie Erstellung von (m,u)-Tabellen im Zuge der Entity-Relationship-Diagramm-Generierung (vgl. Kapitel 4).

- Generierung des statischen, objektorientierten Anwendungsmodells aus dem Entity-Relationship-Diagramm bzw. des *reverse* ooAMs unter Einbindung des *Reuse Engineers*.
- Unterstützung bei der Abbildung der Objekte zwischen den *forward* und *reverse* ooAMs.
- Unterstützung bei der Identifikation von potentiellen Design-Objekten bei Anwendung des Phasenkonzeptes.
- Transformation bzw. syntaktische Adaptierungen des entstehenden, objektorientierten Ziel-Systems.

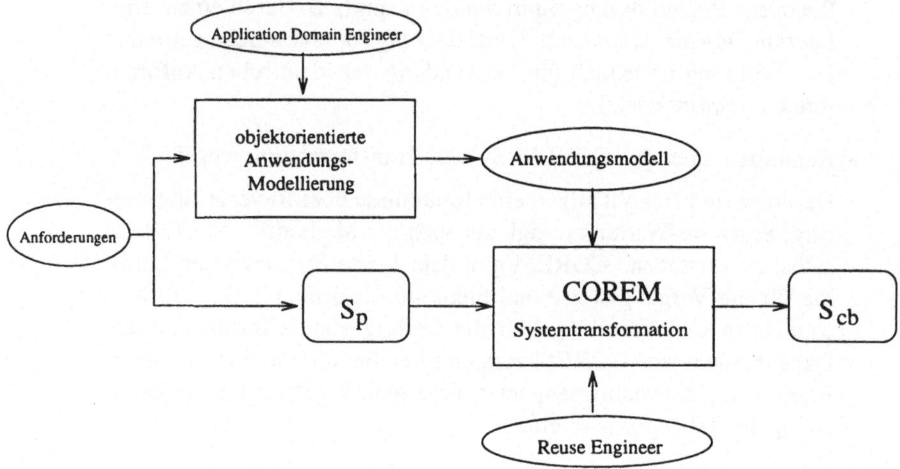

Abbildung 3.5: COREM-System-Transformation und Anwendungsmodellierung

Die Umwandlung eines prozeduralen Ausgangssystems in ein objektorientiertes Ziel-System und die Einflußnahme eines *Reuse Engineers* bzw. *Application Domain Engineers*, läßt sich graphisch, wie in Abbildung 3.5 gezeigt, darstellen. Darin wurde der Prozeß der Generierung eines Anwendungsmodells als eigener Teilschritt aus dem COREM-System-Transformationsprozeß herausgenommen.

In den folgenden Kapiteln werden die einzelnen Schritte von COREM im Detail erläutert.

Kapitel 4

Die reverse Generierung von Entity-Relationship-Diagrammen

4.1 Einführung

In diesem Kapitel wollen wir – ausgehend vom Source Code des zugrunde liegenden prozeduralen Ausgangssystems – ein Entity-Relationship-Diagramm *reverse* generieren.

Die Generierung dieses Design-Dokuments ermöglicht eine schrittweise Annäherung an das *forward* ooAM. Aus dem *reverse* generierten Entity-Relationship-Diagramm soll in der Folge ein Anwendungsmodell des Ausgangssystems erzeugt werden, um danach eine Abbildung zwischen dem *forward* ooAM und dem *reverse* ooAM durchführen zu können.

Bei der *reverse* Generierung von Entity-Relationship-Diagrammen muß unterschieden werden, ob das prozedurale Ausgangssystem auf einem Datenbanksystem (z.B. relationales oder hierarchisches Schema) oder auf einer flachen Dateistruktur basiert.

Für die *reverse* Generierung von Entity-Relationship-Diagrammen aus relationalen bzw. hierarischen Schemata gibt es in der Literatur einige Ansätze, wie z.B. [BCN92], [DA83], [NA87], [JK88].

Im Bereich der *reverse* Generierung von Entity-Relationship-Diagrammen aus flachen Dateistrukturen existieren jedoch nur sehr wenige Arbeiten, die sich speziell auf den Bereich von COBOL konzentrieren, wie z.B. [Nil86].

In diesem Buch beschränken wir uns daher – auch aufgrund des besonderen Interesses (vgl. dazu [DS93]) – auf ein prozedurales Ausgangssystem, dem eine flache Dateistruktur zugrunde liegt.

4.2 Notation

In diesem Abschnitt wollen wir kurz die Datenmodellierung mittels Entity-Relationship Diagrammen erläutern, soweit dies für das Verständnis unserer nachfolgenden Untersuchungen erforderlich ist.

E-R-Modell

Das Entity-Relationhip-Modell für die konzeptuelle Datenmodellierung, 1976 von P. Chen [Che76] [Che77] eingeführt, wurde zwischenzeitlich auf verschiedene Weise erweitert, so daß wir die hier verwendete Notation festlegen wollen.

Die grundlegenden Konzepte des Entity-Relationship-Modells sind die Entitäten, Relationen und Attribute. Entitäten (wir verstehen darunter den Entitäten-Typ) repräsentieren Klassen von *real-world*-Objekten, die als Daten modelliert werden, wie z.B. `Person`, `Angestellter`, `Stadt` u. dgl. Relationen beschreiben die Beziehungen zwischen den Entitäten. So beschreibt die Relation *wohnt_in* eine Beziehung zwischen den Entitäten `Person` und `Stadt`. Entitäten und Relationen werden graphisch wie folgt dargestellt:

Sowohl Entitäten als auch Relationen besitzen elementare Eigenschaften, die durch Attribute beschrieben werden. So besitzt die Entität `Person` etwa die Attribute `Name`, `SV-Nr` u. dgl. oder die Relation *wohnt_in* das Attribut `Anmeldedatum`. Auch die Attribute von Entitäten und Relationen können graphisch dargestellt werden.

Aus Gründen der Übersichtlichkeit werden wir jedoch in unseren folgenden Untersuchungen die Attribute von Entitäten bzw. Relationen nicht graphisch darstellen.

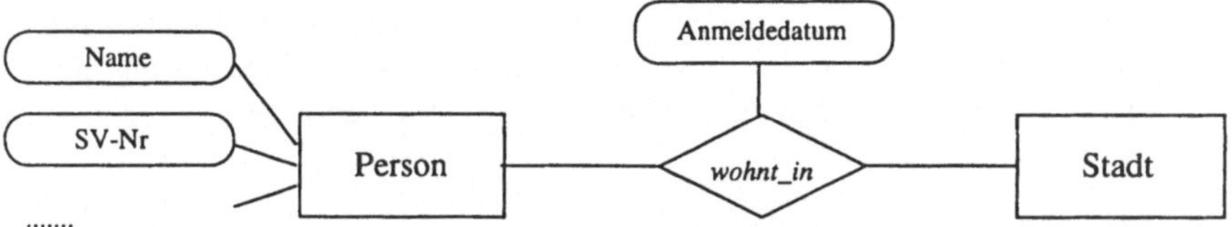

Relationen können sich auch zwischen mehr als zwei Entitäten erstrecken, für unsere Zwecke genügt es jedoch, ausschließlich binäre Relationen zu betrachten.

Relationen werden darüber hinaus durch ihre Kardinalität charakterisiert. Es gibt verschiedene Arten für die Beschreibung der Kardinalität (vgl. auch [SS83], [BCN92]), wir wollen die sehr gebräuchliche (min,max)-Notation verwenden:

Diese Notation bedeutet, daß eine `Person` in mindestens einer `Stadt` lebt und zugleich in höchstens einer `Stadt` leben kann. In umgekehrter Richtung bedeutet die Kardinalität (0,n), daß in einer `Stadt` zumindest 0 und maximal n `Personen` leben können. Wir schreiben für eine (1,1)-Kardinalität (genau 1) manchmal auch eine einzelne 1.

In einem Entity-Relationship-Modell kann auch eine Generalisierungshierarchie modelliert werden, die wir graphisch folgendermaßen repräsentieren:

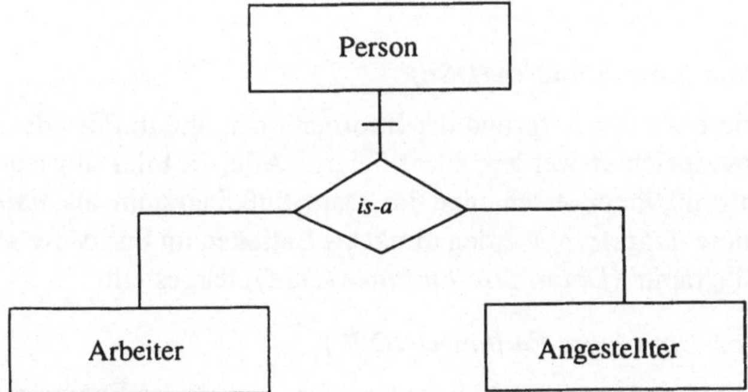

Wir haben somit jene grundlegenden Konzepte der Entity-Relationship-Modellierung eingeführt, die wir im folgenden für die Generierung eines Entity-Relationship-Diagrammes aus Source Code benötigen.

4.3 Identifikation der Entitäten

COREM-Design-Recovery versucht, aus den Details der vorliegenden Implementierung allgemeine, abstrakte Design-Information abzuleiten. Dazu werden die, im Zuge von Strukturierter Analyse (SA) und Strukturiertem Design (SD) verwendeten Diagramme in umgekehrter Reihenfolge generiert. Dadurch erhalten wir eine zunehmende Programmabstraktion.

Die COREM-Design-Recovery-Methode bezieht sich auf das Generieren von:

1. Structure Charts (SCs)
2. Nesting Trees (NTs)
3. Datenflußdiagramme (DFDs)
4. Entity-Relationship-Diagramme (ERDs)

Aus den im Design-Recovery-Prozeß generierten Datenflußdiagrammen lassen sich neben den Prozessen die *data stores* übernehmen. Diese werden als Ausgangsbasis für die *reverse* Erzeugung eines Entity-Relationship-Diagramms verwendet.

Aus Sicht des Reverse Engineerings lassen sich folgende zwei Arten von Entitäten unterscheiden:

1. *Data-Store-Entitäten (DSE)*

   DSE

   Diese werden aufgrund der Informationen, die in Files des Systems abgespeichert werden, identifiziert. Alle, in Files abgespeicherten Informationen erscheinen im Datenflußdiagramm als *data stores*. Diese *data stores* werden direkt als Entitäten im Entity-Relationship-Diagramm (*Data-Store-Entitäten (DSE)*) dargestellt.

2. *Non-Data-Store-Entitäten (NDSE)*

   NDSE

   Es gibt jedoch sicherlich weitere, für das Reverse Engineering wichtige Entitäten, die nicht als Files im System auftreten. Auch diese Entitäten müssen identifiziert werden.

Beispiel:

Die `Auftragsbestaetigung` wird nicht gespeichert, sondern nur ausgedruckt; diese läßt sich daher nicht als *Data-Store-Entität* identifizieren.

In den folgenden Abschnitten wird die Identifikation dieser beiden Arten von Entitäten genauer beschrieben.

4.3.1 Identifikation von Data-Store-Entitäten

Unter den *data stores* des Systems, die im Datenflußdiagramm identifizierbar sind, gibt es sicherlich auch solche Files (*data stores*), die ausschließlich für "Hilfsdienste" benötigt werden (z.B. temporäre Dateien zum Sortieren auf externen Speichern).

Diese Dateien definieren sogenannte *transiente data stores*, mit denen i.a. nur ein Prozeß arbeitet oder die überhaupt nur einmal verwendet werden.

Aufgrund der Identifikation der *Data-Store-Entitäten* aus dem Datenflußdiagramm werden sowohl "normale" *Data-Stores* als auch *transiente Data-Stores* zu Entitäten des Entity-Relationship-Diagramm. Diese transienten Dateien werden vorerst mit in das Entity-Relationship-Diagramm aufgenommen und können in einem späteren Schritt des COREM-System-Transformationprozesses (wenn mehr Information aus dem *forward* ooAM zur Verfügung steht) eliminiert werden.

4.3.2 Identifikation von Non-Data-Store-Entitäten

Zusätzlich zu den *Data-Store*-Entitäten gibt es jedoch noch weitere, sogenannte *Non-Data-Store*-Entitäten.

Diese Entitäten können nicht dem Datenflußdiagramm entnommen werden, sondern müssen über ihren Zusammenhang mit *Data-Store*-Entitäten identifiziert werden.

4.3.2.1 Deklarative NDSE-Identifikation

Dazu definieren wir folgenden Algorithmus, der *Non-Data-Store*-Entitäten aufgrund ihrer "deklarativen Verbindung" mit *Data-Store*-Entitäten identifiziert:

$\forall E_i \in Set\_of\_DSEs$:

1. Ausgehend von der Menge der DSEs wird jede Entität E_i in ihre Einzelkomponenten K_j aufgespalten.
2. Datenstrukturen D_k, die zumindest eine Komponente K_j einer DSE E_i enthalten, werden zu NDSEs.

Zur Vollständigkeit des obigen Algorithmus, muß noch der Begriff "entitätenbildende Datenstruktur" definiert werden:

Definition: *Entitätenbildende Datenstruktur*

Unter einer entitätenbildenden Datenstruktur versteht man eine Datenstruktur, die eine Record-Struktur aufweist und aufgrund von funktionalen Beziehungen zu DSEs als Entität des Systems abgebildet wird.

Begründung:

1. Jene K_i, die in DSEs abgespeichert werden, sind offensichtlich applikationssemantisch wichtige Informationen (z.B. Artikelnummer, Kundennummer, Menge)
2. Kommen diese K_i in anderen Datenstrukturen D_j vor, so sind diese D_j ebenfalls applikationssemantisch und werden somit zu Entitäten des Entity-Relationship-Diagramms.

Dieser Zusammenhang läßt sich kurz wie folgt darstellen:

Sei D die Menge der entitätenbildenden Datenstrukturen, DSE die Menge der *Data-Store-Entitäten*, K_i eine Einzelkomponente und $\mathcal{R}$ die *part-of*-Relation:

$$\exists K_i \wedge (K_i \; \mathcal{R} \; DSE_j) \wedge (K_i \; \mathcal{R} \; D_k) \Rightarrow D_k \text{ ist eine NDSE.}$$

Beispiel:

```
DSEs:
Kundentyp = RECORD
    Kundennummer : INTEGER;
    Name : string[30];
    Adresse : string[30];
           END;
Leistung = RECORD
     Artikelnummer : INTEGER;
     Bezeichnung : string[20];
     Menge : INTEGER;
     Preis : REAL;
           END;
Lieferschein = RECORD
    Lieferscheinnr : INTEGER;
    Datum : date;
    Kunde : Kundentyp;
    Artikelliste: ARRAY[1..max] OF Leistung;
    Zahlart: Zahlungsart;
           END;

NDSE:
Auftragsbestaetigung = RECORD
    Bestaetigungsnr : INTEGER;
    Kunde : Kundentyp;
    Auftraege : ARRAY[1..max] OF Bestellung;
           END;
```

Die Komponente Kunde steht in Beziehung mit `Lieferschein` (= DSE) und mit `Auftragsbestätigung` ($\neq$ DSE). Daher wird `Auftragsbestätigung` eine *Non-Data-Store-Entität*. Dieser rein deklarative Ansatz über die part-of-Relation von DSEs auf NDSEs zu schließen, führt jedoch zu einer Reihe von Problemen:

1. Unterschiedliche Konzepte (Entitäten) werden mit gleichen Namen bezeichnet (Homonym-Problematik).

   Beispiele:

   - Die Bezeichnung `Lieferschein` wird in manchen Programmteilen für die Identifikation von `Tonnenlieferscheinen` verwendet, in anderen hingegen für `Kubikmeterlieferscheine`.
   - Die Kurzbezeichnung `netto` wird manchmal für das `Netto-Gewicht` in Tonnen verwendet, manchmal jedoch für einen `Netto-Betrag` in Schilling.

2. Gleiche Konzepte (Entitäten) werden mit unterschiedlichen Namen bezeichnet (Synonym-Problematik).

   Beispiel:

   Schlüsselkomponenten von Datenstrukturen werden in unterschiedlichen Programmteilen verschieden bezeichnet (z.B. ist die `Adreßnummer` auf dem `Lieferschein` äquivalent zur `Kundennummer` des `Kunden`).

3. Darüber hinaus kommen dazu noch weitere Umstände, wie z.B. eine automatische und daher vielfach nicht sinnvolle Bezeichnung der Entitäten (z.B. nicht interpretierbare Abkürzungen).

Um die beschriebenen Probleme lösen zu können, erweitern wir den Ansatz der rein deklarativen Entitäten-Ableitung um einen funktionalen Zusammenhang zwischen DSEs und NDSEs.

4.3.2.2 Funktionale NDSE-Identifikation

Dieser Ansatz untersucht für alle identifizierten DSEs, in welchen Prozeduren und/oder Funktionen ihre Komponenten verwendet bzw. manipuliert werden. Aus der Verwendung bzw. Manipulation von Komponenten einer DSEs läßt sich dann ggfs. ein funktionaler Zusammenhang zu NDSEs ableiten.

Dieser Ansatz geht über den zuvor definierten rein statischen Ansatz, der eigentlich eine Attribut-Beziehung definiert, hinaus und identifiziert NDSEs aufgrund ihrer funktionalen Beziehung zu DSEs, d.h.

$$\mathrm{K}_i^{DSE} := f(\mathrm{K}_j^{D_k}) \text{ bzw. } \mathrm{K}_j^{D_k} := g(\mathrm{K}_i^{DSE})$$

Beispiel:

`Lieferschein` und `Artikel` sind bereits identifizierte DSEs und `Auftragsbestätigung` eine (entitätenbildende) Datenstruktur (D_k) des Systems. Dann läßt sich aufgrund folgender Anweisung des Source Codes

$$\text{betrag}^{Auftragsbestätigung} := \text{menge}^{Lieferschein} * \text{preis}^{Artikel}$$

eine funktionale Beziehung (*functional dependency*) zwischen der (entitätenbildenden) Datenstruktur `Auftragsbestätigung` und bereits identifizierten DSEs ableiten.

Generierung von (m,u)-Tabellen

Für die Identifikation der funktionalen Beziehungen zwischen den Komponenten von DSEs und Komponenten von entitätenbildenden Datenstrukturen erstellen wir sogenannte m(*manipulate*)-Tabellen und u(*used*)-Tabellen.

Ein Eintrag in einer m-Tabelle repräsentiert dabei eine Anweisung in einer Prozedur oder Funktion, mit der eine Komponente (K_i) einer Entität manipuliert wird. Wird in einer Anweisung eine Komponente verwendet, so wird diese Anweisung mittels Eintrag in die zugehörige u-Tabelle dargestellt.

Für jede DSE bzw. identifizierte NDSE wird eine m- und eine u-Tabelle folgendermaßen erstellt:

DSE=*name of data-store-entity*

m-Tabelle K_i	rechte Seite
....	

u-Tabelle K_i	linke Seite
....	

Beispiel:

```
{ Prozedur zum LS_erstellen }
PROCEDURE erstelle_LS (....);
BEGIN
  ....
  LS.kundennr := Kunde.kundennr;
  LS.bruttobetrag := LS.menge * Artikel.preis * 1.2;
  ....
END;

{ Prozedur zum Generieren der Auftragsbestaetigung }
PROCEDURE gen_Abest (....);
BEGIN
  ....
  WITH Aufbest DO
     kundennr := LS.kundennr;
     betrag:= LS.menge * Artikel.preis;
     ...
  END
END;
```

DSE=Lieferschein

m-Tabelle K_i	rechte Seite
kundennr	kundennr
bruttobetrag	menge,preis,C
....	

u-Tabelle K_i	linke Seite
kundennr	$\text{kundennr}^{Auftragsbestätigung}$
menge	$\text{betrag}^{Auftragsbestätigung}$
....	

In der m-Tabelle einer DSE werden in der ersten Spalte alle Komponenten K_i der DSE (bzw. der identifizierten NDSE) angeführt und in der zweiten Spalte alle rechten Seiten von Anweisungen, in welchen die Komponente K_i auf der linken Seite erscheint. Zumindest ein Element aus der rechten Seite muß dabei eine Komponente einer DSE oder NDSE sein (dies kann auch die untersuchte DSE bzw. NDSE sein). Dadurch wird verhindert, daß Anweisungen in die m-Tabelle aufgenommen werden, die keinen funktionalen Zusammenhang von der untersuchten DSE/NDSE zu einer anderen DSE bzw. NDSE besitzen.

Beispiel:

Als Beispiel für eine solche Anweisung dient eine reine Einleseoperation von Standard-Input: `Read(ls.nr);`

Diese Anweisung entspricht ja der Zuweisung `ls.nr:= eingegebener Wert`, stellt aber keinen funktionalen Zusammenhang zu einer DSE oder NDSE dar und wird daher nicht in die m-Tabelle aufgenommen.

Sehr wohl zu einem Eintrag in die m-Tabelle führen hingegen Schreib-/Leseoperationen auf Dateien (vom Typ einer Entität), da diese eine Manipulation bzw. Verwendung von Komponenten einer Entität darstellen.

Die rechten Seiten von Anweisungen werden soweit abstrahiert, daß ausschließlich Komponenten von entitätenbildenden Datenstrukturen (oder auch anderen DSEs) erscheinen (d.h. es werden alle Operatoren eliminiert). Konstante werden durch ein `C` ersetzt, um zu signalisieren, daß es sich um einen aus mehreren Operatoren zusammengesetzten Ausdruck handelt. Analoges gilt für die u-Tabelle.

Beispiel:

In einem Programmstück werden einer noch nicht identifizierten entitätenbildenden Datenstruktur `Auftragsbestätigung` Teile der DSE `Lieferschein` bzw. der DSE `Artikel` zugewiesen, u.a. in folgenden Anweisungen:

```
{Modul: Auftragsbestaetigung_erstellen}
{Definierte Typen u.a.: Aufbest, Lieferschein, Artikel}
...
Aufbest.kundennr := Lieferschein.kundennr;
...
Aufbest.betrag := Lieferschein.menge * Artikel.preis;
...
```

Daraus ergeben sich folgende u-Tabellen für die DSEs `Lieferschein` und `Artikel`:

DSE=Lieferschein

u-Tabelle K_i	linke Seite
kundennr	$kundennr^{Auftragsbestätigung}$
menge	$betrag^{Auftragsbestätigung}$
....	

DSE=Artikel

u-Tabelle K_i	linke Seite
preis	$betrag^{Auftragsbestätigung}$
....	

Bei der Erstellung der m- und u-Tabellen müssen folgende Punkte berücksichtigt werden:

- Es müssen "indirekte" Zuweisungen, die sich über mehrere Anweisungen hinweg erstrecken, erkannt und aufgelöst werden:

  Beispiel:

  `Rechnung` sei eine DSE und `Bestellung` eine noch nicht identifizierte entitätenbildende Datenstruktur:

  ```
  nettobetrag := zwischensumme - bestellung.rabatt;
  rechnung.betrag := nettobetrag * 1.2;
  ```

  In diesem Fall besteht ein funktionaler Zusammenhang zwischen den Komponenten `rechnung.betrag` und `bestellung.rabatt`, der aber über zwei Anweisungen verteilt ist.

  Zur Auflösung dieser, über mehrere Anweisungen verteilten, funktionalen Zusammenhänge ist es erforderlich, alle Variablen der rechten Seite einer Zuweisung zu K_i nach deren Vorkommen auf einer linken

Seite im davor liegenden Programmablauf zu untersuchen. Kommt eine solche Variable weiter vorne auf der linken Seite vor, so muß für sie deren rechte Seite substituiert werden ($\mapsto$).

m-Tabelle

Folgender Algorithmus löst diese "Verteilung" für die Erstellung von **m-Tabellen** auf:

Gegeben sei ein allgemeines Programmstück der Form

$...$
$V_k := C_k;$
$V_l := f(V_k, K_s^x, C_v);$
$K_i^y := g(V_l, C_w);$
$...$

Sei K_i^y die zu untersuchende Komponente i einer DSE y, so gilt:

$\forall V_l \notin$ DSE y:

IF V_l *kommt irgendwo zuvor auf der linken Seite vor* THEN
    IF V_l = *Komponente einer entitätenbildenden Datenstruktur* THEN
        $V_l \mapsto$ rechte_Seite(V_l)
    ELSE
        Trage V_l *als Komponente einer NDSE*
        in die m-Tabelle ein
    ENDIF
ENDIF

Konkret werden demnach für das allgemeine Programmstück folgende Ableitungen für die Variable V_l gebildet:

$V_l \mapsto f(V_k, K_s^x, C_v)$
$\Downarrow$
$K_i^y := g(f(V_k, K_s^x, C_v), C_w);$
$V_k \mapsto C_k$
$\Downarrow$
$K_i^y := g(f(C_k, K_s^x, C_v), C_w);$

Daraus läßt sich eine Beziehung zwischen der Komponente K_i^y und der Komponente K_s^x herleiten.

- Für die Erstellung der u-Tabelle muß untersucht werden, wo eine Komponente K_i einer DSE auf der rechten Seite einer Anweisung vorkommt.

  Analog zum zuvor ausgeführten Punkt, müssen über mehrere Anweisungen verteilte funktionale Zusammenhänge zwischen Komponenten von DSEs und Komponenten von entitätenbildenden Datenstrukturen erkannt und aufgelöst werden:

Wird eine Komponente K_i einer DSE auf der rechten Seite einer Anweisung gefunden, so muß die linke Seite derselben Anweisung untersucht werden, ob diese eine Komponente einer entitätenbildenden Datenstruktur ist. Ist dies nicht der Fall, so muß das nächste Vorkommnis dieser Variablen durch ihre rechte Seite substituiert werden.

Beispiel:

Seien `Lieferschein` und `Artikel` DSEs und `Auftragsbestätigung` eine zu identifizierende NDSE.

```
zwischenbetrag:= lieferschein.menge * artikel.preis;
nettobetrag:=  zwischenbetrag - rabatt;
auftragsbestaetigung.betrag:= nettobetrag * 1.2;
```

Wie aus diesem Beispiel ersichtlich ist, muß eine solche Substitution u.U. über mehrere Anweisungen hinweg solange durchgeführt werden, bis auf der linken Seite eine Komponente einer entitätenbildenden Datenstruktur identifiziert wird.

Der nachfolgende Algorithmus löst solche "verteilte" funktionale Zusammenhänge für die Erstellung von **u-Tabellen** auf. **u-Tabelle**

Gegeben sei folgendes, allgemeines Programmstück:

...

$V_k := f(V_a, K_s^x, K_t^y, C_u);$

$V_l := g(V_k, C_v);$

$K_i^{D_j} := h(V_l, C_w);$

...

Sei K_s^x die zu untersuchende Komponente s einer DSE x, so gilt:

$\forall V_k \notin$ DSE x :

IF V_k *kommt irgendwo danach auf der rechten Seite vor* THEN
    IF V_k = *Komponente einer entitätenbildenden Datenstruktur* THEN
        $V_k \mapsto$ rechte_Seite(V_k)
    ELSE
        Trage V_k *als Komponente einer NDSE*
        in die u-Tabelle ein
    ENDIF
ENDIF

Wiederum werden durch den Algorithmus mehrere Ableitungen gebildet:

$V_k \mapsto f(V_a, K_s^x, K_t^y, C_u);$
$\Downarrow$
$V_l := g(f(V_a, K_s^x, K_t^y, C_u), C_v);$
$\Downarrow$
$K_i^{D_j} := h(g(f(V_a, K_s^x, K_t^y, C_u), C_v), C_w);$

Es läßt sich somit die Beziehung zwischen $K_s^x \in \mathrm{DSE}_x$ und $K_i^{D_j} \in \mathrm{D}_j$ herleiten, d.h. D_j wird als NDSE aufgenommen und entsprechend in die u-Tabelle eingetragen.

4.3.2.3 Interpretation der m- und u-Tabellen

Nach der Erstellung der m- und u-Tabellen für alle DSEs des Systems sind auch die Komponenten von NDSEs identifiziert.

Die Einträge der m- und u-Tabellen umfassen

- Komponenten von DSEs (z.B. $\text{menge}^{Lieferschein}$, $\text{preis}^{Artikel}$)
- Komponenten von NDSEs (z.B. $\text{kundennr}^{Auftragsbestätigung}$, $\text{betrag}^{Auftragsbestätigung}$)

Durch die Erstellung der m- und u-Tabellen können sowohl die deklarativen (Attribut-) Beziehungen zwischen DSEs und NDSEs, wie auch die funktionalen Zusammenhänge identifiziert werden.

1. *Deklarative (Attribut-)Beziehungen*

   Diese Attribut-Beziehungen können – unter Umgehung der zuvor erwähnten Probleme (Synonyme, Homonyme u. dgl.) – aus den m- und u-Tabellen abgeleitet werden.

   Tabelleneinträge, die nur ein Element enthalten, repräsentieren die Zuweisungsfunktion

   $$K_i := \text{einzelner Tabellen\_Eintrag;}$$

Durch diese Identifikation der Zuweisung von Komponenten verschiedener DSEs bzw. NDSEs, kann eine Attribut-Beziehung zwischen den beteiligten DSEs bzw. NDSEs eindeutig abgeleitet werden.

Beispiel:

```
PROCEDURE ...
BEGIN
   ...
   lieferschein.adr := auftragsbestaetigung.kdnr;
   ...
END;
```

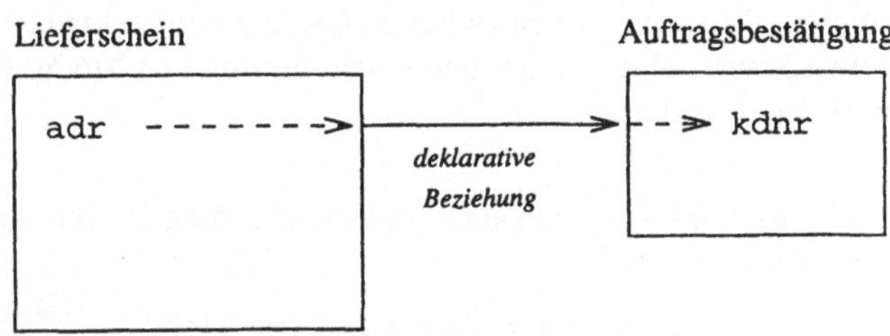

2. *Funktionale Beziehungen*

   Darüber hinaus können aber auch die funktionalen Beziehungen zwischen den Komponenten von DSEs und NDSEs durch die m- und u-Tabellen eindeutig identifiziert werden.

   Beispiel:

   auftragsbestaetigung.betrag := f(lieferschein.menge, artikel.preis)

   Seien `Lieferschein` und `Artikel` DSEs ⇒ `Autragsbestaetigung` ist eine NDSE.

4.4 Identifikation von Relationen

Durch die Bestimmung der funktionalen Zusammenhänge zwischen den Komponenten K_i sowohl von DSEs als auch von identifizierten NDSEs können die Relationen zwischen

1. DSE und DSE
2. DSE und NDSE

3. NDSE und NDSE

abgeleitet werden. Dazu werden die m- und u-Tabellen aus der vorigen Untersuchung der funktionalen Beziehungen verwendet.

Die Identifikation der Entitäten des Systems brachte aufgrund der Identifikation funktionaler Beziehungen zwischen Entitäten mehrere Ergebnisse:

- Eine Menge von Entitäten (bestehend aus DSEs und NDSEs)
- Eine Menge von (m,u)-Tabellen für die Entitäten, die sich in verschiedenen Modulen des Systems befinden können. Daraus resultieren implizit die Beziehungen zwischen Entitäten untereinander und zwischen jeweils einer Entität und einem bestimmten Modul (bzw. Prozedur) des Systems.

Diese Ergebnisse spiegeln sich auch im Datenflußdiagramm auf einem abstrakteren Niveau wider.

4.5 Bestimmung der Relationen

Nach der Identifikation der Relationen zwischen den DSEs bzw. NDSEs[1] ist es erforderlich, diese Relationen in einem weiteren Schritt genauer zu bestimmen. Dazu müssen jene Module näher untersucht werden, die mehrere Entitäten verbinden. Diese Module haben wir bereits aus der Identifikation der Entitäten des Systems erhalten.

Grundsätzlich unterscheiden wir zwei Vorgangsweisen zur Bestimmung der Relationen:

1. *Deklarative Relationenbestimmung*

   Diese dient vor allem zur Bestimmung der folgenden speziellen Relationen:

   - *Whole-Part*-Relation (*part-of*-Relation)
   - Generalisierungs-/Spezialisierungs-Relation (*is-a*-Relation)

[1] Wenn es nicht unbedingt erforderlich ist, sprechen wir im folgenden anstelle von DSEs bzw. NDSEs nur mehr von Entitäten. Wir verstehen darunter die Entitäten des Entity-Relationship-Diagramms.

2. *Funktionale Relationenbestimmung*

   Diese dient zur Bestimmung aller anderen, allgemeinen Relationen

In den folgenden Abschnitten wird die Bestimmung der drei verschiedenen Arten von Relationen genauer diskutiert.

4.5.1 Die Whole-Part-Relation (part-of-Relation)

Whole-Part-Relationen können auf Source-Code-Niveau aufgrund der Deklarationen bestimmt werden.

Sie werden im Source Code als ARRAY-Typen oder als verkettete Listen (pointer-Strukturen) innerhalb von Entitäten E dargestellt.

Grundsätzlich haben die *part-of*-Relationen folgendes Aussehen:

```
E_u = RECORD OF
        ...
        K_i: ARRAY [min...max] OF E_v;
        ...
        END;

E_u = RECORD OF
        ...
        K_i: POINTER TO E_v;
        ...
END;
```

Aus diesen Deklarationen kann man folgende *part-of*-Relation ableiten:

Bei der Bestimmung der *part-of*-Relation aufgrund der obigen Deklarationen müssen jedoch verschiedene Formen berücksichtigt werden.

Im allgemeinen wird im Source Code nicht die zuvor beschriebene Form der Relation zwischen den Entitäten E_u und E_v direkt dargestellt, sondern sie wird auf verschiedene Arten "verschleiert" sein.

Es sei folgende RECORD-Deklaration gegeben:

```
E_u = RECORD OF
        ...
          K_i: ARRAY [min...max] OF X;
        ...
       END;
```

wobei `X` folgende Typen repräsentieren kann:

1. Benutzerdefinierter Typ, der eine Entität aufgrund des zuvor definierten Identifikationsalgorithmus ist.
2. Benutzerdefinierter Typ, der keine Entität im obigen Sinne ist.
3. Basistyp, z.B. `INTEGER`, `REAL` u. dgl.
4. Typ, der eine *Whole-Part*-Relation zu mehreren Entitäten definiert.

Für jeden der vier Fälle müssen unterschiedliche Behandlungen vorgesehen werden.

Fall 1: X = benutzerdefinierter Typ, der Entität ist

Dieser Fall ist trivial und entspricht der allgemeinen Notation zu Beginn dieses Abschnittes. Die Relation zwischen den beiden Entitäten (im folgenden Beispiel `Lieferschein` und `Artikel`) ist direkt ableitbar.

Beispiel:

```
Lieferschein = RECORD
                  ....
                  ArtListe:ARRAY [1..n] OF Artikel;
                  ....
               END;
```

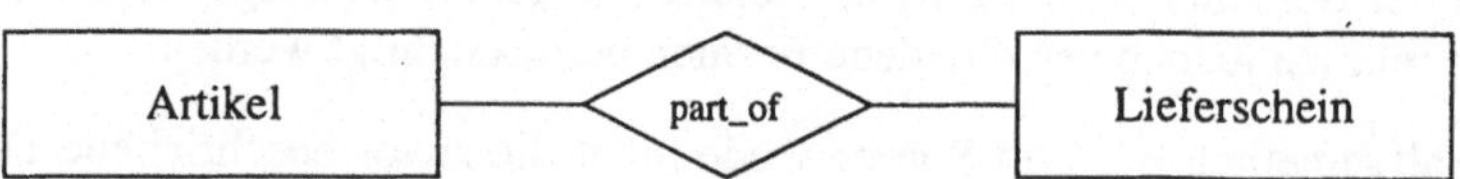

Fall 2: X = benutzerdefinierter Typ, der keine Entität ist

Im allgemeinen werden bei realen Systemen die Entitäten nicht in einer solch eindeutigen Weise in den Deklarationen von Records erkennbar sein wie bei Fall 1. Oft werden Hilfsstrukturen, die nur Teile der ursprünglichen Datenstruktur umfassen, in Records geschachtelt, auch um die Redundanz zu minimieren. Dadurch entsteht jedoch ein Problem, das bei der Identifikation der Entitäten im vorigen Abschnitt bereits in ähnlicher Weise aufgetreten ist.

Gegeben sei folgendes Programmstück:

```
TYPE Hilfsartikel = RECORD
              ArtNr:INTEGER;
              Preis:REAL;
                        END;

     Lieferschein = RECORD
              ....
              ArtListe:ARRAY [1..n] OF Hilfsartikel;
              ....
                        END;
```

Anstelle der Entität `Artikel` wird in diesem Beispiel eine Hilfsvariable `Hilfsartikel` deklariert, die nicht alle Komponenten von `Artikel` umfaßt, sondern nur jene, die für die Speicherung auf einem `Lieferschein` (d.s. die Artikelnummer und der Preis) erforderlich sind. Es kann daher nicht mehr direkt die Relation zwischen den Entitäten `Artikel` und `Lieferschein` abgeleitet werden, da in der Deklaration von `Lieferschein` ein benutzerdefinierter Typ auftritt, der sicherlich nicht als Entität identifiziert wurde.

Die Auflösung dieser "verschleierten" Relation ist nicht auf Deklarationsniveau, sondern – ähnlich wie bei der Identifikation der Entitäten im vorigen Abschnitt – nur über die funktionalen Beziehungen zwischen den Entitäten möglich.

Über die (m,u)-Tabellen für die zu untersuchende Entität (im Beispiel `Lieferschein`) kann eine solche "verschleierte" funktionale Beziehung identifiziert werden.

In diesen (m,u)-Tabellen der Entität `Lieferschein` wird sich nämlich der funktionale Zusammenhang mit der tatsächlichen Entität `Artikel` finden, da die zwischenzeitlich eingeführte Hilfsvariable irgendwann einen realen

Wert erhalten muß. D.h. irgendwo im Programm muß sich eine Zuweisung (ob links- oder rechtsseitig soll an dieser Stelle nicht von besonderem Interesse sein) finden, die der Hilfsvariable `Hilfsartikel`, deklariert in der Entität `Lieferschein`, einen Wert aus der Entität `Artikel` zuweist. Diese funktionale Beziehung wird daher in der m- oder u-Tabelle der Entität `Lieferschein` sichtbar werden, wie folgendes Beispiel zeigt:

Entität=`Lieferschein`

m-Tabelle K_i	rechte Seite
....	....
ArtListe[j].ArtNr	$ArtNr^{Artikel}$
....	....

Aus der (m,u)-Tabelle kann daher der Zusammenhang zwischen der Entität `Lieferschein` und der Entität `Artikel` über die Komponente `ArtListe[j]` der Entität `Lieferschein` hergestellt werden werden.

Fall 3: X = Basistyp

In diesem Fall wird anstelle einer Komponente einer Entität ein Basistyp in der Deklaration einer anderen Entität verwendet.

Beispiel:

```
TYPE  Rechnung = RECORD
                     ...
                     LsListe: ARRAY [1..n] OF INTEGER;
                     ...
                 END;
```

Der Basistyp `INTEGER` in diesem Beispiel wird eigentlich für den Schlüssel `Lieferscheinnummer` (ist eine Komponente der Entität `Lieferschein`) verwendet. Dieser Zusammenhang kann aber aufgrund der Deklaration nicht erkannt werden.

Wiederum ist es erforderlich über den funktionalen Zusammenhang zwischen den Komponenten von Entitäten auf die Beziehung zwischen den eigentlichen Entitäten zu schließen. Dazu dienen – wie auch zuvor – die (m,u)-Tabellen der zu untersuchenden Entität (im Beispiel `Rechnung`).

An irgendeiner Stelle im Programm muß nämlich eine Zuweisung zwischen der Lieferscheinliste `LsListe` und der `Lieferscheinnummer` (als Schlüssel) erfolgen. Diese Zuweisung taucht in den (m,u)-Tabellen von Rechnung auf:

Entität=Rechnung

m-Tabelle K_i	rechte Seite
....	....
LsListe[j]	$\text{LiefNr}^{Lieferschein}$
....	....

Wie aus dieser Tabelle ersichtlich ist, kann dadurch eine funktionale Beziehung zwischen den Entitäten Rechnung und Lieferschein abgeleitet werden, obwohl dieser Zusammenhang vorher durch den Basistyp INTEGER "verschleiert" war.

Fall 4: Whole-Part-Relation zu mehreren Entitäten

Außer den bisher erwähnten Fällen kann jedoch auch noch folgender, sehr schwer zu handhabender Problemfall auftreten:

- Eine Entität E besitzt Relationen zu mehreren anderen Entitäten.
- Zwischen einer Komponente $K_i \in E$ (im folgenden Beispiel LsListe) und mehreren Komponenten K_j verschiedener anderer Entitäten E_k besteht ein funktionaler Zusammenhang.

  Diese funktionale Beziehung zeigt sich in den (m,u)-Tabellen, wie folgendes Beispiel darstellt:

  Entität=Rechnung

m-Tabelle K_i	rechte Seite
....	....
LsListe[j]	$\text{LiefNr}^{Lieferschein}$
LsListe[j]	$\text{LsNr}^{Auftragsbestätigung}$
....	....

  In diesem Beispiel steht die Komponente LsListe der Entität Rechnung in einer funktionalen Beziehung mit Komponenten der Entitäten Lieferschein und Auftragsbestätigung.

  Es ist nun syntaktisch (und auch funktional) nicht mehr entscheidbar, wie eine Hilfsvariable (im vorigen Beispiel Hilfsartikel oder ein einfacher Basistyp INTEGER u. dgl.) ersetzt werden soll bzw. zu welcher anderen Entität die Entität Rechnung über eine konkrete Typ-Deklaration in Relation steht. Diese Mehrdeutigkeit kann an dieser Stelle nur mit Hilfe von weiterer Information durch den Reuse Engineer oder erst in einem späteren Schritt von COREM aufgelöst werden.

Die Festlegung der Kardinalität

Durch die in diesem Abschnitt erläuterten Maßnahmen ist es nun möglich die *part-of*-Relation zwischen Entitäten auf Deklarationsniveau zu identifizieren.

Darüber hinaus kann aus der Deklaration die Kardinalität der *part-of*-Relation direkt abgeleitet werden.

Gegeben sei folgende allgemeine Record-Deklaration nach Auflösung etwaiger "verschleierter" Relationen:

```
E_u = RECORD OF
        ...
        K_i: ARRAY [min ... max] OF E_v;
        ...
        END;
```

Aus der ARRAY-Deklaration läßt sich die Kardinalität in Richtung $E_v \rightarrow E_u$ unmittelbar aus den Grenzen ableiten. Für die umgekehrte Richtung kann sie aus der Deklaration nicht abgelesen werden und wird daher mit * bezeichnet.

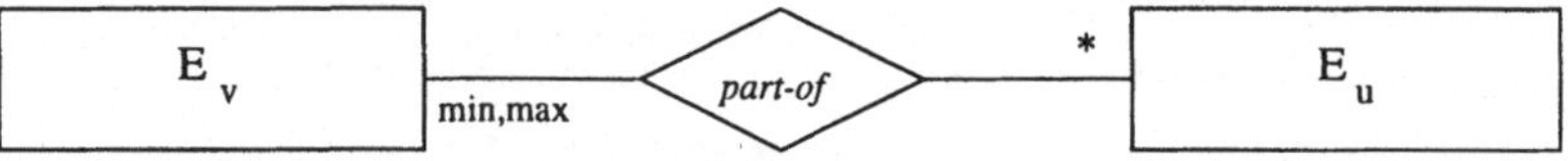

Im Falle der Verwendung von Zeigern anstelle von Feldern stehen keine ARRAY-Grenzen für die Kardinalitätsbestimmung zur Verfügung. Die "Größe" einer durch Zeiger realisierten verketteten Liste ist ja dynamisch variabel und kann daher nicht aus der Deklaration abgeleitet werden. Bei der Verwendung von verketteten Listen kann als Kardinalität der Relation daher nur 0 (für die leere Liste) bzw. als Obergrenze n (für eine beliebig lange Liste) festgelegt werden. Eine Einschränkung der Obergrenze für die Länge der Liste kann bei verketteten Listen nicht auf deklarativem Wege, sondern nur durch eine funktionale Einschränkung (z.B. begrenzte Schleife oder IF-Anweisung) erfolgen.

```
TYPE p2Artikel    = ^Hilfsartikel;
     Hilfsartikel = RECORD
                      ArtNr:INTEGER;
                      Preis:REAL;
                      next:p2Artikel;
                    END;
     Lieferschein = RECORD
                      ....
                      ArtListe:p2Artikel;
                      ....
                    END;
```

Es bleibt nun noch die Frage nach der Kardinalität der Relation aus der "umgekehrten" Richtung (='*').

Wie die vorigen Ausführungen zeigen, kann durch Untersuchung auf Deklarationsniveau, nach Auflösung etwaiger "verschleierter" Zusammenhänge, die Kardinalität in der Richtung $E_v \rightarrow E_u$ bestimmt werden. Die Kardinalität der Relation von $E_u \rightarrow E_v$ kann jedoch nicht auf Deklarationsniveau festgelegt werden, wie die folgenden Ausführungen zeigen werden.

Als Beispiel für diese Betrachtungen soll die Relation zwischen der Entität `Lieferschein` und der Entität `Artikel` dienen.

Aus Sicht des Systemanalytikers (bei Vorliegen einer Anforderungsdefinition bzw. einer Systemspezifikation) kann diese Relation in beiden Richtungen leicht wie folgt festgelegt werden:

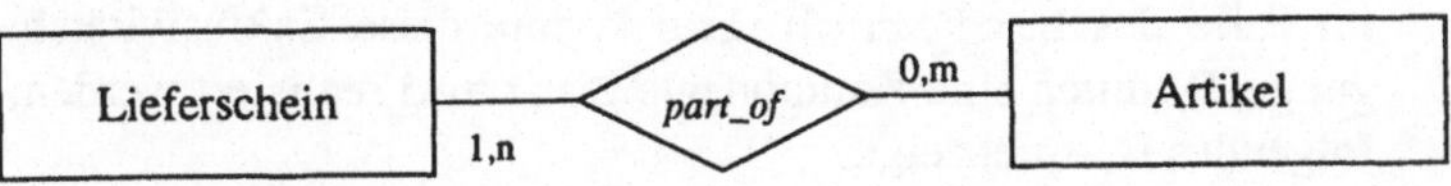

Dies bedeutet, daß ein `Lieferschein` zumindest einen, höchstens jedoch n `Artikel` enthält, ein `Artikel` auf keinem oder auf m verschiedenen `Lieferscheinen` aufgeführt sein kann.

Die Kardinalität der Relation `Lieferschein` → `Artikel` (1,n) kann aus der Deklaration auf Source-Code-Niveau festgelegt werden. Daß ein `Artikel` jedoch auf mehr als einem `Lieferschein` auftreten kann, ist aus dem Source Code nicht erkennbar, da sich das untersuchte Programm ja nur mit der Erstellung eines `Lieferscheines` beschäftigt.

Für die Festlegung der Kardinalität in die Richtung `Artikel` → `Lieferschein` ist also eine "übergeordnete" Sichtweise, die sich über mehrere Programmläufe hinweg erstreckt, notwendig. Ein Systemanalytiker hat bei Vorliegen einer Anforderungsdefinition genau diese übergeordnete Systemsicht, aus der die Bedingung, daß ein `Artikel` auf mehreren `Lieferscheinen` erscheinen kann, ableitbar sein muß. Ferner könnte aus einer solchen Anforderungsdefinition auch eine andere Bedingung zwischen den Entitäten `Lieferschein` und `Rechnung` ableitbar sein, wie z.B., daß ein `Lieferschein` nur einmal auf einer `Rechnung` auftauchen darf.

Wie bereits erwähnt, lassen sich solche Bedingungen, die sich auf die Kardinalität der betreffenden Relationen niederschlagen, nicht den Deklarationen entnehmen. Diese Bedingungen sind im Source Code u.U. nicht direkt erkennbar. So muß durch das Programm zum Beispiel sichergestellt werden, daß ein `Lieferschein` nur einmal fakturiert wird (d.h. auf nur einer `Rechung` erscheinen darf). Die Information, die derartige Bedingungen sicherstellt, muß auch über mehrere Programmläufe hinweg persistent sein.

Ohne "übergeordnete" Systemsicht kann es äußerst schwierig sein, diese Anweisungen im Programm zu identifizieren.

Kardinalität identifizieren

Zur Lösung dieser Problematik bieten sich daher zwei Strategien an:

1. Der Reuse Engineer versucht in der Deklaration von Entitäten (insbesondere DSEs, da diese auf persistenten Speichern abgelegt werden), Komponenten zu identifizieren, die diese Bedingungen realisieren. Ein Beispiel dafür ist die oben erwähnte Exklusivitätsbedingung, d.h., daß ein `Lieferschein` nur einmal fakturiert werden darf.

   Im Falle des `Lieferscheins` könnte diese Exklusivitätsbedingung z.B. durch eine Komponente `Zustand` realisiert werden, wie folgendes Beispiel zeigt:

```
TYPE Lieferschein = RECORD
          Liefnr   :INTEGER;
          ArtListe:ARRAY[1..n] OF Artikel;
          .....
          Zustand :(nicht_fakturiert, fakturiert);
                    END;
```

Gelingt die Identifikation einer solchen Bedingung, so kann im Source Code nach der Behandlung dieser Bedingung gesucht werden. Im konkreten Beispiel einer Exklusivitätsbedingung wird dies auf eine IF-Abfrage führen, die entscheidet, ob der entsprechende `Lieferschein` fakturiert wird (wenn der Zustand noch `nicht_fakturiert` ist) oder nicht. Aus einer solchen Exklusivitätsbedingung läßt sich die Kardinalität (0,1) ableiten:

Durch diese Vorgangsweise läßt sich jedoch nur diese eingeschränkte Form von Bedingungen eruieren. Es kann nur abgeleitet werden, daß ein `Lieferschein` höchstens einmal fakturiert werden darf. Nicht erkennbar ist jedoch die Bedingung, daß – über alle Programmläufe hinweg – jeder `Lieferschein` zumindest einmal fakturiert werden muß, so daß die tatsächliche Relation wie folgt aussehen müßte:

Aus dem Fehlen einer solchen Exklusivitätskomponente in der Deklaration einer Entität liegt ein schwaches Indiz für eine mögliche (0,n)-Kardinalität vor (z.B. `Artikel`).

2. Eine tatsächlich zielführende Strategie, die über oben aufgestellte Hypothesen hinaus eine Festlegung der Kardinalität ermöglicht, ist die Zuführung von Information aus dem Anwendungsmodell durch den Reuse Engineer. Der Reuse Engineer legt dabei die fehlenden Kardinalitäten mit der oben erwähnten "übergeordneten" Sicht fest.

4.5.2 Die Generalisierungs-/Spezialisierungs-Relation (is-a-Relation)

Im resultierenden Entity-Relationship-Diagramm (ERD) sollen neben den *Whole-Part*-Relationen und allgemeinen Relationen (siehe nächsten Abschnitt) auch Generalisierungs-/Spezialisierungs-Beziehungen (*is-a*-Relationen) dargestellt werden.

Die *is-a*-Relation kann auf Deklarationsniveau, nämlich über die Verwendung von Varianten-Records, erkannt werden.

Beispiel:

Im betrachteten Fakturierungssystem gibt es zwei unterschiedliche Arten von `Lieferscheinen`: Den "normalen" Lieferschein, der anschließend fakturiert wird und in einer `Rechnung` resultiert, sowie den Bar-Lieferschein, der direkt als Bar-Rechnung fungiert. Der Bar-Lieferschein unterscheidet sich vom "normalen" Lieferschein durch das Attribut `Betrag` und durch das redefinierte Attribut `Zustand`.

Diese Anforderungen können in der Deklaration wie folgt realisiert werden:

```
TYPE LS-Typ = (norm_LS,Bar_LS);
     LS-Zustand = (fakturiert,nicht_fakturiert);
     BarLS-Zustand = (offen,bezahlt);
     Lieferschein = RECORD
                      LiefNr:INTEGER;
                      ....
                      CASE Art:LS-Typ OF
                        norm_LS:(Zustand:LS-Zustand);
                        Bar_LS :(NettoBetrag :INTEGER;
                                 BruttoBetrag :INTEGER;
                                 Zustand:BarLS-Zustand);
                      END;
                    END;
```

Aus der Deklaration eines Varianten-Records läßt sich unmittelbar die *is-a*-Relation ableiten, so daß obiges Beispiel folgendes Aussehen in Form eines Entity-Relationship-Diagramms hat:

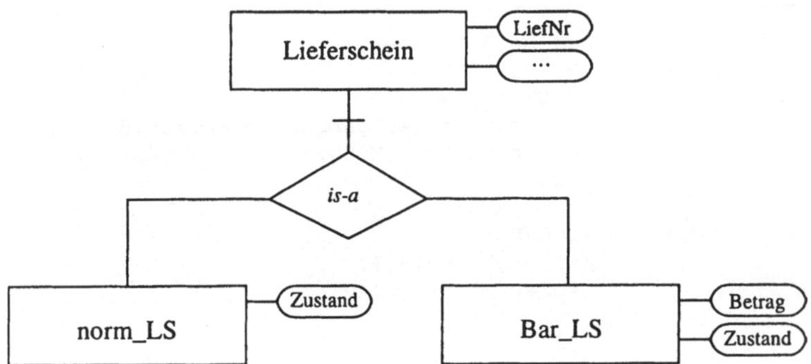

Ähnlich wie bei den bisherigen Untersuchungen über funktionale Zusammenhänge zwischen Entitäten, können auch bei der Identifikation der *is-a*-Relation Problemfälle durch "verstreute" Deklarationen auftreten, die aufgelöst werden müssen.

Zur Verdeutlichung dieses Sachverhalts betrachten wir daher folgendes Beispiel:

In einem Unternehmen gibt es normale Mitarbeiter (`norm_MA`) und Abteilungsleiter (`AbtLeiter`). Sowohl normale Mitarbeiter als auch Abteilungsleiter sind Angestellte des Unternehmens.

Eine mögliche Deklaration dieses Sachverhalts, die eine direkte Ableitung der *is-a*-Relation in oben beschriebener Weise erlaubt, ist folgende:

```
TYPE MTyp = (norm_MA,AbtLeiter);
     Angestellter = RECORD
              Name:string[30];
              Adresse:string[40];
              SVNr:INTEGER;
              ...
              CASE Typ:MTyp OF
                norm_MA:(Aufgabenbereich:string[30]);
                AbtLeiter:(Mitarbeiter#:INTEGER);
              END;
                    END;
```

Ebenso ist es aber möglich, daß diese Generalisierung/Spezialisierung nicht direkt deklariert ist, wie folgendes Beispiel für den selben Sachverhalt zeigt:

```
TYPE MTyp = (norm_MA,AbtLeiter);
     Angestellter = RECORD
                 CASE Typ:MTyp OF
                    norm_MA:(Aufgabenbereich:string[30]);
                    AbtLeiter:(Mitarbeiter#:INTEGER);
                  END;
                      END;
     Person = RECORD
                 Name:string[30];
                 Adresse:string[40];
                 SVNr:INTEGER;
                 ...
                 Funktion:Angestellter;
                END;
```

In diesem Fall ist die im Programm tatsächlich verwendete Datenstruktur (`Person`) als Record definiert. Es besteht jedoch ein deutlich erkennbarer Zusammenhang zwischen dem Record `Person` und dem Varianten-Record `Angestellter` auf Deklarationsniveau. Dieser Zusammenhang muß aufgelöst werden, so daß die *is-a*-Relation zwischen `Person` und `norm_MA` bzw. `AbtLeiter` im Entity-Relationship-Diagramm deutlich wird:

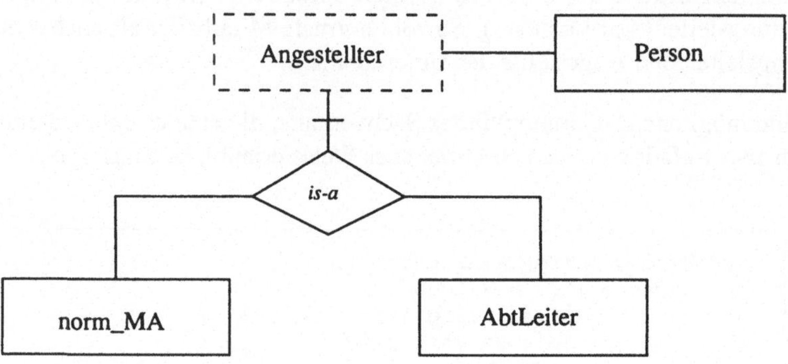

4.5.3 Allgemeine Relationen

Allgemeine Relationen zwischen DSEs bzw. NDSEs sind auch auf den verschiedenen Ebenen des Datenflußdiagramms sichtbar.

4.5.3.1 Zusammenhang zum Datenflußdiagramm

1. Relationen zwischen *Data-Store-Entitäten* (DSEs):

   Das Datenflußdiagramm zeigt sehr deutlich das I/O-Verhalten von Prozessen (P) des Systems. Für die Identifikation der Relationen zwischen DSEs sind insbesondere jene Prozesse von Interesse, die eine Ein/Ausgabeoperation auf Dateien (*data stores*) durchführen. Im Datenflußdiagramm werden diese Relationen zwischen *data stores* (d.s. DSEs) sichtbar.

   Beispiel:

   Gegeben sei folgender Ausschnitt eines Datenflußdiagramms mit den beiden Dateien `Kunden` (Kundendatei) und `Lieferschein` (Lieferscheindatei). `Kunde` und `Lieferschein` sind DSEs des betrachteten Systems. Dann läßt sich aus diesem Datenflußdiagramm-Teil die rechts stehende, unbestimmte Relation zwischen den beiden DSEs `Kunde` und `Lieferschein` ableiten.

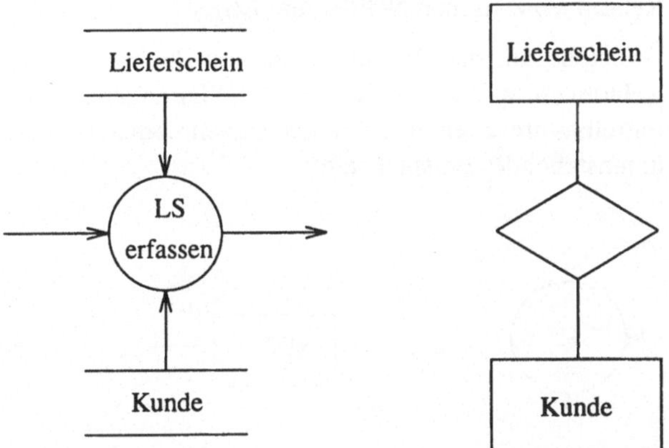

   Durch Untersuchung der verschiedenen Ebenen des Datenflußdiagramms kann man daher alle Relationen der Form (DSE_1, R, DSE_2, P) identifizieren. Aus diesen Quadrupeln läßt sich die Art der Relation zwar nicht ableiten, aber es liegt zumindest der diese Entitäten verbindende Prozeß P vor. Dieser kann einer genaueren Untersuchung unterzogen werden, um die Relation R näher zu bestimmen.

2. Relationen zwischen *Non-Data-Store-Entitäten* (NDSEs):

   Ähnlich wie bei den DSEs kann auch die Relation zwischen unmittelbar "benachbarten" (bezogen auf einen Prozeß P) NDSEs aus dem Datenflußdiagramm abgeleitet werden. Diese Relationen-Identifikation kann jedoch nur für unmittelbar um einen Prozeß P auftretende NDSEs erfolgen. Wie untenstehendes Beispiel zeigt, kann aus dem Datenflußdiagramm-Teil wiederum ein Quadrupel der Form ($NDSE_1$, R, $NDSE_2$, P) abgeleitet werden.

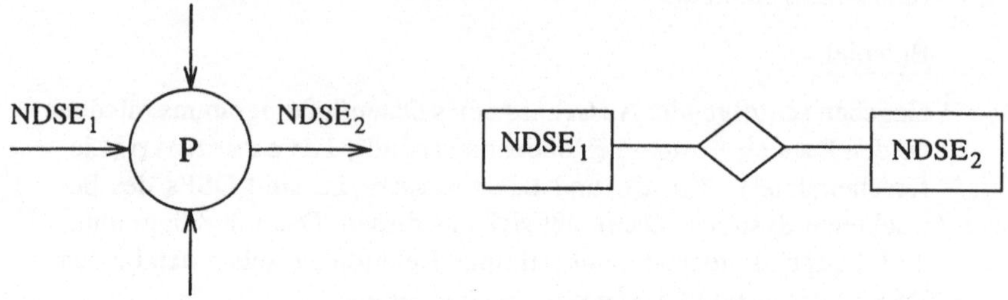

3. Relationen zwischen NDSEs und DSEs:

   Basierend auf den Ausführungen von Punkt 1 und 2 können auch Relationen zwischen DSEs und NDSEs abgeleitet werden, die unmittelbar um einen Prozeß P des Datenflußdiagramms auftreten, wie untenstehendes Beispiel zeigt.

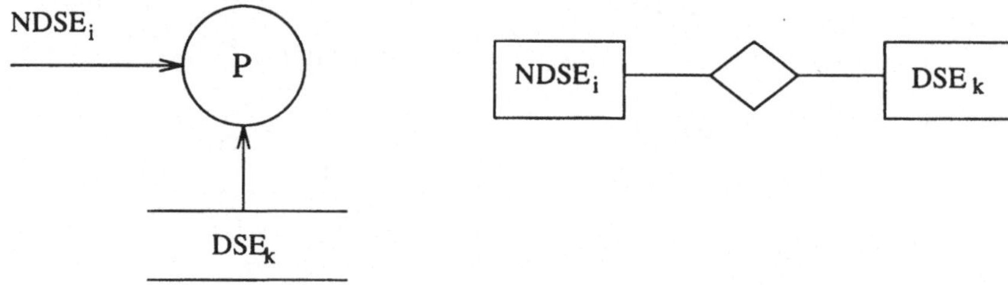

Die über das Datenflußdiagramm bestimmten Relationen lassen sich nur sehr oberflächlich beschreiben, weil nur ein grundsätzlicher Zusammenhang von Entitäten über den "verbindenden" Prozeß festgestellt werden kann. Weitere Information bietet eventuell auch noch die Richtung der

"Einwirkung" der Entitäten auf den Prozeß (z.B. Schreiboperation oder Leseoperation).

Relationen-bestimmung

Für die über den Prozeß P gegebene Möglichkeit der Relationenbestimmung (eigentlich nur der Bestimmung der Relationenbezeichnung)[2] benötigt man jedoch mehr Information sowohl zur

- Bestimmung einer genaueren Bezeichnung der Relation als auch zur
- Bestimmung der Kardinalität der Relation.

Diese zusätzliche Informationen erhält man u.a. über die (m,u)-Tabellen, die ja sehr detaillierte Information über den Zusammenhang zwischen Entitäten (speziell den funktionalen Zusammenhang) beinhalten.

4.5.3.2 Erweiterung der (m,u)-Tabellen zur Relationenbestimmung

In den bisherigen Untersuchungen spielten die (m,u)-Tabellen vor allem zur Identifikation der Relationen über funktionale Zusammenhänge von Entitäten ein Rolle. Diese (m,u)-Tabellen bieten sich aber auch zur Bestimmung der Bezeichnung sowie der Kardinalität der Relationen an, da sie sehr genau Auskunft über den funktionalen Zusammenhang – insbesondere die Stelle im Programm, wo dieser funktionale Zusammenhang auftritt – von Entitäten geben.

Die Generierung der (m,u)-Tabellen für die Entitäten (sowohl DSEs als auch NDSEs) erfolgt ja für das gesamte System. Dabei ist zu berücksichtigen, daß funktionale Beziehungen zwischen Entitäten an mehreren Stellen bzw. in mehreren Modulen auftreten können.

Um zu verdeutlichen, in welchem Modul ein funktionaler Zusammenhang auftritt, werden die (m,u)-Tabellen um diesen Modulnamen erweitert:

Entität=*name of data-store-entity*

m-Tabelle K_i	rechte Seite	Modulname
....		

u-Tabelle K_i	linke Seite	Modulname
....		

[2] Man berücksichtige, daß der Prozeßname P, der im Datenflußdiagramm erscheint, mit dem Modulnamen des entsprechenden Structure Charts identisch ist, da ja das Datenflußdiagramm aus dem Structure Chart abgeleitet wurde.

Beispiel:

Entität=`Lieferschein`

u-Tabelle K_i	linke Seite	Modulname
kundennr	$\text{kundennr}^{Auftragsbestätigung}$	AB_drucken
kundennr	$\text{knr}^{Rechnung}$	RE_erstellen
kundennr	$\text{knr}^{Rechnung}$	Aufstg_gen
kundennr	$\text{knr}^{Rechnung}$	RE_korrig

funktionaler Zusammenhang

Dieses Beispiel zeigt, daß ein funktionaler Zusammenhang zwischen `Lieferschein` und `Auftragsbestätigung` an genau einer Stelle (nämlich im Modul `AB_drucken`) auftritt, während der funktionale Zusammenhang zwischen `Lieferschein` und `Rechnung` an genau drei Stellen im Programm (nämlich in den Modulen `RE_erstellen`, `Aufstg_gen` und `RE_korrig`) erscheint. Dies bedeutet, daß die Zuweisung `Rechnung.knr := f(Lieferschein.kundennr)` in den genannten drei Modulen enthalten ist.

Bezogen auf die Anzahl der Module, in welchen ein funktionaler Zusammenhang zu finden ist, unterscheiden wir daher folgende zwei Fälle:

1. Der funktionale Zusammenhang, der zur Identifikation einer Relation zwischen zwei Entitäten dient, tritt nur in einem Modul des Programms auf.

   Dies bedeutet, daß nur ein Modul (und somit nur ein Modulname) zur Bestimmung der Bezeichnung der Relation zur Verfügung steht. Das führt zwar zu keinem Mehrdeutigkeitskonflikt bei der Bezeichnung, bietet aber andererseits wenig Anhaltspunkte für die Bestimmung der Kardinalität der Relation.

2. Der funktionale Zusammenhang, der zur Identifikation einer Relation zwischen zwei Entitäten dient, tritt in mehreren Modulen des Programms auf.

   Dadurch stehen für die Bezeichnung der Relation mehrere verschiedene Module (und deren Namen) zur Verfügung, was zu einem Entscheidungskonflikt führt, der durch den Reuse Engineer aufgelöst werden muß. Andererseits besitzt dieser Fall den Vorteil, daß für die Bestimmung der Kardinalität der Relation (siehe folgenden Abschnitt) mehrere Module und somit mehrere Anhaltspunkte zur Verfügung stehen.

Für die Bezeichnung der Relation bieten sich daher folgende grundsätzliche Möglichkeiten:

Relationen-bezeichnung

1. Bezeichnung der Relation durch den Prozeßnamen aus dem Datenflußdiagramm (entspricht dem Namen des Moduls). Dies kann nur dann automatisch erfolgen, wenn der funktionale Zusammenhang lediglich in einem Modul des Programms auftritt (vgl. obige Ausführungen).

2. Eine genauere Bezeichnung der Relation kann durch den Reuse Engineer aus der Untersuchung jenes Moduls (bzw. jener Module) erfolgen, in dem der funktionale Zusammenhang zwischen den Entitäten erscheint. Durch eine genauere Untersuchung der Funktionalität dieses Moduls (dieser Module) kann der Reuse Engineer eine über den Modulnamen hinausführende Bezeichnung der Relationen ableiten.

3. Eine optimale Bezeichnung der Relation kann durch den Reuse Engineer erfolgen, indem dieser sowohl die betreffenden Module nach der Funktionalität in bezug auf die Relation untersucht (gemäß Punkt 2) als auch Information aus dem Anwendungsmodell zur Bezeichnung der Relation heranzieht.

Beispiel:

Gegeben sei folgender Teil eines Datenflußdiagramms, der die Erstellung eines `Lieferscheins` behandelt. Daraus kann die rechts stehende Relation abgeleitet werden, die mit dem Namen des verbindenden Prozesses, im Beispiel das Modul `LS_erstellen`, bezeichnet wird.

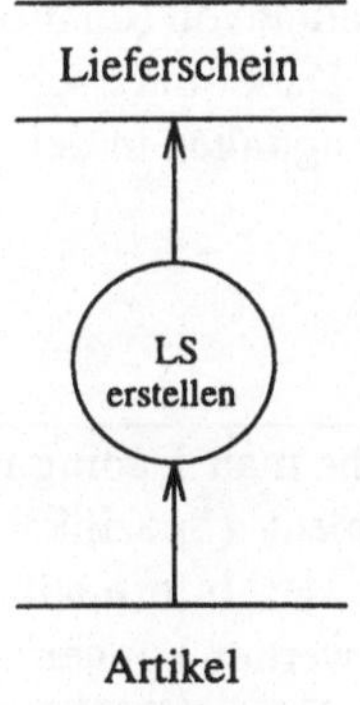

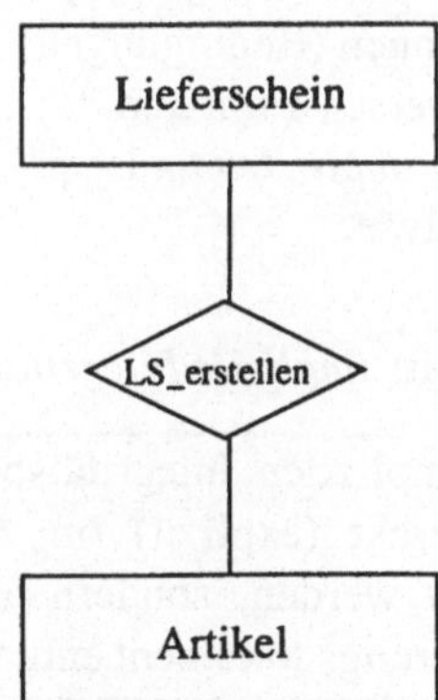

Durch genauere Untersuchung des betreffenden Moduls bzw. der betreffenden Prozedur innerhalb des Moduls kann der Reuse Engineer z.B. den Prozedurnamen (im Beispiel `exist_sortnr`) zur Bezeichnung der Relation heranziehen:

Eine optimale Bezeichnung der Relation kann natürlich durch Einbringung von Wissen aus dem Anwendungsmodell durch den Reuse Engineer erreicht werden. In diesem Fall könnte die Bezeichnung der Relation als *part-of* erkannt werden, und auch in dieser Weise erfolgen:

4.5.3.3 Die Bestimmung der Kardinalität der allgemeinen Relationen

Zur Bestimmung der Kardinalität von Relationen im Entity-Relationship-Diagramm muß man vorweg einige grundsätzliche Überlegungen zu den Einschränkungen, die durch die Kardinalität von Relationen realisiert werden, erörtern.

Integritäts-begingung

Aus der Anforderungsanalyse des Systems ergeben sich verschiedene Einschränkungen (Bedingungen), welche die Kardinalität von Relationen zwischen diversen Entitäten des Systems festlegen. Dabei unterscheiden wir zwischen *impliziten* und *expliziten* Integritätsbedingungen in der Anforderungsanalyse.

Definition: *implizite Integritätsbedingung*

> Unter impliziten Integritätsbedingungen versteht man Bedingungen, die nicht direkt (explizit) im Anforderungsdokument (Spezifikation) ausgedrückt werden, sondern aus der Gesamtheit der Information, die im Anforderungsdokument enthalten ist, abgeleitet werden können.

Definition: *explizite Integritätsbedingung*

Unter expliziten Integritätsbedingungen versteht man Bedingungen, die direkt im Anforderungsdokument als solche erscheinen.

Explizite Integritätsbedingungen werden üblicherweise in einzelnen Sätzen ausgedrückt, in welchen eindeutig die betroffenen Entitäten sowie die Beziehung zwischen diesen beschrieben werden.

Beispiele für solche Bedingungen, die sich üblicherweise in einem Entity-Relationship-Diagramm niederschlagen, sind u.a.:

- Ein `Lieferschein` beinhaltet zumindest einen `Artikel`, höchstens jedoch vier. (explizite Integritätsbedingung)
- Jeder `Lieferschein` ist genau einem `Kunden` zugeordnet. (explizite Integritätsbedingung)
- Aus den Zuständen, die ein `Lieferschein` im System haben kann, geht hervor, daß jeder `Lieferschein` genau einmal fakturiert wird. (implizite Integritätsbedingung)

Wie aus diesen Beispielen ersichtlich ist, führen Integritätsbedingungen grundsätzlich zu einer Einschränkung des Problemraumes für ein System. Existieren keine derartigen Einschränkungen (in Form von Integritätsbedingungen), so muß von der Allgemeingültigkeit einer Relation ausgegangen werden. Diese Allgemeingültigkeit einer Relation schlägt sich in einer (0,n)-Kardinalität nieder.

(m,n)-Beziehung

Bei der Festlegung der Kardinalität von Relationen erfordern (m,n)-Beziehungen eine gesonderte Erwähnung: Im Falle eines zugrundeliegenden relationalen Schemas werden (m,n)-Beziehungen durch eine eigene Relation dargestellt, so daß eine solche Beziehung *reverse* über das Vorliegen einer eigenen Relation identifiziert werden kann. Bei einer zugrundeliegenden flachen Dateistruktur ist eine (m,n)-Beziehung aus dem Source Code alleine nicht ableitbar, sondern i.a. durch (m,1)- und (1,n)-Beziehungen über eine dritte Entität.

Dies erscheint insofern keine allzu große Einschränkung zu sein, da auch in *forward* generierten Anwendungsmodellen (m,n)-Beziehungen eher vermieden werden, weil viele weitverbreitete CASE-Tools Schwierigkeiten mit deren Handhabung aufweisen (vgl. dazu [MHK+93]).

Es bieten sich nun Möglichkeiten, aus dem Source Code des Programms heraus (mit Ausnahme der (m,n)-Beziehungen) auf die Kardinalität von Relationen im Entity-Relationship-Diagramm zu schließen, da alle Integritätsbedingungen aus dem Anforderungsdokument in irgendeiner Form im Programm codiert worden sein müssen.

Dazu ist es notwendig, zwei unterschiedliche Arten von Integritätsbedingungen im Programm zu unterscheiden:

Definition: *statische Integritätsbedingung*

Unter einer statischen Integritätsbedingung versteht man eine Integritätsbedingung, die in jedem Programmdurchlauf erfüllt sein muß. Diese wird sich daher direkt im Programmcode niederschlagen.

Definition: *dynamische Integritätsbedingung*

Unter einer dynamischen Integritätsbedingung versteht man eine Integritätsbedingung, die über n Programmdurchläufe hinweg erfüllt sein muß. Zur Realisierung solcher Integritätsbedingungen ist es notwendig, Zustandsänderungen, die spätere Programmdurchläufe beeinflussen, persistent zu speichern.

Dynamische Integritätsbedingungen werden sich nicht direkt im Programmcode niederschlagen, sondern in einzelnen Datenstrukturen bzw. Komponenten von Datenstrukturen, die zur Speicherung von persistenter Information verwendet werden. Statische Integritätsbedingungen hingegen können durch Nachvollziehen eines einzelnen Programmdurchlaufes direkt aus dem Code abgeleitet werden, da sie ja in jedem Programmdurchlauf erfüllt sein müssen.

Beispiel:

- "Ein `Lieferschein` beinhaltet zumindest einen `Artikel`, höchstens jedoch vier."

  Diese statische Integritätsbedingung beeinflußt direkt die Deklaration des Typs `Lieferschein`, der daher z.B. wie folgt aussieht:

```
TYPE Lieferschein = RECORD
            LsNr:INTEGER;
            ...
            ArtListe:ARRAY [1..4] OF Artikel;
                   END;
```

Die Bedingung läßt sich direkt aus der Deklaration des Arrays für die `Artikelliste` (mindestens 1 `Artikel`, höchstens jedoch 4 `Artikel`) erkennen.

- "Jeder `Lieferschein` darf höchstens einmal und muß aber zumindest einmal fakturiert werden."

  Diese dynamische Integritätsbedingung[3] könnte durch die Einführung einer Datenstruktur-Komponente `Zustand` realisiert werden, die den Zustand des `Lieferscheins` über die Programmdurchläufe hinweg speichert:

```
TYPE LS-Zustand = (nicht_fakturiert,fakturiert);
     Lieferschein = RECORD
            LsNr:INTEGER;
            ...
            ArtListe:ARRAY [1..4] OF Artikel;
            Zustand:LS-Zustand;
                   END;
```

Man muß in diesem Zusammenhang jedoch berücksichtigen, daß solche Integritätsbedingungen (sowohl statische als auch dynamische) in "realen" Programmen u.U. nicht derart deutlich verwirklicht worden sind, sondern äußerst versteckt und schwierig erkennbar umgesetzt sein können.

Es gilt nun, durch Auffinden der Bedingungen im Programm – in umgekehrter Richtung – auf die Kardinalität der betreffenden Relationen zu schließen.

Dazu gehen wir von den jeweiligen Entitäten aus, auf die sich eine spezielle Relation bezieht, und untersuchen den Programmcode nach der Realisierung von Integritätsbedingungen.

Einstiegspunkte

Aufgrund der erweiterten m-Tabellen für Entitäten können jene Module

[3] Es muß ja erst nach n Programmläufen sichergestellt sein, daß jeder `Lieferschein` auch tatsächlich fakturiert wurde. Andererseits muß die Information, ob der `Lieferschein` bereits fakturiert wurde oder nicht, über alle Programmdurchläufe hinweg gespeichert werden.

identifiziert werden, die Anweisungen enthalten, in denen Komponenten der betreffenden Entität auf der linken Seite vorkommen. Für die weiteren Betrachtungen werden solche Stellen in Modulen als *Einstiegspunkte* bezeichnet.

Für jeden Einstiegspunkt muß in weiterer Folge dessen Umgebung auf die Existenz von Integritätsbedingungen untersucht werden (*bottom-up*). Wird eine Bedingung gefunden, so muß diese hinsichtlich

- ihrer Relevanz für die konkrete Relation (ob sie ein Integritätsbedingung für die betreffende Relation ist) und
- der Kardinalität, die aus ihr für die betreffende Relation resultiert,

bewertet werden.

Zur Festlegung der Kardinalität der Relation müssen folgende Arten von strukturierten Anweisungen, durch welche die Integritätsbedingungen realisiert werden können, genauer betrachtet werden:

- Schleifen-Konstrukte (`REPEAT-UNTIL`, `WHILE`, `FOR`-Schleifen)
- Bedingte Anweisungen (`IF-THEN-ELSE` bzw. `CASE-OF`-Statements)

Im folgenden wollen wir diese strukturierten Anweisungen auf ihre konkrete Auswirkung auf die Kardinalität von Relationen untersuchen. Bei der allgemeinen Untersuchung von Schleifenkonstrukten muß darauf geachtet werden, daß es sich prinzipiell um Kategorien von Schleifen handelt. Dies bedeutet, daß in einem Programmstück z.B. eine `FOR`-Schleife auch durch eine `WHILE`-Schleife u. dgl. ersetzt sein kann.

1. Schleifenkonstrukte:

   (a) Die `REPEAT-UNTIL`-Schleife hat allgemein folgendes Aussehen:

   `REPEAT` <*Anweisung*> `UNTIL` <*Bedingung*>

   Dies bedeutet, daß der Block <*Anweisung*> zumindest einmal durchlaufen wird, woraus sich eine Untergrenze von 1 für eine Bedingung ableiten läßt. Gibt die *<Bedingung>* Aufschluß über eine konkrete Obergrenze ($\neq$ n), so kann eine Einschränkung der Obergrenze erfolgen, andernfalls führt eine REPEAT-UNTIL-Schleife zu einer Kardinalität von (1,n).

```
i:= 1;
REPEAT
 read(sortnr);
 LS.ArtListe[i]:= art.artnr;{funkt Zusammenhang}
 ...
 INC(i);
UNTIL (i>4) OR keine_weiteren_Artikel;
```

Dieses Beispiel zeigt ein Programmstück, das den funktionalen Zusammenhang zwischen Lieferschein und Artikel realisiert. Für einen Lieferschein werden aus der Artikeldatei zumindest ein, höchstens jedoch vier Artikel ausgelesen.

(b) Die WHILE-DO-Schleife hat allgemein folgendes Aussehen:

WHILE *<Bedingung>* DO *<Anweisung>*

Dies bedeutet, daß – abhängig von der Bedingung – der Block *<Anweisung>* auch 0-mal durchlaufen werden kann, woraus sich eine Untergrenze von 0 für die Bedingung ableiten läßt. Gibt die *<Bedingung>* keine Einschränkung der Obergrenze an, so führt eine WHILE-DO-Schleife auf eine grundsätzliche Kardinalität von (0,n).

```
i:= 0;
WHILE (LS.Zustand = 'nicht_fakturiert') DO
BEGIN
   Rechnung.LSListe[i]:= LS.liefnr;
   ...
   INC(i);
END;
```

Dieses Beispiel zeigt ein Programmstück, in welchem für eine Rechnung eine Aufstellung von Lieferscheinen generiert wird. In diese Lieferscheinaufstellung werden alle jene Lieferscheine aufgenommen, die noch nicht fakturiert wurden. Selbstverständlich können jedoch schon alle Lieferscheine für einen speziellen Kunden fakturiert worden sein, so daß eine (0,n)-Beziehung zwischen Lieferschein und Rechnung bestehen kann, was konkret durch eine WHILE-DO-Schleife realisiert wurde.

Darüber hinaus muß bei der WHILE-DO-Schleife noch berücksichtigt werden, ob unmittelbar davor nicht ein Block <*Anweisung*> vorkommt, so daß die WHILE-DO-Schleife eine "verdeckte" REPEAT-UNTIL-Schleife ist und somit eine (1,n)-Kardinalität vorliegt.

(c) Die FOR-Schleife hat allgemein folgendes Aussehen:

FOR <*Var := Startwert*> TO <*Var := Endwert*> DO
<*Anweisung*>

Dies bedeutet, daß der Block <*Anweisung*> so oft durchlaufen wird, wie es durch den Startwert bzw. Endwert der Schleifenvariable und deren Schrittweite festgelegt wird. Dadurch wird eine feste (direkt aus der Schleifenbedingung ableitbare) Kardinalität für die betreffende Relation bestimmt.

2. Bedingte Anweisungen:

(a) Die IF-THEN-ELSE-Anweisung hat allgemein folgendes Aussehen:

IF <*Bedingung*> THEN <*Anweisung_1*>
ELSE <*Anweisung_2*>

Abhängig von der Erfüllung der <*Bedingung*> wird entweder der Block <*Anweisung_1*> oder der Block <*Anweisung_2*> ausgeführt. Kommt der Einstiegspunkt (bzw. die entsprechende Anweisung) in beiden <*Anweisung*>-Blöcken vor, so kann das IF-THEN-ELSE-Statement für die Bestimmung der Kardinalität vernachlässigt werden.

Kommt der Einstiegspunkt nur in einem <*Anweisung*>-Block vor, so kann daraus geschlossen werden, daß aus diesem Konstrukt ein Ausstieg ohne Durchlauf des entsprechenden Statements (Einstiegspunktes) möglich ist. D.h. es kann ein Programmdurchlauf erfolgen, bei dem das konkrete Statement nicht erreicht wird. Dadurch kann 0 als Untergrenze der betreffenden Relation angenommen werden.

Eine bloße Sequenz von Anweisungen realisiert nämlich eine Untergrenze von 1 für die Kardinalität von Relationen, da das entsprechende Statement in einer Sequenz beim Programmdurchlauf ganz sicher erreicht wird. Eine Untergrenze von 0 erhält man – wie zuvor erwähnt – durch Einführung eines `IF-THEN-ELSE`-Statements, in welchem das Statement, auf dem der funktionale Zusammenhang zwischen den Entitäten beruht, "umgangen" werden kann.

(b) Die `CASE-OF`-Anweisung hat allgemein folgendes Aussehen:

```
CASE <Variable> OF
        <Wert_1>:<Anweisung_1>
        <Wert_2>:<Anweisung_2>
        .....
        ELSE <Anweisung_n>
```

Da die `CASE-OF`-Anweisung äquivalent zu einer geschachtelten `IF-THEN-ELSE`-Anweisung ist, ergeben sich für die Untersuchung der Kardinalität von Relationen keine neuen Aspekte. Eine `CASE-OF`-Anweisung verkörpert eine n-wertige Entscheidung im Programm; kommt die Anweisung, die den funktionalen Zusammenhang definiert in allen n Blöcken vor, so kann diese `CASE`-Anweisung analog zur `IF`-Anweisung für die Ermittlung der Kardinalität vernachlässigt werden. Bietet sich jedoch die Möglichkeit, daß die `CASE`-Anweisung durchlaufen werden kann, ohne den funktionalen Zusammenhang zu erreichen, so kann auf die Untergrenze von 0 für die Kardinalität geschlossen werden.

In jedem Fall muß – ausgehend vom Einstiegspunkt – die unmittelbare "Umgebung" (d.s. die umschließenden Anweisungen) der Anweisung, welche die zu untersuchende Relation zwischen zwei Entitäten definiert, nach den oben genannten Konstrukten untersucht werden, um Indizien für die Ableitung der Kardinalität zu finden.

Konstrukte, die die Kardinalität der betreffenden Relation beeinflussen könnten, treten u.U. nicht nur in der lokalen Prozedur/Modul der entsprechenden Anweisung auf, sondern in allen im Aufrufbaum über dieser Prozedur/Modul befindlichen Prozeduren bzw. Module. Deshalb müssen auch diese Prozeduren bzw. Module für die Bestimmung der Kardinalität der Relation betrachtet werden.

Zur Bestimmung der Kardinalität von Relationen unterscheiden wir daher bezüglich des Umfangs des untersuchten Programmcodes:

- lokale Untersuchung, beschränkt auf die lokale Prozedur/Modul, in welcher sich der Einstiegspunkt befindet.

- globale Untersuchung im Aufrufbaum oberhalb jener Prozedur/Modul (*bottom-up*), in welcher sich der Einstiegspunkt befindet.

Das folgende Beispiel verdeutlicht den zweiten Sachverhalt. Hier befinden sich die Konstrukte, welche die Kardinalität der Relation beeinflussen, in einer Prozedur, die hierarchisch über derjenigen steht, die den Einstiegspunkt enthält.

```
PROCEDURE get_lief(LS:LS_Typ; ...);
...
BEGIN
   anzahl:= 1;
   get_nettogew(ls.nettogew);
   ....
   WHILE (ls.nettogew > 0) AND (anzahl <= 4) DO
   BEGIN
      get_artikel(ls.sortnr);
      INC(anzahl);
      ....
   END;
END;

PROCEDURE get_artikel(sortnr:STYP; ....);
...
BEGIN
   artikel.artnr:= sortnr; { <- Einstiegspunkt }
   ....
   read(Artikelfile,artikel);
   ....
END;
```

Der funktionale Zusammenhang zwischen den an der Relation beteiligten Entitäten findet in diesem Beispiel in der Prozedur `get_artikel` statt. In dieser Prozedur kann jedoch lokal kein Konstrukt für die Bestimmung der Kardinalität identifiziert werden. Ein solches befindet sich jedoch in der hierarchisch eine Stufe über `get_artikel` liegenden Prozedur `get_lief`, welche `get_artikel` innerhalb einer `WHILE-DO`-Schleife aufruft.

4.6 Fallstudie IFAS

Als Beispiel für die *reverse* Generierung eines ERDs aus Source Code verwenden wir die Lieferscheinerfassung aus dem IFAS-System.

Dazu müssen wir die Datentypdeklarationen des Programms betrachten:

```
CONST OMax = 20; { max. Positionen pro Offerte }

TYPE LSZustand = (offen, bezahlt,
                  fakturiert, nicht_fakturiert);
     LSType = (bar_ls, norm_ls);
     BZustand = (gereiht, in_Bearbeitung, erledigt);
     Zahlungsart = (ls, bar);

     Zahlungskond = RECORD
       skonto : BYTE;
       tage : BYTE;
       zahlziel : BYTE;
                    END; { Zahlungskond }

     Leistung = RECORD
       menge : REAL;
       sortennr : Word;
       preis : REAL;
       einheit : CHAR;
       freibau : CHAR;
                 END; { Leistung }

     p2Auftrag = ^Auftrag;
     Auftrag = RECORD
       leistg : Leistung;
       next   : p2Auftrag;
                END; { Auftrag }

     Datum = RECORD
       jahr, monat, tag, wochentag : WORD;
             END; { Datum }

     Uhrzeit = RECORD
       stunden, minuten : WORD;
                END; { Uhrzeit }

     p2Ls = ^Liefknoten;
     Liefknoten = RECORD
        liefnr : WORD;
             END; { Liefknoten }
```

```
Lieferschein = RECORD
  liefnr : WORD;
  datum : Datum;
  interimnr : string[6];
  kennzeichen : string[10];
  kundennr : WORD;
  bestnr : WORD;
  baustelle : string[50];
  leistungszeile : ARRAY [1..4] OF Leistung;
  art : LSType;
  nettobetrag : REAL;
  bruttobetrag : REAL;
  zustand : LSZustand;
       END; { Lieferschein }

  Kunde = RECORD
    kundennr : WORD;
    anrede : string[40];
    vorname : string[40];
    nachname : string[40];
    zusatz : string[30];
    strasse : string[30];
    ort : string[30];
    plz : string[5];
    skonto : BYTE;
    tage : BYTE;
    zahlziel : BYTE;
    rabatt : BYTE;
           END; { Kunde }

  Artikel = RECORD
    artnr : WORD;
    artbez : string[40];
    erzort : CHAR;
    typ : CHAR;
    artpreis : REAL;
    arteinheit : CHAR;
    faktor : REAL;
           END; { Artikel }

  Offertenliste = ARRAY [1..OMax] OF Leistung;

  Offerte = RECORD
    offertennr : WORD;
    dat : Datum;
    kundennr : WORD;
    olist : Offertenliste;
    baustelle : string[40];
    gueltig_dauer : WORD;
    zahlkond : Zahlungskond;
             END; { Offerte }
```

```
Bestellung = RECORD
  bestnr : WORD;
  bestdatum : Datum;
  bestzeit  : Uhrzeit;
  offertennr : WORD;
  menge : REAL;
  einheit : CHAR;
  lieferdatum : Datum;
  lieferzeit : Uhrzeit;
  abrechnungsart : CHAR;
  reihung : WORD;
  zustand : BZustand;
  zahlart : Zahlungsart;
           END; { Bestellung }

Aufbest = RECORD
  datum : Datum;
  kundennr : WORD;
  offertennr : WORD;
  betrag : REAL;
  liste : p2Auftrag;
        END; { Aufbest }

Rechnung = RECORD
  rechnr : WORD;
  rechdat : Datum;
  offertennr : WORD;
  nettobetrag : REAL;
  lsliste : p2Ls;
         END; { Rechnung }

LiefDatei = FILE OF Lieferschein;
ArtDatei  = FILE OF Artikel;
KundDatei = FILE OF Kunde;
BestDatei = FILE OF Bestellung;
OffertDatei = FILE OF Offerte;
RechDatei = FILE OF Rechnung;
```

Wir wollen nun in den nächsten Schritten zeigen, wie aus dem Source Code ein Entity-Relationship-Diagramm entsteht, wie die Entitäten festgestellt und die Relationen bestimmt werden. Dazu ist es vorerst notwendig, die *data stores* des Programms zu identifizieren.

1. **Identifikation der** ***Data-Store-Entitäten***

   Aufgrund des Deklarationsteils (bzw. des Datenflußdiagramms) lassen sich folgende *data stores* (DS) eruieren:

   DS_1 = `LiefDatei {File of Lieferschein}`

DS_2 = `ArtDatei {File of Artikel}`

DS_3 = `KundDatei {File of Kunde}`

DS_4 = `BestDatei {File of Bestellung}`

DS_5 = `OffertDatei {File of Offerte}`

DS_6 = `RechDatei {File of Rechnung}`

Daraus lassen sich direkt die *Data-Store-Entitäten* für das Entity-Relationship-Diagramm ableiten:

DSE_1 = `Lieferschein`

DSE_2 = `Artikel`

DSE_3 = `Kunde`

DSE_4 = `Bestellung`

DSE_5 = `Offerte`

DSE_6 = `Rechnung`

Für die nachfolgende Untersuchung des funktionalen Zusammenhanges zwischen Entitäten müssen auch die Variablen, die vom Typ der jeweiligen *Data-Store-Entität* deklariert sind, identifiziert werden:

```
VAR liefdat : LiefDatei;
    kunddat : KundDatei;
    artdat : ArtDatei;
    bestdat : BestDatei;
    offertdat : OffertDatei;
    rechdat : RechDatei;
```

2. **Identifikation der** ***Non-Data-Store-Entitäten***

   Für die Identifikation der *Non-Data-Store-Entitäten* haben wir zwei Ansätze definiert:

   (a) Deklarativer Ansatz:

   Zwischen der DSE `Lieferschein` und dem Record `Auftragsbestätigung` läßt sich ein solcher deklarativer Zusammenhang über die Einzelkomponente `Leistung` herstellen:

   `Leistung` ∈ `Lieferschein` und `Leistung` ∈ `Auftrag`, wobei `Auftrag` ∈ `Aufbest` (Auftragsbestätigung).

D.h., es besteht ein deklarativer Zusammenhang zwischen `Lieferschein` und `Auftragsbestätigung`

⇒ `Auftragsbestätigung` wird eine *Non-Data-Store-Entität*

Man beachte, daß aufgrund der Synonym-Problematik ein solcher deklarativer Zusammenhang zwischen `Lieferschein` und `Auftragsbestätigung` über die Einzelkomponente `Kundennr` des `Lieferschein` nicht hergestellt werden kann, da diese in der `Auftragsbestätigung` als `kundennr` bezeichnet ist und beide von einem Basistyp (`WORD`) sind.

(b) Funktionaler Ansatz:

Die NDSE `Auftragsbestätigung` kann jedoch auch über den funktionalen Ansatz zur NDSE-Identifikation erkannt werden, da in der Prozedur `gen_abest` ein funktionaler Zusammenhang zwischen `Auftragsbestätigung` und der DSE `Offerte` besteht, nämlich in der Anweisung:

```
FOR i:= 1 TO OMax DO
BEGIN
    betrag:= o.olist[i].menge*o.olist[i].preis;
END;
```

Für die Untersuchung der funktionalen Zusammenhänge zwischen Entitäten ist es erforderlich, die (m,u)-Tabellen für die DSEs bzw. NDSEs zu erstellen. Dazu wollen wir vorerst die *Structure Charts* des Beispielprogramms betrachten:

aufrufende P/F	gerufene P/F
haupt	Balken auswahl_fenster lief_verw kunden_verw art_verw offerte_verw best_verw rech_verw

aufrufende P/F	gerufene P/F
art_verw	Balken auswahl2_fenster artikel_einlesen artikel_aendern artikel_loeschen artikel_drucken
artikel_einlesen	artikel_fenster_ein Meldung exist_sorte ReadString ReadReal save_art fenster_aus
best_verw	Balken auswahl2_fenster best_aufnehmen best_aendern best_umreihen best_storno
best_aufnehmen	Balken bestell_formular Meldung init_best exist_best exist_offertnr exist_kunde WriteString ReadReal get_einheit get_datum get_zeit ermittle_reihung save_best gen_abest fenster_aus
gen_abest	Balken Meldung exist_offertnr drucke_abest

aufrufende P/F	gerufene P/F
init_best	init_datum init_zeit
kunden_verw	Balken auswahl2_fenster kunde_erfassen kunde_aendern
kunde_erfassen	init_kunde kunden_fenster_ein Meldung exist_kunde ReadString save_kunde
kunden_fenster_ein	Balken
kunde_aendern	init_kunde kunden_fenster_ein Meldung exist_kunde kunde_anzeigen ReadString save_kunde
kunde_anzeigen	WriteString
lief_verw	Balken auswahl2_fenster ls_erfass ls_aender ls_loesch ls_drucke
lserfass	ls_einblenden get_ls Meldung save_ls ls_ausblenden
ls_einblenden	Balken
get_ls	ls_init Meldung exist_ls get_datum ReadString

aufrufende P/F	gerufene P/F
	exist_best exist_offertnr exist_kunde exist_offert ReadReal get_einheit exist_sorte search_offert get_preis_freibau
ls_init	init_datum
get_preis_freibau	Meldung ReadReal
offerte_verw	Balken auswahl2_fenster gen_offert
gen_offert	Balken offert_formular init_offert Meldung exist_offertnr get_datum exist_kunde ReadString ReadCard get_eintrag save_offert
init_offert	init_datum init_zahlkond
get_datum	ReadCard
get_eintrag	Meldung ReadReal get_einheit exist_sorte

Unter Verwendung dieser, in Tabellenform dargestellten Aufrufbäume lassen sich die nachstehenden (m,u)-Tabellen ableiten:

DSE=Lieferschein
m-Tabelle

K_i	rechte Seite	Modulname	Prozedurname
nettobetrag	$\text{preis}^{Offerte}$ $\text{netto}^{Lieferschein}$	ifasdata	get_LS
nettobetrag	$\text{artpreis}^{Artikel}$ $\text{netto}^{Lieferschein}$	ifasdata	get_LS
....			

u-Tabelle

K_i	linke Seite	Modulname	Prozedurname
sortennr	$\text{artnr}^{Artikel}$	ifasdata	exist_sorte
kunden_nr	kundennr^{Kunde}	ifasdata	exist_kunde
sortennr	$\text{sortennr}^{Offerte}$	ifasdata	get_ls
kunden_nr	$\text{kundennr}^{Offerte}$	ifasdata	exist_offert
baustelle	$\text{baustelle}^{Offerte}$	ifasdata	exist_offert
....			

DSE=Offerte
m-Tabelle

K_i	rechte Seite	Modulname	Prozedurname
....			

u-Tabelle

K_i	linke Seite	Modulname	Prozedurname
netto	$\text{betrag}^{Auftragsbest.}$	ifasdata	gen_abest
preis	$\text{betrag}^{Auftragsbest.}$	ifasdata	gen_abest
sortennr	$\text{sortennr}^{Lieferschein}$	ifasdata	get_ls
sortennr	$\text{artnr}^{Artikel}$	ifasdata	gen_offert
....			

......

3. **Identifikation der Relationen zwischen den Entitäten**

   Dabei wollen wir zuerst jene Relationen, die möglicherweise auch deklarativ identifiziert werden können, bestimmen:

   (a) Die *part-of*-Relation:

   In unserem Beispiel läßt sich keine *part-of*-Relation deklarativ identifizieren, da solche ausschließlich in "verschleierter" Form vorliegen:

- Aus der Deklaration des ARRAY in folgender Zeile des `Lieferschein` läßt sich durch funktionale Untersuchung eine *part-of*-Relation zum `Artikel` ableiten:

```
TYPE Lieferschein = RECORD
        ....
        leistungszeile: ARRAY [1..4] OF
                                 Leistung;
        ....
```

  Es handelt sich um eine "verschleierte" *part-of*-Relation über eine Zwischendarstellung (Fall 2), die durch die Untersuchung des funktionalen Zusammenhanges mittels der (m,u)-Tabellen von `Lieferschein` identifiziert werden kann:

  u-Tabelle für DSE Lieferschein

K_i	linkeSeite	Modul	Prozedur
...			
sortennr	$artnr^{Artikel}$	ifasdata	exist_sorte
...			

  Dieser Eintrag in die u-Tabelle ist aufgrund einer Zuordnung von `Artikel.artnr = Leistung.sortnr` entstanden, woraus sich der funktionale Zusammenhang zwischen `Lieferschein` und `Artikel` über den Record `Leistung` herstellen läßt. Aufgrund der Deklaration kann damit eine *part-of*-Relation zwischen `Lieferschein` und `Artikel` identifiziert werden.

- Eine weitere "verschleierte" *part-of*-Relation läßt sich zwischen den DSEs `Offerte` und `Artikel` identifizieren, die sogar mehrstufig geschachtelt ist.

```
TYPE Offertenliste = ARRAY [1..OMax] OF
                           Leistung;
     ...
     Offerte = RECORD
          ...
          olist : Offertenliste;
          ...
```

  Die Untersuchung der u-Tabelle von `Offerte`

u-Tabelle für DSE Offerte

K_i	linkeSeite	Modul	Prozedur
...			
sortennr	$\text{artnr}^{Artikel}$	ifasdata	gen_offerte
...			

ergibt über das Statement

```
Artikel.artnr =
    Offerte.olist[i].sortnnr
```

folgende funktionale Zusammenhangskette:

Offerte → Offertenliste → Leistung → Artikel

- Ferner läßt sich die mehrfach "verschleierte" *part-of*-Relation zwischen Auftragsbestätigung und Artikel aufgrund der Deklaration

```
TYPE Aufbest = RECORD
         ...
         liste : p2Auftrag;
              END;
```

zu folgender Zusammenhangskette ableiten:

Auftragsbestätigung → Auftrag → Leistung → Artikel

Dabei muß man berücksichtigen, daß – falls man einmal einen funktionalen Zusammenhang über den Record Leistung zur DSE Artikel gefunden hat – daraus auch alle weiteren zu Leistung führenden Zusammenhänge automatisch auch zu Artikel führen.

Die Kardinalität der *part-of*-Relationen kann z.T. aus der Deklaration (z.B. ARRAY[1..4] führt zu einer (1,4)-Relation) bzw. muß aus dem Anwendungsmodell abgeleitet werden.

(b) Die *is-a*-Relation:

Im Source Code des Beispielprogramms gibt es keine Varianten-Records in irgendeiner Form, so daß auch keine *is-a*-Relation identifiziert werden kann.

Man kann annehmen, daß es sich um nicht erkennbare Subtyp/Supertyp-Relationen handelt, die durch Erweiterung der Wertebereiche von Record-Komponenten implementiert wurden.

(c) Allgemeine Relationen:

Durch Untersuchung des Datenflußdiagramms können die allgemeinen Relationen zwischen den DSEs und NDSEs abgeleitet werden.

Die Bezeichnung der allgemeinen Relationen kann auf unterschiedliche Weise erfolgen:

i. Verwendung der Prozeßnamen aus dem Datenflußdiagramm.
ii. Verwendung der Modulnamen aus der Implementierung (soweit diese eindeutig sind) bzw. Bezeichnung durch den *Reuse Engineer* aufgrund Untersuchung der Funktionalität der Module.
iii. Bezeichnung der Relationen durch den *Reuse Engineer* unter Heranziehung von Information aus dem Anwendungsbereich.

Bei dem untersuchten Beispielprogramm handelt es sich um besonders wenige Module, so daß es sicherlich nicht sinnvoll ist, den Namen des Moduls 1:1 für die Relationenbezeichnung zu übernehmen. Wir wollen daher die Bezeichnung der allgemeinen Relationen unter Einbeziehung von Anwendungsdomänen-Wissen an die Namen der Prozeduren, in welchen der funktionale Zusammenhang zwischen den Entitäten auftritt, anlehnen. Es ergeben sich daher z.B. folgende Relationen:

Entität	Relation	Entität
`Offerte`	*part-of*	`Artikel`
`Offerte`	erstelle_RE	`Rechnung`
`Offerte`	best_aufnehmen	`Bestellung`
...		
`Kunde`	gen_abest	`Auftrags-bestätigung`
`Kunde`	exist_kunde	`Lieferschein`
...		
`Lieferschein`	*part-of*	`Rechnung`

4. **Festlegung der Kardinalität der Relationen**

Für die Festlegung der Kardinalität der zuvor definierten Relationen untersuchen wir das Vorliegen von impliziten bzw. expliziten Integritätsbedingungen. Als solche lassen sich u.a. folgende identifizieren:

- Ein `Lieferschein` besteht aus zumindest einem, höchstens jedoch vier `Artikeln`.
- Jeder `Lieferschein` ist genau einem `Kunden` zugeordnet.
- Jeder `Lieferschein` darf höchstens einmal fakturiert werden.
- Jede `Offerte` ist genau einem `Kunden` zugeordnet, jeder `Kunde` kann hingegen beliebig viele `Offerten` einholen. Man berücksichtige, daß jeder `Kunde` zumindest eine `Offerte` besitzen muß, da er ansonsten nicht in der Kundendatei gespeichert wird.
- Zu jeder `Offerte` gibt es mehrere `Bestellungen`, für jede `Bestellung` jedoch nur genau eine `Offerte`.
- Jede `Rechnung` ist genau einem `Kunden` zugeordnet, ein `Kunde` kann hingegen beliebig viele `Rechnungen` erhalten.
- Es gibt für jede `Rechnung` beliebig viele `Lieferscheine` (von jeweils einem `Kunden`), zumindest jedoch einen pro `Rechnung`. Ein `Lieferschein` kann aber nur auf genau einer `Rechnung` erscheinen.
- Jeder `Lieferschein` ist genau einer `Bestellung` zugeordnet, eine `Bestellung` kann aber beliebig vielen `Lieferscheinen` entsprechen.

Die angeführten Integritätsbedingungen lassen sich aus der Anwendungsdomäne bzw. der Anforderungsanalyse ableiten und können z.T. auch durch Untersuchung des Source Code identifiziert bzw. erhärtet werden, wie z.B.:

- Die Bedingung, daß ein `Lieferschein` aus genau einem bis maximal vier `Artikeln` bestehen kann, ist aus der folgenden Deklaration des Records `Lieferschein` ersichtlich:
  ```
  Lieferschein.leistungszeile:ARRAY [1..4] OF
  Leistung;
  ```
  `Leistung` läßt sich darin – wie schon zuvor gezeigt – direkt auf den `Artikel` ableiten.
- Auf die gleiche Weise läßt sich auch die Zuordnung von `Offerte` zu `Artikel` (1 bis `OMax`) ableiten:
  ```
  Offerte.olist:ARRAY [1..OMax] OF Leistung;
  ```

Aus den durchgeführten Untersuchungen läßt sich somit das folgende Entity-Relationship-Diagramm aus dem Source Code der Fallstudie ableiten:

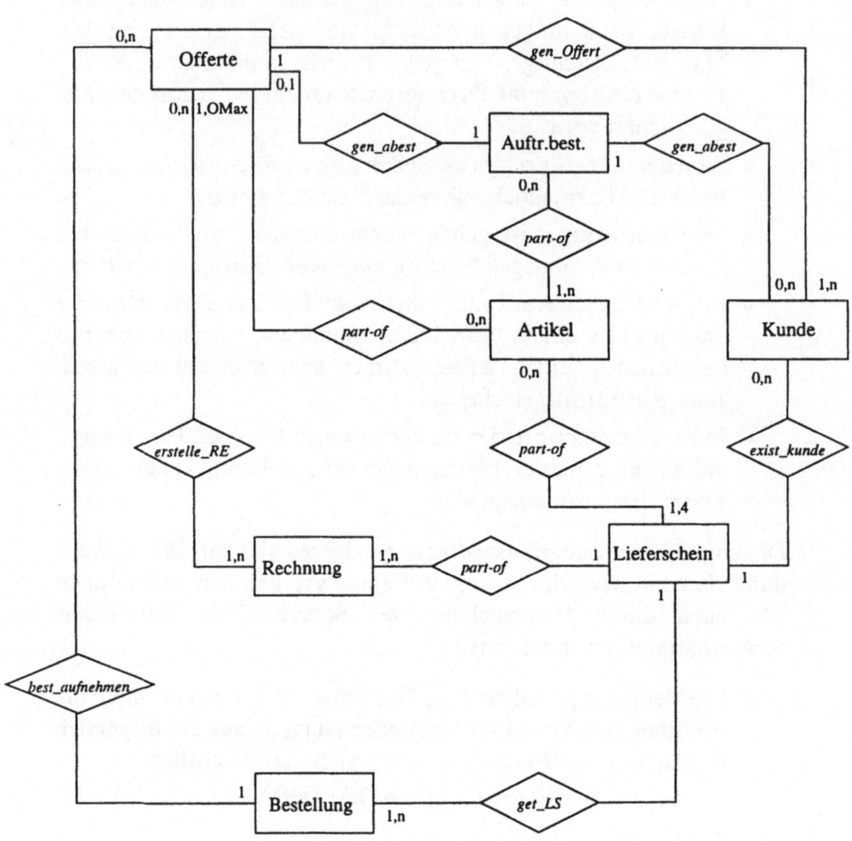

Abbildung 4.1: Reverse generiertes ERD der Fallstudie

Kapitel 5

Generierung eines statischen objektorientierten Anwendungsmodells

Ausgehend von den Ergebnissen der Untersuchungen im vorigen Kapitel, sollen in diesem Abschnitt die Grundlagen für die Umformung des ERDs in ein statisches ooAM diskutiert werden.

5.1 Einführung

Für ein objektorientiertes Anwendungsmodell lassen sich allgemein zwei Sichtweisen auf ein System unterscheiden:

- statische und
- dynamische Aspekte der Applikation.

Im objektorientierten Anwendungsmodell werden die statischen Aspekte der Applikation mittels Objekten (samt Attributen) und deren Attribut-Beziehungen untereinander (= *instance connections*) dargestellt. Dies entspricht, für den Fall, daß OOA von [CY91a] für die Modellierung verwendet wird, dem *object layer*, dem *attribute layer* und dem *structure layer*.

Die Definitionen der Services eines Objekts sind an sich ein statischer Aspekt der Anwendung; ihre Festlegung aber geschieht bei der Modellierung der dynamischen Aspekte. Demzufolge gehören die Services zusammen mit den *message connections* zu den dynamischen Aspekten der Anwendung.

Ein ERD beschreibt lediglich die statischen Zusammenhänge von Entitäten in einem System und läßt die dynamischen Aspekte (wie Zustände, Auffolgen bzw. zeitliche Abhängigkeiten) außer Betracht. Das im vorigen Schritt *reverse* erzeugte ERD eignet sich in weiterer Folge dazu, ein vereinfachtes objektorientiertes Anwendungsmodell daraus zu generieren.

Dieses statische ooAM besteht demzufolge aus Objekten, deren Attributen und den Attribut-Beziehungen (=*instance connections*) zwischen den Objekten und beschreibt daher nur die statischen Aspekte des Systems. Trotzdem bildet dieses statische ooAM eine gute Ausgangsbasis, um durch eine Anreicherung mit dynamischen Aspekten ein vollständiges objektorientiertes Anwendungsmodell *reverse* zu erhalten.

Der im folgenden beschriebene Prozeß hat das Ziel, vorerst ein statisches ooAM aus dem *reverse* generierten ERD zu erzeugen.

5.2 Unterschiede zwischen ERD, statischem ooAM und allgemeinen objektorientierten Anwendungsmodellen

Bei der Umformung des ERDs in ein statisches ooAM müssen einige grundlegende Aspekte der Modelle berücksichtigt werden, die vor allem aus deren Entstehung resultieren:

- *Abstraktionsniveau:*

  Das aus Source Code generierte ERD wurde durch Zuführung von Information durch den Reuse Engineer schrittweise auf ein höheres Abstraktionsniveau (Design-Niveau) gehoben, so daß darin abstraktere Information als im Structure Chart bzw. Datenflußdiagramm enthalten ist. Diese abstraktere Information ergibt sich primär aus der Tatsache, daß viele Design-Informationen im Source Code über viele Stellen verteilt sind und oft nur indirekt ableitbar vorkommen und somit nur durch einen Reuse Engineer in das ERD eingebracht werden können. Das objektorientierte Anwendungsmodell (*forward* ooAM) enthält im allgemeinen sehr viel abstraktere Informationen (Analyse-Niveau), da es normalerweise direkt ausgehend von den Anforderungen generiert wird.

- *Design-Information:*

  Gerade durch die Entwicklung des ERDs aus dem Programm enthält dieses sehr viel Design-Information über die konkrete Implementierung des zugrundeliegenden Programms. Solche Informationen sind normalerweise in einem objektorientierten Anwendungsmodell nicht vorhanden. Das durch die Umformung des ERDs entstehende statische ooAM enthält daher – zusätzlich zu üblichen objektorientierten Anwendungsmodellen – sehr viel Design-Information.

- *Granularität der Modelle:*

  Ein *forward* erzeugtes, herkömmliches objektorientiertes Anwendungsmodell enthält i.a. weniger Objekte als das ERD Entitäten. D.h. die Objekte sind "größer" als Entitäten und deren Beschreibung erfolgt auf einem wesentlich abstrakteren Niveau (Attributbeschreibung bzw. Servicebeschreibungen). Das aus dem ERD abgeleitete objektorientierte Anwendungsmodell wird daher eine sehr "feine" Granularität in bezug auf Objekte, Attribute und Services aufweisen.

- *Bezeichnung:*

  Die Bezeichnungsweise von Objekten sowie Attributen bzw. Services erfolgt im objektorientierten Anwendungsmodell normalerweise sehr allgemein. Die Bezeichnungsweise im statischen ooAM (aus dem ERD generiert) ist daher wesentlich "applikationsnäher", als dies sonst üblich ist, da die Bezeichnungen direkt aus dem ERD übernommen werden.

Durch diese Unterschiedlichkeit der Modelle entsteht bei der Umformung des ERDs in ein statisches ooAM eine besonders detaillierte, mit viel Design-Information angereicherte, applikationsnahe Form eines objektorientierten Anwendungsmodells.

Man muß in diesem Zusammenhang jedoch berücksichtigen, daß das durch die Umformung entstandene Anwendungsmodell nur aus statischer Information (denn nur solche Information ist im ERD enthalten) generiert wurde und es kaum möglich ist, Aussagen über dessen dynamischen Aspekte im

Zuge dieser Umformung zu treffen (vgl. dazu die Ausführungen in Abschnitt 5.3.4).

5.3 Der Umformungsprozeß

In diesem Abschnitt wollen wir den Prozeß der Umformung des aus dem Source Code generierten ERDs in ein statisches ooAM näher beschreiben.

Prozeß

Dieser Prozeß gliedert sich grundsätzlich in folgende Schritte:

1. Identifikation der Objektkandidaten sowie deren Attribute aus dem ERD
2. Identifikation der Relationen zwischen den Objekten
   Bezüglich der Relationen zwischen den Objekten unterscheiden wir
   - spezielle Relationen (*is-a-* bzw. *part-of*-Relation)
   - allgemeine Relationen (*instance connections*).
3. Identifikation der Services von Objekten[1]

5.3.1 Identifikation der Objektkandidaten

Im ersten Schritt des Umformungsprozesses des ERDs in ein statisches ooAM müssen die potentiellen Objektkandidaten des ERDs identifiziert werden. Als solche legen wir, gemäß nachfolgender Definition, alle *Data-Store-Entitten* des ERDs fest.

Definition: *Objektkandidat*

Unter einem Objektkandidaten versteht man eine *Data-Store-Entität* des ERDs. Diese Objektkandidaten werden zur Definition der Objekte des statischen ooAMs herangezogen.

Beispiel:

Betrachtet man das Beispiel aus den Untersuchungen über ERD im vorigen Kapitel, so ergeben sich u.a. folgende Objektkandidaten:

[1] Die Identifikation der Services sowie aller übrigen dynamischen Aspekte der Objekte kann in diesem Prozeß nur bedingt erfolgen, da das ERD keine ausreichende dynamische Information enthält (vgl. dazu Abschnitt 5.3.4).

Objektkandidaten = { `Lieferschein`, `Kunde`, `Artikel`, ... }

transiente Dateien

Bei der Identifikation dieser Objektkandidaten muß jedoch auch das Problem der *transienten* Dateien betrachtet werden. Transiente Dateien (vgl. voriges Kapitel) sind Dateien, die ausschließlich für sogenannte Hilfsdienste, wie etwa Sortieren auf peripherem Speicher u. dgl. benötigt werden. Diese Dateien haben jedoch keine applikationssemantischen Auswirkungen.

Bei der Identifikation von Objektkandidaten ergeben sich folgende zwei Vorgangsweisen zum Herausfiltern von transienten Dateien:

1. Transiente Dateien werden bereits bei der Generierung des ERDs eliminiert und erscheinen daher nicht als *Data-Store-Entitäten* im ERD.

   Diese Vorgangsweise hätte den Vorteil, daß das statische ooAM wesentlich weniger – später nicht auf das forward generierte Anwendungsmodell abbildbare – Objekte enthält. Andererseits ist es in der Phase der ERD-Generierung wesentlich schwieriger, transiente Dateien von semantisch tatsächlich bedeutenden Dateien zu unterscheiden, da man sich während dieses Generierungsprozesses noch auf einem wesentlich niedrigerem Abstraktionsniveau befindet; somit sind dafür sehr aufwendige funktionale Untersuchungen im Source Code erforderlich.

2. Transiente Dateien sind als *Data-Store-Entitäten* Bestandteil des ERDs.[2] Diese werden daher durch diesen Prozeß in Objekte des statischen ooAMs umgeformt.

   Dieser Fall muß beim Abbildungsprozeß zwischen dem *reverse* erzeugten objektorientierten Anwendungsmodell und dem *forward* generierten Anwendungsmodell berücksichtigt werden, da sich Objekte, die aus transienten Dateien entstanden sind, sicherlich nicht auf Objekte des *forward* generierten objektorientierten Anwendungsmodells abbilden lassen werden.

Wir nützen die Möglichkeit, die transienten Dateien beim *Object-Mapping*-Prozeß zu identifizieren und folgen deshalb der zweiten Vorgangsweise.

[2] Dadurch wird der Prozeß der Generierung von ERDs wesentlich vereinfacht, wie auch aus obiger Argumentation deutlich wird.

Aus dem ERD können gleichzeitig mit der Bildung der Objekte auch deren Attribute abgeleitet werden. Als Attribute der entstehenden Objekte des statischen objektorientierten Anwendungsmodells werden die Attribute der entsprechenden Entitäten aus dem ERD herangezogen.

Man muß dabei jedoch berücksichtigen, daß die Anzahl der Attribute von Entitäten des ERDs viel größer ist als dies üblicherweise in *forward* generierten objektorientierten Anwendungsmodellen der Fall ist. Dies ist vor allem in der unterschiedlichen Granularität der beiden Modelle begründet.

Durch den ersten Schritt der Umformung von ERDs in ein statisches ooAM wird diese Unterschiedlichkeit in der Anzahl der Attribute jedoch noch nicht aufgelöst. Dies erfolgt erst in einem weiteren Schritt (vgl. Abschnitt 5.3.2.2).

Bei der Umformung einer Entität (Objektkandidat) in ein Objekt entsteht daher ein sehr einfaches, der Entität nahezu identisch entsprechendes Objekt, wie folgendes Beispiel zeigt:

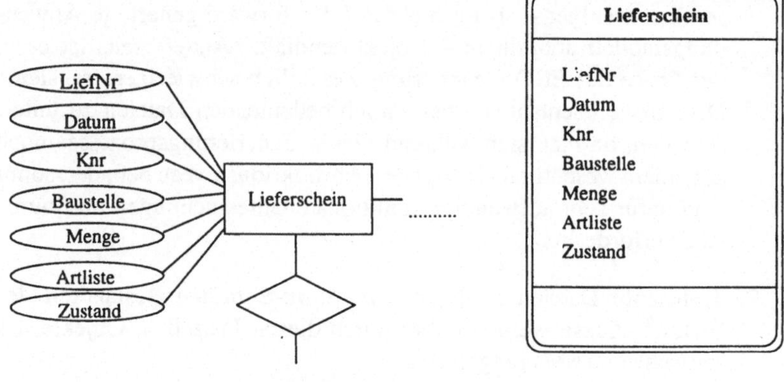

Im ERD existieren auch Entitäten, die aufgrund von *Non-Data-Store-Entitäten* (NDSEs) entstanden sind. Es ist jedoch relativ unwahrscheinlich, daß sich solche Entitäten auf Objekte im *forward* ooAM abbilden lassen, da sich dieses objektorientierte Anwendungsmodell auf Analyseniveau befindet, währenddessen NDSEs vorwiegend am "Rand" des Systems (d.h. an seinen Schnittstellen zur Außenwelt) auftreten und vor allem im objektorientierten Design definiert werden.

Beispiel:

Im ERD besteht eine Relation zwischen den Entitäten `Bestellung` (entstanden aus einer DSE) und `Auftragsbestätigung` (entstanden aus einer NDSE).

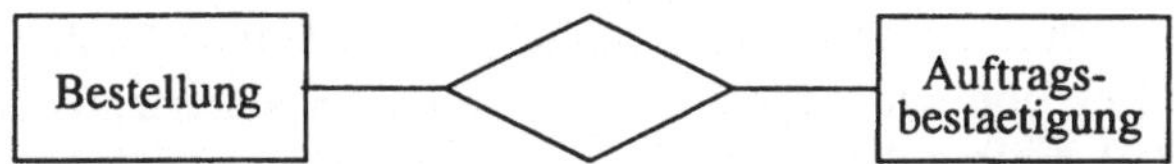

Die `Auftragsbestaetigung` wird jedoch nicht abgespeichert, sondern nur an der Schnittstelle dem `Kunden` ausgegeben (z.B. ausgedruckt); daher ist diese Entität aus einer NDSE entstanden. Die Behandlung solcher speziellen Entitäten, die mehr dem Design als der Analyse zuzuordnen sind, wird in einem späteren Schritt des COREM-System-Transformationsprozesses vorgenommen.

NDSEs werden bei diesem Schritt der Umformung des ERDs in das statische ooAM nicht in Objekte umgewandelt.[3] Diese werden in einer späteren Phase des Gesamtprozesses auf Design-Ebene behandelt.

5.3.2 Identifikation der Beziehungen zwischen Objekten

Die Identifikation der Beziehungen zwischen den aus den Entitäten des ERDs abgeleiteten Objekten erfolgt aufgrund zweier Arten von Beziehungen:

- spezielle Relationen, insbesondere die *is-a*-Relation bzw. die *part-of*-Relation
- allgemeine Relationen[4], dies sind *instance connections* im objektorientierten Anwendungsmodell

5.3.2.1 Spezielle Relationen

Die speziellen Relationen, wie die *part-of*-Relation oder die *is-a*-Relation, erscheinen sowohl im ERD als auch im objektorientierten Anwendungsmodell direkt beim betreffenden Objektkandidaten bzw. Objekt; d.h. es kann eine direkte Umformung dieser Relationen vom ERD in das statische ooAM erfolgen.

[3] *Non-Data-Store-Entitäten* stellen per definitionem keine Objektkandidaten dar.

[4] Man beachte, daß hierbei die allgemeinen Relationen zwischen Objekten und nicht zwischen Entitäten des ERDs gemeint sind.

1. Die *part-of*-Relation:

   Die Identifikation der *part-of*-Relation für die Erstellung des ERDs erfolgt durch deklarative Beziehungen im Source Code. Diese Art von Relation wird jedoch auch im objektorientierten Anwendungsmodell explizit dargestellt.

   Beispiel:

   Gegeben sei der untenstehende Ausschnitt eines ERDs mit einer *part-of*-Relation zwischen den Entitäten `Artikel` und `Lieferschein` und folgender zugrundeliegender Deklaration im Source Code:

```
TYPE Lieferschein = RECORD
        LiefNr:INTEGER;   {Lieferscheinnummer}
        Knr:INTEGER;      {Kundennummer}
         ....
        ArtList:ARRAY[1..4] OF Artikel;
                          {max 4 Artikel}
        Zustand:(fakt, nicht_fakt);
                     END;
```

   Aus dieser Typdeklaration geht eindeutig die Richtung der *part-of*-Relation als `Artikel` *is-part-of* `Lieferschein` hervor, so daß eine entsprechende Abbildung in das statische ooAM erfolgen kann:

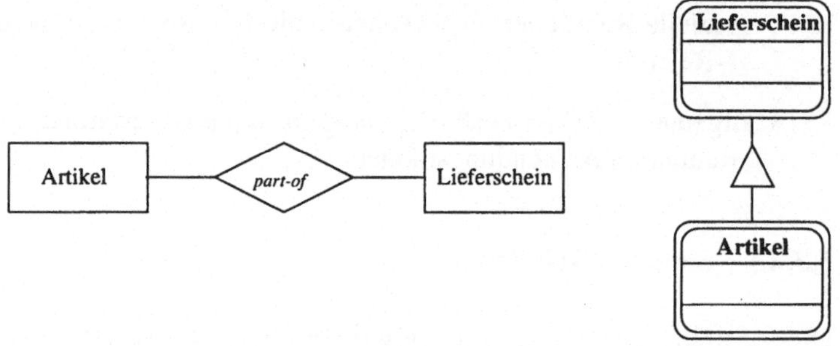

2. Die *is-a*-Relation:

   Auch die *is-a*-Relation ist sowohl im ERD als auch im objektorientierten Anwendungsmodell direkt darstellbar.

   Die *is-a*-Relation tritt im ERD jedoch sehr selten auf. Darüber hinaus ist es – gerade in prozeduralen Systemen – möglich, daß

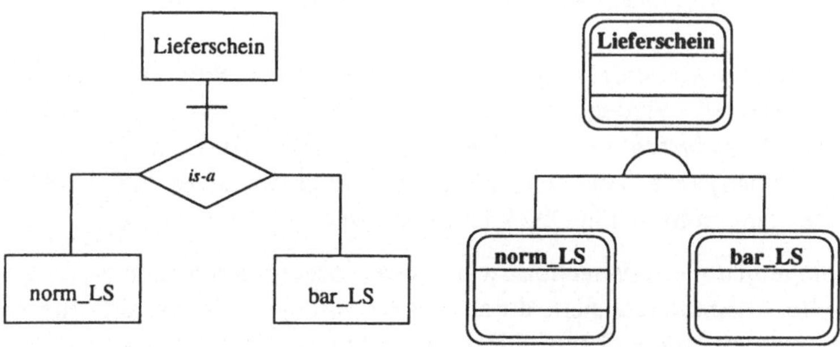

Subtyp/Supertyp-Konzepte (*is-a*-Relation) nicht direkt realisiert werden, sondern "unsauber" durch Erweiterung der Wertebereiche einzelner Komponenten umgangen werden.

Beispiel:

Die in den obigen Beispielen angesprochene Problematik zwischen `norm_LS` und `bar_LS` kann im prozeduralen Programm durchaus ohne Verwendung eines Varianten-Records auf folgende Weise "unsauber" implementiert worden sein, so daß keine *is-a*-Relation identifiziert werden kann:

```
TYPE Lieferschein = RECORD
     LiefNr:INTEGER;  {Lieferscheinnummer}
     Knr:INTEGER;     {Kundennummer}
      ...
     ArtList:ARRAY[1..4] OF Artikel;
                      {max. 4 Artikel}
     Einheit:Einh_Type;
     Zustand:(fakt,nicht_fakt,offen,bezahlt);
     Betrag:REAL;
                  END;
```

In diesem Fall gibt es nur einen Datentyp `Lieferschein`, der beide Arten von Lieferscheinen realisiert. Die Redefinition des Attributs `Zustand` wird durch eine Erweiterung des Wertebereichs von `Zustand` auf beide Wertebereiche umgangen. Das für den `bar_LS` erforderliche, zusätzliche Attribut `Betrag` wird beim `norm_LS` einfach mit dem Wert 0 belegt.

5.3.2.2 Allgemeine Relationen – instance connections

Allgemeine Relationen zwischen Objekten im objektorientierten Anwendungsmodell werden üblicherweise durch *instance connections* realisiert. Diese *instance connections* stellen "Attribut-Beziehungen" (Attribut-Relationen) zwischen unterschiedlichen Objekten dar, so daß gleiche Attribute nicht mehrfach in Objekten gespeichert werden müssen.

Solche *instance connections* werden in prozeduralen Systemen durch spezielle Attribute realisiert, durch welche von einer Entität auf eine andere referenziert werden kann. Diese speziellen Attribute dienen also zur Identifikation von Entitäten und werden daher als Schlüsselattribute bezeichnet.

Schlüsselattribute

In der Datenverwaltung ist es üblich, Entitäten über spezielle Attribute (die eine Teilmenge aller Attribute darstellen) zu identifizieren. Solche Attribute werden als *Schlüsselattribute* bezeichnet [SS83], [BCN92].

Definition: *Schlüsselattribut*

> Ein Attribut A einer Entität E heißt Schlüsselattribut, wenn es Teil eines Schlüssels ist. Der Schlüssel dient zur eindeutigen Identifikation der Entität E.

Beispiele für solche Schlüsselattribute im prozeduralen Programm sind folgende:

```
Lieferschein = RECORD Artikel = RECORD Kunde = RECORD
  liefnr:INTEGER;      artnr:WORD;       kundennr:Knr_type;
    ....                 ....              ....
```

Man beachte dabei, daß das Erscheinungsbild solcher Schlüsselattribute sehr unterschiedlich sein kann, hinsichtlich der Plazierung der Komponente innerhalb des Records, der Bezeichnung der Schlüsselkomponente, des Typs der Komponente u. dgl.

Im prozedural implementierten Programm – und daher auch im daraus generierten ERD – gibt es daher mit Sicherheit verschiedene Attribute von Entitäten, die als Schlüsselattribute fungieren.

Schlüsselattribute werden im prozeduralen Programm innerhalb von Entitäten verwendet, um auf andere Entitäten zu verweisen.

```
TYPE Knr_type = [1001..9999];
     ...
     Lieferschein = RECORD
         LiefNr:INTEGER; {Schluessel von Lieferschein}
         Knr:Knr_type; {Verbindung zum Kunden}
         ...
                  END;
```

In diesem Beispiel wird das Schlüsselattribut `Knr` der Entität `Kunde` innerhalb der Entität `Lieferschein` verwendet, um eine Attribut-Beziehung zwischen der Entität `Lieferschein` und `Kunde` herzustellen. `Knr` identifiziert – da es Schlüsselattribut von `Kunde` ist – diese Entität eindeutig.

Im objektorientierten Anwendungsmodell werden Objekte eindeutig durch deren Bezeichnung (Namen) identifiziert und Attribut-Beziehungen durch *instance connections* realisiert.

Beispiel:

Das folgende Beispiel zeigt eine solche Umformung vom ERD in das statische ooAM für die zuvor erwähnten Entitäten `Lieferschein` und `Kunde`. Die Attribut-Beziehung zwischen den Entitäten (über das Schlüsselattribut `Knr` in `Kunde`) wird als *instance connection* zwischen den Objekten `Lieferschein` und `Kunde` dargestellt.

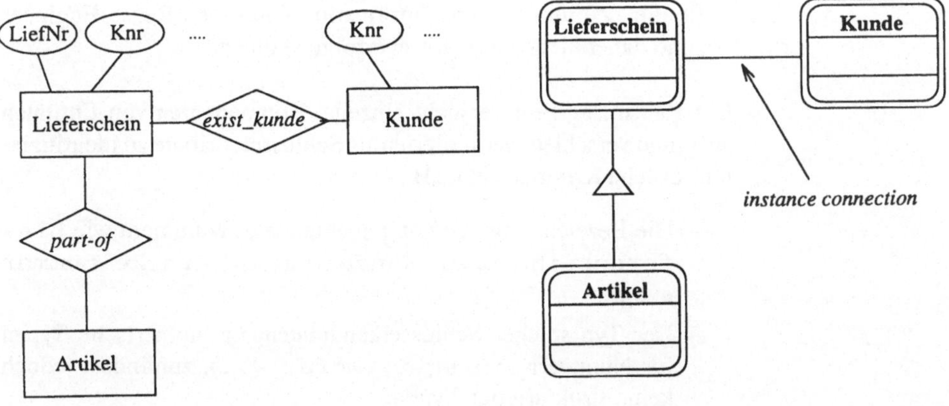

Für das Erkennen solcher Attribut-Relationen ist es daher erforderlich, die Schlüsselattribute einer Entität zu identifizieren.

Identifikation der Schlüsselattribute

Im Falle von index-sequentiellen Dateien können die Schlüsselattribute ohne besondere Schwierigkeiten direkt aus der Deklaration im Source Code abgeleitet werden.[5]

Beispiel:

Eine index-sequentielle Deklaration für die Entität `Lieferschein` könnte unter Verwendung der 'Turbo Pascal Database Toolbox' [Bor90] folgendes Aussehen besitzen. Es handelt sich dabei um einen Ausschnitt aus einer Include-Datei, die zum Erstellen einer index-sequentiellen Datei dient und sowohl den Datensatz (*MaxDataType*) als auch dessen Schlüssel (*MaxKeyType*) definiert. Darin ist das Schlüsselelement (*LS_Key*) des Datensatzes *Lieferschein* erkennbar.

```
TYPE LS_Key = string[15];
     Lieferschein = RECORD
                       LiefNr:LS_Key;
                       ....
                    END;
     MaxKeyType = LS_Key;          { Schluessel }
     MaxDataType = Lieferschein; { Datensatz  }
```

Im Falle von sequentiellen Dateien können die Schlüsselattribute jedoch nicht direkt aus der Deklaration erkannt werden. Zur Identifikation der Schlüsselattribute in Datenstrukturen bieten sich folgende Vorgangsweisen an, die alle die "Zuführung" von Information durch den Reuse Engineer erfordern und daher nicht automatisch erfolgen können:

- Der Reuse Engineer versucht einzelne Komponenten von Entitäten aufgrund verschiedener Kriterien als Schlüsselattribute zu identifizieren. Solche Kriterien sind z.B.:
  - Die Bezeichnung der Komponenten, z.B. Nummern wie `Lieferscheinnummer`, `Kundennummer`, `Artikelnummer` u. dgl.
  - Der Typ solcher Schlüsselkandidaten, i.a. numerische Typen für Nummern (`integer, word, ...`), zumindest jedoch keine strukturierten Typen.

[5] Es ist an dieser Stelle anzumerken, daß in vielen Pascal-Implementierungen index-sequentielle Dateien nicht im Standard enthalten sind, sondern nur durch Dateiverwaltungserweiterungen realisiert werden können.

Kommen in einer Entität mehrere Kandidaten für Schlüsselattribute in Frage, die man aufgrund ihrer Bezeichnung der Entität nicht eindeutig zuordnen kann, so müssen auch die Deklarationen anderer Entitäten hinsichtlich des Vorkommens solcher Attribute untersucht werden. Unter Umständen kann so die Problematik des Auftretens mehrere Schlüsselkandidaten aufgelöst werden.

Beispiel:

```
TYPE Lieferschein = RECORD        Kunde = RECORD
         liefnr:INTEGER;          kundennr:Knr_type;
         kundennr:Knr_type;          ....
         artnr:WORD;
         ....

     Artikel = RECORD
          artnr:WORD;
          ....
```

In der Entität `Lieferschein` kann vorerst nicht eindeutig entschieden werden,[6] welche der drei Schlüsselkandidaten `LiefNr`, `Knr` oder `art#` nun tatsächlich das Schlüsselattribut der Entität `Lieferschein` ist. Nach Betrachtung der Entitäten `Kunde` und `Artikel` (in welchen die Schlüsselkandidaten einzeln als Schlüsselattribute auftreten) erhält man jedoch ein starkes Indiz, daß `LiefNr` das eigentliche Schlüsselattribut von `Lieferschein` ist.

Darüber hinaus besteht aber auch noch die Möglichkeit, daß die Entität mit einem zusammengesetzten Schlüssel identifiziert wird.

Führt eine solche deklarative und zugegebenerweise einfache Schlüsselidentifikation nicht zum gewünschten Ziel, so muß der Source Code auch funktional nach weiteren Indizien untersucht werden, wie dies im nächsten Punkt ausgeführt wird.

- Schlüsselattribute bzw. entsprechende Komponenten in Datenstrukturen werden vor allem im Zusammenhang mit Datei-I/O-Operationen verwendet und treten daher im Source Code in entsprechenden Anweisungen auf.

Beispiel:

In diesem Beispiel wird anstelle einer semantisch reichen Bezeichnung (wie z.B. zuvor `LiefNr`) eine völlig unerkennbare Bezeichnung der Schlüsselkomponente verwendet (Schlüsselkomponente `X`).

[6] abgesehen von der Bezeichnung der Attribute, die sehr wohl semantisch sinnvoll gewählt wurde und daher Aufschluß über die Bedeutung der Komponenten gibt.

```
TYPE Lieferschein = RECORD
    X:INTEGER;{Schluessel, nicht direkt erkennbar}
    Knr:INTEGER;
    ArtListe:ARRAY[1..4] OF Artikel;
    Betrag:REAL;
  END;

BEGIN
  REPEAT
    read(X);{Verwendung von X bei Dateioperation}
  UNTIL NOT exist_LS(X,lsdat);
  ...
END;
```

Das Schlüsselattribut X von Lieferschein ist nicht direkt aus der Deklaration als solches erkennbar, sondern wird im Zusammenhang mit Dateioperationen (im Bsp. lsdat) verwendet. Daraus kann geschlossen werden, daß es sich bei X um das Schlüsselattribut von Lieferschein handelt.

In jedem Fall muß jedoch berücksichtigt werden, daß Entitäten im Source Code auch durch Kombinationen von Fremdschlüsseln (z.B. Offerte kann durch Baustelle und Kunden_nr identifiziert werden) bestimmt werden können. Dann muß die Identifikation des Eigenschlüssels (Schlüsselattribut) durch den Reuse Engineer aufgrund von semantisch gehaltvollen Attribut-Bezeichnungen (z.B. Offerten_nr) durchgeführt werden.

Nachdem die Schlüsselattribute identifiziert wurden, können die *instance connections* zwischen den Objekten des statischen ooAMs festgelegt werden.

Im Zuge des ersten, sehr einfachen Umformungsschrittes wurden die Objektkandidaten identifiziert (d.s. *Data-Store-Entitäten*) und samt ihren Attributen in Objekte des statischen ooAMs umgeformt. Nunmehr ist es möglich, aus dieser Attributliste die im objektorientierten Anwendungsmodell eigentlich unnötigen Schlüsselattribute als solche zu markieren und zu entfernen.

Beispiel:

Im vorigen Beispiel wurde das unten links stehende Objekt Lieferschein erzeugt. Darin befinden sich als Attribute auch die Schlüsselattribute LiefNr (Schlüsselattribut des Objektes Lieferschein, daher nicht mehr erforderlich), `Knr` (*instance connection*) zum Objekt `Kunde`) sowie `Artliste` (*instance connection* zum Objekt `Artikel`). Im Falle des Schlüsselattributes `Artliste` ist dieses als Liste (Feld) von mehreren `Artikeln` realisiert. In der Deklaration des Typs `Lieferschein` ist jedoch eindeutig die Gleichwertigkeit mit einer Liste von Schlüsselattributen auf den `Artikel` ableitbar.

Nach der Identifikation der Schlüsselattribute, können diese in der Liste der Attribute des Objekts `Lieferschein` als solche markiert und verdeckt werden.

Objekt nach 1. Schritt des Umwandlungsprozesses

Objekt ohne Schlüsselattribute

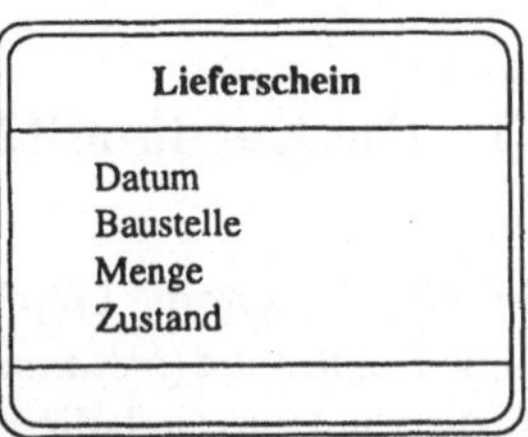

Ein weiteres Indiz für die Identifikation von *instance connections* kann auch über den funktionalen Zusammenhang von Entitäten des ERDs abgeleitet werden. Attribut-Beziehungen zwischen Entitäten bestehen nämlich nicht nur deklarativ, sondern auch über funktionale Zusammenhänge.

Beispiel:

```
PROCEDURE get_LS (....);
BEGIN
  ....
  Lieferschein.adr := Kunde.knr;
  ....
END;
```

Dieses Beispiel zeigt ein Programmstück, in welchem ein funktionaler Zusammenhang zwischen den Entitäten `Lieferschein` und `Kunde` besteht. Gleichzeitig besteht aber auch eine Attribut-Beziehung zwischen diesen beiden Entitäten, da `Lieferschein` die Attribute von `Kunde` benötigt. Dies wird im objektorientierten Anwendungsmodell durch eine *instance connection* dargestellt.

Für die Definition von *instance connections* ist es neben der Identifikation der Schlüsselattribute der Entitäten daher nur notwendig, die unmittelbare "Umgebung" des untersuchten Objektkandidaten im ERD hinsichtlich des Auftretens von funktionalen Zusammenhängen zu betrachten.

Jede mit dem betreffenden Objektkandidaten (Entität) über einen funktionalen Zusammenhang in einer Attribut-Beziehung stehende Entität bildet mit diesem Objektkandidaten auch im ERD eine allgemeine Relation.[7] D.h. zur Definition der *instance connections* müssen jene Entitäten untersucht werden, die im ERD in einer Relation mit dem betreffenden Objektkandidaten stehen.

5.3.3 Die Kardinalität von Attribut-Relationen

Nachdem nunmehr die Objekte des statischen ooAMs identifiziert und die Attribut-Relationen (*instance connections*) über die Schlüsselattribute definiert wurden, kann auch die Kardinalität der *instance connections* festgelegt werden.

Die Kardinalität der *instance connections* läßt sich aufgrund der gewählten Vorgangsweise (d.i. die Bestimmung der Kardinalität der Relationen im ERD durch Untersuchung der statischen bzw. dynamischen Integritätsbedingungen der betreffenden Entitäten) direkt aus dem ERD übernehmen.

Beispiel:
Man betrachte die zuvor eingeführte Attribut-Relation zwischen den Objekten (Entitäten) `Lieferschein` und `Kunde`. Die Kardinalität der *instance connection* läßt sich darin direkt aus der die beiden Entitäten im ERD verbindenden Relation ableiten:

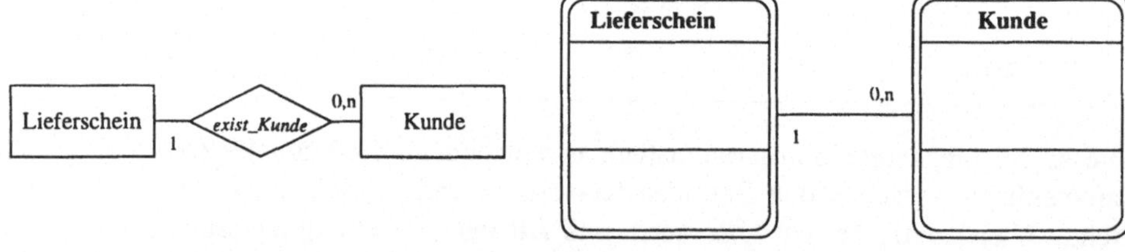

[7] Die allgemeinen Relationen des ERDs wurden ja aufgrund funktionaler Zusammenhänge zwischen Entitäten definiert.

5.3.4 Identifikation der Services von Objekten

Die allgemeinen Relationen (genau genommen deren Bezeichnung) des aus dem Source Code erzeugten ERDs sind aus den Prozedur- bzw. Modulbezeichnungen des Programms entstanden (vgl. dazu das vorige Kapitel). Die Bezeichnung der allgemeinen Relationen wurde zum Teil vom Reuse Engineer mit seinem Wissen aus der Anwendungsdomäne verfeinert.

Erfolgte bei der Erstellung des ERDs noch keine domain-orientierte Bezeichnung der Relationen durch den Reuse Engineer, so ist es sinnvoll, bei der Umformung des ERDs in das statische ooAM eine solche Bezeichnungsweise einzuführen.

Da die Relationen des ERDs zum Teil aus den Modulen bzw. Prozeduren des prozeduralen Programms entstanden sind, ist es möglich, daß einige von diesen Relationen als Services von Objekten auftreten können.

Da sich Prozeduren vielfach auf einem sehr geringen Abstraktionsniveau befinden, müssen sie später oftmals zusammengefaßt werden, um sinnvolle Services von Objekten darzustellen. Wie wir in einem späteren Kapitel zeigen werden, eignen sich Module jedoch kaum als Grundlage für die Definition von Services von Objekten, da sie

- häufig viel zu "groß" und grob strukturiert sind, als daß sie als Service eines Objektes verwendet werden könnten,
- im prozeduralen Paradigma entstanden sind und daher nicht von einer für ein objektorientiertes Anwendungsmodell günstigen Gruppierung der Prozeduren im Modul ausgegangen werden kann.

Beispiel:

- Die Bezeichnung *exist_Kunde* (Prozedurname) in folgender Relation des ERDs wird i.a. nicht als Service eines Objektes im objektorientierten Anwendungsmodell auftreten. Dies ist vielmehr eine Prozedur, die gemeinsam mit anderen zu einem Service eines Objektes zusammengefaßt werden muß.

- Die Bezeichnung der Prozedur *LS_erfassen* in folgender Relation des ERDs kann jedoch sehr wohl als Service (z.B. des Objektes `Lieferschein`) im objektorientierten Anwendungsmodell auftreten.

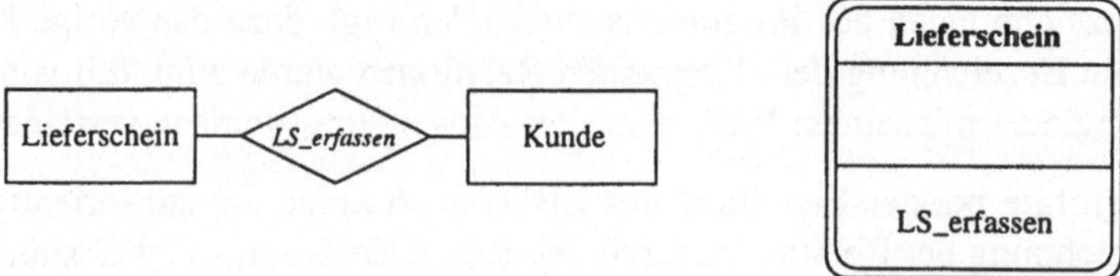

Da das ERD keine dynamischen Aspekte des prozeduralen Systems enthält, ist es äußerst schwierig, Aussagen über die Services von Objekten zu treffen (dynamischer Aspekt des objektorientierten Anwendungsmodells).

Die im obigen Beispiel angegebene Möglichkeit der Ableitung von Services von Objekten aus allgemeinen Relationen des ERDs ist zwar eine mögliche Vorgangsweise, birgt aber einige Probleme in sich:

- Es ist ohne detaillierte Untersuchung des dynamischen Verhaltens der – dieser Relation entsprechenden – Prozedur bzw. Moduls nicht möglich, deren Funktionalität als Service eines Objektes festzulegen.
- Aus dem ERD heraus ist es nicht möglich zu entscheiden, zu welcher der beiden Entitäten bzw. Objektkandidaten der aus der Relation entstandene Service eigentlich gehört.
- Neben der reinen Zuordnung von Services zu Objekten ist es gerade im dynamischen Bereich auch erforderlich, die Aufrufabhängigkeiten zwischen den Services (bzw. Objekten) festzulegen. Dies erfolgt durch Definition der *message connections*. Diese können jedoch aus dem ERD heraus nicht abgeleitet werden, sondern bedürfen einer dynamischen Untersuchung des Systems.

Wie diese kurzen Ausführungen zeigen, ist es beim Übergang vom ERD zum statischen ooAM kaum möglich, sinnvolle Aussagen über dynamische Aspekte des entstehenden objektorientierten Modells zu treffen. Die Anreicherung des statischen ooAMs um dynamische Aspekte bedarf einer gleichzeitigen, detaillierten Untersuchung des Source Codes des Ausgangssystems. Dies wird im nächsten Kapitel ausführlicher diskutiert.

5.4 Fallstudie IFAS

In diesem Abschnitt wollen wir aus dem zuvor generierten ERD ein statisches ooAM erzeugen.

Dazu gehen wir in mehreren Schritten vor:

1. **Identifikation der Objektkandidaten**
   Als Objektkandidaten identifizieren wir – gemäß der vorne angegebenen Definition – alle *Data-Store-Entitäten* des ERDs, so daß wir folgende Menge erhalten:

   Objektkandidaten = {Lieferschein, Artikel, Kunde, Bestellung, Offerte, Rechnung}

   Aus diesen Objektkandidaten werden die Objekte des statischen ooAMs direkt übernommen.[8]

2. **Identifikation der Relationen zwischen den Objekten**
   (a) Spezielle Relationen:
   Unter den speziellen Relationen verstehen wir insbesondere die *part-of-* und *is-a*-Relation.
   Diese Relationen lassen sich direkt aus dem bereits generierten ERD übernehmen, wie z.B.:

   `Artikel` *part-of* `Lieferschein`
   `Artikel` *part-of* `Offerte`
   `Lieferschein` *part-of* `Rechnung`

   Im ERD existiert keine *is-a*-Relation. Eine solche ist in der zugrundeliegenden Fallstudie jedoch als eigene Komponente `LSType` im `Lieferschein` realisiert:

```
TYPE LSType = (bar_ls, norm_ls);
     Lieferschein = RECORD
                  ....
                  art:LSType;
                  ....
```

[8] Im ERD wurde auf eine graphische Darstellung von Attributen der Entitäten aufgrund der Übersichtlichkeit verzichtet. Diese Attribute können jedoch direkt aus der Deklaration im Source Code übernommen werden.

Diese *is-a*-Relation läßt sich somit im Zuge der Generierung des statischen ooAMs nicht identifizieren.

Nach der Identifikation der Objekte sowie der speziellen Relationen ergibt sich vorerst das in Abbildung 5.1 dargestellte, grobe objektorientierte Anwendungsmodell.

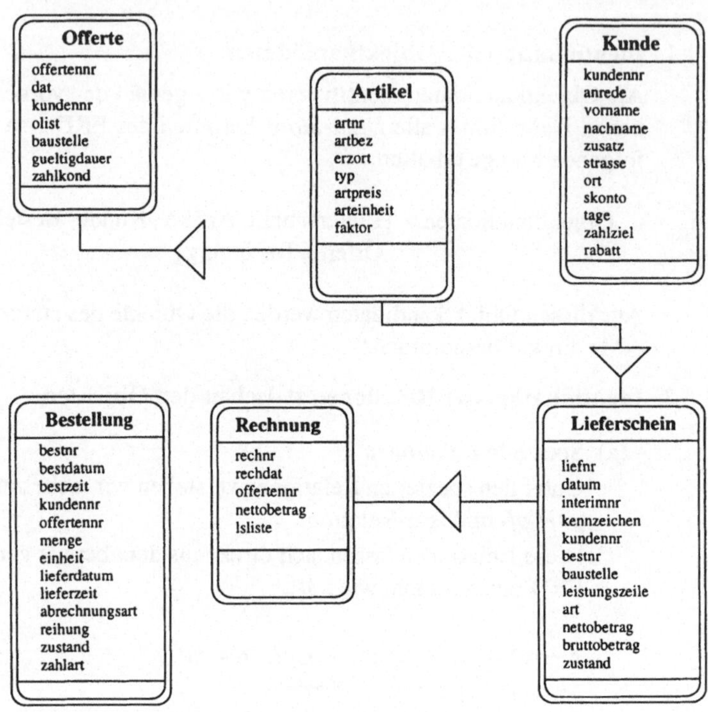

Abbildung 5.1: Zwischenergebnis des statischen ooAMs der Fallstudie

(b) Allgemeine Relationen:

Allgemeine Relationen werden im objektorientierten Anwendungsmodell durch Attribut-Relationen (*instance connections*) dargestellt. Dazu ist es erforderlich, die Schlüsselattribute zu identifizieren, aus den Objekten zu streichen und durch entsprechende Attribut-Relationen zu ersetzen.

Da unsere Fallstudie sequentielle Dateien verwendet, sind die Schlüsselattribute nicht direkt aus der Deklaration erkennbar.

Wir untersuchen daher insbesondere die Datei-I/O-Operationen des Programms:

Dabei muß zwischen dem Speichern und dem Suchen/Ändern unterschieden werden. Das Speichern von Datensätzen benötigt bei sequentiellen Dateien kein Schlüsselattribut, da der zu speichernde Datensatz als Ganzes einfach am Ende der Datei angehängt wird und daraus kein Schlüsselattribut abgeleitet werden kann, wie folgender Ausschnitt aus dem Programmbeispiel zeigt:

```
FUNCTION save_kunde (k : Kunde):BOOLEAN;
VAR size:LONGINT;
BEGIN
  Reset(kunddat); { Datei oeffnen }
  size := FileSize(kunddat);
  Seek(kunddat,size+1);
  Write(kunddat,k); { DS speichern }
  IF IOResult <> 0 THEN BEGIN
     { Fehler beim Schreiben auf Datei }
     save_kunde := FALSE;
  END
  ELSE save_kunde := TRUE;
  Close(kunddat); { Datei wieder schliessen }
END; { save_kunde }
```

Beim Suchen nach einem Datensatz wird das Schlüsselattribut hingegen sehr wohl benötigt und kann daher identifiziert werden. Im folgenden Ausschnitt wird überprüft, ob ein `Kunde` in der Kundendatei vorhanden ist. Dazu wird das Schlüsselattribut `kunden_nr` von `Kunde` verwendet, um den formalen Parameter (`nr:WORD`) durch den aktuellen Parameter (`kunden_nr`) zu ersetzen.

```
FUNCTION exist_kunde (nr:Word;
                      VAR k:Kunde):Boolean;
VAR k1:Kunde;
BEGIN
  Reset(kunddat); { Datei oeffnen }
  IF IOResult <> 0 THEN Rewrite(kunddat);
  Seek(kunddat,0);
  Read(kunddat,k1); { ersten DS einlesen }
  IF IOResult <> 0 THEN begin
     { noch kein DS vorhanden }
     exist_kunde := FALSE;
     Close(kunddat);
     EXIT;
  END;                                        ./.
```

```
  WHILE NOT Eof(kunddat)
    AND (nr <> k1.kunden_nr) DO
      Read(kunddat,k1);
  IF nr = k1.kunden_nr THEN BEGIN
    exist_kunde := TRUE; k := k1;
  END
  ELSE exist_kunde := FALSE;
  Close(kunddat);
END; { exist_kunde }
```

Aus der Anweisung

```
WHILE NOT Eof(kunddat)
  AND (nr <> k1.kunden_nr) DO Read(kunddat,k1);
```

kann `kunden_nr` (das für die Gleichsetzung und daher Überprüfung auf Existenz des `Kunden` verwendet wird) als Schlüsselattribut von `Kunde` identifiziert werden.
In diesem Zusammenhang muß jedoch berücksichtigt werden, daß auch nach Sekundärschlüsseln gesucht werden kann, wie folgende Prozedur aus der Fallstudie zeigt:

```
FUNCTION exist_offert (knr:WORD; bau:string40;
                VAR ol:Offertenliste):BOOLEAN;
VAR o1:Offerte;
BEGIN
  Reset(offertdat); { Datei oeffnen }
  IF IOResult <> 0 THEN Rewrite(offertdat);
  Seek(offertdat,0);
  Read(offertdat,o1); { ersten DS einlesen }
  IF IOResult <> 0 THEN begin
     { noch kein DS vorhanden }
     exist_offerte := FALSE;
     Close(offertdat);
     EXIT;
  END;
  WHILE NOT Eof(offertdat) AND
        (knr <> o1.kunden_nr)
        AND (bau <> o1.baustelle) DO
    Read(offertdat,o1);
  IF (knr = o1.kunden_nr) AND
     (bau = o1.baustelle) THEN BEGIN
    exist_offerte := TRUE;
    ol := o1.olist;
  END
  ELSE exist_offerte := FALSE;
  Close(offertdat);
END; { exist_offerte }
```

In diesem Beispiel wird eine `Offerte` aufgrund eines `Kunden` (bzw. seiner Kundennummer `knr`) und einer Baustelle gesucht. Es wird in diesem Suchprozeß also kein Eigenschlüssel von `Offerte` verwendet, so daß sich diese Funktion nicht für eine Identifikation von Schlüsselattributen (Eigenschlüssel von `Offerte`) eignet.

Es gibt aber auch Suchfunktionen für das Objekt `Offerte`, aus welchem der Eigenschlüssel von `Offerte` abgeleitet werden kann, wie folgendes Beispiel zeigt:

```
FUNCTION exist_offertnr (nr:WORD;
           VAR o:Offerte):BOOLEAN;
VAR o1:Offerte;
BEGIN
  Reset(offertdat); { Datei oeffnen }
  IF IOResult <> 0 THEN Rewrite(offertdat);
  Seek(offertdat,0);
  Read(offertdat,o1); { ersten DS einlesen }
  IF IOResult <> 0 THEN begin
     { noch kein DS vorhanden }
     exist_offertnr := FALSE;
     Close(offertdat);
     EXIT;
  END;
  WHILE NOT Eof(offertdat) AND
        (nr <> o1.offertennr) DO
    Read(offertdat,o1);
  IF (nr = o1.offertennr) THEN BEGIN
    exist_offertnr := TRUE;
    o := o1; { Offerte mituebergeben }
  END
  ELSE exist_offertnr := FALSE;
  Close(offertdat);
END; { exist_offertnr }
```

Für die Identifikation von Schlüsselattributen von Objekten müssen daher jene Teile des Source Codes untersucht werden, die die Eigenschlüssel des betreffenden Objektes verwenden.

Aus diesen Suchfunktionen/-prozeduren lassen sich also folgende Schlüsselattribute für die Objekte ableiten:

```
Lieferschein.liefnr
Kunde.kundennr
Artikel.artnr
Offerte.offertennr
Bestellung.bestnr
Rechnung.rechnr
```

Die Schlüsselattribute werden durch dementsprechende Attribut-Relationen (*instance connections*) repräsentiert.

Man berücksichtige dabei, daß die Unterschiedlichkeit der Bezeichnungen von Schlüsselattributen durch Untersuchung der funktionalen Zusammenhänge aufgelöst werden kann, wie z.B.: `Artikel.artnr` entspricht `Lieferschein.leistungszeile[i].sortennr`
Diesen Zusammenhang findet man in folgender Prozedur:

```
PROCEDURE get_LS (....);
VAR a:Artikel; ...
BEGIN
  ...
  REPEAT
    GotoXY(37,13+i); Read (sortennr);
UNTIL exist_sorte (sortennr, a);
...
END;

FUNCTION exist_sorte (nr:WORD;
               VAR a:Artikel):BOOLEAN;
...
    WHILE NOT Eof (artdat) AND
          (nr <> a1.artnr) DO
    ...
```

Hier wird `nr` durch `ls.leistungszeile[i].sortennr` ersetzt, woraus dann oben erwähnter Zusammenhang abgeleitet werden kann.

Bei der Entfernung der Schlüsselattribute müssen darüber hinaus noch einige prozedurale Anomalien berücksichtigt werden, die nicht auf den ersten Blick erkannt werden, wie z.B. die Relation zwischen `Rechnung` und `Lieferschein` (*part-of*-Relation) über das Attribut `Rechnung.lsliste`:

```
TYPE p2Ls = ^Liefknoten;
     Liefknoten = RECORD
         liefnr:WORD;
                  END;
    Rechnung = RECORD
        ....
        lsliste: p2Ls;
        ....
```

Aus dieser mehrstufigen Deklaration läßt sich erkennen, daß das Attribut `Rechnung.lsliste` über `p2Ls` und `Liefknoten` zum Schlüsselattribut `liefnr` des `Lieferschein` führt und somit die *part-of*-Relation zwischen diesen beiden Objekten realisiert. Das Attribut kann daher im Objekt `Rechnung` als ein durch die *part-of*-Relation modelliertes Attribut markiert werden.

Nach der Elimination der Schlüsselattribute und Ersetzung derselben durch entsprechende *instance connections* besitzt das statische ooAM das in der folgenden Abbildung 5.2 dargestellte Aussehen. Die Kardinalitäten der Attribut-Relationen werden direkt aus dem ERD übernommen.

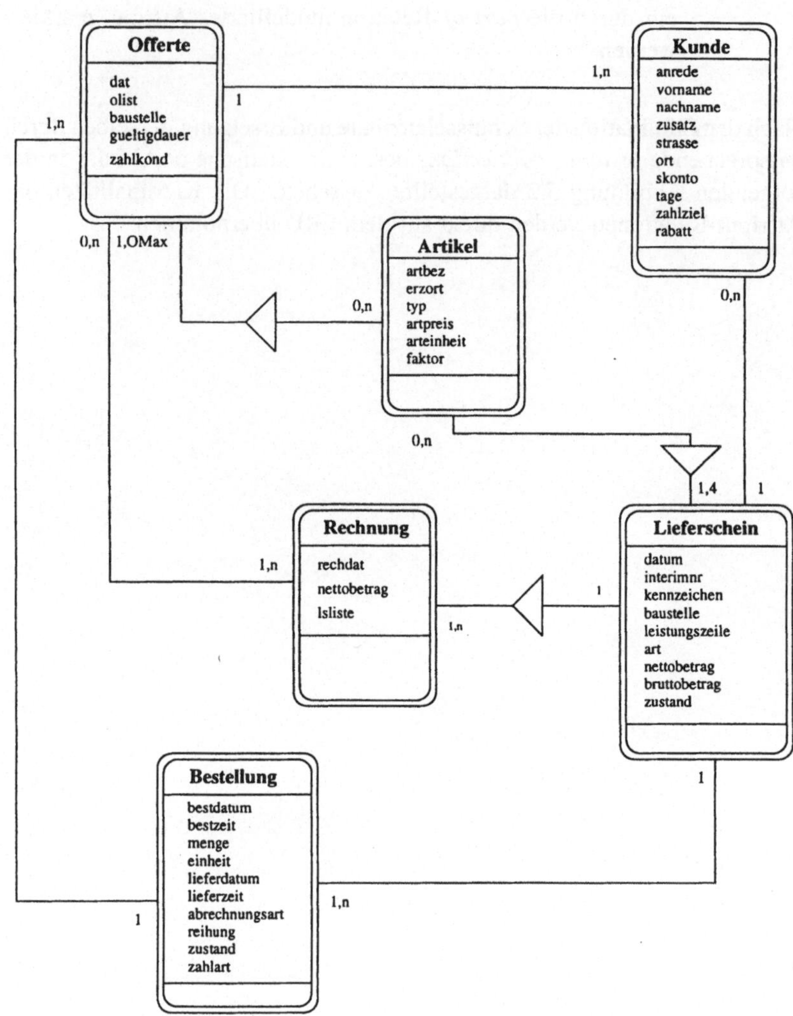

Abbildung 5.2: Statisches ooAM der Fallstudie

Kapitel 6

Das reverse generierte objektorientierte Anwendungsmodell

Nachdem im vorangegangenen Kapitel aus dem ERD ein vereinfachtes, statisches ooAM generiert wurde, wollen wir dieses nun schrittweise um die dynamischen Aspekte eines solchen Anwendungsmodells erweitern, so daß ein vollständiges, *reverse* aus einem prozeduralen Programm generiertes, jedoch objektorientiertes Anwendungsmodell des Ausgangssystems entsteht.

dynamische Aspekte

Diese dynamischen Aspekte, die im vereinfachten, statischen ooAM noch nicht enthalten sind, lassen sich in folgende zwei Aspekte gliedern:

- Die Services der Objekte
- Die Relationen zwischen den Services der Objekte (*message connections*)

Um diese dynamischen Aspekte eines Systems in das statische ooAM einfügen zu können, müssen folgende Fragen geklärt werden:

- Wie können die Services von Objekten aus den bisher vorliegenden Ergebnissen abgeleitet werden?

Für die Identifikation und Definition der Services stehen folgende – im Zuge des bisherigen Umformungsprozesses entstandene – Dokumente zur Verfügung:

- Das vereinfachte, statische ooAM, das bereits die Objekte (entstanden aus *Data-Store-Entitäten*) und deren Attribute, sowie die Attribut-Relationen zwischen den Objekten (*instance connections*) enthält.
- Das *reverse* aus dem Source Code generierte ERD, welches neben den Entitäten[1] sowohl die speziellen (*is-a* und *part-of*) als auch allgemeinen Relationen enthält.
- Der Source Code des Ausgangssystems sowie die daraus – im Zuge der Generierung des ERDs – erstellten (m,u)-Tabellen.

• Welchen Objekten sollen die identifizierten Services (Service-Kandidaten) zugeordnet werden?

Vielfach wird eine Zuordnung eines Service-Kandidaten zu einem Objekt nicht eindeutig möglich sein, d.h. es werden sich mehrere, verschiedene Objekte anbieten, zu welchen der betreffende Service-Kandidat zugeordnet werden kann.

reverse ooAM Prozeß

Der Prozeß der Anreicherung des statischen ooAMs zu einem *reverse* erzeugten ooAM des Ausgangssystems gliedert sich daher in folgende Schritte:

1. Identifikation der Services (bzw. Service-Kandidaten)
2. Kategorisierung der Service-Kandidaten und Behandlung der Zuordnungsproblematik zu unterschiedlichen Objekten
3. Identifikation und Definition der Service-Relationen zwischen Objekten (*message connections*)

In den folgenden Abschnitten werden wir die einzelnen Schritte des Prozesses näher erläutern.

[1] Die Entitäten wurden vor allem für die Identifikation von Objekten bzw. Objektkandidaten im vorigen Prozeß der Generierung eines statischen objektorientierten Anwendungsmodells benötigt.

6.1 Identifikation der Services von Objekten

Die Identifikation der Services von Objekten ist unmittelbar mit der obigen Frage nach den Möglichkeiten der Ableitung der Services aus den bisherigen Dokumenten verbunden.

Dazu muß berücksichtigt werden, wie die allgemeinen Relationen des ERDs entstanden sind (vgl. Kapitel 4).

Da die allgemeinen Relationen des ERDs funktionale Zusammenhänge zwischen Entitäten (die im Zuge des Umformungsprozesses im statischen ooAM Objekte wurden) repräsentieren, können sie für die Identifikation der Services von Objekten herangezogen werden.

Die Bezeichnungsweise der allgemeinen Relationen im ERD ist dafür jedoch nicht besonders geeignet, da sie sich auf einem sehr hohen Abstraktionsniveau befindet.[2]

Für die Umwandlung des ursprünglich prozeduralen Ausgangssystems in ein späteres *capsule based* bzw. objektorientiertes System ist es erforderlich, die ursprüngliche Modulstruktur des prozeduralen Ausgangssystems aufzubrechen, um die Prozeduren auf die neu entstandenen Objekte aufteilen zu können.

Dies ist erforderlich, da

- die Modulstruktur sowie die Gliederung der Prozeduren in Module im Ausgangssystem nach dem prozeduralen Paradigma erfolgte, und somit kaum für das entstehende objektorientierte System sinnvoll ist,
- von keiner sinnvollen Zusammenfassung der Prozeduren in Module ausgegangen werden kann und
- die Modulstruktur des Ausgangssystem für eine Zuordnung von Modulen als Services von Objekten im allgemeinen viel zu grob ist.

Services identifizieren

Prozeduren erscheinen daher als das geeignete Abstraktionsniveau für die Definition von Services der entstehenden Objekte. Es müssen also jene Prozeduren im Source Code des Ausgangssystems identifiziert werden, die als Services für Objekte in Betracht kommen (d.h. einen funktionalen Zusammenhang zwischen Entitäten repräsentieren).

---

[2] Dieses hohe Abstraktionsniveau wurde ja gerade bei der Generierung des ERDs angestrebt.

Für die Identifikation dieser Prozeduren können die – im Zuge des Generierungsprozesses für das ERD eingeführten – (m,u)-Tabellen (*manipulate-* bzw. *used*-Tabellen) verwendet werden. Dazu müssen diese Tabellen dahingehend erweitert werden, daß neben dem Modulnamen, in welchem ein funktionaler Zusammenhang zwischen zwei Entitäten auftritt, auch der Prozedurname dieses funktionalen Zusammenhangs in die (m,u)-Tabelle eingetragen wird.

Die auf diese Weise erweiterten (m,u)-Tabellen haben somit folgendes Aussehen:

Entität=*name of data-store-entity*

m-Tabelle K_i	rechte Seite	Modulname	Prozedurname
....			

u-Tabelle K_i	linke Seite	Modulname	Prozedurname
....			

Da wir also Prozeduren - die sich direkt bei der Generierung des ERDs über die (m,u)-Tabellen mitidentifizieren lassen – als geeignete Kandidaten für Services betrachten, können wir eine genaue Definition dieses Begriffs angeben.

Definition: *Service-Kandidat*

Ein Service-Kandidat für ein Objekt ist jene Prozedur des Ausgangssystems, in welcher jener funktionale Zusammenhang zwischen zwei Entitäten des ERDs auftritt, der eine allgemeine Relation zwischen diesen Entitäten definiert.

Beispiel:

Es sei der folgende Ausschnitt eines ERDs mit den beiden Entitäten `Lieferschein` und `Rechnung` gegeben. Diese beiden Entitäten werden durch die allgemeine Relation `get_LS` (= Prozedur im Source Code, in welcher der funktionale Zusammenhang zwischen diesen beiden Entitäten auftritt) verbunden.

Bei der Erstellung der (m,u)-Tabellen für die Entitäten `Lieferschein` und `Rechnung` kann die Prozedur `get_LS` als jene, die diese allgemeine Relation definiert, identifiziert werden. Das folgende Beispiel zeigt die für die Zwecke der Identifikation der Service-Kandidaten erweiterte m-Tabelle der Entität `Rechnung`:

Entität=*Rechnung*

m-Tabelle K_i	rechte Seite	Modulname	Prozedurname
....			
knr	adr^{Lieferschein}	RE_Verw	get_LS
....			

Für die Identifikation der Service-Kandidaten von Objekten ist es nicht erforderlich, die tatsächliche, implementierungsabhängige Umgebung einer Prozedur (z.B. in diesem Modul lokale, für die Prozedur jedoch globale Variablen, gegenseitige Abhängigkeiten mit anderen Prozeduren sowie Aufrufbäume) zu berücksichtigen. Dies wird Aufgabe des später folgenden Transformationsprozesses auf Implementierungsniveau sein. In diesem Schritt des Umwandlungsprozesses wollen wir die Prozedur aus einer logischen Sichtweise betrachten, die die Prozedur als Einheit für die Definition eines funktionalen Zusammenhanges zwischen Entitäten sieht.

Unter diesem Blickwinkel werden Prozeduren als atomare Elemente betrachtet, die als Services von Objekten des *reverse* ooAMs dienen. In diesem Schritt erfolgt eine logische Zuordnung dieser Prozeduren als Services zu Objekten, ihre tatsächliche Implementierung wird in einem späteren Transformationsschritt behandelt.

6.2 Kategorisierung der Service-Kandidaten

Nachdem nun erläutert wurde, wie Service-Kandidaten identifiziert werden können, müssen diese Service-Kandidaten noch den entsprechenden Objekten zugeordnet werden.

Wie zuvor erwähnt, werden Service-Kandidaten aus allgemeinen Relationen des ERDs durch Erweiterung der (m,u)-Tabellen abgeleitet. Aufgrund dieser Informationen ist es jedoch noch nicht möglich zu entscheiden, welchem Objekt diese Prozedur als Service zuzuordnen ist.

Beispiel:

Ausgehend vom vorigen Beispiel der Relation `get_LS` zwischen den Entitäten `Lieferschein` und `Rechnung`, stellt sich die Frage, welchem Objekt die Prozedur `get_LS` letztlich zugeordnet werden soll. Die Prozedur tritt in den (m,u)-Tabellen beider Entitäten auf:[3]

Entität=*Rechnung*

m-Tabelle K_i	rechte Seite	Modulname	Prozedurname
....			
knr	$adr^{Lieferschein}$	RE_Verw	get_LS
....			

Entität=*Lieferschein*

u-Tabelle K_i	linke Seite	Modulname	Prozedurname
....			
adr	$adr^{Rechnung}$	RE_Verw	get_LS
....			

Wie aus diesem Beispiel sehr deutlich sichtbar wird, kann aufgrund der (m,u)-Tabellen alleine noch keine Entscheidung der Zuordnung zu einem bestimmten Objekt getroffen werden.

Darüber hinaus kann noch der Fall auftreten, daß es mehrere Prozeduren gibt, die den funktionalen Zusammenhang definieren, welcher die allgemeine Relation zwischen zwei Entitäten festlegt.

Beispiel:

Das oben eingeführte Beispiel wird in der Weise erweitert, daß zwischen den beiden Entitäten `Lieferschein` und `Rechnung` eine weitere Prozedur einen funktionalen Zusammenhang herstellt (`drucke_RE`). Dies ist natürlich auch in den (m,u)-Tabellen der beiden Entitäten erkennbar:

[3] Da es sich beim funktionalen Zusammenhang zwischen den Entitäten um eine bidirektionale Relation handelt, tritt die Prozedur, die diesen funktionalen Zusammenhang definiert, natürlich in der m-Tabelle der einen Entität und in der u-Tabelle der anderen Entität auf.

Entität=*Rechnung*

m-Tabelle K_i	rechte Seite	Modulname	Prozedurname
....			
knr	$adr^{Lieferschein}$	RE_Verw	get_LS
knr	$adr^{Lieferschein}$	RE_Verw	drucke_RE
....			

Entität=*Lieferschein*

u-Tabelle K_i	linke Seite	Modulname	Prozedurname
....			
adr	$adr^{Rechnung}$	RE_Verw	get_LS
adr	$adr^{Rechnung}$	RE_Verw	drucke_RE
....			

Im ERD wird dieser mehrfache, funktionale Zusammenhang nicht erscheinen, sondern es wird entweder eine der Prozeduren zur Bezeichnung der Relation herangezogen, oder die Bezeichnung der Relation erfolgt durch den Reuse Engineer auf einem höheren Abstraktionsniveau (z.B. durch Heranziehen des Modulnamen für die Bezeichnung der Relationen).

Für den nun untersuchten Prozeß der Service-Kandidaten-Identifikation ist es jedoch erforderlich, alle Prozeduren, in welchen ein funktionaler Zusammenhang zwischen Entitäten hergestellt wird, als Service-Kandidaten zu erfassen. D.h. es müssen alle Prozeduren als mögliche Service-Kandidaten identifiziert und später den entsprechenden Objekten zugeordnet werden.

Im allgemeinen wird es daher nicht nur einen Service-Kandidaten für jede allgemeine Relation des ERDs geben, sondern eine Menge von Service-Kandidaten.

Beispiel:

Für obiges Beispiel ergibt sich also zumindest die folgende Menge von Service-Kandidaten:

Menge_der_Service-Kandidaten := {`get_LS`, `drucke_RE`, ...}

Grundsätzlich sind alle diese Service-Kandidaten als gleichwertige Kandidaten für Services von Objekten zu betrachten. D.h. aus dem Erscheinen einer Prozedur als Bezeichnung einer allgemeinen Relation des ERDs kann noch keine besondere Bevorzugung dieser Relation als Service-Kandidat abgeleitet werden.

Service-Zuordnung

In den folgenden Abschnitten wollen wir uns nun mit der Zuordnung der über die (m,u)-Tabellen identifizierten Service-Kandidaten zu den entsprechenden Objekten beschäftigen. Dazu ist es erforderlich, zwei Fälle zu unterscheiden:

1. Eindeutige Service-Kandidaten:

   Unter eindeutigen Service-Kandidaten verstehen wir Prozeduren, die sich einem Objekt eindeutig zuordnen lassen.

2. Mehrdeutige Service-Kandidaten:

   Unter mehrdeutigen Service-Kandidaten verstehen wir alle jene Prozeduren, für die sich von vornherein nicht feststellen läßt, welchem Objekt diese zugeordnet werden sollen.

Darüber hinaus muß noch untersucht werden, welche Auswirkungen das Auftreten der als Service-Kandidaten identifizierten Prozeduren in m- bzw. in u-Tabellen hinsichtlich ihrer Zuordnung zu Objekten hat.

6.2.1 Eindeutige Service-Kandidaten

Wir unterscheiden zwei Fälle, in welchen sich identifizierte Service-Kandidaten einem einzigen Objekt eindeutig zuordnen lassen:

- Eine Prozedur ist nur in einer einzigen m-Tabelle des Systems vermerkt, d.h. sie kann als Service dem Objekt zugeordnet werden, das aus der Entität dieser m-Tabelle entstanden ist. Kommt eine Prozedur in einer m-Tabelle des Systems vor, so muß sie natürlich auch in zumindest einer u-Tabelle enthalten sein.[4]

  Unabhängig davon, in wie vielen u-Tabellen die Prozedur noch vorkommt, wird sie jedoch immer jenem Objekt als Service zugewiesen, das aus der Entität entstanden ist, in dessen m-Tabelle die Prozedur erscheint. Das Vorkommen der Prozedur in der m-Tabelle zeigt nämlich die Manipulation der betreffenden Entität (Objekt) durch diese Prozedur an. Die Manipulation der Entität (Objekt) durch diese

[4] Da durch die betreffende Prozedur ein funktionaler Zusammenhang zwischen zwei Entitäten definiert wird, muß sie - wenn sie in der m-Tabelle einer dieser beiden Entitäten vorkommt - natürlich auch in der m- oder u-Tabelle der anderen Entität enthalten sein, da der funktionale Zusammenhang eine bidirektionale Relation ist.

Prozedur führt zu einer Zustandsänderung der Entität (Objekt). Eine solche Zustandsänderung erfolgt im objektorientierten Paradigma lediglich durch Services des betreffenden Objektes. Daher wird eine solche manipulierende Prozedur der Entität (dem Objekt) als Service-Kandidat zugeordnet.

Kommt die betreffende Prozedur noch in weiteren m-Tabellen vor, so ist sie nicht mehr eindeutig einem Objekt zuzuordnen. Dieser Fall wird im folgenden Abschnitt bei den mehrdeutigen Service-Kandidaten besprochen.

- Eine Prozedur kommt nur in einer einzigen u-Tabelle des Systems (und in keiner m-Tabelle) vor, d.h. sie kann eindeutig als Service dem Objekt zugeordnet werden, das aus der Entität dieser u-Tabelle entstanden ist.

  Erscheint die Prozedur jedoch noch in weiteren u-Tabellen (und in keiner m-Tabelle) des Systems, so kann sie nicht mehr eindeutig zugeordnet werden und ist als mehrdeutiger Service-Kandidat zu behandeln.

Das nachfolgende Beispiel zeigt die Möglichkeit der eindeutigen Zuordnung von Prozeduren, die als Service-Kandidaten identifiziert wurden, falls diese in einer m- und mehreren u-Tabellen des Systems auftreten. In diesem Fall kann die Prozedur eindeutig jenem Objekt zugeordnet werden, das aus der Entität enstanden ist, in dessen m-Tabelle die Prozedur vorkommt.

Beispiel:

Gegeben sei die Prozedur `get_LS` mit dem folgenden Ausschnitt des Source Code:

```
PROCEDURE get_LS (.....);
BEGIN
  ...
  Lieferschein.kundennr := Rechnung.kundennr;
  Lieferschein.art := Artikel.artnr;
  ...
END;
```

Darin wird ein funktionaler Zusammenhang zwischen den Entitäten `Lieferschein` und `Rechnung` sowie `Lieferschein` und `Artikel` definiert. Es handelt sich bei allen drei Entitäten um *Data-Store-Entitäten*, so daß diese als Objekte im ooAM erscheinen. Aufgrund dieses funktionalen Zusammenhanges ergeben sich folgende (m,u)-Tabellen der Entitäten:

Entität=*Lieferschein*

m-Tabelle K_i	rechte Seite	Modulname	Prozedurname
....			
kdr	$knr^{Rechnung}$	LS_Verw	get_LS
art	$art\#^{Artikel}$	LS_Verw	get_LS
....			

Entität=*Rechnung*

u-Tabelle K_i	linke Seite	Modulname	Prozedurname
....			
knr	$kdr^{Lieferschein}$	LS_Verw	get_LS
....			

Entität=*Artikel*

u-Tabelle K_i	linke Seite	Modulname	Prozedurname
....			
art#	$art^{Lieferschein}$	LS_Verw	get_LS
....			

Die Prozedur `get_LS` kommt also in der m-Tabelle des Objektes `Lieferschein` sowie in den beiden u-Tabellen der Objekte `Rechnung` und `Artikel` vor, so daß die Prozedur eindeutig dem Objekt `Lieferschein` als Service zugewiesen werden kann.

6.2.2 Mehrdeutige Service-Kandidaten

Wie im vorigen Abschnitt bereits angedeutet wurde, gibt es verschiedene Fälle, in welchen ein Service-Kandidat einem Objekt nicht eindeutig zugeordnet werden kann. D.h. es gibt mehrere Objekte, welchen die Prozedur zugeordnet werden könnte.

Dies geschieht insbesondere dann, wenn der Service-Kandidat in mehreren m-Tabellen (und beliebig vielen u-Tabellen) oder in mehreren u-Tabellen aber keiner m-Tabelle vorkommt.

Beispiel:

In diesem Beispiel besteht ein funktionaler Zusammenhang zwischen den drei *Data-Store-Entitäten* `Lieferschein`, `Artikel` sowie `Kunde`, der im folgenden Programmausschnitt dargestellt ist:

```
PROCEDURE get_LS (....);
BEGIN
   .....
   Lieferschein.kundennr := Kunde.kundennr;
   Lieferschein.artnr := Artikel.artnr;
   IF Betrag > 100.000 THEN
      Kunde.rabatt := Kunde.rabatt+zuschlag;
   END;
   .....
```

Darin werden zwei Entitäten (spätere Objekte) manipuliert (Lieferschein und Kunde[5]) sowie zwei Entitäten verwendet, so daß sich folgende (m,u)-Tabellen ergeben:

Entität=*Lieferschein*

m-Tabelle K_i	rechte Seite	Modulname	Prozedurname
....			
kundennrr	kundennr^{Kunde}	LS_Verw	get_LS
artnr	artnr#^{Artikel}	LS_Verw	get_LS
....			

Entität=*Artikel*

u-Tabelle K_i	linke Seite	Modulname	Prozedurname
....			
artnr	artnr^{Lieferschein}	LS_Verw	get_LS
....			

Entität=*Kunde*

m-Tabelle K_i	rechte Seite	Modulname	Prozedurname
....			
rabatt	betrag^{Lieferschein}	LS_Verw	get_LS
....			

Entität=*Kunde*

u-Tabelle K_i	linke Seite	Modulname	Prozedurname
....			
kundennr	kundennr^{Lieferschein}	LS_Verw	get_LS
....			

[5] Das Attribut rabatt des Kunden wird in Abhängigkeit von der Höhe des Auftragswertes (Lieferschein.betrag) erhöht. Über S 100.000 erhält der Kunde einen Rabatt-Zuschlag, der auch über den einzelnen Auftrag hinaus erhalten bleibt.

In dem in diesem Beispiel gezeigten Fall kommt der Service-Kandidat (die Prozedur `get_LS`) in zwei m-Tabellen (`Lieferschein` und `Kunde`) sowie zwei u-Tabellen vor. Das Auftreten in den beiden u-Tabellen bei gleichzeitigem Auftreten in zumindest einer m-Tabelle ist für die Zuordnung unerheblich. Das gleichzeitige Auftreten in den beiden m-Tabellen führt jedoch dazu, daß zum jetzigen Zeitpunkt nicht entschieden werden kann, ob die Prozedur `get_LS` dem Objekt `Lieferschein` oder `Kunde` zugeordnet werden soll.

Sicherlich könnte der Reuse Engineer die semantisch reiche Bezeichnung der Prozedur für eine mögliche Zuordnung (in diesem Fall zum Objekt `Lieferschein`) heranziehen, doch kann nicht grundsätzlich vom Vorhandensein einer solchen semantisch sinnvollen und tatsächlich zielführenden Bezeichnung ausgegangen werden. Man muß nämlich berücksichtigen, daß auf diese Weise getroffene Entscheidungen zu unangenehmen Fehlern in der Service-Zuordnung führen können, die den folgenden Prozeß der Abbildung der *reverse* generierten Objekte mit den Objekten des *forward* erzeugten ooAMs erheblich erschweren können.

Zum jetzigen Zeitpunkt der System-Transformation ist es daher besser, keine Entscheidung als eine falsche zu treffen, die später schwerwiegende negative Auswirkungen nach sich zieht. In einem nachfolgenden Abschnitt wird gezeigt, daß sich diese Zuordnungsproblematik im Zuge des Mapping-Prozesses relativ einfach und sicher (in bezug auf das Problem der Einbringung von Fehlentscheidungen) lösen läßt.

Zuordnungsstrategie

Als Lösungsstrategie dieses Zuordnungsproblems für Service-Kandidaten bietet sich daher folgende, sehr einfache Vorgangsweise an:

- Kommt ein Service-Kandidat in mehreren m-Tabellen (und beliebig vielen u-Tabellen) vor, so wird er vorerst allen Objekten zugeordnet, in deren m-Tabellen diese Prozedur auftritt.
- Kommt der Service-Kandidat jedoch ausschließlich in mehreren u-Tabellen (und in keiner m-Tabelle) vor, so wird er allen Objekten, die diesen u-Tabellen entsprechen, zugeordnet.

mehrfache Zuordnung

Diese mehrfache Zuordnung von Service-Kandidaten zu mehreren, verschiedenen Objekten muß später jedoch wieder eindeutig aufgelöst werden, d.h. alle nunmehr mehrfach zugeordneten Service-Kandidaten müssen als solche speziell gekennzeichnet werden, um sie später gegebenenfalls wieder streichen und durch entsprechende *message connections* ersetzen zu können.

Die Auflösung dieser Mehrdeutigkeiten kann jedoch erst unter Heranziehung des *forward* erzeugten ooAMs erfolgen.

Beispiel:

Ausgehend vom oben eingeführten Beispiel wird der Service-Kandidat (die Prozedur) `get_LS` beiden in Frage kommenden Objekten (`Lieferschein` und `Kunde`, da die Prozedur in den m-Tabellen dieser beiden Entitäten bzw. Objekte auftritt) zugeordnet und als mehrdeutig gekennzeichnet (durch Beifügung eines *).

6.3 Die Service-Relationen (message connections)

Nachdem nunmehr – im Zuge der Erweiterung des statischen ooAMs um dynamische Aspekte – die potentiellen Services der Objekte identifiziert und den entsprechenden Objekten zugeordnet wurden, ist es erforderlich, auch die Service-Relationen (das sind die *message connections*) in das Modell einzufügen.

Dazu müssen alle Prozeduraufrufe zwischen Service-Kandidaten identifiziert und als *message connections* zwischen den entsprechenden Objekten dargestellt werden. **message connections**

Bei allen eindeutigen Service-Kandidaten (die einem Objekt eindeutig zugeordnet werden konnten) können diese *message connections* sofort in das ooAM eingefügt werden.

Schwieriger ist dies mit den mehrdeutigen Service-Kandidaten. Würde man für diese ebenfalls die *message connections* direkt in das Modell einfügen, so müßte man diese Prozeduraufrufe für alle potentiell möglichen Objekte dieser Service-Kandidaten durchführen, was zu einer extremen Verwirrung des Anwendungsmodells führen würde. Es ist daher sinnvoll, die *message connections* für mehrdeutige Service-Kandidaten erst nach der Auflösung der Mehrdeutigkeit (und somit nach der Elimination der überzählig zugeordneten Service-Kandidaten) in das ooAM einzufügen.

Zum Eintragen der *message connections* ist es erforderlich, den diesen Service-Kandidaten zugrundeliegenden Source Code hinsichtlich gegenseitiger Prozeduraufrufe zu untersuchen. Dazu verwenden wir das im Zuge des Gesamt-Transformationsprozesses bereits entwickelte *Structure Chart*.

Zu betrachten sind darin jedoch nur mehr jene Prozeduren, die als Service-Kandidaten in Objekten auftreten. Für diese Prozeduren untersuchen wir den Aufrufbaum, wie der folgende Algorithmus grob zeigt:

SK ... Service-Kandidat
SC ... *Structure Chart*

$\forall$ SK_i do:
  bilde Aufruf-Teilbaum ATB_{SK_i} aus SC
  IF $SK_j \in ATB_{SK_i}$ THEN
    generiere *message connection* $SK_i \rightarrow SK_j$
  FI

Beispiel:

Gegeben sei folgendes Programmstück, in welchem ein Prozeduraufruf des Service-Kandidaten `get_LS` des Objektes `Lieferschein` durch den Service-Kandidaten `erstelle_RE` (erstellt eine Rechnung) des Objektes `Rechnung` dargestellt wird.

```
PROCEDURE erstelle_RE (.....);
BEGIN
  .....
  Rechnung.date:= aktuelles_Datum;
  Rechnung.kundennr:= Kunde.kundennr;
  REPEAT
     get_LS(..., kundennr, ...);
  UNTIL keine_weiteren_LS;
  .....
END;
....
PROCEDURE get_LS (..; knr:K_Type; ...);
BEGIN
  ....
  Lieferschein.kundennr:= knr;
  ....
```

Daraus lassen sich aufgrund der folgenden m- und u-Tabellen die Service-Kandidaten eindeutig den entsprechenden Objekten zuordnen:

Entität=*Rechnung*

m-Tabelle K_i	rechte Seite	Modulname	Prozedurname
....			
kundennr	kundennr^{Kunde}	RE_Verw	erstelle_RE
....			

Entität=*Kunde*

u-Tabelle K_i	linke Seite	Modulname	Prozedurname
....			
kundennr	kundennr^{Rechnung}	RE_Verw	erstelle_RE
....			

Entität=*Lieferschein*

m-Tabelle K_i	rechte Seite	Modulname	Prozedurname
....			
kundennr	kundennr^{Kunde}	LS_Verw	get_LS
....			

Entität=*Kunde*

u-Tabelle K_i	linke Seite	Modulname	Prozedurname
....			
kundennr	kundennr^{Lieferschein}	LS_Verw	get_LS
....			

Aufgrund des im Source Code identifizierten Prozeduraufrufes `erstelle_RE` → `get_LS` kann folgende *message connection* definiert werden:

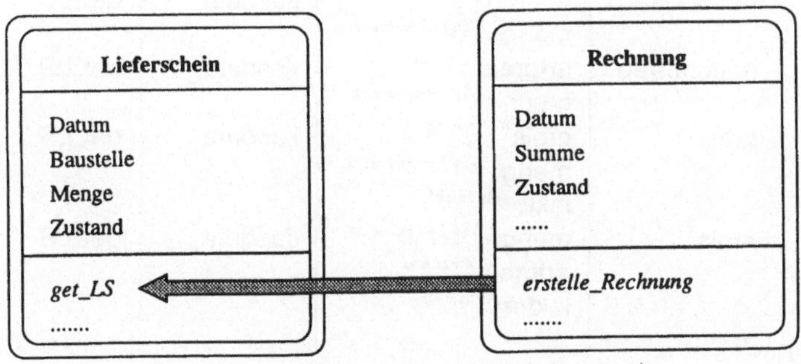

Weitere *message connections* werden in das ooAM eingefügt, sobald die mehrdeutigen Service-Kandidaten aufgelöst werden können. Dann werden nämlich anstelle der mehrfach auftretenden Services geeignete *message connections* zwischen den Objekten erforderlich, die die Systemfunktionalität aufrechterhalten.

6.4 Fallstudie IFAS

In diesem Abschnitt wollen wir aus dem statischen ooAM ein *reverse* generiertes ooAM erzeugen, das dem Beispielprogramm entspricht. Dazu müssen insbesondere folgende Aspekte in das statische ooAM eingebracht werden:

- Services der Objekte
- Relationen zwischen den Services der Objekte (*message connections*)

Dazu gehen wir wiederum in mehreren Schritten vor:

1. **Identifikation der Services von Objekten**

   Für die Identifikation von Services von Objekten ist es erforderlich, die um die Prozedurnamen erweiterten (m,u)-Tabellen, in denen der funktionale Zusammenhang zwischen zwei Entitäten auftritt, zu betrachten.

   Aus diesen lassen sich jene Prozeduren ableiten, die – gemäß unserer zuvor angegebenen Definition – Service-Kandidaten sind.

DSE=Lieferschein
m-Tabelle

K_i	rechte Seite	Modulname	Prozedurname
nettobetrag	$preis^{Offerte}$ $menge^{Lieferschein}$	ifasdata	get_LS
nettobetrag	$artpreis^{Artikel}$ $menge^{Lieferschein}$	ifasdata	get_LS
preis	$preis^{Offerte}$ $menge^{Lieferschein}$ $faktor^{Artikel}$	ifasdata	get_LS
preis	$menge^{Lieferschein}$ $artpreis^{Artikel}$ $faktor^{Artikel}$	ifasdata	get_LS
./.			

DSE=Lieferschein (Fortsetzung)

m-Tabelle

K_i	rechte Seite	Modulname	Prozedurname
sortennr	$artnr^{Artikel}$	ifasdata	exist_sorte
kundennr	$kundennr^{Kunde}$	ifasdata	exist_kunde
kundennr	$kundennr^{Offerte}$	ifasdata	exist_offert
baustelle	$baustelle^{Offerte}$	ifasdata	exist_offert
....			

u-Tabelle

K_i	linke Seite	Modulname	Prozedurname
sortennr	$sortennr^{Offerte}$	ifasdata	get_LS
....			

DSE=Offerte

m-Tabelle

K_i	rechte Seite	Modulname	Prozedurname
offertnr	$offertnr^{Bestellung}$	ifasdata	exist_offert
sortennr	$artnr^{Artikel}$	ifasdata	exist_sorte
kundennr	$kundennr^{Kunde}$	ifasdata	exist_kunde
....			

u-Tabelle

K_i	linke Seite	Modulname	Prozedurname
sortennr	$sortennr^{Lieferschein}$	ifasdata	get_LS
sortennr	$artnr^{Artikel}$	ifasdata	gen_offert
kundennr	$kundennr^{Kunde}$	ifasdata	gen_offert
freibau	$freibau^{Lieferschein}$	ifasdata	get_LS
....			

DSE=Bestellung

m-Tabelle

K_i	rechte Seite	Modulname	Prozedurname
bestnr	$bestnr^{Lieferschein}$	ifasdata	exist_best
offertnr	$offertnr^{Offerte}$	ifasdata	best_aufnehmen
....			

u-Tabelle

K_i	linke Seite	Modulname	Prozedurname
....			

DSE=Kunde

m-Tabelle

K_i	rechte Seite	Modulname	Prozedurname
kundennr	$kundennr^{Offerte}$	ifasdata	exist_kunde
....			

u-Tabelle

K_i	linke Seite	Modulname	Prozedurname
....			

DSE=Artikel
m-Tabelle

K_i	rechte Seite	Modulname	Prozedurname
....			

u-Tabelle

K_i	linke Seite	Modulname	Prozedurname
faktor	$\text{preis}^{Lieferschein}$	ifasdata	get_LS
sortennr	$\text{sortennr}^{Offerte}$	ifasdata	best_aufnehmen
....			

Aus den (m,u)-Tabellen können die ein- bzw. mehrdeutigen Service-Kandidaten abgeleitet werden, wie z.B.:

- Die Prozedur `best_aufnehmen` kommt nur in einer einzigen m-Tabelle (in jener von `Bestellung`) und mehreren u-Tabellen vor und kann daher als eindeutiger Service-Kandidat – gemäß unserer Definition – dem Objekt `Bestellung` zugeordnet werden.
- Die Prozedur `get_LS` kommt ebenfalls nur in einer m-Tabelle (`Lieferschein`) und mehreren u-Tabellen vor, so daß sie als Service-Kandidat dem Objekt `Lieferschein` zugeordnet wird.
- Andere Prozeduren, wie z.B. `exist_sorte`, `exist_offert`, `exist_kunde` u. dgl. sind in mehreren m-Tabellen enthalten und werden daher als mehrdeutige Service-Kandidaten allen jenen Objekten zugeordnet, in deren m-Tabelle sie erscheinen. Die mehrdeutigen Service-Kandidaten werden gemäß unserer Konvention mit * gekennzeichnet.

Durch Untersuchung aller (m,u)-Tabellen hinsichtlich der Prozeduren, können alle Service-Kandidaten entweder eindeutig oder mehrdeutig den Objekten des statischen ooAMs zugeordnet werden.

2. **Identifikation der Relationen zwischen den Objekt-Services**

   Die Relationen zwischen den Services von Objekten (*message connections*) werden durch die Prozeduraufrufe der zu Services gewordenen Prozeduren definiert.

Dazu ist es erforderlich, die Aufrufbäume der Service-Kandidaten zu untersuchen, welche wir für unser Beispiel bereits in Kapitel 4.6 angegeben haben.

Bei der Erzeugung des *reverse* generierten ooAMs können vorerst nur die *message connections* zwischen den eindeutigen Service-Kandidaten eingetragen werden. Alle weiteren Prozeduraufrufe zwischen mehrdeutigen Service-Kandidaten werden erst nach Auflösung der Mehrdeutigkeiten als *message connections* in das Anwendungsmodell eingetragen. Für unser Beispiel ergibt sich daher nur eine einzige *message connection* zwischen eindeutigen Service-Kandidaten.

Die folgende Abbildung 6.1 zeigt das somit entstandene *reverse* generierte ooAM für das IFAS-System. Im Beispiel sind die Services für das Objekt `Rechnung` nicht ausgeführt.

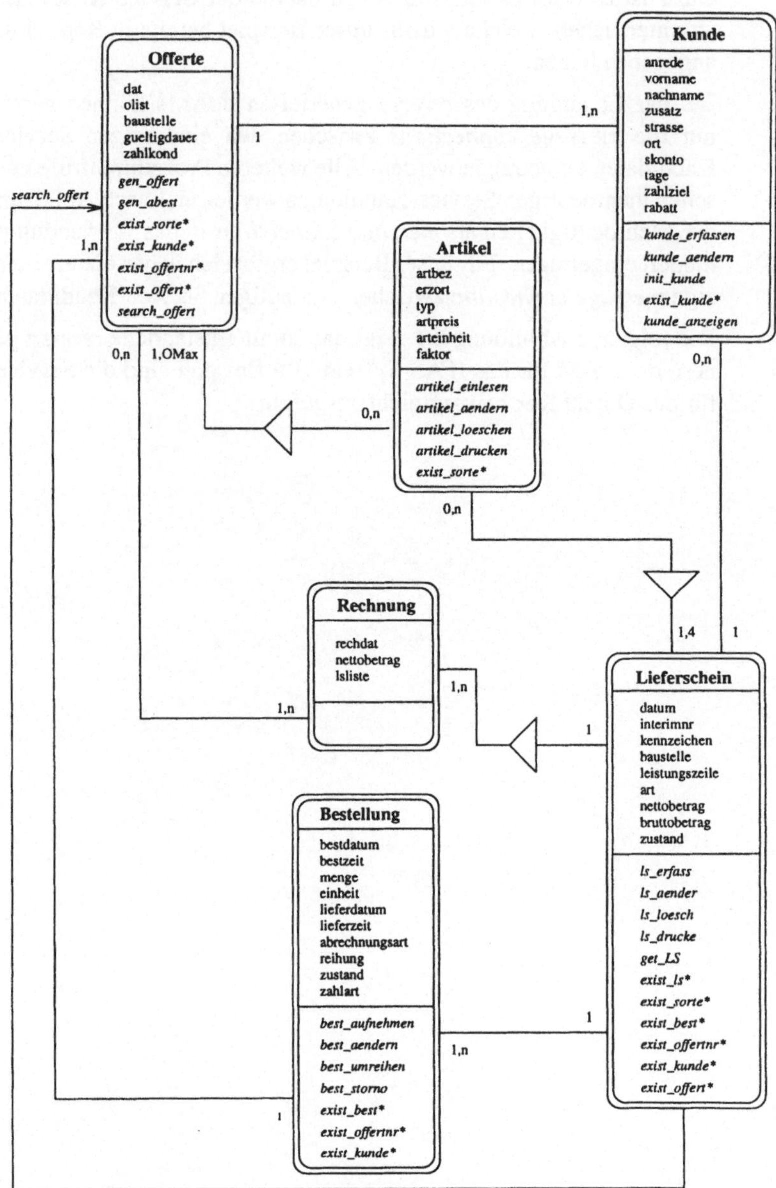

Abbildung 6.1: *Reverse* generiertes ooAM für die Fallstudie

Kapitel 7

Objekt-Mapping zwischen den Anwendungsmodellen

In den folgenden Abschnitten wollen wir den Abbildungsprozeß von Objekten des *reverse* ooAMs auf Objekte des *forward* ooAMs näher betrachten.

Nachdem in den vorangegangenen Schritten des System-Transformationsprozesses von COREM aus dem ERD zuerst ein rein statisches und danach ein, um dynamische Aspekte angereichertes, objektorientiertes Anwendungsmodell erzeugt wurden, muß nun eine Abbildung gefunden werden, um einen Abgleich zwischen dem Soll-System (*forward* ooAM) und dem Ist-System (*reverse* ooAM) durchzuführen (vgl. Abbildung 7.1). Das Ergebnis der Abbildung dieser beiden objektorientierten Anwendungsmodelle stellt das Ziel-ooAM dar, das als Synthese dieser beiden Modelle angesehen werden kann.

Es handelt sich bei dieser Abbildung um eine "Anpassung" des Ist-Systems auf das Soll-System, bei der etwaige Unterschiede, wie wir sie in diesem Abschnitt noch genauer betrachten werden, ausgeglichen werden sollen. Mit dieser Abbildung soll eine möglichst optimale System-Transformation in ein *capsule oriented* System ermöglicht werden.

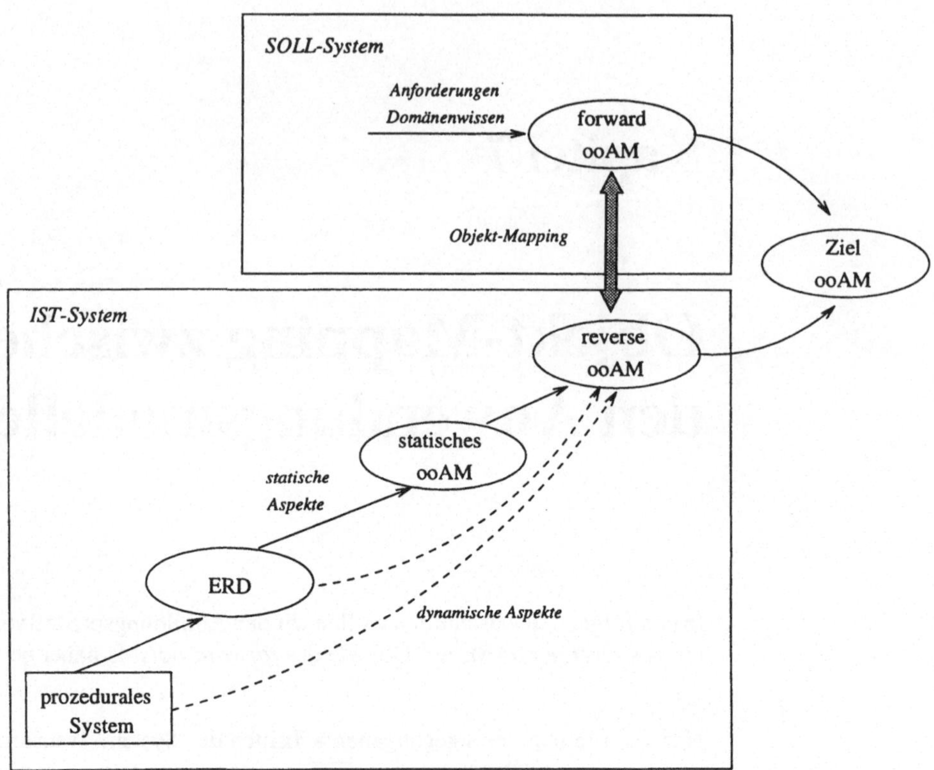

Abbildung 7.1: Objekt-Mapping zwischen *forward* und *reverse* ooAM

7.1 Allgemeine Unterschiede zwischen *forward* und *reverse* ooAM

Aufgrund der verschiedenartigen Entstehung der beiden Modelle ergeben sich einige wichtige Unterschiede, auf die in der Folge besonders Rücksicht genommen werden muß:

- Granularität der Modelle:

  Das *forward* ooAM ist im Zuge eines Analyseprozesses des vorliegenden Problembereiches (insbesondere der Anforderungen sowie des Domänenwissens) entstanden und weist demzufolge eine relativ "grobe" Objektstruktur auf. Das *reverse* ooAM wurde mit Hilfe des ERDs aus dem Source Code des Ausgangssystems erstellt und hat daher eine wesentlich "feinere" Objektstruktur. Daraus ergibt sich, daß sich diese beiden Modelle hinsichtlich der Anzahl der Objekte wie auch in der Anzahl der Attribute und Services unterscheiden. Darüber hinaus sind auch die Attribut-Relationen (*instance connections*) und die Service-Relationen (*message connections*) unterschiedlich detailliert. Die Granularität spiegelt also die Entstehung der einzelnen Anwendungsmodelle wider.

- Design-Information:

  Gerade durch die Generierung des *reverse* ooAMs enthält dieses sehr viel Design-Information über die zugrundeliegende Implementierung. Solche Information ist natürlich in einem *forward* ooAM per definitionem nicht enthalten.

- Bezeichnungen:

  Trotz der Zuführung von Information bei der Generierung des *reverse* ooAMs durch den Reuse Engineer treten noch immer Probleme bei der unterschiedlichen Bezeichnung von Objekten, Attributen und Services auf. Diese Unterschiede stellen auf diesem Abstraktionsniveau jedoch keine so großen Probleme dar, da man mit einer Reihe von Indizien eine gegenseitige Abbildung finden kann.

Aufgrund der genannten Unterschiede der beiden Anwendungsmodelle muß man sich bewußt sein, daß es sich bei der Objektabbildung zwischen diesen beiden Modellen um eine Abwägung von Indizien handelt, die den Reuse Engineer durch diesen Prozeß führen.

Mapping-Prozeß

Der Prozeß des Mappings gliedert sich in mehrere Schritte zur Identifizierung von Indizen für die gegenseitige Abbildung der Modelle:

1. Identifikation von Abbildungsindizien hinsichtlich
   (a) struktureller Ähnlichkeiten
   (b) Attribut-Ähnlichkeiten
   (c) Service-Ähnlichkeiten
2. Erhärtung der Indizien von Service-Ähnlichkeiten durch Auflösung der Mehrdeutigkeiten von Service-Kandidaten.

Der Abbildungsprozeß zwischen den objektorientierten Anwendungsmodellen muß in der Lage sein, aufgrund der anfangs erwähnten Unterschiede beider Modelle, mit einer gewissen "Unschärfe" zu operieren.

7.2 Abbildung zwischen den Modellen

Bei der Abbildung von Objekten des *reverse* ooAMs auf Objekte des *forward* ooAMs gibt es eine Reihe von Ähnlichkeiten, die als Indizien für eine Entsprechung herangezogen werden können. Darüber hinaus gilt es, bei den verschiedenen Arten von Ähnlichkeiten, die konkreten Ausprägungen zu berücksichtigen, um ein sinnvolles Mapping zwischen den Objekten zu ermöglichen.

Ausgangspunkt Die Abbildung geht vom *forward* ooAM als Soll-System aus und somit wird versucht, für die Elemente des *forward* ooAMs entsprechende Elemente des *reverse* ooAMs zu finden. Dafür müssen einige Ähnlichkeiten genauer betrachtet werden.

7.2.1 Strukturelle Ähnlichkeiten

Strukturelle Ähnlichkeiten beziehen sich insbesondere auf die speziellen Relationen wie die *part-of*-Relation bzw. die *is-a*-Relation, die als besondere Relationen zur Modellierung der Struktur einer Applikation anzusehen sind. Diese beiden Relationen treten in Anwendungsmodellen in relativ geringer Anzahl auf und bilden daher ein recht starkes Indiz für eine gegenseitige Identifikation und Abbildung von Elementen der Modelle.

7.2.1.1 Die *part-of*-Relation

Die Identifikation der *part-of*-Relation erfolgte deklarativ aus dem Source Code und führte über das ERD hin zum statischen ooAM. Durch die explizite Darstellung einer *part-of*-Relation in einem objektorientierten Anwendungsmodell bietet sich diese Relation als ein starkes Indiz für eine mögliche Entsprechung der beiden untersuchten Anwendungsmodelle an.

Aufgrund des expliziten Auftretens der *part-of*-Relation in beiden Anwendungsmodellen, kann eine strukturelle Ähnlichkeit auch dann abgeleitet werden, wenn nicht alle Objekt-, Attribut- oder Service-Bezeichnungen vollständig übereinstimmen. Der Reuse Engineer kann mit den vorhandenen Teilinformationen und der strukturellen Ähnlichkeit die Modelle bereits vergleichen.

Unterschiede Doch gibt es, wie bei jeder anderen Ähnlichkeit, mögliche Abweichungen in beiden Modellen, so daß aufgrund der unterschiedlichen Entstehung

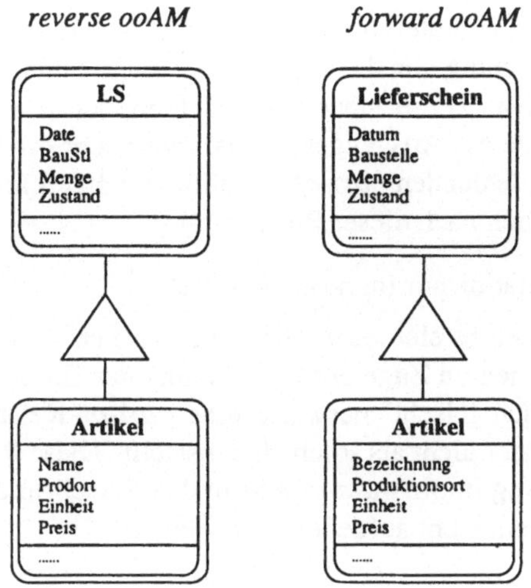

Abbildung 7.2: Ähnlichkeiten hinsichtlich *part-of*-Relation

der beiden Anwendungsmodelle verschiedene Differenzen zwischen diesen auftreten können. Allgemein kann man dafür mehrere Ursachen angeben:

- Im Zuge der Entwicklung des *reverse* ooAMs, die sich über mehrere komplexe Prozesse erstreckt, können Fehler in das Modell eingeschleppt worden sein (es handelt sich dabei nicht um ein strengen Algorithmus, sondern um einen Prozeß, in welchem Information zugeführt wird und Unschärfen bestehen).
- Das *forward* ooAM wurde in einer anderen Art modelliert. Es gibt auch für objektorientierte Anwendungsmodelle verschiedene Lösungsalternativen (gerade auf diesem hohen Abstraktionsniveau).

Im folgenden soll für Unterschiede nur der Fehlerfall (1. Ursache) erörtert werden. Die zweite Ursache ist natürlich in jedem Fall noch eine zulässige Alternative für einen Unterschied.

- *part-of*-Relation nur im *forward* ooAM:

  In diesem Fall dürfte ein Fehler in der Generierung des *reverse* ooAMs passiert und diese Relation nicht erkannt worden sein. Hier scheint eine erneute Untersuchung des zugrunde liegenden Source Codes notwendig, um die Relation zu eruieren und in das Ziel-ooAM aufzunehmen. Dieser neue Untersuchungsschritt – beginnend beim Source Code des Ausgangssystems - wird aber direkt zur Identifikation dieser fehlenden *part-of*-Relation durchgeführt, d.h. man sucht ausschließlich nach dieser Relation.

- *part-of*-Relation nur im *reverse* ooAM:

  Dabei handelt es sich ebenfalls um einen Fehler bei der Festlegung der Relationen im Zuge der Generierung des ERDs. Im ERD wurde offensichtlich fälschlicherweise eine *part-of*-Relation identifiziert, die sich später nicht als solche herausstellt. Diese Relation hat keine Entsprechung im *forward* ooAM und soll auch in das neue *capsule based* System nicht aufgenommen werden.

7.2.1.2 Die *is-a*-Relation

Die *is-a*-Relation ist neben der *part-of*-Relation sowohl im *reverse* als auch im *forward* ooAM direkt erkennbar. Die *is-a*-Relation tritt im *reverse* ooAM nur vereinzelt auf und stellt daher ein sehr starkes Indiz für eine Abbildung der an dieser Relation beteiligten Objekte dar.

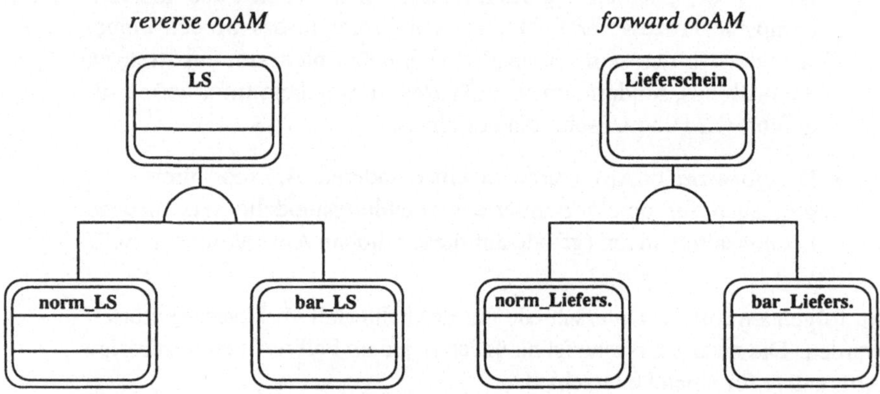

Abbildung 7.3: Ähnlichkeiten hinsichtlich *is-a*-Relation

Es läßt sich demnach eine starke strukturelle Ähnlichkeit der *is-a*-Relationen der beiden Anwendungsmodelle erkennen, wie obiges Beispiel zeigt.

Diesbezüglich müssen jedoch aber auch unterschiedliche Erscheinungsformen der *is-a*-Relation im Anwendungsmodell berücksichtigt werden. Solche Formen können vor allem bei sehr ähnlichen Subtypen auftreten, so daß deren Modellierung im Anwendungsmodell nicht symmetrisch erfolgt, wie nachstehendes Beispiel zeigt:

1. Ein einziger Subtyp modelliert die *is-a*-Relation:

   Beispiel:

   Das Objekt `Lieferschein` gliedert sich nicht direkt in einen `bar_LS` und einen `norm_LS`, sondern wird durch einen einzigen Subtyp `bar_LS` modelliert. In diesem Subtyp wird das Attribut `Zustand` des Supertyps redefiniert und das zusätzliche Attribut `Betrag` eingeführt. Eine entsprechende Darstellung dieses Beispiels könnte in den beiden Anwendungsmodellen das Abbildung 7.4 dargestellte, unterschiedliche Aussehen haben.

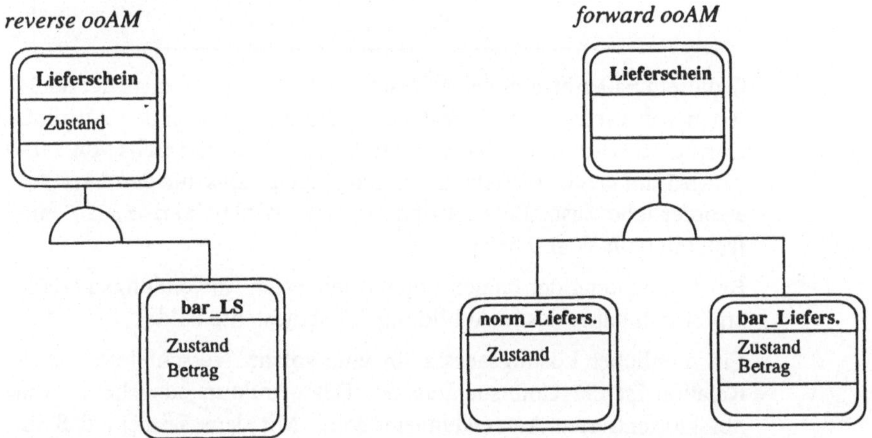

Abbildung 7.4: Unterschiedliche Darstellung in den Anwendungsmodellen

   Dabei ist die *is-a*-Relation im *forward* ooAM in ihrer Originalform vorhanden, währenddessen im *reverse* ooAM die *is-a*-Relation lediglich durch einen einzigen Subtyp repräsentiert wird.

2. Keine Entsprechung für die *is-a*-Relation im *reverse* ooAM:

   Umgekehrt kann jedoch auch der Fall auftreten, daß eine *is-a*-Relation zwar im *forward* ooAM auftritt, im *reverse* ooAM jedoch keine Entsprechung dazu vorhanden ist. Dies kann auf einen Fehler in der Generierung des ERDs bzw. des statischen ooAMs zurückgeführt werden, muß aber nicht der Fall sein, wie das folgende Beispiel zeigt. Dieses Problem muß dann vom Reuse Engineer geklärt werden.

Beispiel:

Die in den obigen Beispielen angesprochene Problematik zwischen `norm_LS` und `bar_LS` kann im prozeduralen Programm durchaus ohne Verwendung eines Varianten-Records implementiert worden sein, so daß korrekterweise keine *is-a*-Relation identifiziert werden kann:

```
TYPE Lieferschein = RECORD
       LiefNr:INTEGER;  {Lieferscheinnummer}
       Knr:INTEGER;     {Kundennummer}
       ...
       ArtList:ARRAY[1..4] OF Artikel;{max.4 Artikel}
       Zustand:(fakt, nicht_fakt, offen, bezahlt);
       Betrag:REAL;
                         END;
```

In diesem Fall gibt es nur einen Datentyp `Lieferschein`, der beide Arten von Lieferscheinen realisiert. Die Redefinition des Attributs `Zustand` wird durch eine Erweiterung des Wertebereichs von `Zustand` auf beide Wertebereiche umgangen. Das für den `bar_LS` erforderliche, zusätzliche Attribut `Betrag` wird beim `norm_LS` einfach mit dem Wert 0 belegt.

Bei Betrachtung der beiden objektorientierten Anwendungsmodelle ergibt sich daher das in Abbildung 7.5 dargestellte Bild.

Ein möglicher Lösungsansatz für eine solche "verschleierte" *is-a*-Relation ist die Untersuchung der Datenstruktur, ausgehend vom objektorientierten Anwendungsmodell. Mit dem Wissen, daß im Anwendungsmodell eine solche *is-a*-Relation existiert und welche die dazugehörigen Attribute (zusätzliche wie redefinierte) sind, kann der Reuse Engineer im Programm nach diesen Attributen bzw. Komponenten der Datenstruktur suchen und eine solche "verschleierte" *is-a*-Relation aus der Deklaration erkennen.

Eine weitere Möglichkeit ist die Suche nach funktionalen Indizien für das Vorliegen einer "verschleierten" *is-a*-Relation im Source Code.

Dazu untersucht der Reuse Engineer den Source Code (genauer den Kontrollfluß) für jene Datenstruktur, die als Kandidat für eine *is-a*-Relation in Frage kommt, insbesondere jene Komponenten, die Teile

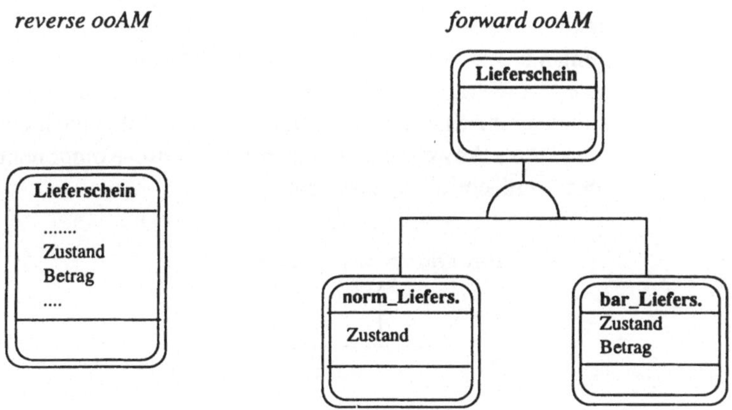

Abbildung 7.5: Keine Entsprechung im reverse ooAM

der Subtypen sind (bzw. aufgrund des *forward* ooAMs sein sollten). Aus dem Kontrollfluß – bezogen auf diese Komponenten – können verschiedene Indizien für das Vorliegen einer "verschleierten" *is-a*-Relation abgeleitet werden. Solche sind u.a.:

- Erfolgt eine "Null-Initialisierung" der betreffenden Komponente (i.Bsp. `Betrag := 0`), mit einer späteren Redefinition, d.h. Wertebelegung (`Betrag:= ...`), so kann daraus das Vorliegen einer *is-a*-Relation abgeleitet werden.

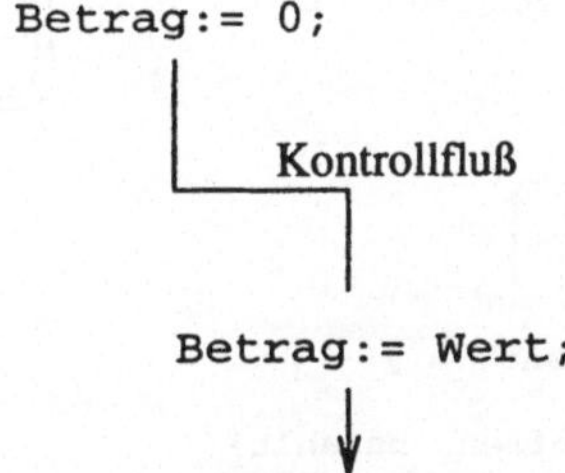

Abbildung 7.6: "Null-Initialisierung" und Redefinition

- Eine Initialisierung ist jedoch nicht immer erforderlich bzw. wird nicht immer durchgeführt, falls garantiert werden kann, daß eine Wertebelegung in jedem Fall erfolgt. Bei Belegung mit verschiedenen Werten in den "Ästen" der Verzweigung ist es schwierig, funktional eine *is-a*-Relation abzuleiten. Dennoch ist eine Erstbelegung mit einer Konstanten nach einer `IF` oder `CASE` Anweisung bei mehreren Record-Komponenten als sehr "verdächtig" einzustufen.

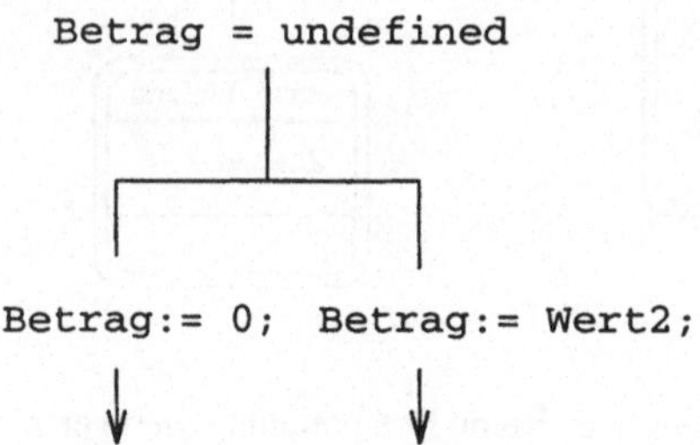

Abbildung 7.7: Keine Initialisierung, aber Verzweigung

- Im Falle von beschränkten Wertebereichen (i.Bsp. die Komponente `Zustand` mit `Zustand:= (fakturiert, nicht_fakturiert, offen, bezahlt))` läßt sich eine Redefinition bei voriger Initialisierung u.U. aus dem Kontrollfluß erkennen und ableiten.

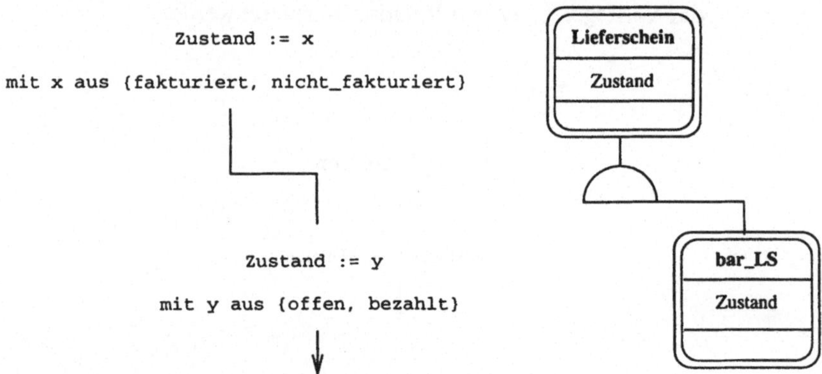

Abbildung 7.8: Beschränkter Wertebereich und Redefinition

- Eine wechselseitige ausschließliche Verwendung einer solchen

Datenstruktur (i.Bsp. `Zustand`) läßt auf eine *is-a*-Relation ohne Supertyp-Definition schließen.

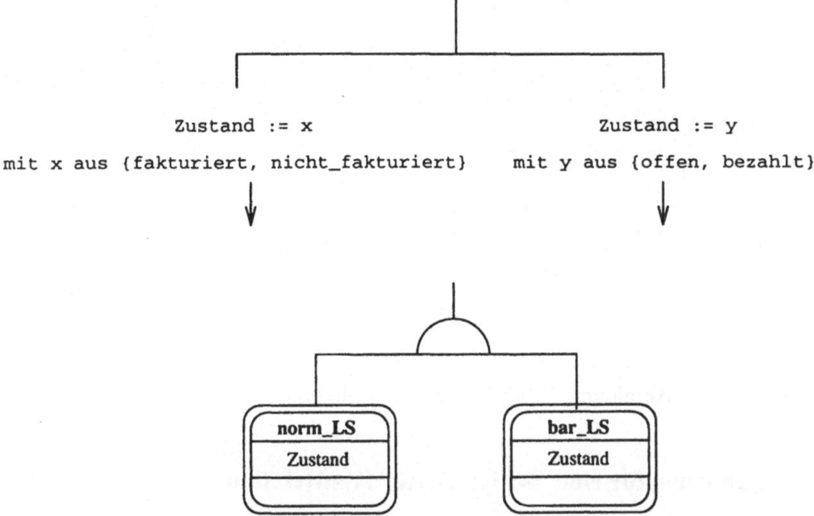

Abbildung 7.9: Wechselseitige ausschließliche Verwendung

Eine weitere Möglichkeit des "verschleierten" Auftretens einer *is-a*-Relation im *reverse* ooAM ist gegeben, falls zwei unterschiedlich bezeichnete und als verschieden behandelte Objekte des *reverse* ooAMs eigentlich Subtypen einer *is-a*-Relation sind, die im *forward* ooAM erscheint. Daher kann vorerst keine Abbildung zwischen *reverse* und *forward* ooAM für diese Struktur gefunden werden.

Beispiel:

In diesem Beispiel ist die im *forward* ooAM auftretende *is-a*-Struktur `Lieferschein` in Form von zwei getrennten Objekten `LS` und `Bar_Rech` (eine `Rechnung`, die aber tatsächlich ein `Bar_Lieferschein` ist) realisiert (vgl. Abbildung 7.10).

Aus der Bezeichnung und der Struktur erscheinen diese beiden "Strukturen" (die im *reverse* ooAM eigentlich keine Struktur bilden, sondern unabhängige Objekte sind) als verschieden.

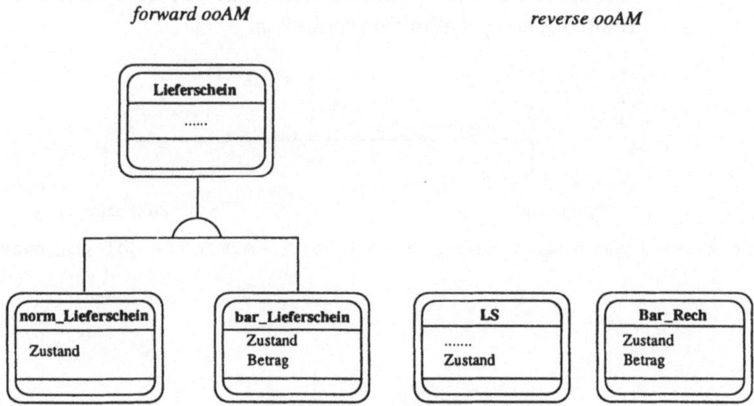

Abbildung 7.10: Getrennte Objekte im reverse ooAM

Indizien für eine "verschleierte" is-a-Relation

Das Vorliegen einer "verschleierten" *is-a*-Relation im *reverse* ooAM läßt sich aus einer Reihe von Indizien ableiten, die durch genauere Untersuchung des Source Codes vom Reuse Engineer erhärtet werden können. Solche Indizien sind u.a.:

- Ähnlichkeiten in der Bezeichnung der Objekte:

  Eine solche kann – wie obiges Beispiel deutlich zeigt – unter Umständen stark "verschleiert" vorliegen und schwer eruierbar sein.

- Ähnlichkeit in der Anzahl, Bezeichnung und Bedeutung der Attribute der Objekte:

  Die Übereinstimmung einer großen Teilmenge der Attribute stellt ein wesentlich stärkeres Indiz dar als z.B. die zuvor erwähnte Ähnlichkeit der Bezeichnungen der Objekte.

  Spezielle Attribute können als besondere Indizien für eine Übereinstimmung gewertet werden, wie etwa

  - die Redefinition von Attributen (in obigem Beispiel etwa `Zustand`)
  - die Erweiterung der Attributmenge durch weitere Attribute (in obigem Beispiel `Betrag` im Objekt `Bar_Rech`)

- Funktionale Ähnlichkeiten:

  Die Untersuchung funktionaler Ähnlichkeiten versucht die ähnliche Verwendung von unterschiedlichen Objekte zu identifizieren.

  "Verschleierte" *is-a*-Relationen in oben beschriebener Form entstehen im prozeduralen Programm sehr oft bei der Erweiterung von bestehenden Systemen um sehr ähnliche Programmteile, die sich oftmals nur in Kleinigkeiten unterscheiden. Aus Sicherheitsgründen (Seiteneffekte etc.) wird aber eine eigene Datenstruktur und dafür ein eigener Programmzweig eingeführt, so daß letztendlich das zuvor beschriebene Bild einer "verschleierten" *is-a*-Relation entsteht.

  Beim Versuch, eine solche Relation zu identifizieren, kann also diese Ähnlichkeit der Programmfunktion als verstärktes Indiz für das Vorliegen einer *is-a*-Relation verwendet werden.

  Zur Überprüfung der funktionalen Ähnlichkeit der Programmteile, die die betreffenden Objekte manipulieren, ist es daher notwendig, daß der Reuse Engineer den Source Code genauer untersucht. Dafür bieten sich grundsätzlich die folgenden zwei Möglichkeiten an:

  - Detaillierte Untersuchung des Source Codes der entsprechenden Programmteile (Module, Prozeduren, Funktionen) auf deren funktionale Äquivalenz. Dies ist jedoch sicherlich ein sehr aufwendiges Verfahren, stellt aber die einzig wirklich garantierte Möglichkeit zur Identifikation einer "verschleierten" *is-a*-Relation dar.
  - Eine einfachere, dadurch jedoch auch unschärfere Möglichkeit zur Untersuchung der Ähnlichkeiten von Prozeduren ist die Betrachtung von deren Signaturen.[1] Ähneln sich die Signaturen der betreffenden Prozeduren (Services) beider Anwendungsmodelle, so kann das als Indiz für die Ähnlichkeit der Programmteile gewertet werden.

    Für einen Abgleich der Signaturen ist es erforderlich, eine Abbildung zwischen den Attributen (bzw. Attribut-Typen) bezüglich deren (vermuteter) Äquivalenz zu definieren.

    Beispiel:

    Definition einer Abbildung zwischen den Attribut-Typen der Prozeduren der beiden Modelle:

[1] Eine detaillierte Beschreibung, wie Signaturen von Prozeduren bestimmt werden können, findet sich im Abschnitt 7.4.2.

Attributtyp im *forward* ooAM		Attributtyp im *reverse* ooAM
A	$\longrightarrow$	A′
B	$\longrightarrow$	B′
...		
keine Entsprechung	$\longrightarrow$	Betrag′

In einem weiteren Schritt müssen die Muster der Signaturen der Prozeduren bzw. Funktionen in den beiden Modellen verglichen und auf Ähnlichkeit untersucht werden.

Beispiel:
Durch die Übereinstimmung einer größeren Anzahl von Signaturen kann eine Ähnlichkeit der Programmteile abgeleitet werden:

forward ooAM		
p_1: A × B	$\longrightarrow$	C
p_2: A × A × C	$\longrightarrow$	B,A
...		

reverse ooAM		
p'_1: A′ × C′	$\longrightarrow$	C′
p'_2: A′ × B′	$\longrightarrow$	C′
p'_3: A′ × A′ × C′	$\longrightarrow$	B′,A′
p'_4: A′ × Betrag′	$\longrightarrow$	Betrag′
...		

Eine vollständige Übereinstimmung wird sicherlich nicht der Fall sein, da die zusätzlichen Attribute (i.Bsp. `Betrag′`) natürlich in Signaturen auftreten werden und daher Unterschiede entstehen. Trotzdem kann aus dem Signaturvergleich auf eine Äquivalenz der Programmteile und somit auf das Vorliegen einer "verschleierten" *is-a*-Relation geschlossen werden (vgl. die folgende Abbildung 7.11).

Findet man durch den Abgleich der Signaturen keine Abbildungsmöglichkeit der vorliegenden Objekte auf eine Struktur des *forward* ooAMs, so muß – wie im vorigen Punkt erwähnt – der Source Code im Detail durch den Reuse Engineer auf das Vorliegen einer Ähnlichkeit untersucht werden.

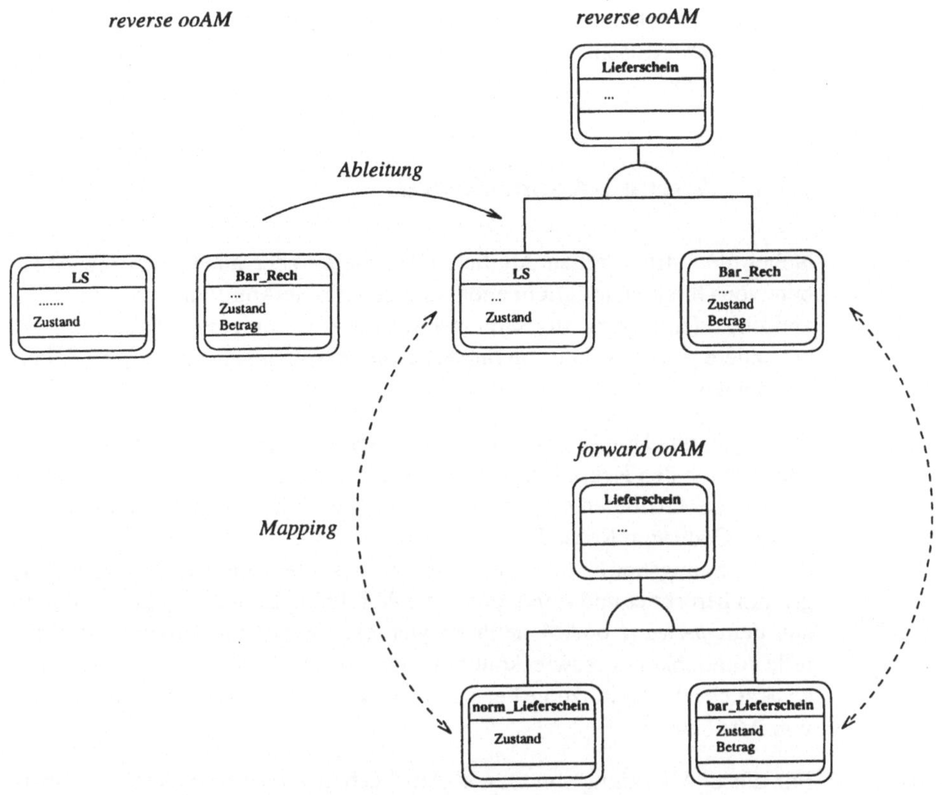

Abbildung 7.11: Ableitung von Struktur-Ähnlichkeiten

3. Keine Entsprechung der *is-a*-Relation im *forward* ooAM:

   Dieser Fall deutet auf einen Fehler in der *reverse* Generierung des statischen ooAMs hin. Andererseits ist nicht sichergestellt, daß bei der Modellierung des *forward* ooAMs nicht eine solche Relation vergessen wurde bzw. die Anforderungen an das System bei der Erstellung des *forward* ooAMs anders interpretiert wurden als zu dem Zeitpunkt, als das System dann tatsächlich implementiert worden ist. Dieser Fall kann ebenso nur durch einen Eingriff des Reuse Engineers in den Prozeß der Abbildung der Anwendungsmodelle gelöst werden. Der Reuse Engineer muß versuchen, dem Fehler (im statischen ooAM) auf den Grund zu gehen bzw. im anderen Falle einer fehlerhaften Interpretation der Anforderungen nachzugehen.

Darüber hinaus kann der Unterschied auch auf die verschiedenen Abstraktionsniveaus von *forward* und *reverse* ooAM zurückgeführt werden.

7.2.2 Attribut-Ähnlichkeiten

Neben den strukturellen Ähnlichkeiten bieten aber auch noch die Attribute von Objekten Möglichkeiten, Indizien für die Abbildung von Objekten zwischen den beiden Anwendungsmodellen zu definieren. Dafür sind insbesondere jene Attribute von Interesse, die in beiden Anwendungsmodellen erscheinen.

Synonym- und Homonym-Probleme müssen auf dieser hohen Abstraktionsebene durch den Reuse Engineer aufgelöst werden. Die semantische Äquivalenz von Attributen kann nämlich durch funktionale Untersuchungen des Source Code vom Reuse Engineer festgestellt werden. Beispielsweise wird der Rechnungsbetrag (`re-betrag`) an einer bestimmten Stelle im Programm berechnet und somit kann eine Abbildung zu den Objekt-Attributen aus dem *forward* ooAM definiert werden. Zuvor identifizierte strukturelle Ähnlichkeiten, sowie Ähnlichkeiten bei der Objektbezeichnung bieten zusätzliche Unterstützung bei der Auflösung der Bezeichnungsprobleme von Attributen.[2]

Attribut-Ähnlichkeit

Für diese Abbildung von Objekt-Attributen des *reverse* ooAMs auf Attribute von Objekten des *forward* ooAMs lassen sich einige Indizien festhalten:

1. Attribut-Ähnlichkeiten hinsichtlich deren Bezeichnung und deren Anzahl im untersuchten Objekt:

   Dazu muß angemerkt werden, daß die Objekt-Attribute im *forward* ooAM keinen speziellen Typ (wie z.B. `integer`) aufweisen, was deren gegenseitige Abbildung erschwert. Die Objekt-Attribute des *forward* ooAMs haben eine semantisch reiche Bezeichnung, was zusammen mit den Typangaben aus dem *reverse* ooAM eine gegenseitige Abbildung erleichtern kann. Klarerweise ist für den Prozeß des Attribut-Mappings der Reuse Engineer mit seinem Domänenwissen von großer Bedeutung.

---

[2] D.h., es ist naheliegend, daß ein Objekt `Rechnung` ein Attribut `Betrag` (oder ähnlich) besitzt. Durch dieses Wissen kann der Reuse Engineer die Komponente `re-betrag` als solches Attribut identifizieren.

In einem *reverse* ooAM kommen im untersuchten Objekt i.a. mehr Attribute vor, als dies im *forward* ooAM der Fall ist. Dies liegt daran, daß einerseits die beiden Anwendungsmodelle unterschiedlich entstanden sind und andererseits im *reverse* ooAM wesentlich mehr Design-Information (höherer Detaillierungsgrad) enthalten ist.

2. Ähnlichkeiten bezüglich der Attribut-Relationen (*instance connections*) zwischen Objekten:

   Die *instance connections* des *reverse* ooAMs wurden aus dem Source Code abgeleitet und entstanden aufgrund von Schlüsselattributen in den einzelnen Entitäten bzw. Objekten. Im *forward* ooAM wurden die Attribut-Beziehungen (im Anwendungsmodell existieren ja keine Schlüsselattribute) durch *instance connections* spezifiziert. Je mehr Schlüsselattribute im *reverse* ooAM ermittelt werden konnten, desto feiner ist dieses Anwendungsmodell und umso größer ist die Wahrscheinlichkeit, eine Entsprechung im Anwendungsmodell des Soll-Systems zu finden.

Attribut-Entsprechung

Neben den angeführten Indizien bzw. Ähnlichkeiten zwischen den Objekt-Attributen der beiden Anwendungsmodelle gilt es noch einige wichtige Probleme zu betrachten, die bei der Abbildung von *instance connections* auftreten können:

1. *Instance connections* des *forward* ooAMs haben keine Entsprechung im *reverse* ooAM:

   Dies deutet darauf hin, daß nicht alle Schlüsselattribute im Source Code identifiziert werden konnten. Eine solche Beziehung muß demnach im Source Code zu finden sein, was gleichzeitig die Aufgabe des Reuse Engineers darstellt. Dieser kann die beiden Modelle möglicherweise durch entsprechende Untersuchungen zusammenführen.

   Dabei wurde bei der Untersuchung der dem Objekt `Lieferschein` zugrundeliegenden Datenstruktur das Schlüsselattribut `Knr` (Kundennummer) irrtümlich nicht als solches identifiziert. Bei genauerer Untersuchung der Deklaration im Source Code ist dies jedoch möglich:

```
TYPE Lieferschein = RECORD
       LiefNr:INTEGER; {LS-Nummer}
       ...
       Knr:INTEGER; {Kundennummer}
       ...
                   END;
     Kunde = RECORD
       Knr:INTEGER; {Kundennummer}
       ...
            END;
```

Die Komponente `Knr` im `Lieferschein` dient als Verbindung zwischen den Datenstrukturen `Lieferschein` und `Kunde` (Attribut-Relation) und ist daher im objektorientierten Anwendungsmodell durch eine entsprechende *instance connection* darzustellen. Das Schlüsselattribut `Knr` im Objekt `Lieferschein` ist als solches zu markieren.

2. *Instance connections* des *reverse* ooAMs haben keine Entsprechung im *forward* ooAM:

   Im prozeduralen System ist offensichtlich eine Schlüsselattribut-Beziehung realisiert, die im *forward* ooAM nicht auftritt. Es gilt dabei wiederum zu untersuchen, ob im Prozeß der Identifikation dieser Beziehung nicht ein Fehlerfall eingetreten ist, der somit die Abbildung nicht ermöglicht.

   Außerdem muß der Fall berücksichtigt werden, daß es sich bei der im *forward* ooAM "fehlenden" *instance connection* um eine auf Analyseniveau nicht benötigte bzw. erkennbare Attribut-Relation handeln könnte, die im *reverse* ooAM aufgrund des wesentlich höheren Detaillierungsgrades jedoch auftritt.

   Eine im *forward* ooAM vorerst fehlende *instance connection* kann – falls sie wirklich benötigt wird – im Zuge des Verfeinerungsprozesses des Anwendungsmodells in Richtung objektorientiertes Design jedoch wieder auftreten.

3. Das *reverse* ooAM weist mehr Attribute auf:

   Dies liegt vor allem in der unterschiedlichen Granularität der beiden Modelle begründet, da das *reverse* ooAM Design-Informationen enthält, die sich zum Teil natürlich auch in den Attributen widerspiegeln. Darüber hinaus kann es der Fall sein, daß sich unter den Attributen eines Objektes noch immer (nicht erkannte) Schlüsselattribute befinden, die durch die Abbildung von *instance connections* erst herausgefiltert werden müssen.

4. Das *forward* ooAM weist mehr Attribute auf:

   Es können bei der Erstellung des statischen ooAMs aus dem ERD Attribute (durch komplexe verschachtelte Deklarationen im Source Code) übersehen worden sein, die hier plötzlich von der Seite des *forward* ooAMs in die Abbildung eingebracht werden. Andererseits ist es auch möglich, daß im *forward* ooAM eine Art "Überspezifikation" vorliegt, die aufgrund des Abstraktionsgrades des Anwendungsmodells Attribute vorsieht, die in einer konkreten Implementierung keine Notwendigkeit darstellen.

5. Unterschiedliche Benennung der Attribute:

   Das Problem der Benennung (Synonyme, Homonyme, Akronyme) ist ein generelles Problem bei der Abbildung von Objekten des *reverse* ooAMs auf Objekte des *forward* ooAMs. Bei der Untersuchung der Attribute bietet auf der Ebene des Ist-Systems zusätzlich zur Bezeichnung eines Attributes auch sein spezieller Typ (z.B. `integer`) weitere semantisch wichtige Informationen zur Identifikation einer Entsprechung. Daß dieser Prozeß nicht automatisch durchgeführt werden kann, liegt genau in diesem Bereich der semantischen Äquivalenz von unterschiedlichen Bezeichnungen. Für eine sinnvolle gegenseitige Abbildung der beiden Anwendungsmodelle ist ein Reuse Engineer unerläßlich.

7.2.3 Service-Ähnlichkeiten

Als weitere Art von Ähnlichkeiten zwischen dem Soll-System und dem Ist-System bieten sich die *services* und die *message connections* von Objekten an.

Grundsätzlich muß bei der Abbildung der Services die unterschiedliche Granularität der Anwendungsmodelle berücksichtigt werden. Dies bezieht sich sowohl auf die Benennung der Services wie auch auf deren Parameter bzw. konkrete Parametertypen. Während im *forward* ooAM die Parameter sehr abstrakt angegeben sind, handelt es sich im *reverse* ooAM um konkrete Parameter mit ihren zugeordneten Typen aus der Implementierung des Systems. Abgesehen von der unterschiedlichen Anzahl von Services bieten die Services des *forward* ooAMs jedoch zusammen mit ihrer Spezifikation (meist in Pseudo-Code) eine sehr gute Basis für einen erfolgreichen Abbildungsprozeß.

Neben den Services sind aber auch noch die Service-Relationen, die sogenannten *message connections*, für diesen Prozeß von Bedeutung.

Service-Ähnlichkeiten Die Ähnlichkeiten zwischen *reverse* und *forward* ooAM lassen sich sowohl hinsichtlich der Services an sich als auch der *message connections* zwischen den Objekten gruppieren:

1. Ähnlichkeiten bezüglich der Services:

   Eine erste, grobe Grundfunktionalität eines Service-Kandidaten läßt sich aus dessen Bezeichnung zusammen mit seinen Parametern und dessen konkreten Typen aus dem *reverse* ooAM ableiten. Für die Untersuchung der Ähnlichkeiten der Services muß zusätzlich noch die Spezifikation der Services des *forward* ooAMs herangezogen werden. Betrachtet man die Indizien für die Abbildung in beiden Anwendungsmodellen, so läßt sich bereits ein erster Abgleich auf dieser Ebene durchführen.

   Die genaue Funktionalität der Services des *forward* ooAMs muß aus dem Source Code ermittelt werden, falls sich kein rascher Abgleich zwischen den Modellen für einen bestimmten Service finden läßt.

2. Ähnlichkeiten bezüglich der *message connections*:

   Hierbei gilt es, *message connections* des *forward* ooAMs auf jene des *reverse* ooAMs abzubilden. Dabei muß berücksichtigt werden, daß aufgrund von mehrdeutigen Services zunächst im *reverse* ooAM wenig Entsprechungen direkt ablesbar sind. Nach der Auflösung dieser Mehrdeutigkeiten (vgl. Abschnitt 7.3) kann jedoch u.U. durch Vergleich der "Muster" von *message connections* eine Abbildung gefunden werden.

Service-Entsprechung Eine solche Abbildung von Service-Ähnlichkeiten bedarf natürlich der Berücksichtigung verschiedener, u.U. auftretender Probleme:

1. Die Benennung der Prozeduren wird in den meisten Fällen nicht jener der Services aus dem *forward* ooAM entsprechen. Diese Barriere kann aber vom Reuse Engineer durch das Miteinbeziehen zusätzlicher Informationen über einen speziellen Service überwunden werden: Dabei handelt es sich um Informationen, die aus der Spezifikation des Service aus dem *forward* ooAM bezogen werden, und um die Grundfunktionalität der Prozeduren, die ja aus dem Prozedurnamen und den Parametern samt Typen abgeleitet werden kann.

2. Die Parameter von Prozeduren sind komplett verschieden von den spezifizierten Parametern im *forward* ooAM. Dies deutet darauf hin,

daß die Prozedur selbst nicht für eine entsprechende Abbildung ausreichend ist. Ein solcher Fall kann u.U. durch Zusammenfassen von mehreren Prozeduren zur Entsprechung für einen Service gelöst werden (vgl. Abschnitt 7.4).

3. Durch die Erzeugung des *reverse* ooAMs aus dem ERD besteht aufgrund der vorhandenen Design-Information in diesem Anwendungsmodell die Möglichkeit, daß die vorhandenen Services (in diesem Fall handelt es sich ja um Prozeduren des Systems) von zu feiner Granularität für eine Abbildung sind. Auch hier muß der Reuse Engineer mehrere Prozeduren von zu feiner Granularität entsprechend zusammenfassen, um eine Abbildung zwischen den beiden Anwendungsmodellen zu ermöglichen. Diesen Fall wollen wir im Abschnitt 7.4 ausführlich diskutieren.

4. Im *reverse* ooAM gibt es durch das geringere Abstraktionsniveau (Prozeduren) u.U. mehr *message connections*, die im *forward* ooAM nicht identifiziert werden können. Dies hat aber insofern keine negativen Auswirkungen, da die Abbildung vom Soll-System ausgeht und versucht, die Soll-Relationen (*message connections*) auf die Ebene des *reverse* ooAMs abzubilden. Die *message connections*, die nicht abgebildet werden können, werden einfach als Design-Information betrachtet und einem späteren Abbildungsprozeß (objektorientiertes Design) überlassen.

5. Durch mehrdeutige Service-Kandidaten im *reverse* ooAM (für die noch keine *message connections* ins Modell aufgenommen worden sind), findet man u.U. keine Entsprechung im Soll-System. Aus diesem Grund ist ein nochmaliger Abgleich nach dem Auflösen der Mehrdeutigkeiten (vgl. Abschnitt 7.3) bezüglich der *message connections* notwendig, um die Indizien zu erhärten.

   Nach Auflösung der mehrdeutigen Services und Ersetzung derselben durch eventuell notwendige *message connections* ist ein Mapping zwischen den beiden Anwendungsmodellen leichter möglich.

Die angeführten Probleme können einerseits durch die Auflösung von mehrdeutigen Service-Kandidaten (samt "Nachziehen" der *message connections*) und andererseits durch die Zuordnung der Prozeduren zu einer gesuchten Funktion (= Service) gelöst werden. Wir wollen uns nun speziell diesen beiden Ansätzen näher zuwenden.

7.3 Auflösung von Mehrdeutigkeiten bei Service-Kandidaten

Vor der Behandlung der Zuordnung von Prozeduren zu einem Service muß die mehrfache Zuordnung von Service-Kandidaten zu Objekten aufgelöst werden.

Dazu gilt es nochmals die Ausgangssituation, die zu diesen Mehrfach-Zuordnungen führte, zu betrachten:

Im Zuge der Umwandlung des statischen oAMs in das *reverse* ooAM müssen die Prozeduren des Ausgangssystems als Services den entsprechenden Objekten (die aus den Entitäten des ERDs entstehen) zugeordnet werden. Dabei kann der Fall auftreten, daß eine Prozedur mehrere Datenstrukturen manipuliert (d.h. in deren *manipulate*-Tabellen auftritt), die später zu Objekten werden, so daß nicht eindeutig entschieden werden kann, welchem Objekt die Prozedur als Service zugeordnet werden soll.

Da bei der Generierung des *reverse* ooAMs nicht ausreichend Information für eine zuverlässige Auflösung zur Verfügung steht, werden die mehrdeutigen Service-Kandidaten vorerst allen in Frage kommenden Objekten zugeordnet und als solche speziell gekennzeichnet.

Im Zuge des Mapping-Prozesses zwischen *reverse* ooAM und *forward* ooAM steht nun weitere Information für die Auflösung dieser Mehrfach-Zuordnungen zur Verfügung.

Für die Auflösung der mehrdeutigen Services bedienen wir uns der Möglichkeit, Objekte des *reverse* ooAMs, deren Entsprechung im *forward* ooAM identifiziert wurde, mit diesen zu vergleichen. Dadurch kann relativ einfach und zuverlässig festgestellt werden, welches Objekt des *forward* ooAMs den entsprechenden Service besitzt und welchem Objekt im *reverse* ooAM dieser tatsächlich zugeordnet werden soll.

Mapping-Indizien

Für alle jene Objekte des *reverse* ooAMs, die als mehrdeutig gekennzeichnete Service-Kandidaten enthalten, müssen alle bisher identifizierten Mapping-Indizien untersucht werden:

- Aufgrund der Indizien aus den vorigen Untersuchungen wird eine Liste von Entsprechungen erzeugt, die ausweist, welche Objekte des *forward* ooAMs welchen Objekten aus dem *reverse* ooAM entsprechen. Dies betrifft die Indizien bezüglich Bezeichnung, Struktur, Attributen und Services.

- Für jene Objekte aus dieser Liste, die mehrdeutige Service-Kandidaten aufweisen, muß eine entsprechende Auflösung (d.h. Service-Kandidaten sind danach eindeutig einem einzigen Objekt zugeordnet) durchgeführt werden:

  Bei einem mehrdeutigen Service-Kandidaten wird versucht, diesen auf einen Service eines Objekts des *forward* ooAMs abzubilden. Eine solche Entsprechung muß gefunden werden, da ansonsten eine Auflösung der Mehrdeutigkeit nicht möglich ist. Es kann jedoch sein, daß ein mehrdeutiger Service-Kandidat eine Teilfunktion eines anderen Services repräsentiert und somit nicht aufgelöst werden kann. In diesem Fall erfolgt die Auflösung durch den Reuse Engineer. Wird eine solche Zuordnung zu einem Objekt auf Ebene des *forward* ooAMs gefunden, so wird der Service-Kandidat aus allen anderen Objekten (in denen dieser als mehrdeutiger Service-Kandidat angeführt ist) eliminiert. Somit ist die Eindeutigkeit aller Service-Kandidaten gegeben.

- Bei der Elimination von mehrdeutigen Service-Kandidaten aus dem *reverse* ooAM gilt es zu beachten, daß damit eine Ersetzung dieses Service durch einen entsprechenden Aufruf (= *message connection*) verbunden sein kann. Dadurch, daß Komponenten aller potentiellen Objekte von einem mehrdeutigen Service-Kandidaten entweder verwendet oder manipuliert werden, muß nach der Elimination sichergestellt sein, daß die Funktionalität des Systems aufrechterhalten bleibt. Nachstehendes Beispiel veranschaulicht das "Nachziehen" von *message connections*.

  Beispiel:

  Betrachten wir das bereits zuvor eingeführte Beispiel zur Demonstration eines mehrdeutigen Services: Darin besteht ein funktionaler Zusammenhang zwischen der Prozedur `erstelle_LS` und den Objekten `Lieferschein` und `Kunde` über deren m-Tabellen:

```
PROCEDURE erstelle_LS (...);
BEGIN
   LS.kundennr := Kunde.kundennr;
   LS.artnr := Artikel.artnr;
   IF Betrag > 100.000 THEN
      Kunde.rabatt := Kunde.rabatt + zuschlag;
   ...
END;
```

  Da sowohl die Datenstruktur `Lieferschein` als auch `Kunde` (die zu Objekten werden) von der Prozedur `erstelle_LS` manipuliert werden, kann nicht entschieden werden, welchem Objekt diese Prozedur als Service zugeordnet werden soll. Sie wird daher als mehrdeutiger Service beiden Objekten zugeordnet und mit einem '*' gekennzeichnet.

Nach dem Mapping der Objekte zwischen dem *reverse* und dem *forward* ooAM, kann relativ leicht festgestellt werden, daß der Service *erstelle_LS* tatsächlich dem Objekt `Lieferschein` zugeordnet und im Objekt `Kunde` gestrichen werden soll.

Bei der Streichung des Services im Objekt `Kunde` muß jedoch überprüft werden, ob dieser Service nicht lokal von einem anderen Service (Prozedur) verwendet (d.h. aufgerufen) wird.

In diesem Fall muß der lokale Aufruf des gestrichenen Services durch eine entsprechende *message connection* zum betreffenden Objekt, das den Service dann tatsächlich enthält, ersetzt werden.

7.4 Festlegung von Services des Ziel-ooAMs

Da im *reverse* ooAM Prozeduren als Service-Kandidaten verwendet werden, sind diese in manchen Fällen von zu feiner Granularität für eine Abbildung auf einen abstrakteren Service des *forward* ooAMs. Für ein Mapping von Prozeduren auf Services ist es daher oft notwendig, mehrere Prozeduren des *reverse* ooAMs einem Service zuzuordnen.

Findet sich keine eindeutige Abbildung einer Prozedur auf einen Service, so bietet sich für eine Zusammenfassung von Prozeduren eine mehrstufige Vorgangsweise an.

7.4.1 Untersuchung der Funktionalität von Services und Prozeduren

Der Reuse Engineer muß versuchen, die genaue Funktionalität der Prozeduren sowie Services zu ermitteln:

1. Zuerst wird die Spezifikation des Services im *forward* ooAM untersucht. Diese kann in Form einer Pseudo-Code-Spezifikation neben dem objektorientierten Anwendungsmodell vorliegen. Der Reuse

Engineer ermittelt sozusagen die Anforderungen an eine oder mehrere Prozeduren des Source Codes, die diese Funktionalität erfüllen. Dadurch, daß sowohl das *forward* als auch das *reverse* ooAM die selben Systemanforderungen haben, muß die gesuchte Funktionalität im Source Code repräsentiert sein.

2. Der Reuse Engineer untersucht dann die Funktionalität der potentiellen Service-Kandidaten des Objekts (Prozeduren). Die Funktionalität eines Services kann u.U. nur durch die Kombination mehrerer Service-Kandidaten (Prozeduren) erreicht werden.

   Beispiel:

   In diesem Beispiel verkörpern die Prozeduren `get_liefnr`, `get_adrnr` und `berechne_LS` die Funktionalität des Services `gen_LS`. Der Service, einen `Lieferschein` einzulesen wird also im Source Code durch mehrere Prozeduren realisiert, die gemeinsam für die Funktionalität des Services stehen.

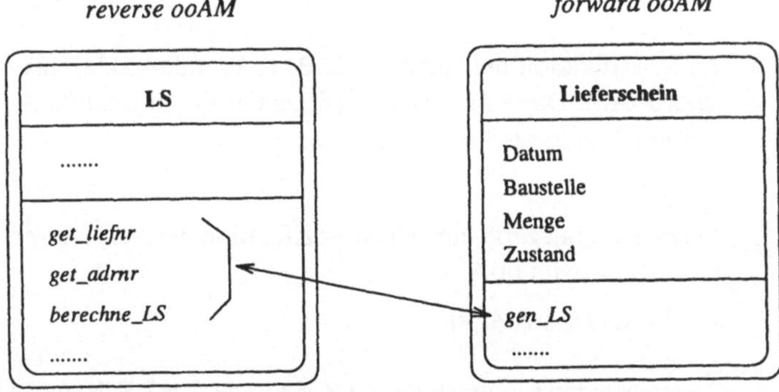

Es ist klar, daß eine Untersuchung zur Eruierung einer gemeinsamen Funktionalität von Prozeduren einen relativ großen Aufwand für den Reuse Engineer darstellt. Demgegenüber steht, daß eine solche positive Entsprechung eine wichtige Voraussetzung für die spätere Systemtransformation auf Source-Code-Ebene darstellt und das Ist-System mit diesem Mehraufwand sehr gut an ein objektorientiertes Soll-System angepaßt werden kann.

7.4.2 Die logische Zuordnung von Prozeduren zu Services

Bei der Untersuchung der Funktionalität von Services bzw. Service-Kandidaten (Prozeduren) müssen folgende zwei Fälle berücksichtigt werden:

1. Die Funktionalität eines Services entspricht genau der Funktionalität einer Prozedur.

   Dies stellt den einfachsten Fall für eine gegenseitige Entsprechung dar, da die beiden Services (bzw. Service und Service-Kandidat) direkt aufeinander abbildbar sind.

2. Die Funktionalität eines Services wird durch mehrere Service-Kandidaten (Prozeduren) erbracht.

In der Folge wollen wir uns auf den nicht-trivialen 2. Fall konzentrieren. Dabei muß der Reuse Engineer aus der Menge der Service-Kandidaten eines Objektes jene identifizieren, die auf einen entsprechenden Service eines Objektes des *forward* ooAMs abgebildet werden sollen.

Für diesen Prozeß der Abbildung mehrerer Service-Kandidaten (Prozeduren) auf einen Service stehen dem Reuse Engineer nur einige Anhaltspunkte zur Verfügung, wie etwa:

- Die Spezifikation des Services (z.B. in Pseudo-Code) aus dem *forward* ooAM. Diese muß ja schließlich der Funktionalität der zusammengefaßten Prozeduren entsprechen.

  Beispiel:

  Dieses Beispiel zeigt eine Grobspezifikation des Services *erstelle_LS* aus dem *forward* ooAM:

  erstelle_LS (K,L,A,Attr)

  > erstelle einen Lieferschein mit K = Kunde, L = LKW, A = Artikel, Attr = Attribute (Bestimmungsort, Menge, Abrechnungsart)
  > *ändereAttribut(Zustand, nicht_fakturiert)*

  Daraus läßt sich auch die Signatur des Services ableiten.

  Definition: *Signatur*

Unter der Signatur eines Datentyps versteht man die Menge der Sorten der beteiligten Daten sowie die darauf definierten Operatoren (vgl. [EGL89]).

  Im Falle einer Prozedur besteht die Signatur nur aus einer einzigen Operation, nämlich der Prozedur selbst. Die zugehörigen Sorten lassen sich aus der Prozedurschnittstelle und dem lokalen Environment ableiten und werden daher in unserer Schreibweise nicht explizit angeführt.

Die Signatur für obiges Beispiel ergibt sich daher zu:

erstelle_LS: Kunde × LKW × Artikel × Attr → Lieferschein

- Für die Definition der Signatur eines Service-Kandidaten (Prozedur) ist es erforderlich, das Ein-/Ausgabeverhalten der Prozedur zu untersuchen. Dieses kann sowohl explizit über Parameter an der Prozedurschnittstelle als auch implizit über globale Variablen im Sichtbarkeitsbereich der Prozedur erfolgen.

  1. Explizite Ein-/Ausgabe:
     Aus der Deklaration der Prozedurschnittstelle läßt sich die Signatur der Prozedur direkt ableiten:

     FUNCTION F (i_1 :in_type$_1$; ...; i_n:in_type$_n$) : o:out_type;

     liefert folgende Signatur:

     F: in_type$_1$ × ... × in_type$_n$ → out_type

     Variablenparameter können als Ein- und Ausgabeparameter dienen. Deren tatsächliche Verwendung muß daher im Prozedurkörper festgestellt werden: Eine rechtsseitige Verwendung eines Variablenparameters vor dessen linksseitiger Verwendung bedeutet, daß dieser sowohl für eine Eingabe als auch für eine Ausgabe benutzt wird. Ansonsten dient der Variablenparameter nur zur Ausgabe (Exportierung) von Ergebnissen.

     Abhängig von der Verwendung des Variablenparameters als Ein-/Ausgabe bzw. ausschießlich Ausgabeparameter ergeben sich folgende Anpassungen von Signaturen:

     PROCEDURE P (i_1 :in_type$_1$; ...; i_n :in_type$_n$; VAR io$_1$:io_type$_1$; ...; io$_m$:io_type$_m$);

     liefert folgende Signatur:

     P: in_type$_1$ × ... × in_type$_n$ × io_type$_1$ × ... × io_type$_m$ → io_type$_1$ × ... × io_type$_m$

     PROCEDURE P (i_1 :in_type$_1$; ...; i_n :in_type$_n$; VAR o_1 :o_type$_1$; ...; o_m :o_type$_m$);

liefert folgende Signatur:

$$P: in\_type_1 \times ... \times in\_type_n \rightarrow o\_type_1 \times ... \times o\_type_m$$

2. Implizite Ein-/Ausgabe:
   Das implizite Ein-/Ausgabeverhalten einer Prozedur läßt sich durch Untersuchung der globalen Variablen, die in der Prozedur entweder verwendet oder manipuliert werden, festlegen.
   Verwendete globale Variablen dienen als reine Input-Parameter, während manipulierte Variablen als Ein- bzw. Ausgabeparameter dienen können. Eine genaue Festlegung der manipulierten globalen Variablen läßt sich wiederum durch die Untersuchung der rechts- bzw. linksseitigen Verwendung analog wie bei den Variablenparametern durchführen.
   Die globalen Variablen, die zur Ein- bzw. Ausgabe verwendet werden, müssen natürlich in die Signatur der Prozedur mit aufgenommen werden.

Die Untersuchung der Signaturen hilft einen groben Abgleich zwischen den kombinierten Service-Kandidaten (Prozeduren) und dem Service durchzuführen. D.h. die Signatur der zusammengefaßten Prozeduren muß jener des Services entsprechen, damit die Funktionalität überhaupt übereinstimmen kann.

Beispiel:

Signatur des Services:

erstelle_LS: Kunde × LKW × Artikel × Attr → Lieferschein

Signaturen der Prozeduren:

get_Artikel: → Artikel
get_Kunde: → Kunde
get_LKW: → LKW
gen_LS: Kunde × LKW × Artikel × Attr → Lieferschein

Die Kombination obiger vier Prozeduren ergibt eine Signatur, die äquivalent zu jener des Service ist. Daraus kann zumindest kein Widerspruch zu einer möglichen Übereinstimmung abgeleitet werden.

Es wird deutlich, daß die Festlegung der Äquivalenz von Mengen von Prozeduren (in deren durch das prozedurale Ausgangssystem vorgegebenen Aufruffolge, also deren Hintereinanderausführung) und der Service-Spezifikation eine komplexe Aufgabe ist, die nur durch den Reuse Engineer gelöst werden kann.

Die Überprüfung der Äquivalenz der Signaturen kann für eine Zusammenfassung von Prozeduren zu einem Service bestenfalls als ein Hilfsmittel betrachtet werden.

7.4.2.1 Die Realisierung der Services durch Prozeduren

Bei der Zuordnung von Prozeduren zu Services muß nun natürlich die Implementierung (d.h. der Source Code) der Prozeduren dem entsprechenden Objekt zugeordnet werden.

Dabei sind verschiedene Punkte zu betrachten:

- Die Implementierung einer Prozedur entspricht dem gesamten Prozedurkörper sowie allen darin enthaltenen Informationen (das sind Variable mit lokaler Sichtbarkeit, weitere Prozedurimplementierungen u. dgl.):

```
PROCEDURE Service-Kandidat (...);
VAR lokale_Variablen
        PROCEDURE P1 ...
        VAR lokale_Variablen1
                PROCEDURE P11 ...
                VAR lokale_Variablen11
                ...
                PROCEDURE P1i ...
                VAR lokale_Variablen1i
        PROCEDURE Pn ....
        VAR lokale_Variablenn
        ...
BEGIN
    ... {Prozedur-Körper von Service-Kandidat}
END;
```

- Der gesamte Prozedurkörper jenes Service-Kandidaten (Prozedur), der auf einen Service des Objektes abgebildet wurde, ist in das Objekt zu übernehmen.

  Das Objekt enthält somit sowohl die Definition als auch die Realisierung für den entsprechenden Service.

- Im Falle, daß ein Service mehreren Prozeduren im prozeduralen Ausgangssystem entspricht (vgl. Abschnitt 7.4.2), kann die sehr abstrakte Service-Bezeichnung aus dem *forward* ooAM nicht übernommen werden. Dies würde eine umfangreiche Änderung des prozeduralen Source Code erfordern (Änderung aller Prozeduraufrufe auf die neuen Bezeichnungen u. dgl.).

Daher werden anstelle der abstrakten Service-Bezeichnungen alle jene Prozeduren, die diesen Service realisieren als Services des entsprechenden Objektes übernommen.

Die tatsächliche Zuordnung der Implementierung der Service-Kandidaten zu den entsprechenden Objekten erfolgt wie im folgenden Fall beschrieben.

- Zusätzlich zur statischen Definition einer Prozedur muß noch der dazugehörige Aufrufbaum (*calling tree*, CT) bei der Zuordnung von Prozeduren zu Objekten berücksichtigt werden.

Definition: *Aufrufbaum (CT)*

Unter dem Aufrufbaum einer Prozedur P verstehen wir alle jene Prozeduren, die im Zuge der Ausführung von P aufgerufen werden. Der Aufrufbaum gibt keine zeitliche Aufruffolge der Prozeduren wieder, sondern zeigt die Struktur der Prozeduraufruf-Ebenen.

Beispiel:

Die Prozedur `ls_erfass` (Lieferscheine erfassen) ruft mehrere, strukturell "tieferliegende" Prozeduren auf, die wiederum geschachtelt sind.

```
PROCEDURE ls_erfass (...);
BEGIN
   ...
   get_liefnr (...);
   ...
   get_Kunde (...);
   ...
   get_Artikel (...);
   ...
END;

PROCEDURE get_Kunde(...); PROCEDURE get_Artikel(..);
BEGIN                     BEGIN
   ...                       ...
   check_Kunde (...);        read_Artnr (...);
   ...                       ...
END;                      END;
```

Daraus läßt sich z.B. folgender Ausschnitt eines Aufrufbaumes für die Prozedur `ls_erfass` ableiten:

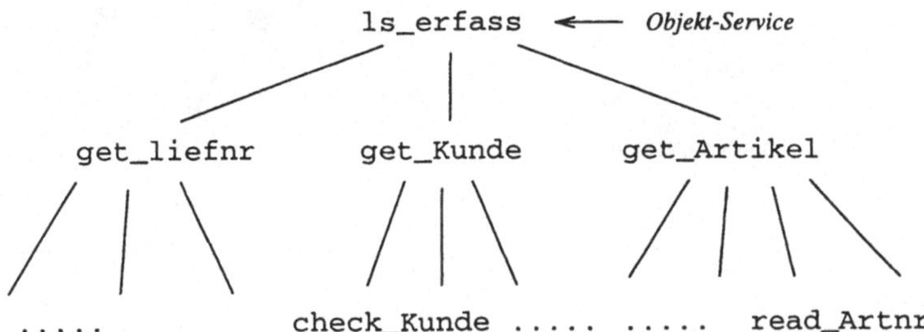

Für die nachfolgenden Untersuchungen wollen wir einen solchen Aufrufbaum konzeptuell wie folgt darstellen:

CT_j^i sei der Aufrufbaum für den Service S_j des Objektes O_i.

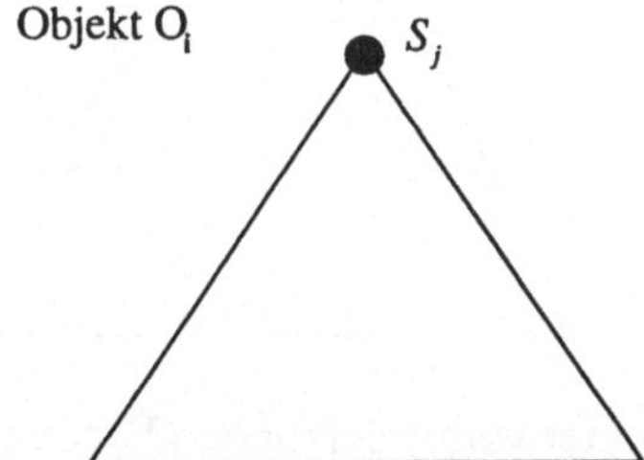

Prozeduren

Bei der Untersuchung des Aufrufbaumes werden alle jene Prozeduren $P \in CT_j^i$ des Service-Kandidaten mit in das Objekt übernommen, die von keiner anderen Prozedur "außerhalb" des betreffenden Objektes aufgerufen werden. Solche "außerhalb" des Objektes liegende Prozeduren P_e (aber $P_e \in CT_j^i$ des Service-Kandidaten) würden bei einer Mitübernahme in das Objekt das Prinzip des *Information Hidings* verletzen.

Man betrachte für die nachfolgenden Ausführungen diesen Aufrufbaum:

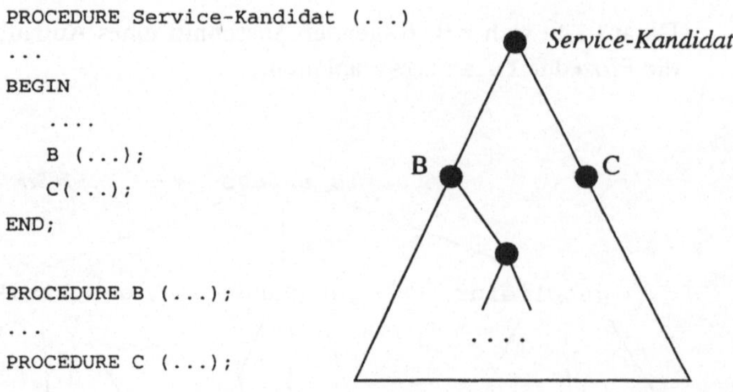

Schnittbereich

Die Prozedur B wird jedoch auch von einem Service-Kandidaten eines anderen Objektes aufgerufen, die Prozedur C jedoch nicht. Die Prozedur B (und ihr Sub-Baum) liegt im Schnittbereich der Aufrufbäume von Service-Kandidaten zweier unterschiedlicher Objekte:

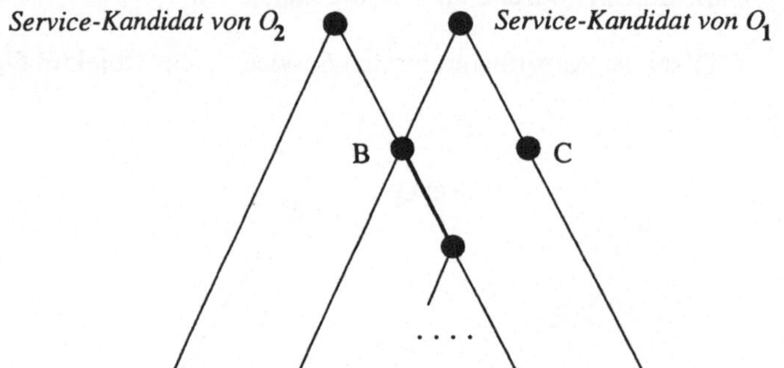

Aufgrund unserer vorhin definierten Vorgangsweise wird die nicht im Schnittbereich liegende Prozedur C als Teil des Servicekandidaten in das Objekt O_1 übernommen. Die Prozedur B kann jedoch nicht mit in das Objekt O_1 übernommen werden, da sie auch im Aufrufbaum des Services von Objekt O_2 liegt und daher ein Aufruf einer Prozedur über Objekte hinweg (die keine *message connections* sind) erfolgen würde (siehe Abbildung 7.12).

Liegen die beiden betroffenen Service-Kandidaten innerhalb ein und desselben Objektes, so können beide Prozeduren, obwohl sie in sich überschneidenden Aufrufbäumen vorkommen, in das Objekt übernommen werden. Es findet dann nämlich keine Inter-Objekt-Kommunikation statt, sondern ein Aufruf von Prozeduren, lokal in einem Objekt.

Für die Definition des Services eines Objektes ergibt sich daher folgende Struktur:

Service-Struktur

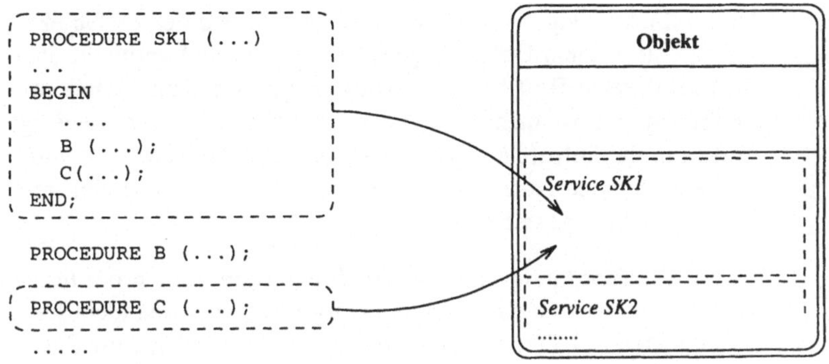

Abbildung 7.12: Struktur der Service-Definition eines Objektes

Durch die gewählte Vorgangsweise der Prozedurzuordnung kann das Prinzip des *Information Hiding* gewährleistet werden, so daß sich auf Objektebene die in Abbildung 7.13 dargestellte Systemstruktur mit entsprechenden Service-Relationen (*message connections*) ergibt.

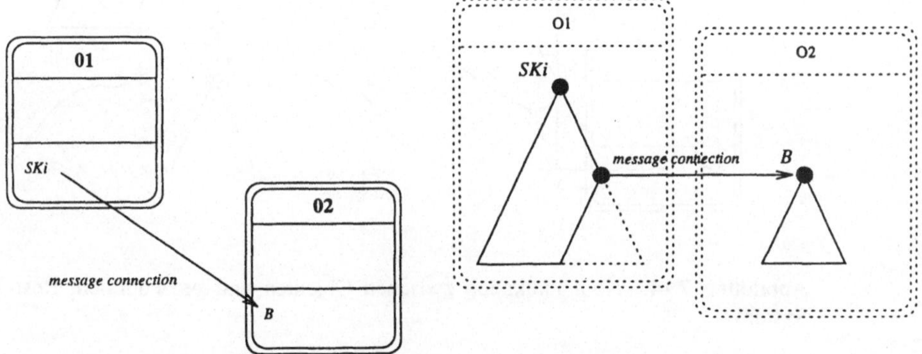

Abbildung 7.13: Message connection aufgrund einer Prozedurzuordnung

Man beachte, daß eine im Aufrufbaum von SK_1 liegende Prozedur B (die nicht in das Objekt mitübernommen wird) auch ein eigener

Service eines dritten Objektes werden kann.[3] Dies verletzt das Prinzip des *Information Hiding* nicht.

Kommt eine Prozedur auch im Aufrufbaum eines Services eines anderen Objektes vor, wird aber selbst kein Service eines Objektes, so kann sie keinem Objekt zugeordnet werden und verbleibt daher im prozeduralen Rest-System. Dies erfolgt aus dem Grund, weil die Prozedur ja von mehreren unterschiedlichen Objekten "benötigt" wird (d.h. im Aufrufbaum von Services dieser Objekte vorkommt), aber kein Service ist und somit im objektorientierten Modell nicht Teil eines Objektes sein kann.

Durch die Zuordnung von solchen Prozeduren zum prozeduralen Rest-System entsteht eine Kommunikation zwischen den identifizierten Objekten des Ziel-Systems und dem prozeduralen Rest-System (siehe Abb. 7.14).

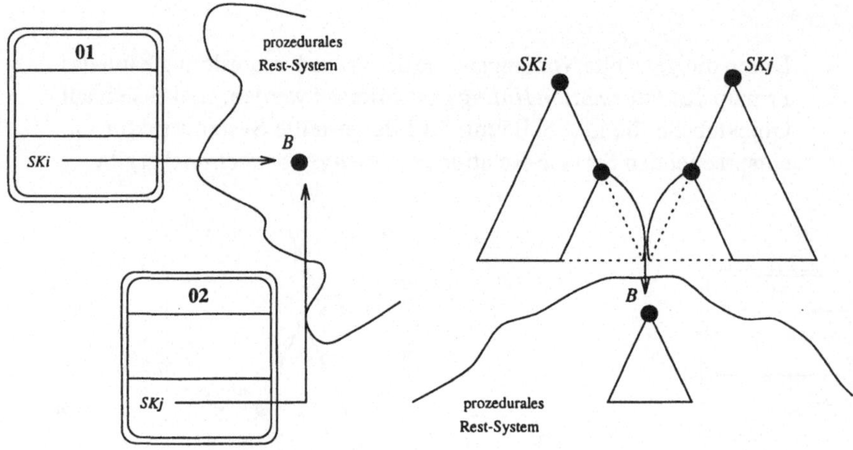

Abbildung 7.14: Kommunikation zwischen Objekten und prozeduralem Rest-System

[3] Man berücksichtige, daß – falls die Prozedur B ein eigener Service eines anderen Objektes wird – eine indirekte Kopplung von SK_1 und B nur über globale Variable, die außerhalb von SK_1 und B deklariert wurden, erfolgen kann. Eine solche Kopplung von Prozeduren (Services) durch globale Variablen über mehrere Objekte hinweg, wird durch Einführung eines eigenen Datenobjektes konzeptuell sauber aufgelöst (vgl. dazu die Ausführungen in Kapitel 9).

7.5 Behandlung nicht abbildbarer Elemente

Nachdem in den vorigen Abschnitten der Abbildungsprozeß zwischen den *reverse* und *forward* ooAM beschrieben worden ist, muß nun der Rest, der aufgrund verschiedenster Ursachen nicht abgebildet werden konnte, besprochen werden.

Es bleiben beim Prozeß des Mappings u.U. Elemente eines Anwendungsmodells übrig, die nicht gegenseitig abgebildet werden konnten.

Wir wollen im folgenden die wichtigsten Ursachen einer solchen Differenz der Anwendungsmodelle kurz erläutern. Bei den nicht abbildbaren Elementen kann es sich um folgende handeln:

Elemente des *reverse* ooAMs

1. **Objekte:**

   Durch die Verwendung von *Data-Store-Entitäten* als Objektkandidaten bei der Abbildung auf das *forward* ooAM kann es sich bei diesen Objekten, die nicht abgebildet werden können, nur um sogenannte *transiente* Dateien handeln. Diese stellen ohnehin keine Objekte dar und verkörpern nur eine implementierungsspezifische Lösung eines Problems (wie z.B. sortieren auf peripherem Speicher, Backup-Dateien für die Rücksicherung oder auch temporäre Dateien für die Auslagerung aus dem Hauptspeicher).

   Transiente Dateien können somit relativ leicht eruiert und eliminiert werden, was auf der Ebene des ERDs noch komplexe funktionale Untersuchungen und letztendlich doch eine Entscheidung des Reuse Engineers mit einem relativ hohen Unsicherheitsgrad erfordert hätte.

2. **Attribute, Services, Relationen:**

   Durch die feinere Granularität des *reverse* ooAMs gibt es für manche Attribute, Services wie auch Relationen keine Entsprechung im *forward* ooAM.

   Die Attribute an sich bringen nur weitere Details in der Beschreibung der Objekte ein, die weitgehend Design-Informationen sind. Für die Analyse sind sie zwar unerheblich, für das aus der Abbildung entstehende objektorientierte Ziel-Anwendungsmodell stellen sie aber wichtige zusätzliche Informationen dar. Eine Einbringung in das Ziel-ooAM erscheint aus diesen Gründen sinnvoll und notwendig.

Die Anreicherung des Ziel-ooAMs um diese sehr implementierungsnahen Informationen muß durch den Reuse Engineer erfolgen.

Attribut-Relationen (*instance connections*), die im *forward* ooAM keine Entsprechung aufweisen, deuten auf einen Fehler in der Erkennung von Schlüsselattributen hin. In diesem Fall ist es ratsam, die betroffenen potentiellen Schlüsselkandidaten nochmals einer genauen Untersuchung zu unterziehen, um diese Fehler aus dem *reverse* ooAM zu eliminieren. Ein voreiliges Übernehmen der "zusätzlichen" *instance connections* in das Ziel-ooAM ist nicht sinnvoll.

Aufgrund der zuvor beschriebenen Vorgangsweise für die Zuordnung von Service-Kandidaten zu Objekten des Ziel-ooAMs, kann es vorkommen, daß Service-Kandidaten aus dem *reverse* ooAM keinem Objekt zugeordnet werden können (weil sie beispielsweise in mehreren Aufrufbäumen von Service-Kandidaten von verschiedenen Objekten vorkommen). Diese Services müssen aufgrund der zuvor angeführten Argumente dem prozeduralen Rest-System zugeordnet werden.

Elemente des *forward* ooAMs

1. **Objekte:**

   Objekte des *forward* ooAMs, für die keine Entsprechung im *reverse* ooAM gefunden werden konnte, können NDSEs verkörpern, die im *reverse* ooAM nicht als Objekte identifiziert wurden, da vorerst nur DSEs als Objektkandidaten in Betracht gezogen worden sind. Ausgehend von den restlichen, nicht abgebildeten Objekten des *forward* ooAMs versucht man bei der nachfolgenden Erstellung eines vereinfachten objektorientierten Entwurfs die *Non-Data-Store-Entitäten* aus dem ERD nachzuziehen. Dabei werden wiederum nur jene NDSEs betrachtet, die aufgrund der zuvor erläuterten Indizien wesentliche Ähnlichkeiten zu noch nicht abgebildeten Objekten aufweisen. Zusätzlich wird noch gezeigt werden, daß durch die Definition von Design-Objekten – aus dem Source Code sowie dem ERD – weitere Zuordnungen zwischen Objekten des Ziel-ooAMs und diesen Design-Objekten möglich werden. Mit der Erstellung eines vereinfachten objektorientierten Entwurfs wird es möglich, die restlichen Objekte des *forward* ooAMs auf Objekte des Ausgangssystems abzubilden.

   Eine weitere Möglichkeit, warum Objekte bei der Abbildung übrigbleiben, liegt in der Unterschiedlichkeit der Paradigmen begründet, in denen die beiden Anwendungsmodelle entstanden sind. Das *reverse* ooAM wurde aus dem bestehenden prozeduralen System erzeugt, währenddessen das *forward* ooAM die Anwendung vollständig objektorientiert modelliert. Die Unterschiede zwischen dem prozeduralen und dem objektorientierten Paradigma führen in unserem Beispiel dazu, daß es im *forward* ooAM z.B. ein Objekt `LKW` gibt, das als Service die Auslieferung von Ware übernimmt, wogegen im prozeduralen System ein LKW nur implizit als Teil von *Lieferschein* vorkommt und selbst keine weitere Funktionalität aufweist.

2. **Attribute, Services, Relationen:**

   (a) Bleiben Attribute des *forward* ooAMs übrig, d.h., daß für diese keine Entsprechung auf der Ebene des *reverse* ooAMs gefunden werden konnte, so kann dies in der Unterschiedlichkeit der Abstraktion der beiden Anwendungsmodelle begründet sein. Durch den hohen Abstraktionsgrad des *forward* ooAMs kann nicht mit Sicherheit gesagt werden, daß auch alle Attribute eines Objektes für die Implementierung (*reverse* ooAMs) relevant sind. Es kann durchaus der Fall sein, daß für die Implementierung weniger Attribute ausgereicht haben und somit eine Abbildung nicht erfolgen kann.

   (b) Wenn sich für Services des *forward* ooAMs keine Entsprechungen finden lassen, so kann es dafür mehrere Gründe geben:

      i. Der Service bzw. die Prozeduren, die diesen Service implementieren, konnten bei der Generierung des ERDs nicht als Relationen, die einen Zusammenhang zwischen jeweils zwei Entitäten darstellen, gefunden werden. In diesem Fall ist es notwendig, das prozedurale Ausgangssystem näher zu betrachten, um die entsprechenden Prozeduren für das gesuchte Service zu finden und abzubilden.

      ii. Die gesuchte Funktionalität (Service) ist im prozeduralen System nicht vorhanden. Dafür gibt es zwei Ursachen:

         A. Das prozedurale System kommt ohne die im *forward* ooAM spezifizierte Funktionalität aus. Dies kann wiederum aufgrund der verschiedenen Paradigmen der Fall sein. Im allgemeinen handelt es sich dabei aber um einen Ausnahmefall.

         B. Der gesuchte Service ist im prozeduralen System nicht vorhanden, weil in der Implementierung Fehler sind, wobei u.U. Teile der Spezifikation nicht berücksichtigt wurden. Dabei kann es sich nicht um eine Grundfunktionalität handeln, sondern lediglich um "kleinere" Funktionen (wie z.B. `Bestellung_drucken`).[4]

(c) Bei Relationen, die vom *forward* ooAM aus nicht abgebildet werden konnten, handelt es sich offensichtlich um Fehler im *reverse* ooAM, wobei eine Identifizierung dieser Relationen nicht möglich war. In diesem Fall gilt es, das prozedurale System auf das Vorhandensein solcher Relationen zu untersuchen und im positiven Fall eine solche in das *reverse* ooAM nachzuziehen.

Elemente ohne Entsprechung

Nach der Darstellung der Elemente, für die im Abbildungsprozeß u.U. keine Entsprechung gefunden werden kann, bieten sich für die weitere Vorgangsweise zur Transformation des prozeduralen Systems in ein *capsule based* System folgende zwei Varianten an:

- Das *reverse* ooAM wird als Ziel-ooAM übernommen und als Basis für die Transformation herangezogen. Dabei ist zu beachten, daß es sich hierbei (je nach Grad der Übereinstimmung zwischen *forward* und dem *reverse* ooAM) um ein nicht vollständiges objektorientiertes Anwendungsmodell handeln kann. Das Ziel dabei ist es, die Lauffähigkeit des Systems zu erhalten, um durch die objektorientierte Umformung Vorteile für die Wartung des Systems zu gewinnen.
- Jene Objekte (Attribute, etc.), die nicht vom *forward* ooAM aus abgebildet werden konnten, sollen auf alle Fälle berücksichtigt werden, um eine optimale Annäherung an das Soll-System zu erhalten. Ziel ist es hierbei nicht, die Wartung des Systems zu verbessern, sondern maximalen Nutzen für die Wiederverwendung von Software-Komponenten (in diesem Fall handelt es sich um Objekte) zu erreichen. Dies bedeutet, daß nicht abbildbare Objekte bzw. Teile (von beiden Anwendungsmodellen aus) neu zu implementieren sind, was dem Prinzip eines Re-Engineerings entspricht. Die abbildbaren Objekte können andererseits gut wiederverwendet werden, da sie nicht nur prozedurale Datenkapseln darstellen. Für die optimale Objektorientierung des Systems ist eine teilweise neue Implementierung notwendig, die aber auf die nicht abbildbaren Objektkandidaten beschränkt bleibt.

[4] Dieser Fall wurde im Rahmen dieser Arbeit jedoch von vornherein ausgeschlossen, um eine sinnvolle funktionale Analyse und eine optimale Entsprechung zum *forward* ooAM zu gewährleisten.

7.6 Beschreibung des objektorientierten Ziel-Anwendungsmodells

Das in diesem Kapitel beschriebene Objekt-Mapping zwischen dem *forward* und dem *reverse* ooAM ermöglichte eine Synthese dieser Modelle zu einem Ziel-ooAM, das die gegenseitig abbildbaren Elemente (d.s. Objekte, Relationen u. dgl.) enthält.

COREM Alternativen

Dabei ist es wichtig festzustellen, daß nicht alle Objekte der unterschiedlich entwickelten Anwendungsmodelle einander entsprechen konnten. Dadurch ergeben sich für die weiteren Schritte des COREM-System-Transformationsprozesses folgende zwei bereits erwähnte Alternativen:

1. Optimierung der Systemwartung
2. Re-Engineering des Systems

In den weiteren Ausführungen konzentrieren wir uns auf den Aspekt der Systemwartung.

Das Ziel-ooAM stellt nach diesem Schritt des Objekt-Mappings unter den gegebenen Voraussetzungen (d.i. das prozedurale Ausgangssystem) das objektorientierte Ziel-System optimal dar. Dabei wurden einerseits viele Objekte des *forward* ooAMs durch implementierungsspezifische Details (Attribute, Services, Relationen zwischen Objekten) angereichert und andererseits noch potentielle Objekte, die im weiteren noch abzubilden sind, für eine Entsprechung mit der Implementierung herausgelöst.

Abbildung 7.15 zeigt den Grad der Anreicherung des Ziel-ooAMs durch Details aus dem *reverse* ooAM (bzw. der Implementierung). Dies bezieht sich sowohl auf die Anzahl der Attribute, wie auch auf die genauen Typbezeichnungen der einzelnen Attribute. Darüber hinaus sind die Services sehr spezifisch einerseits durch die genauen Deklarationsteile (= Schnittstelle) und andererseits durch die größere Anzahl an Services im Ziel-ooAM.

Ferner zeigt dieser Ausschnitt aus einem Ziel-ooAM, daß Objekte (im Beispiel `Auftragsbestätigung`) noch nicht gemappt werden konnten und somit vorerst nicht in das Ziel-ooAM übernommen werden.

Im Rahmen der Erstellung eines vereinfachten objektorientierten System-Entwurfs werden die übrigen, bisher noch nicht abbildbaren Objekte (wie etwa die `Auftragsbestätigung`) u.U. doch noch auf Implementierungsteile abbildbar sein. Durch den graduellen Unterschied zwischen

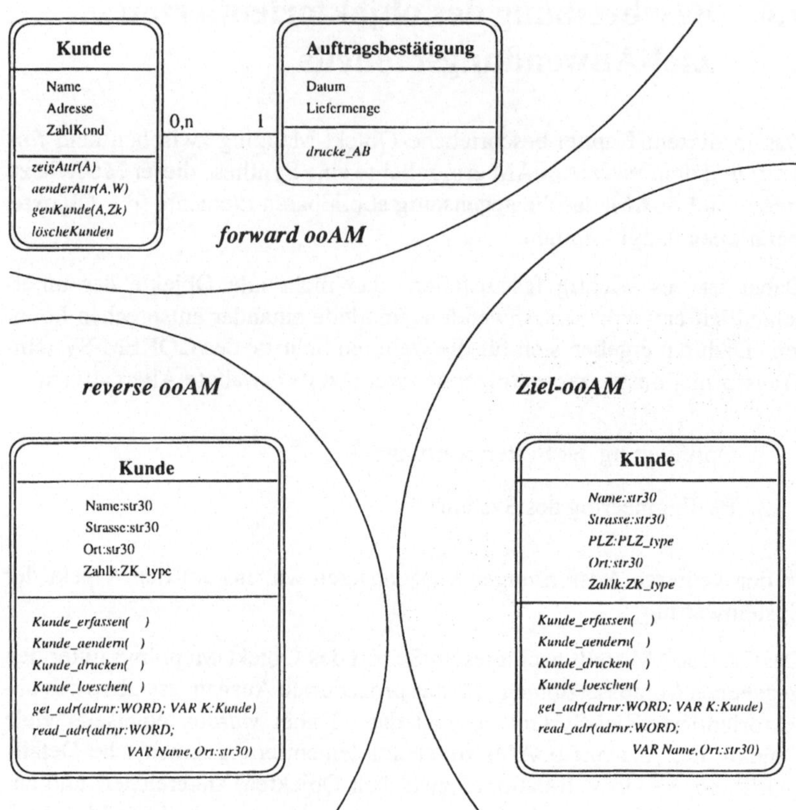

Abbildung 7.15: Objektorientiertes Ziel-ooAM nach dem Mapping

Analyse und Design sind beim Objekt-Mapping bisher jene Objekte übriggeblieben, die einen niedrigeren Abstraktionsgrad aufweisen und deshalb zum Design zu zählen sind.

7.7 Fallstudie IFAS

In diesem Abschnitt wollen wir den Abbildungsprozeß zwischen dem *reverse* ooAM und dem *forward* ooAM anhand der Fallstudie demonstrieren.

Für den Object-Mapping-Prozeß müssen wir wiederum in mehreren Schritten vorgehen:

1. **Strukturelle Ähnlichkeiten zwischen den Modellen**

   Die strukturellen Ähnlichkeiten beziehen sich insbesondere auf die speziellen Relationen (*is-a-* bzw. *part-of*-Relationen), die ein starkes Indiz für die gegenseitige Abbildung darstellen.

   Im Beispiel lassen sich alle *part-of*-Relationen gegenseitig abbilden. Es treten jedoch folgende Unterschiede auf:

   - Die *part-of*-Relation zwischen `Artikel` und `Offerte` ist im *reverse* ooAM mit der Kardinalität `(1,OMax)` versehen (siehe Abschnitt 6.4), während die allgemeinen Anforderungen diese im *forward* ooAM überhaupt nicht einschränken. Hier liegt ein Unterschied zwischen den Anforderungen vor, da die Implementierung eine solche Einschränkung realisiert.
   - Eine analoge Differenz der Kardinalitäten ergibt sich aufgrund von Anforderungsunterschieden für die *part-of*-Relation zwischen `Lieferschein` und `Artikel`.
   - Das Objekt `LKW` des *forward* ooAMs existiert im *reverse* ooAM überhaupt nicht. Daher kann auch die *part-of*-Relation zwischen `LKW` und `Artikel` nicht abgebildet werden.
   - Die *part-of*-Relation zwischen `Artikel` und `Bestellung` im *forward* ooAM findet sich im *reverse* ooAM nicht, da die Anforderungen im *forward* ooAM zulassen, daß eine `Bestellung` aus mehreren `Artikeln` besteht. Dies ist in der Implementierung (und somit Anforderung) des prozeduralen Ausgangssystems nicht vorgesehen.
   - Die *is-a*-Relation zwischen `Lieferschein` und `Bar_Lieferschein` im *forward* ooAM kann im *reverse* ooAM nicht gefunden werden, da diese Relation im Programm implizit durch eine eigene Komponente des `Lieferscheins` realisiert ist:

```
TYPE LSType = (bar_LS, norm_LS);
     ...
     Lieferschein = RECORD
          ...
          art : LSType;
          ...
```

2. **Attribut-Ähnlichkeiten zwischen den Modellen**

   Wie erwartet, besitzen die Objekte des *reverse* ooAMs aufgrund des höheren Detaillierungsgrades wesentlich mehr Attribute als jene des *forward* ooAMs.

   Mit Hilfe der semantisch sinnvollen Bezeichnung der Attribute im Source Code des Programms lassen sich die Attribute sehr einfach zwischen den Anwendungsmodellen abbilden:

Attribut-Ähnlichkeiten		
DSE	*forward* ooAM	*reverse* ooAM
Kunde	Name Adresse ZahlKonditionen	vorname, nachname strasse, ort skonto, tage, zahlziel, rabatt
Offerte	Bestimmungsort Menge Gültigkeitsdauer Preis Z-Konditionen	baustelle olist[i].menge gueltig_dauer olist[i].preis zahlkond dat
Artikel	Bezeichnung Produktionsort Einheit Umrechnungsfaktor Preis/Einheit	artbez erzort arteinheit faktor artpreis typ
Lieferschein	Menge Einheit Zustand Datum	leistungszeile[i].menge leistungszeile[i].einheit zustand datum interim_nr kennzeichen baustelle art (norm_ls, bar_ls)
Bar_LS	Zustand Betrag	zustand nettobetrag, bruttobetrag
Bestellung	B-Zeitpunkt Abrechnungsart Menge	best_datum, best_zeit abrechnungsart menge

DSE	*forward* ooAM	*reverse* ooAM
	L-Zeitpunkt Reihung Zustand Zahlungsart	liefer_datum, liefer_zeit reihung zustand zahlart einheit
Rechnung	R-Datum Endbetrag Zustand	rechdat nettobetrag zustand

Auch die Attribut-Relationen (*instance connections*) können direkt zwischen den beiden Anwendungsmodellen abgebildet werden.

3. **Service-Ähnlichkeiten zwischen den Modellen**

   Ein weiterer Schritt bei der Indiziensammlung für die Abbildung zwischen *forward* und *reverse* ooAM ist die Überprüfung von Service-Ähnlichkeiten bzw. Ähnlichkeiten der *message connections*.

   Vorerst wollen wir daher die bisherigen Abbildungsergebnisse für die Auflösung der mehrdeutigen Service-Kandidaten verwenden (Zuordnung aufgrund der Service-Definitionen im *forward* ooAM). Bei der Streichung der mehrdeutigen Service-Kandidaten müssen natürlich die entsprechenden *message connections* für die Aufrufe der jeweiligen Service-Kandidaten eingefügt werden.

4. **Festlegung der Services des entstehenden objektorientierten Anwendungsmodells**

   Da die Services des *forward* ooAMs abstrakter sein können als jene des *reverse* ooAMs (d.s. Prozeduren bzw. Funktionen), müssen u.U. mehrere Prozeduren/Funktionen zu einem Service zusammengefaßt werden.

   Dies erfolgt durch eine eingehende Untersuchung der Funktionalität sowohl der Services des *forward* ooAMs als auch der Prozeduren/Funktionen des *reverse* ooAMs. Für die Services des *forward* ooAMs stehen uns die Spezifikationen in Pseudo-Code zur Verfügung. Die Funktionalität der Prozeduren/Funktionen muß aus dem Source Code eruiert werden.

   Es ergeben sich für die Fallstudie daher folgende Service-Definitionen für das Ziel-ooAM:

Offerte	gen_offert exist_offertnr exist_offert search_offert

Kunde	kunde_erfassen kunde_ändern exist_kunde *init_kunde* und *kunde_anzeigen* werden nur lokal in diesem Objekt verwendet und werden daher keine Services.

Die Funktionalität des Services *Kunde_löschen* des *forward* ooAMs ist im prozeduralen Ausgangssystem (Fallstudie) nicht implementiert und tritt daher nicht auf.

Artikel	artikel_einlesen artikel_ändern artikel_löschen artikel_drucken exist_sorte

Bestellung	best_aufnehmen best_aendern best_umreihen best_storno exist_best

Lieferschein	ls_erfass ls_änder ls_loesch ls_drucke exist_ls *get_LS* wird nur innerhalb des Objektes von *ls_erfass* verwendet und wird daher kein Service.

Die Funktionalität des Services *Bestellung_löschen* des *forward* ooAMs ist im prozeduralen Ausgangssystem (Fallstudie) nicht implementiert und tritt daher nicht auf.

Rechnung	erstelle_RE Das Objekt Rechnung wird in diesem Beispiel nur ausschnittweise betrachtet.

5. **Realisierung der Services durch die Prozeduren des prozeduralen Ausgangssystems**

   Aufgrund der Zuordnung von Prozeduren zu Services muß nun die Implementierung (d.i. der Source Code) den Services zugeordnet werden.

   Durch Untersuchung der Aufrufbäume der Services können nun alle in einem Aufrufbaum vorkommenden Prozeduren/Funktionen dem jeweiligen Service bzw. Objekt zugeordnet werden.

   Im folgenden stellen wir einen Teil der Aufrufbäume der jeweiligen Objekt-Services dar und kennzeichnen darin jene Prozeduren/Funktionen mit A, die in mehreren Aufrufbäumen verschiedener Objekt-Services vorkommen und daher keinem Objekt zugeordnet werden können. Diese markierten Prozeduren/Funktionen verbleiben im prozeduralen Rest-System. Mit I gekennzeichnete Prozeduren/Funktionen werden von einem Objekt lediglich intern verwendet. Außerdem sind darin alle Prozeduren/Funktionen, die als Services von Objekten auftreten mit S gekennzeichnet:

Service-Aufrufbäume			
Service	1.Aufrufebene	2.Aufrufebene	Kategorie
Bestellung:			
best_aufnehmen	Balken		A
	bestell_formular		I
	Meldung		A
	init_best		I
		init_datum	A
		init_zeit	I
	exist_best		S
	exist_offertnr		S
	exist_kunde		S

Service	1.Aufrufebene	2.Aufrufebene	Kategorie
	WriteString		A
	ReadReal		A
	get_einheit		A
	get_datum		A
	get_zeit		I
	ermittle_reihung		I
	save_best		I
	gen_abest		I
	fenster_aus		A
gen_abest	Balken		A
	Meldung		A
	exist_offertnr		S
	drucke_abest		I
Artikel:			
artikel_einlesen	artikel_fenster_ein		I
	Meldung		A
	exist_sorte		S
	ReadString		A
	ReadReal		A
	save_art		I
	fenster_aus		A
Kunde:			
kunde_erfassen	init_kunde		I
	kunden_fenster_ein		I
		Balken	A
	Meldung		A
	exist_kunde		S
	ReadString		A
	save_kunde		I
kunde_aendern	init_kunde		I
	kunden_fenster_ein		I
		Balken	A
	Meldung		A
	exist_kunde		S

Service	1.Aufrufebene	2.Aufrufebene	Kategorie
	kunde_anzeigen		I
		WriteString	A
	ReadString		A
	save_kunde		I
Lieferschein:			
lserfass	ls_einblenden		I
		Balken	A
	get_LS		I
		ls_init	I
		init_datum	A
		Meldung	A
		exist_ls	S
		get_datum	A
		ReadString	A
		exist_best	S
		exist_offertnr	S
		exist_kunde	S
		exist_offert	S
		ReadReal	A
		get_einheit	A
		exist_sorte	S
		search_offert	S
		get_preis_freibau	I
	Meldung		A
	save_ls		I
	ls_ausblenden		I
Offerte:			
gen_offert	Balken		A
	offert_formular		I
	init_offert		I
		init_datum	A
		init_zahlkond	A
	Meldung		A
	exist_offertnr		S

Service	1.Aufrufebene	2.Aufrufebene	Kategorie
	get_datum		A
	exist_kunde		S
	ReadString		A
	ReadCard		A
	get_eintrag		I
		Meldung	A
		ReadReal	A
		get_einheit	A
		exist_sorte	S
	save_offert		S

Legende:
A ... Allgemein verwendete P/F
I ... Intern vom Objekt verwendete P/F
S ... Service eines Objekts

6. **Behandlung nicht abbildbarer Elemente**

   Wir wollen nun noch kurz auf jene Elemente eingehen, die zwischen *forward* und *reverse* ooAM nicht abgebildet werden konnten. Diese sind z.B.:

   - Das Objekt `LKW`, welches nur im *forward* ooAM auftritt, kann aufgrund der Unterschiedlichkeit der Paradigmen nicht abgebildet werden. Im *reverse* ooAM tritt natürlich kein Objekt `LKW` auf, da dieses im prozeduralen Ausgangssystem nur implizit in anderen Entitäten modelliert wurde.
   - Die Unterschiede in den Attributen, Services bzw. Relationen traten – wie bereits zuvor ausgeführt wurde – vor allem aufgrund von Divergenzen in den Systemanforderungen auf (z.B. *part-of*-Relation zwischen `Artikel` und `Bestellung`, Kardinalitäten u. dgl.)
   - Das Objekt `Auftragsbestätigung` des *forward* ooAMs ist im prozeduralen Ausgangssystem nicht als *Data-Store-Entität* implementiert und wird daher nicht in das *reverse* ooAM aufgenommen. Dieses am "Rand" des Systems liegende Objekt wird u.U. bei der Generierung des vereinfachten objektorientierten Entwurfs in das Ziel-ooAM aufgenommen werden.

Aufgrund der nunmehr durchgeführten Schritte entsteht das, in der folgenden Abbildung 7.16 dargestellte, Ziel-ooAM.

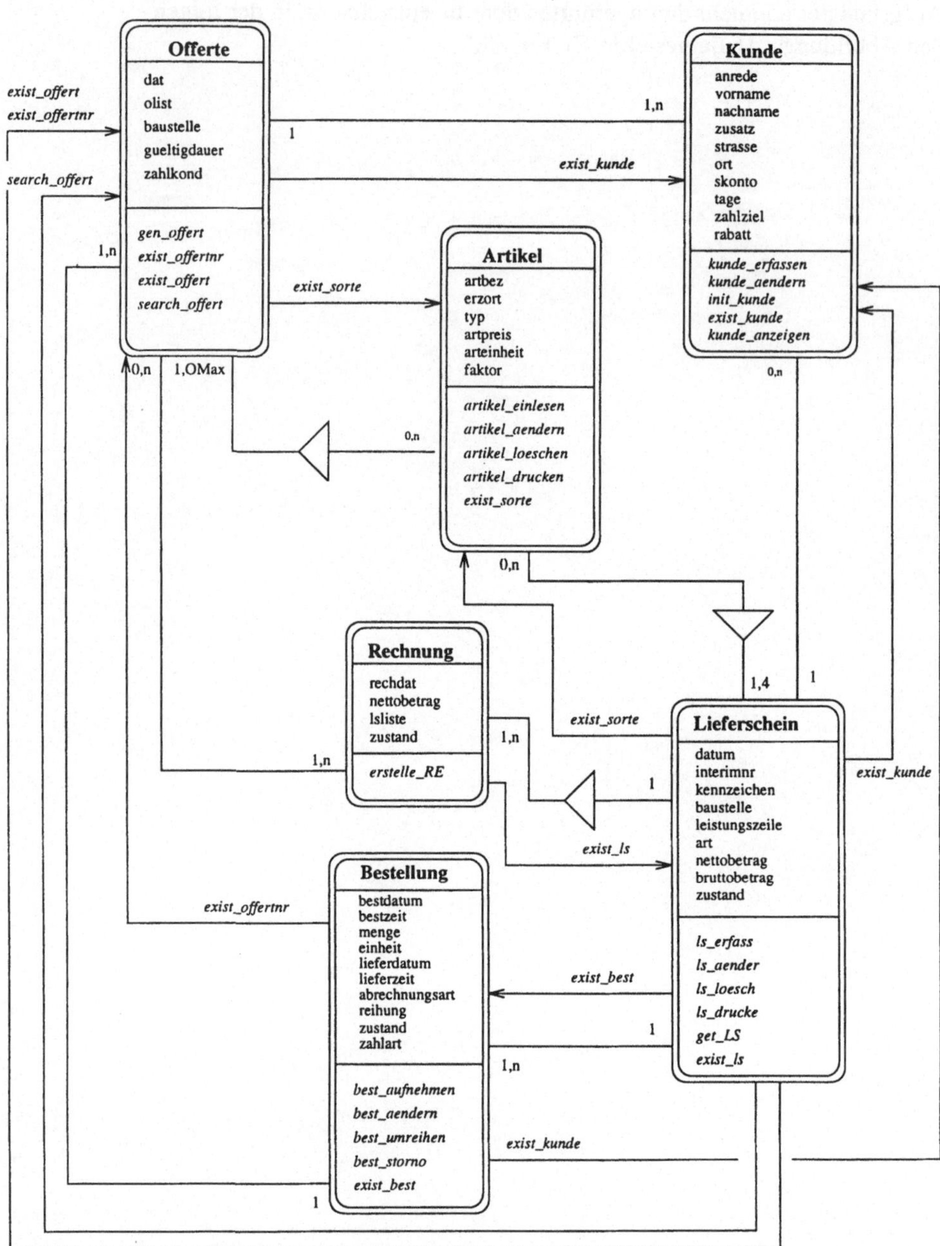

Abbildung 7.16: Objektorientiertes Ziel-ooAM für die Fallstudie

Kapitel 8

Generierung eines vereinfachten objektorientierten Ziel-Entwurfs

Die bisherigen Schritte des COREM-System-Transformationsprozesses beschäftigten sich vor allem mit der Erhöhung des Abstraktionsniveaus, um ein objektorientiertes Anwendungsmodell des prozeduralen Ausgangssystems zu erstellen, sowie der Abbildung zwischen den objektorientierten Anwendungsmodellen auf einem sehr hohen Abstraktionsniveau, nämlich dem Analyseniveau. Diese Abbildung auf dem Analyseniveau ist auch sinnvoll, da gerade bei der Erstellung des Anwendungsmodells die Unterschiedlichkeit der zugrundeliegenden Paradigmen (prozedurales Paradigma des Ausgangssystems und objektorientiertes Paradigma des Zielsystems) eine entscheidende Rolle spielt und der angestrebte Paradigmenwechsel nur auf dem Analyseniveau überhaupt erfolgreich durchgeführt werden kann.

Da das prozedurale Ausgangssystem in Form von Source Code vorliegt und daher detailliertere Information als auf Analyseniveau vorhanden ist, versuchen wir mit Hilfe des objektorientierten Ziel-Anwendungsmodells, des Source Codes und den Ergebnissen aus dem ERD, einen objektorientierten Entwurf abzuleiten.

Ähnlich wie bei der Erstellung des objektorientierten Anwendungsmodells,

Ziel-Entwurf Generierung

wollen wir die Generierung eines objektorientierten Ziel-Entwurfs wieder in zwei Schritten durchführen:

- Auffinden jener potentiellen Design-Objekte im Source Code, die prinzipiell Realisierungen der vier im vorigen Kapitel eingeführten objektorientierten Design-Komponenten sind. Eingangsparameter für diesen Schritt stellen das Entity-Relationship-Diagramm, das prozedurale Ausgangssystem und das objektorientierte Ziel-Anwendungsmodell dar.
- Zuordnung derjenigen Objekte des objektorientierten Ziel-Anwendungsmodells, die im ersten Abbildungsprozeß (Objekt-Mapping) zwischen *reverse* und *forward* ooAM noch nicht zugeordnet werden konnten, da aus dem prozeduralen Source Code noch zu wenig detaillierte Informationen vorhanden waren.

Durch das Miteinbeziehen des prozeduralen Ausgangssystems in die Erstellung des vereinfachten objektorientierten Entwurfs ist es möglich, Objekte spezieller Granularität (wie z.B. eine `Lieferschein-Liste` oder eine `Auftragsbestätigung`) abzubilden, deren Attribute sich nicht bloß aus Komponenten von Analyse-Objekten (die aus *Data-Store-Entitäten* entstanden sind) herleiten lassen. Damit wird versucht, einerseits so gut wie alle Soll-Objekte des objektorientierten Ziel-Anwendungsmodells durch Source Code des Ausgangssystems zu realisieren. Andererseits ist man bemüht, die Menge des prozeduralen Rests, der letztendlich für die Lauffähigkeit des Systems erforderlich ist, aber sich nicht in Objekte (Services, Attribute) abbilden läßt, zu minimieren.

8.1 Die Generierung eines vereinfachten objektorientierten Entwurfs

Wie im Kapitel 2.1 über das objektorientierte Design detailliert ausgeführt wurde, gliedert sich der Prozeß des Entwurfs – unter Verwendung der Methode von Coad und Yourdon ([CY91b]) - in mehrere Bereiche.

Da wir für unsere Zwecke keinen vollständigen objektorientierten Entwurf für das Ziel-System durchführen wollen (und auch gar nicht können[1]), sondern den Prozeß des objektorientierten Entwurfs als weitere Möglichkeit

[1] Da wir das prozedurale Ausgangssystem optimal wiederverwenden wollen, können wir uns im Zuge des Umwandlungsprozesses nicht beliebig objektorientiert an das Zielsystem annähern.

benutzen wollen, den Prozentsatz der wiederverwendbaren Teile des Ausgangssystems zu erhöhen, werden wir uns in diesem Schritt nur einigen Aspekten des objektorientierten Entwurfs zuwenden.

8.1.1 Verfeinerung der objektorientierten Analyse

Im Zuge dieses Design-Schrittes müssen auch die Ergebnisse der Analyse an die Konzepte der darunterliegenden Implementierungssprache angepaßt werden (z.B. Einfach/Mehrfachvererbung u. dgl.).

Für den von uns zu betrachtenden Teil des Entwurfs ist dieser Punkt jedoch nicht von Interesse, da bereits bei der Erstellung des objektorientierten Anwendungsmodells derartige Entscheidungen getroffen und berücksichtigt werden müssen, um überhaupt ein Mapping und später eine Umsetzung zu ermöglichen. Man muß in diesem Zusammenhang beachten, daß im Gegensatz zur üblichen Vorgangsweise (Analyse, gefolgt vom Entwurf und Wahl der Implementierungssprache) beim COREM-System-Transformationsprozeß die Implementierungssprache bereits von vornherein bekannt ist und feststeht.

Bei der Erstellung des objektorientierten Anwendungsmodells können die Konzepte der Implementierungssprache (z.B. nur Einfachvererbung) berücksichtigt werden, da sie bereits bekannt sind. Diese Konzepte können nicht nur, sondern müssen unbedingt berücksichtigt werden, um ein Mapping zwischen *reverse* und *forward* ooAM überhaupt erst zu ermöglichen.

Eine ebenfalls im Zuge des Entwurfs vorzunehmende Umstrukturierung der Objekt/Klassen-Strukturen des Anwendungsmodells ist für unsere Betrachtungen insofern nicht von Bedeutung, da eine solche Umstrukturierung bereits während des Abbildungsprozesses zwischen *reverse* und *forward* ooAM durchgeführt wurde.

Bei solchen (normalerweise während der Design-Phase) durchgeführten "Strukturverbesserungen" werden z.B. für ähnliche Konzepte Supertypen eingeführt. Üblicherweise liegen dafür notwendige Detailinformationen erst in der Design-Phase vor. Beim COREM-System-Transformationsprozeß stehen die dafür notwendigen Informationen jedoch schon während des Mapping-Prozesses zwischen den Anwendungsmodellen zur Verfügung.

8.1.2 Das Daten-Management

Grundsätzlich werden dabei Fragen der Abspeicherung von Objekten behandelt, beispielsweise, ob dafür flache Dateistrukturen, relationale Datenbanksysteme oder objektorientierte Datenbanksysteme verwendet werden.

Aus dem Blickwinkel des Re-Engineerings könnte ein Wechsel des darunterliegenden Datenmodells von Interesse sein (z.B. Wechsel von einer flachen Dateistruktur auf ein Datenbanksystem). Für unsere Zwecke wird einer solcher Wechsel jedoch nicht angestrebt und daher auch nicht behandelt. Die unseren Betrachtungen zugrundeliegende flache Dateistruktur soll nicht verändert werden.

Da der COREM-System-Transformationsprozeß das ursprüngliche prozedurale Ausgangssystem ohne (funktionale) Änderung des Source Codes wiederverwendet, werden Objekte, die im Zuge unseres vereinfachten Design-Schrittes möglicherweise zusätzlich entstehen, auch nicht abgespeichert (dies ist im prozeduralen Source Code ja nicht vorgesehen[2], sonst wären diese Objekte aus *Data-Store-Entitäten* entstanden und bereits vorher identifiziert worden).

Transiente Dateien wurden im Zuge des Abbildungsprozesses zwischen den Anwendungsmodellen identifiziert und bereits herausgefiltert, so daß sie im Ziel-Anwendungsmodell nicht mehr erscheinen. Im Zuge des Ziel-Entwurfs ist für diese Dateien daher eine besondere Behandlung nicht mehr erforderlich (diese bleiben im sogenannten prozeduralen Rest-System).

8.1.3 Das Task-Management

Die im Zuge des COREM-Prozesses untersuchten Systeme sind *stand-alone* Systeme, die nicht verteilt arbeiten. Der Kontrollfluß zwischen den einzelnen Komponenten wird durch den COREM-System-Transformationsprozeß nicht verändert, so daß eine Modellierung des Zusammenspiels von Prozessen bzw. Tasks nicht notwendig erscheint.

Die Identifikation von *event-driven, clock-driven, priority* oder *critical* Tasks im Source Code bringt aufgrund der Hardware- und Software-Architektur der untersuchten Systeme keine wesentlichen Vorteile für den Transformationsprozeß, da sich die Architektur des transformierten Systems nicht ändert. Die Systeme werden weder "parallelisiert" noch verteilt, was eine Taskmodellierung rechtfertigen könnte.

[2] D.h., es gibt im Source Code des Ausgangssystems keine Implementierungsteile, die eine Abspeicherung von *Non-Data-Store-Entitäten* in Dateien vornehmen.

8.2 Die Behandlung der Mensch-Maschine-Schnittstelle

Wie bereits zuvor erwähnt, ist für die Erstellung unseres vereinfachten objektorientierten Ziel-Entwurfs insbesondere der "Rand" des Systems, d.h. seine Mensch-Maschine-Schnittstelle von besonderem Interesse (vgl. Abbildung 8.1).

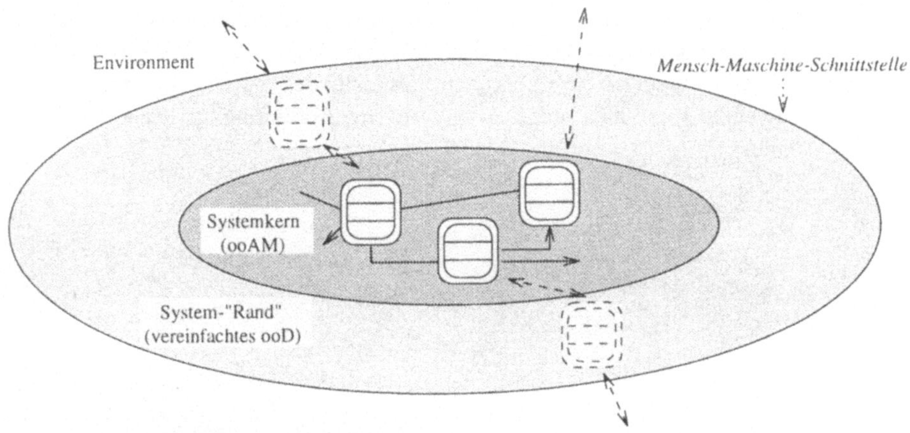

Abbildung 8.1: Struktur des untersuchten Systems

Systemrand

An diesem Systemrand können u.U. zusätzliche Objekte auftreten, die im vorgelagerten Prozeß der *reverse* Generierung eines objektorientierten Anwendungsmodells (und dem damit verbundenen Mapping-Prozeß zwischen den Anwendungsmodellen) noch nicht identifiziert werden konnten. Solche Rand-Objekte können im *forward* ooAM entweder explizit (als eigene Objekte) oder implizit (z.B. als Services in anderen Objekten) modelliert werden.

Der im folgenden beschriebene Prozeß der Erstellung eines vereinfachten objektorientierten Ziel-Entwurfs soll es ermöglichen, auch solche Rand-Objekte, die im Source Code des Ausgangssystems vorhanden sind, zu identifizieren und so das Ziel-Anwendungsmodell weiter mit Implementierungsteilen des Ausgangssystems zu "füllen".

Dazu wollen wir die folgende Abbildung 8.2 betrachten: Im Zuge des Abbildungsprozesses zwischen den Anwendungsmodellen (auf Analyseniveau) konnten einige Analyse-Objekte des *forward* ooAMs durch Objekte (d.h. tatsächliche Objektimplementierungen) des *reverse* ooAMs "realisiert" (d.h. abgebildet) werden. Es bleiben im Ziel-Anwendungsmodell (das aus dem *forward* und dem *reverse* ooAM entstanden ist) u.U. jedoch Objekte übrig, für die keine Entsprechungen im *reverse* ooAM gefunden werden konnten. Es ist jedoch nicht ausgeschlossen, daß für diese Objekte noch Implementierungsteile des Ausgangssystems identifiziert werden können. Dies soll durch den in diesem Abschnitt beschriebenen Prozeß des objektorientierten Entwurfs erreicht werden.

Design-Objekt

Abbildung 8.2 zeigt, daß durch die Identifikation von Objekten während des vereinfachten Design-Prozesses (sogenannte Design-Objekte), u.U. eine weitere Abbildung auf Objekte des objektorientierten Ziel-Anwendungsmodells möglich wird (in der Abbildung als Mapping angedeutet).

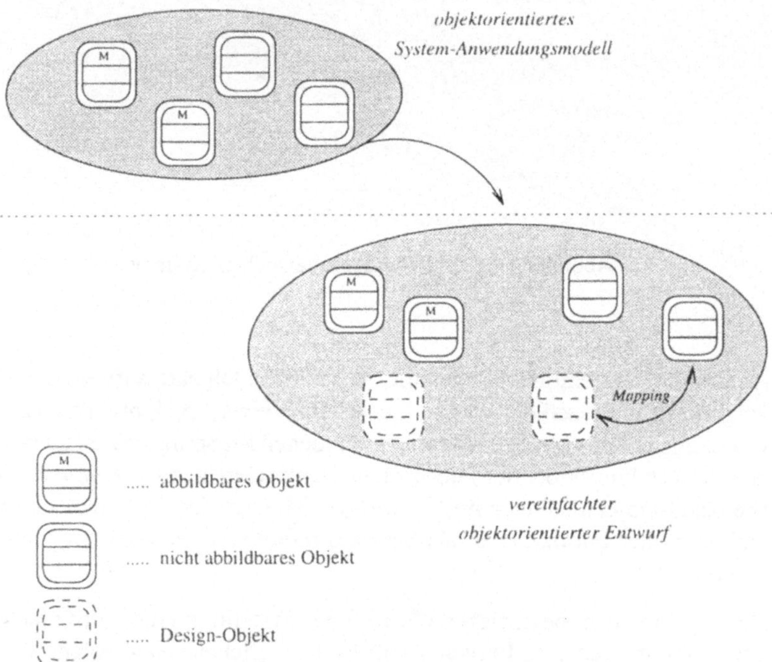

Abbildung 8.2: Erweiterung des Anwendungsmodells um Design-Objekte

Im folgenden wollen wir uns nun mit der Frage der Identifikation von Design-Objekten beschäftigen.

8.2.1 Identifikation von Design-Objekten

Bei der Untersuchung des Systemrands im Zuge des Ziel-Entwurfs können zusätzliche Objekte identifiziert werden, die wir wie folgt definieren wollen:

Definition: *Design-Objekt*

Unter einem Design-Objekt versteht man ein Objekt des Ziel-Entwurfs, das im Zuge dieses Entwurfs entsteht und einem Objekt des Ziel-Anwendungsmodells zugeordnet werden kann. Dieser Ziel-Entwurf baut auf dem Ziel-Anwendungsmodell, das in den vorigen Abschnitten des COREM-System-Transformationsprozesses entstanden ist, auf.

Nach dem Mapping-Prozeß können u.U. einige Analyse-Objekte im *forward* ooAM übrig bleiben, die auf keine entsprechenden Objekte des *reverse* ooAMs abgebildet werden konnten. Durch die Identifikation von Design-Objekten kann der Anteil dieser, zuvor nicht abbildbaren Analyse-Objekte, reduziert werden.

Für die Identifikation von Design-Objekten ist es erforderlich, den Rand des Systems zu untersuchen. Wir wollen dabei in zwei Schritten vorgehen:

8.2.1.1 Identifikation von Informationen, die in das System eingegeben bzw. vom System ausgegeben werden

Dazu ist es erforderlich, sowohl die Anforderungen bzw. die Spezifikation des Ausgangssystems als auch die tatsächliche Ablauffunktionalität des Systems zu untersuchen.[3]

Durch diese Untersuchung können potentielle Design-Objekte identifiziert werden.

Beispiel:

- Menge der I/O-Informationen, beispielsweise:
  - Bestellung (Input über Bildschirm)

[3] Beim tatsächlichen Durchlauf des Systems können die notwendigen Eingaben sowie die erfolgten Ausgaben überprüft werden.

- Lieferschein (Output auf Drucker)
- Auftragsbestätigung (Output auf Drucker)
- Offerte (Output auf Drucker)
- Lieferschein-Liste (Output auf Drucker oder Bildschirm)
- Rechnungsaufstellung (Output auf Drucker)
- ...

- Daraus ergibt sich die Menge möglicher Design-Objekte (exklusive der bereits identifizierten Analyse-Objekte):
  - Auftragsbestätigung (Output auf Drucker)
  - Lieferschein-Liste (Output auf Drucker oder Bildschirm)
  - Rechnungsaufstellung (Output auf Drucker)
  - ...

Man muß dabei berücksichtigen, daß die Design-Objekte sowohl strukturierte Datentypen als auch eine Menge von einfachen, unstrukturierten Datentypen sein können.

Darüber hinaus gilt es zu beachten, daß potentielle Design-Objekte jedoch auch bisher noch nicht abbildbare Analyse-Objekte sein können.

Beispiele:

- Der Record `Auftragsbestätigung` ist ein Beispiel sowohl für einen strukturierten Datentyp als auch für ein zuvor noch nicht abbildbares Analyse-Objekt.

```
TYPE Auftragsbestaetigung = RECORD
        Bestaetigungsnr:INTEGER;
        Datum:date;
        Kundennr:INTEGER;
        Auftraege:ARRAY[1..max] OF Bestellnr;
            END;
```

Solche strukturierten Datentypen, die aber nicht explizit abgespeichert werden, treten im Entity-Relationship-Diagramm als *Non-Data-Store-Entitäten* auf. *Non-Data-Store-Entitäten* stellen daher ein starkes Indiz für die Identifikation von Design-Objekten dar.

- Typische Beispiele sind Bildschirmmasken, deren Teile oft aus skalaren Typen oder aus Komponenten von strukturierten Typen aufgebaut sind.

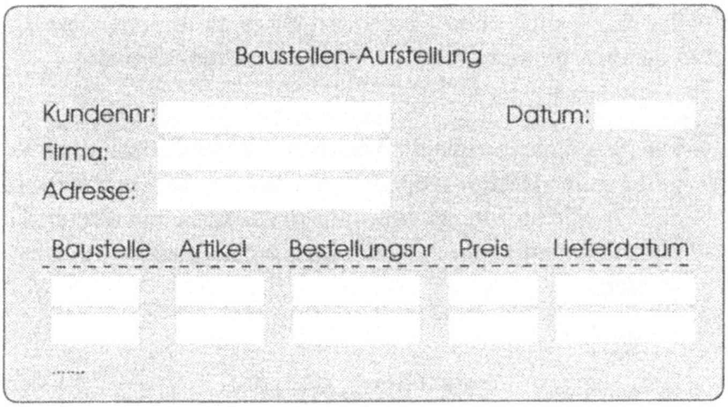

Baustellen-Aufstellung

Kundennr: Datum:
Firma:
Adresse:

Baustelle	Artikel	Bestellungsnr	Preis	Lieferdatum

......

Solche Bildschirmmasken werden vielfach nicht als ein strukturierter Datentyp erfaßt, sondern werden als Sequenz von Ausgabebefehlen einzelner Basistypen ausgegeben:

```
PROCEDURE Ausgabe_BSt_Aufstg(......);
{Ausgabe einer Baustellen-Aufstellung}
BEGIN
   GotoXY(3,20); Writeln('Baustellen-Aufstellung');
   GotoXY(5,10); Writeln('Kundennr: ',Kunde.Knr);
   GotoXY(6,10); Writeln('Firma: ',Kunde.Name);
   ...
   GotoXY(5,65); Writeln('Datum: ',Tages_Datum);
   ...
END;
```

Unstrukturierte Datentypen erscheinen auch nicht im Entity-Relationship-Diagramm, da sie weder *Data-Store-Entitäten* noch *Non-Data-Store-Entitäten* sind.

Als zweiter wichtiger Schritt der Identifikation von Design-Objekten ist daher der folgende Punkt zu betrachten:

8.2.1.2 Identifikation von potentiellen Design-Objekten im Source Code des Systems

Für potentielle Design-Objekte, die als noch nicht abgebildete Analyse-Objekte im objektorientierten Ziel-Anwendungsmodell auftreten, kann die

Information, die im Ziel-Anwendungsmodell vorhanden ist (Attribute, Services, Relationen zu anderen Objekten), für dessen Identifikation im Source Code herangezogen werden.

Im Falle, daß es sich beim Design-Objekt nicht um eine *Non-Data-Store-Entität* handelt, müssen folgende Punkte beachtet werden:

- Die zusammenhängende Verwendung der Einzelkomponenten von potentiellen Design-Objekten muß im Source Code identifiziert werden. Aus jeder Menge von solchen zusammengehörigen Einzelkomponenten kann dann die Definition eines Design-Objektes abgeleitet werden.

  Beispiel:

  Die zuvor eingeführte Ausgabe einer `Baustellen-Aufstellung` auf dem Bildschirm kann aus dem Source Code der Ausgabeoperationen (im obigen Beispiel sogar in einer Prozedur `Ausgabe_BSt_Aufstg` zusammengefaßt) abgeleitet werden.

- Die potentiellen Design-Objekte können zum Teil aus Einzelkomponenten bestehen (einfach strukturierte Datentypen) und darüber hinaus Teile von, aus *Data-Store-Entitäten* entstandenen Objekten beinhalten.

  Beispiel:

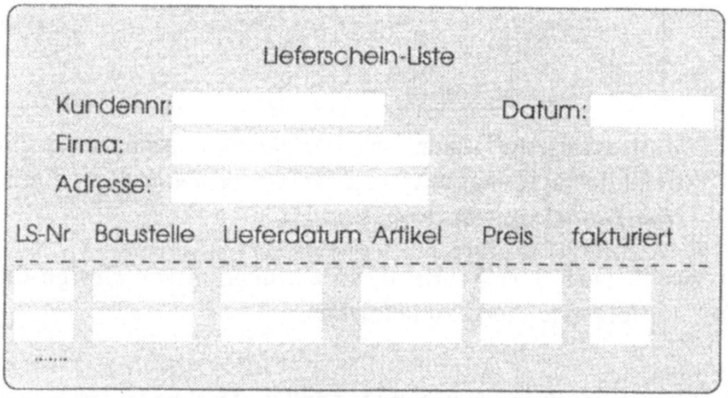

Lieferschein-Liste
Kundennr: Datum:
Firma:
Adresse:
LS-Nr Baustelle Lieferdatum Artikel Preis fakturiert
......

Die Bildschirmmaske für eine `Lieferschein-Liste` enthält sowohl Einzelkomponenten (z.B. `Datum`, das dem aktuellen Tagesdatum der Listengenerierung entspricht) als auch Komponenten, die von Objekten stammen, die wiederum aus *Data-Store-Entitäten* entstanden sind.[4] wie etwa Komponenten aus den Objekten `Lieferschein`, `Artikel` oder `Kunde`.

Design-Objekt-Kategorien

Die zuvor identifizierten, potentiellen Design-Objekte können in unterschiedliche Kategorien eingeteilt werden, aufgrund derer verschiedene zusätzliche Informationen – für die Identifikation derselben im Source Code – zur Verfügung stehen.

1. Potentielle Design-Objekte, die als noch nicht abgebildete Analyse-Objekte im objektorientierten Ziel-Anwendungsmodell auftreten.

   Für die Identifikation dieser potentiellen Design-Objekte im Source Code stehen eine Reihe zusätzlicher Informationen aus dem objektorientierten Ziel-Anwendungsmodell zur Verfügung, wie etwa:

   (a) Attribute, die im Source Code als Komponenten eines strukturierten Datentyps bzw. als Einzelkomponenten auftreten können.

   (b) Services, die im Source Code als Prozeduren/Funktionen bzw. eine Menge von Prozeduren/Funktionen auftreten, die diese Attribute manipulieren bzw. verwenden.

   (c) Attribut-Relationen (*instance connections*) zu anderen, bereits abgebildeten Analyse-Objekten bzw. potentiellen Design-Objekten. Diese *instance connections* treten als Schlüsselkomponenten von Datenstrukturen im Source Code auf.

   (d) Service-Relationen (*message connections*) zu anderen, bereits abgebildeten Analyse-Objekten bzw. potentiellen Design-Objekten. Diese *message connections* treten als Prozedur-Aufrufe mit entsprechenden Parametern (Attributen) des untersuchten potentiellen Design-Objekts auf.

   Alle diese Informationen bieten zusätzliche Anhaltspunkte für die Identifikation des potentiellen Design-Objektes im Source Code. Insbesondere, wenn es sich beim potentiellen Design-Objekt um

[4] Objekte, die aus *Data-Store-Entitäten* entstanden sind, enthalten für das System wichtige Informationen (sonst wären diese ja nicht in Dateien abgespeichert worden) und werden daher vielfach (zumindest mit einzelnen Komponenten) in potentiellen Design-Objekten am System-"Rand" (Mensch-Maschine-Schnittstelle) auftreten.

eine Menge von Einzelkomponenten handelt, kann die Zusammengehörigkeit von Prozeduren/Funktionen bzw. Komponenten (Attributen) durch einen solchen Abgleich zum objektorientierten Ziel-Anwendungsmodell hilfreich sein.

Besonders interessant sind dafür "Verbindungen" zu bereits abgebildeten Analyse-Objekten.

Beispiel:

Da Analyse-Objekte bereits wesentlich detaillierter bestimmt wurden (d.h., daß beispielsweise Services bereits durch die Zusammenfassung von Prozeduren realisiert wurden), bieten die Relationen zu ihnen (dargestellt durch *message connections*) besonders viel Detailinformation.

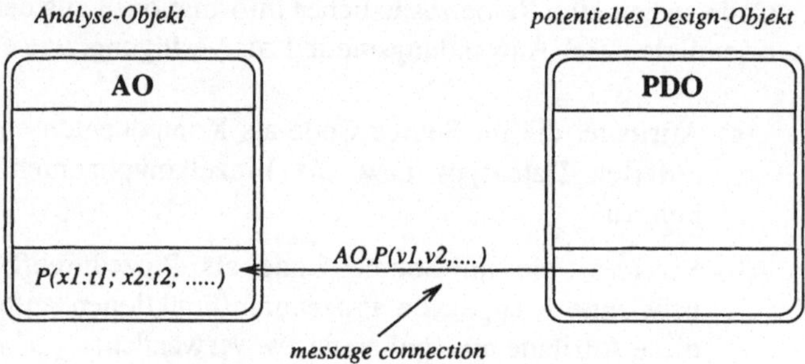

Durch die *message connection* vom potentiellen Design-Objekt (PDO) zum Analyse-Objekt (AO) werden die Parameter (Datentypen) der Prozedur P bekannt. Diese müssen sich aus den Attributen (Komponenten) vom PDO ableiten lassen. Die Untersuchung der Parameter bzw. ihrer Typen ergeben also zusätzliche Information.

Auch die Attribut-Relationen (*instance connections*) bieten ein weiteres Hilfsmittel für die Identifikation von potentiellen Design-Objekten im Source Code.

Beispiel:

```
TYPE PDO = RECORD
           ....
           AO.Schluessel: ...
           ....
```

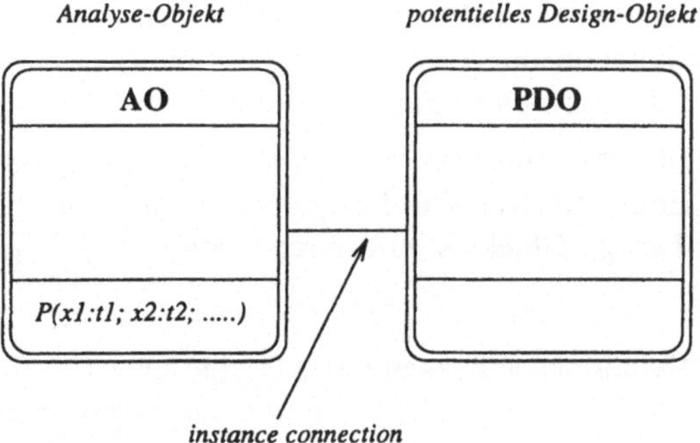

Attribut-Relationen (*instance connections*) müssen im prozeduralen Source Code als Schlüssel-Komponenten zum entsprechenden Analyse-Objekt (AO) auftreten.

Auch bei einer Menge von Einzelkomponenten als potentielles Design-Objekt muß eine *instance connection* durch Schlüssel-Komponenten erscheinen, wie folgendes Beispiel skizziert:

Beispiel:

```
PROCEDURE Ausgabe_LS_Liste(...);
BEGIN
   ...
   Writeln('LS-Nr: ',Lieferschein.Nr);
   ...
END;
```

2. Potentielle Design-Objekte, die nicht als Analyse-Objekte im objektorientierten Ziel-Anwendungsmodell auftreten.

   Solche potentiellen Design-Objekte treten nicht explizit im objektorientierten Ziel-Anwendungsmodell als Objekte auf, sondern implizit, z.B. in Form von Services von Analyse-Objekten. Typischerweise sind solche potentiellen Design-Objekte

   - Ein-/Ausgabemasken,
   - Listen, die ausgedruckt werden,
   - Übersichten bzw. Aufstellungen, die z.B. am Bildschirm ausgegeben werden.

Diese potentiellen Design-Objekte können natürlich wiederum aus Einzelkomponenten bestehen oder auch strukturierte Datentypen (und daher *Non-Data-Store-Entitäten*) sein.

Im Falle von *Non-Data-Store-Entitäten* können Informationen aus dem Entity-Relationship-Diagramm zur Identifikation des potentiellen Design-Objektes im Source Code herangezogen werden, wie etwa:

- Relationen von potentiellen Design-Objekten (*Non-Data-Store-Entitäten*) zu anderen Entitäten, insbesondere *Data-Store-Entitäten* (und damit Analyse-Objekten).
- Die Bezeichnung von allgemeinen Relationen zwischen Entitäten des Entity-Relationship-Diagramms. Diese wurde z.T. aus jenen Prozeduren (bzw. Prozedurnamen) abgeleitet, in welchen ein funktionaler Zusammenhang zwischen zwei Entitäten definiert wird.

Für die eben angesprochene Identifikation der aus Einzelkomponenten bzw. zum Teil aus Einzelkomponenten und Analyse-Objekten bestehenden, potentiellen Design-Objekte durch Feststellung der zugehörigen Programmteile im Source Code des Ausgangssystems, wollen wir ein sogenanntes *Phasenkonzept* verwenden, das im folgenden Abschnitt erläutert wird.

8.2.2 Das Phasenkonzept zur Design-Objekt-Identifikation

Vor der eingehenden Diskussion des Phasenkonzeptes zur Design-Objekt-Identifikation, wollen wir nochmals das vorliegende Problem näher betrachten:

Die vorangegangenen Ausführungen haben gezeigt, daß potentielle Design-Objekte strukturierte Datentypen sein können, die für eine Ein-/Ausgabeoperation herangezogen werden. Solche strukturierten Datentypen erscheinen im allgemeinen als *Non-Data-Store-Entitäten* im Entity-Relationship-Diagramm. Diese können daher sehr einfach als potentielle Design-Objekte identifiziert werden.

Die Identifikation jener potentiellen Design-Objekte, die nicht aus strukturierten Datentypen, sondern teilweise aus einfachen Basistypen (z.B. Tagesdatum) und Komponenten von Analyse-Objekten bestehen, ist wesentlich schwieriger. Vor allem die Identifikation der Abgrenzung (im Source Code) solcher potentiellen Design-Objekte muß durch eine eingehende Untersuchung der Funktionalität des Source Codes erfolgen. D.h. es muß jener Teil des Source Codes gefunden werden, der beispielsweise eine konkrete Bildschirmmaske (z.B. `Lieferschein-Liste`) implementiert.

Definition: *Phase*

Unter einer Phase versteht man einen Interaktionsblock im Source Code, der zur Ein- bzw. Ausgabe eines Design-Objektes dient. Eine Phase besteht aus einer sequentiellen Abfolge von Operationen, die sich auf die Ein- bzw. Ausgabe genau eines einzigen Design-Objektes bezieht.

Das Phasenkonzept ermöglicht es, die logische Zusammengehörigkeit von Komponenten eines Design-Objektes (Attribute dieses Design-Objektes) durch ihre Zugehörigkeit zu einer Abfolge von Ein- bzw. Ausgabeoperationen zu erkennen und damit letztendlich das Design-Objekt selbst zu definieren.

Das Phasenkonzept geht davon aus, daß Design-Objekte in bestimmten Programmbereichen des Source Code ein- bzw. ausgegeben werden. Im allgemeinen überdeckt sich eine Phase mit einer Prozedur im Source Code (z.B. `Ausgabe_BSt_Aufstg` im obigen Beispiel). Eine Phase kann aber auch durch zwischenzeitliche Prozeduraufrufe, z.B. zur Berechung von Ein-/Ausgabeergebnissen, unterbrochen werden. Außerdem ist es möglich, daß mehrere Phasen ineinander geschachtelt sind (vgl. Abschnitt 8.2.2.1).

Definition: *potentielles Design-Objekt*

Jede Phase (d.i. im Sinne obiger Definition eine Menge von ein- bzw. ausgegebener Information samt den zugehörigen Ein-/Ausgabeoperationen) definiert ein potentielles Design-Objekt.

Für die Identifikation des Beginns bzw. Endes einer komplexen Ein-/Ausgabeoperation eines potentiellen Design-Objektes müssen folgende zwei Fälle unterschieden werden:

1. Der Beginn bzw. das Ende einer Ein-/Ausgabeoperation kann durch die Identifikation von expliziten Öffnungs- bzw. Schließoperationen erkannt werden. Dies ist dann der Fall, wenn I/O-Geräte in der verwendeten Programmiersprache als Dateien behandelt werden.[5]

[5] In Turbo Pascal z.B. werden I/O-Geräte als Dateien behandelt, so daß für diese Geräte dieselben I/O-Operationen zur Anwendung gelangen wie für Dateien.

Beispiel:

```
PROCEDURE LS_Liste_Output(.....);
BEGIN
  ...
  Assign(Lst, 'LPT1'); {Beginn der Ausgabe-Phase}
  Rewrite(Lst);
  Writeln(Lst,'Lieferschein-Liste'); Writeln;
  Writeln(Lst,'Kundennr:',Knr,'  Datum:',Akt_Dat);
  ... { weitere Statements } ...
  Close(Lst); {Ende der Ausgabe-Phase}
  ...
END;
```

In diesem Fall können die Einzelkomponenten, die ein potentielles Design-Objekt bilden, relativ einfach im Source Code identifiziert werden, da die Ein-/Ausgabephase durch spezielle Befehle der Programmiersprache eröffnet bzw. geschlossen wird.

Sobald `weitere Statements` eine Operation enthält, die sich nicht auf `Lst` bezieht, schließt nicht mehr das `Close(Lst)` die Phase ab, sondern es tritt damit Fall 2 ein.

2. Der Beginn bzw. das Ende von Ein-/Ausgabeoperationen ist nicht durch eindeutige Öffnungs- bzw. Schließoperationen ersichtlich.

   In diesem Fall muß der Reuse Engineer versuchen, durch direkte Untersuchungen des Source Code und Nachverfolgung des Kontrollflusses (*Tracing*) sowohl den Beginn als auch das Ende einer zusammengehörigen I/O-Operation (z.B. der Ausgabe einer Bildschirmmaske oder dem Ausdruck einer Liste auf dem Drucker) zu identifizieren.

   Dazu kann er eigentlich nur die speziellen I/O-Operationen im Source Code identifizieren und versuchen, diese aufgrund seiner semantischen Hintergrundinformation (z.B. hier wird eine Bildschirmmaske ausgegeben oder dies ist der Programmteil für den Ausdruck einer Liste) zu einer semantisch sinnvollen Phase zusammenzufügen.

8.2.2.1 Schachtelung von Phasen

In beiden Fällen muß jedoch auch die Möglichkeit berücksichtigt werden, daß Programmteile, die eine Ein-/Ausgabephase definieren, nicht als eine ununterbrochene Sequenz in einem Programmstück vorliegen.

Wir untersuchen daher folgende Fälle:

1. Eine Phase erstreckt sich über mehrere Aufrufebenen bzw. Prozeduren.

   Dies ist unter anderem der Fall, wenn

   - Prozeduren für Berechnungen (z.B. von einzelnen Ein-/Ausgabeparametern) aufgerufen werden,
   - Aufgaben an Prozeduren delegiert werden (z.B. Prozedur zum Drucken von Artikeldaten),
   - sich eine Phase über mehrere Prozeduren auf derselben Aufrufebene erstreckt.

   Eine Phase, die sich über mehrere Aufrufebenen bzw. Prozeduren erstreckt, hat daher die in Abbildung 8.3 dargestellte Struktur:

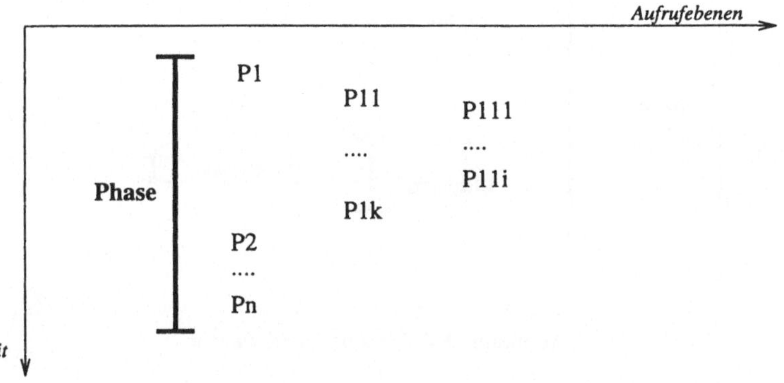

Abbildung 8.3: Phasenstruktur

Beispiel:

```
PROCEDURE Ausgabe_RE_Aufstg(.....);
BEGIN
   ...
   Writeln(Lst,'Rechnungs-Aufstellung');
   Writeln(Lst, ...);
   Kunden_Dat_Ausg(Knr,...); {Delegation}
   Writeln(Lst,...);
   ...
   Berechne_RE_Summe(Gesamt_Sum);{Werte berechnen}
   Writeln(Lst,'Gesamt-Summe: ',Gesamt_Sum);
   ...
END;
```

In diesem Beispiel liegt eine Ausgabephase mit mehreren Unterbrechungen in Form von Prozeduraufrufen vor.

2. Eine Phase wird durch andere Phasen unterbrochen, d.h. mehrere Phasen sind ineinander geschachtelt.

   Jede der ineinandergeschachtelten Phasen kann natürlich wieder eine – wie in Punkt 1 angeführte – komplexe Struktur aufweisen.

   Mehrfach ineinander geschachtelte Phasen sind in Abbildung 8.4 dargestellt:

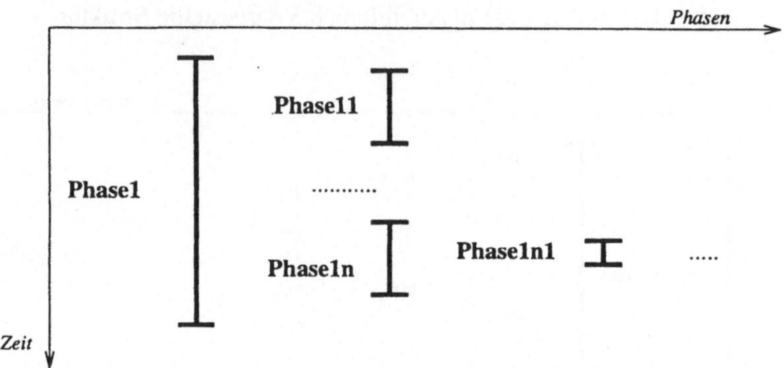

Abbildung 8.4: Geschachtelte Phasen

Beispiel:

In diesem Beispiel sind mehrere Phasen ineinander geschachtelt: Die Phase *Aufnahme_Bstg* (Aufnahme einer neuen Bestellung) wird durch die Phase *Aufnahme_Kunde* unterbrochen, da z.B. der Kunde, der die Bestellung aufgibt noch nicht bekannt ist, und daher neu aufgenommen werden muß. Der Kunde bestellt darüber hinaus noch einen Artikel, der in der Artikeldatei noch nicht vorhanden ist, so daß auch der Artikel neu in die Liste der Artikel aufgenommen werden muß, was durch die Phase *Artikel_anlegen* erfolgt. Diese Phase wird zusätzlich noch durch eine Ausgabephase der Artikelliste (wird immer ausgegeben, wenn ein neuer Artikel angelegt wird) *Artikelliste_ausgeben* unterbrochen.

Die Phasen dieses Beispiels haben die in Abbildung 8.5 dargestellte Struktur.

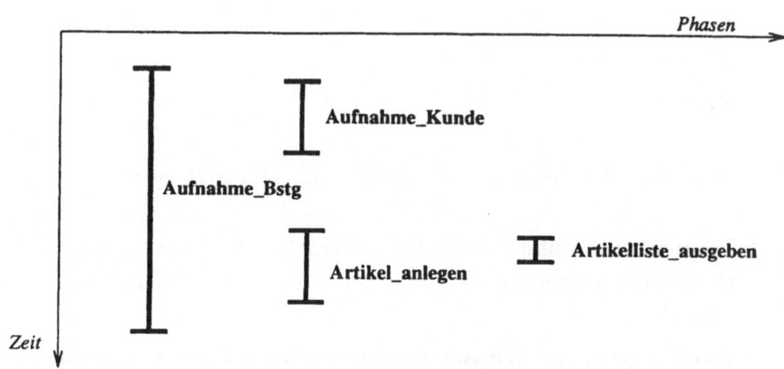

Abbildung 8.5: Phasen anhand eines Beispiels

Phasen-übergang

Damit man den Übergang von einer Phase in die nächste feststellen kann, ist es erforderlich, die Funktion der innerhalb einer Phase aufgerufenen Prozeduren hinsichtlich der Ein- bzw. Ausgabe wie folgt zu kategorisieren:

1. **Delegation:**

   Unter Delegation verstehen wir den Aufruf einer Prozedur, die zur Fortsetzung derselben Ein-/Ausgabeoperation dient. Die aufgerufene Prozedur übernimmt sozusagen eine Teilfunktionalität der rufenden Prozedur. Es handelt sich dabei um eine einfache *call & return*-Semantik.

   Beispiel:

   Ausgabe von Artikeldaten, Berechnung und Ausgabe von Baustellensummen u. dgl.

   Eine spezielle Form von Delegation (einfache Delegation) ist auch die bloße Auslagerung von Funktionen (ohne Ein-/Ausgabeoperationen) an aufgerufene Prozeduren (z.B. nur Berechnung von Summen, aber keine Ausgabe derselben, oder Aufruf von `Get-Datum`).

2. **Intervention:**

   Unter einer Intervention verstehen wir den Aufruf einer Prozedur, die die aktuelle Phase unterbricht bzw. abbricht.

   Beispiel:

   Typischerweise handelt es sich dabei um Ausgabe von Fehlermeldungen (z.B. über eigene Fehler-Windows).

Boole'sche Abfragen im Source Code lassen sehr oft auf das Vorliegen einer Intervention schließen.

Beispiel:

IF Operation_ok THEN ... ELSE *Intervention*

Intervention kommt üblicherweise kaum bei Druckerausgaben vor, da es sich bei diesen um eine nicht unterbrechbare[6] Ausgabeoperation handelt.

Abhängig von der Schwere des aufgetretenen Fehlers wird die aktuelle Phase unterbrochen (z.B. Ein- und Ausblenden einer Fehlermeldung am Bildschirm) oder abgebrochen (z.B. Druckerausgabe).

3. **Definition einer neuen Phase:**

   Unter der Definition einer neuen Phase verstehen wir den Aufruf einer Prozedur, die eine neue Phase im Sinne obiger Definition beginnt (und somit ein neues potentielles Design-Objekt definiert), d.h. es kommt zur Schachtelung von Phasen.

   Beispiel:

   Aufruf der Prozedur `Kunden_aufnehmen` innerhalb der Phase `Bstg_erfassen`

Prozedur-zuordnung

Bei einem Prozeduraufruf innerhalb einer Phase muß die Prozedur daher einer der drei oben genannten Kategorien zugeordnet werden. Dies erfolgt durch Beurteilung folgender Kriterien:

1. Der Beginn einer Phase definiert einen bestimmten Zustandsraum. Teile dieses Zustandsraumes sind die Attribute der potentiellen Design-Objekte (das sind Einzelkomponenten, Komponenten von Analyse-Objekten).

2. Bei einem Prozeduraufruf erfolgt kein Wechsel des Zustandsraumes, wenn die Prozedur
   - keine Ein-/Ausgabeoperationen durchführt. Dann liegt eine einfache Delegation vor.

[6] Dies bedeutet, daß die Ausgabe lediglich für eine Fehlermeldung kurzzeitig unterbrochen werden kann und – nach Behebung des Fehlers – fortgeführt wird. Beim Drucken von Lieferscheinen z.B. können aber Fehlermeldungen nicht gleichzeitig ausgedruckt werden.

- keine Beziehung zu irgendeinem Analyse-Objekt hat (z.B. Ausgabe des Aktuellen_Datum, also keine gespeicherten Informationen).
- die aktuelle Phase unterbricht bzw. abbricht (z.B. Ausgabe von Fehlermeldungen). Dann liegt eine Intervention vor.[7]

3. Im Falle der Änderung des Zustandsraumes liegt der Beginn einer neuen Phase vor.

   Beispiel:

   Die Aufnahme eines neuen Kunden, eines Artikels, einer Bestellung u. dgl. ändert den Zustandsraum, währenddessen die Ausgabe einer Artikelliste, Baustellenübersicht u. dgl. denselben nicht ändert.

4. In allen anderen Fällen (keine Änderung des Zustandsraumes) liegt eine (nicht einfache) Delegation vor.

Die Untersuchung und Kategorisierung hinsichtlich der oben angeführten Kriterien muß für alle Prozeduren im Aufrufbaum der beteiligten Prozeduren erfolgen, um z.B. folgenden Fall abdecken zu können.

Beispiel:

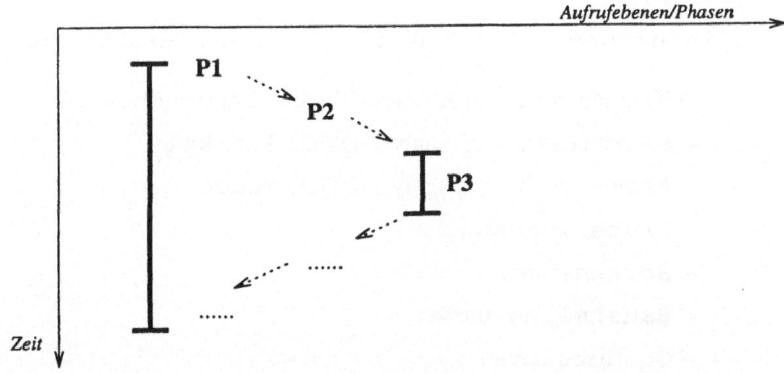

Abbildung 8.6: Delegation und Phasendefinition

[7] Eine Intervention kann jedoch durchaus eine Beziehung zu einem Analyse-Objekt besitzen (z.B. Fehlermeldung über Artikel oder Kunden).

In dem in Abbildung 8.6 dargestellten Beispiel ruft die Prozedur P_1 die Prozedur P_2 auf (z.B. einfache Delegation), diese wiederum ruft die phasenbildende Prozedur P_3 auf. Durch Untersuchung des gesamten Aufrufbaumes von P_1 bezüglich oben genannter Kriterien kann dieser Fall jedoch identifiziert werden.

Durch das zuvor beschriebene Phasenkonzept und die Untersuchung der ein- bzw. ausgegebenen Informationen des Systems, lassen sich somit mehrere potentielle Design-Objekte definieren, die es in einem weiteren Schritt (zum Teil) in tatsächliche Objekte umzuwandeln gilt.

Solche potentiellen Design-Objekte sind z.B.:

- strukturierte Datentypen, die ein-/ausgegeben werden und als (aus *Data-Store-Entitäten* entstandene) Objekte des objektorientierten Ziel-Anwendungsmodells oder als *Non-Data-Store-Entitäten* des Entity-Relationship-Diagramms auftreten.

  Potentielle Design-Objekte, die als *Non-Data-Store-Entitäten* auftreten, werden zu Design-Objekten.

- Einzelkomponenten, die zusammen mit Komponenten von *Data-Store-Entitäten* oder *Non-Data-Store-Entitäten* ein-/ausgegeben werden, sind aufgrund der zugehörigen identifizierten Phase potentielle Design-Objekte.

  Beispiel:

  `Lieferschein-Liste`, die u.a. folgende Informationen enthält:

  - Komponenten vom Analyse-Objekt `Lieferschein`
  - Komponenten vom Analyse-Objekt `Artikel`
  - Komponenten vom Analyse-Objekt `Kunde`
  - `Erstellungsdatum`
  - `Sortensumme`
  - `Baustellensumme`
  - `Gesamtsumme`
  - ...

Aus der Menge der durch das Phasenkonzept identifizierten, potentiellen Design-Objekte werden alle jene ausgeschieden, die bereits im Zuge der *reverse* Generierung des objektorientierten Ziel-Anwendungsmodells als

Analyse-Objekte identifiziert wurden. Solche Analyse-Objekte, die auch als potentielle Design-Objekte auftreten, sind z.B. `Artikel`, `Lieferschein`, `Kunde` u. dgl. Übrig bleiben demnach Design-Objekte, die aus *Non-Data-Store-Entitäten* (z.B. `Auftragsbestätigung`) oder aus Einzelkomponenten gemischt mit Komponenten von *Non-Data-Store-Entitäten* bzw. *Data-Store-Entitäten* (z.B. `Baustellen-Aufstellung` u. dgl.) entstanden sind.

Nach der Definition, welche potentiellen Design-Objekte tatsächlich zu Design-Objekten werden, muß noch ihr Aussehen festgelegt werden, da sie – im Gegensatz zu den aus strukturierten Datentypen entstandenen Objekten – teilweise aus Einzelkomponenten bestehen.

Die innerhalb einer Ein-/Ausgabephase identifizierten Einzelkomponenten werden zu den Attributen des Design-Objektes. Jene Komponenten, die Elemente von *Data-Store-Entitäten* sind, werden nicht zu Attributen, sondern durch *Instance Connections* zu den entsprechenden Objekten dargestellt.

Die Prozeduren der Ein-/Ausgabe des Design-Objektes, die im Zuge der Identifikation der Phasen im Source Code aufgefunden wurden, werden zum Teil zu den Services des Design-Objektes.

Wie in Kapitel 7 bei der Definition der Services von Analyse-Objekten erläutert wurde, müssen auch bei der Definition von Services von Design-Objekten u.U. mehrere Prozeduren zu einem Service zusammengefaßt werden. So werden z.B. Prozeduren, die Zwischensummen berechnen (einfache Delegation), Fehler ausgeben (Intervention) u. dgl. keine Services, sondern nur interne Prozeduren von Design-Objekten.

8.3 Abbildung zwischen Analyse- und Design-Objekten

Wie im vorigen Abschnitt ausgeführt wurde, sind bei der Erstellung eines vereinfachten objektorientierten Ziel-Entwurfs aus dem Anwendungsmodell u.U. weitere Objekte (sogenannte Design-Objekte) identifiziert worden.

Nach dem Mapping-Prozeß zwischen den objektorientierten Anwendungsmodellen sind u.U. einige Analyse-Objekte im *forward* ooAM übrig geblieben, die auf keine entsprechenden Objekte des *reverse* ooAMs abgebildet werden konnten (vgl. Kapitel 7).

Ziel der Erstellung des in diesem Kapitel beschriebenen, vereinfachten objektorientierten Ziel-Entwurfs ist es auch, einen Teil dieser "übrig gebliebenen" Analyse-Objekte des objektorientierten Ziel-Anwendungsmodells möglichst auf Design-Objekte abzubilden, um so den Grad der Wiederverwendbarkeit des prozeduralen Ausgangssystems nochmals zu erhöhen.

Wie wir in den vorigen Abschnitten beschrieben haben, können durch den entwickelten vereinfachten objektorientierten Entwurf jene Objekte, die sich am "Rand" des Systems (insbesondere an der Mensch-Maschine-Schnittstelle) befinden, identifiziert und gegebenenfalls durch Source Code Teile des Ausgangssystems realisiert werden.

Abhängig von der Generierung des objektorientierten Ziel-Anwendungsmodells und des vereinfachten objektorientierten Entwurfs, wollen wir folgende zwei Fälle unterscheiden:

explizite Modellierung

1. Das identifizierte Design-Objekt ist aus einer *Non-Data-Store-Entität* oder aus Einzelkomponenten (Phasenkonzept) entstanden und im objektorientierten Ziel-Anwendungsmodell existiert ein entsprechendes Objekt, das zuvor noch nicht zwischen *forward* ooAM und *reverse* ooAM abgebildet werden konnte.

   Dies ist ein typischer Fall, in welchem ein "Rand"-Objekt des Systems im *forward* ooAM explizit als solches modelliert wurde, aber aufgrund des Generierungsprozesses für das *reverse* ooAM nicht auf ein solches gemappt werden konnte. In diesem Fall dient der Generierungsschritt eines vereinfachten objektorientierten Entwurfs dazu, solche Objekte in einem "zweiten Durchlauf" doch noch abbilden zu können.

   Beispiel:

   Die `Auftragsbestätigung` wurde im *forward* ooAM explizit modelliert, tritt im *reverse* ooAM jedoch nicht auf. Daher konnte diese auch nicht zwischen *forward* und *reverse* ooAM abgebildet werden.

   Als *Non-Data-Store-Entität* wird die `Auftragsbestätigung` jedoch ein Design-Objekt, so daß nunmehr eine Abbildung (Mapping) möglich wird.

2. Für das identifizierte Design-Objekt existiert im objektorientierten Ziel-Anwendungsmodell kein entsprechendes Objekt. Im Ziel-ooAM wurde diese Funktionalität nur implizit (z.B. als Service eines anderen Objektes) modelliert.

Beispiel:

Die Funktionalität des Design-Objekts `Lieferschein-Liste` ist im unten dargestellten Analyse-Objekt `Lieferschein` als Service *gen_LS_Liste* implizit realisiert, so daß für das Design-Objekt `Lieferschein-Liste` keine Entsprechung in Form eines Analyse-Objektes im objektorientierten Ziel-Anwendungsmodell gefunden werden kann.

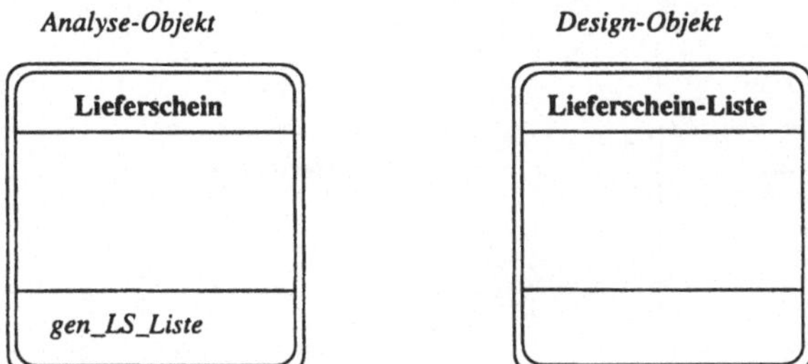

implizite Modellierung

Im Falle der impliziten Modellierung eines Design-Objektes im objektorientierten Ziel-Anwendungsmodell müssen wir wiederum folgende Möglichkeiten unterscheiden:

(a) Die Funktionalität des Design-Objektes wird als Service eines Analyse-Objektes modelliert.

Dann muß untersucht werden, ob dieser Service auch tatsächlich konzeptuell zu diesem Analyse-Objekt gehört (im Sinne einer objektorientierten Modellierung).

Beispiel:

Der Service *gen_LS_Liste* gehört als Service zum Objekt (bzw. Klasse) `Lieferschein`. Daher wird das Design-Objekt `Lieferschein-Liste` kein eigenständiges Objekt im objektorientierten Ziel-Anwendungsmodell.

Beispiel:

Eine `Baustellen-Preis-Übersicht`[8] kann konzeptuell jedoch keinem der identifizierten Analyse-Objekten zugeordnet werden, daher auch nicht der Service für die Erstellung bzw. Ausgabe derselben (*gen_BauPreis_Übersicht*).

[8] Eine `Baustellen-Preis-Übersicht` dient zur Übersicht über alle Baustellen der Firma und die dort verrechneten Preise. Sie dient rein zur internen Preisbildung und wird nicht nach "außen" weitergegeben.

Ist dieser Service jedoch aufgrund der *reverse* Generierung des objektorientierten Anwendungsmodells und Mapping in das objektorientierte Ziel-Anwendungsmodell einem Analyse-Objekt zugeordnet worden, so muß dieser nun in diesem Objekt gestrichen und das Design-Objekt `Baustellen_Preis_Übersicht` als eigenständiges Objekt in das objektorientierte Ziel-Anwendungsmodell aufgenommen werden.

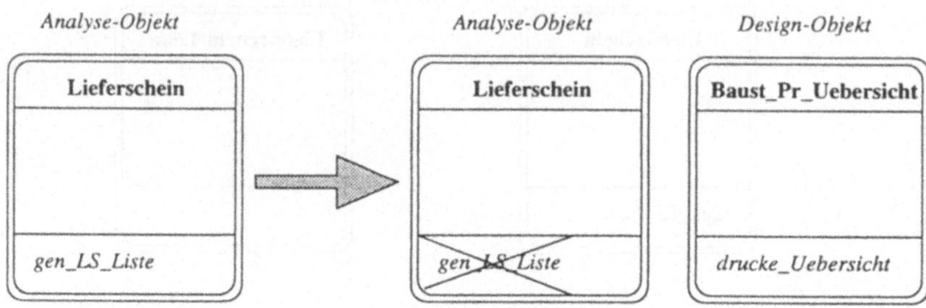

(b) Die Funktionalität des Design-Objektes ist zwar implizit im objektorientierten Ziel-Anwendungsmodell modelliert, tritt aber nicht als eigener Service eines Analyse-Objektes auf.

In diesem Fall wird das Design-Objekt immer als eigenes Objekt in das objektorientierte Ziel-Anwendungsmodell übernommen, da aufgrund der impliziten Modellierung des Design-Objektes nicht entschieden werden kann, welchem Analyse-Objekt die Funktionalität des Design-Objektes konzeptuell zugeordnet werden soll.

Beispiel:

Ist die `Baustellen_Preis_Übersicht` nicht als Service eines Analyse-Objektes, sondern implizit modelliert, so kann diese auch keinem Analyse-Objekt zugeordnet werden. Das Design-Objekt `Baustellen_Preis_Übersicht` wird daher als eigenständiges Objekt in das objektorientierte Ziel-Anwendungsmodell übernommen.

8.4 Ergebnisse nach der Abbildung zwischen Analyse- und Design-Objekten

Nach dem nochmaligen Abbildungsprozeß zwischen Analyse-Objekten (des objektorientierten Ziel-Anwendungsmodells) und Design-Objekten (des vereinfachten objektorientierten Entwurfs) liegen folgende Ergebnisse des COREM-System-Transformationsprozesses vor:

1. Für jene Objekte des objektorientierten Ziel-Anwendungsmodells, die im Objekt-Mapping-Prozeß zwischen *reverse* und *forward* ooAM nicht abgebildet werden konnten, wurde nun eine mögliche Realisierung gefunden und den entsprechenden Objekten zugeordnet.

   Beispiel:

   Der strukturierte Datentyp `Auftragsbestätigung` tritt im Entity-Relationship-Diagramm als *Non-Data-Store-Entität* auf und wird daher nicht in das *reverse* ooAM übernommen. Durch die Erstellung des vereinfachten objektorientierten Entwurfs wird die `Auftragsbestätigung` jedoch zu einem potentiellen Design-Objekt und kann – falls das Objekt `Auftragsbestätigung` im *forward* ooAM als eigenständiges Objekt modelliert wurde – auf dieses abgebildet werden.

2. Im objektorientierten Ziel-Anwendungsmodell implizit modellierte Informationen (als potentielle Design-Objekte identifiziert) wurden z.T. als eigenständige Objekte in das objektorientierte Ziel-Anwendungsmodell übernommen.

   Beispiel:

   Das Design-Objekt `Baustellen_Preis_Übersicht`, das keinem anderen Analyse-Objekt konzeptuell zugeordnet werden kann.

   Potentielle Design-Objekte, die im objektorientierten Ziel-Anwendungsmodell implizit (z.B. als Services) modelliert wurden und konzeptuell einem Analyse-Objekt zugeordnet werden können, wurden zu keinen eigenständigen Objekten im verfeinerten objektorientierten Ziel-Anwendungsmodell.

   Beispiel:

   Das Design-Objekt `Lieferschein-Liste`, das konzeptuell dem Objekt `Lieferschein` (wurde dort als Service modelliert) zugeordnet werden kann.

Ein bedeutender Vorteil der Erstellung eines vereinfachten objektorientierten Ziel-Entwurfs liegt also darin, daß – falls "Rand"-Objekte explizit im objektorientierten Ziel-Anwendungsmodell modelliert wurden – diese auch mit sehr hoher Wahrscheinlichkeit den Teilen des prozeduralen Ausgangssystems zugeordnet werden können (d.h. es kann ein verbessertes Mapping-Ergebnis erzielt werden).

Außerdem kann durch diese Vorgangsweise jener Teil des prozeduralen Ausgangssystems, der sich keinen Objekten des objektorientierten Ziel-Anwendungsmodells zuordnen läßt und der für die Funktionalität des Gesamtsystems aber erforderlich ist (das sogenannte prozedurale Rest-System), durch die Identifikation von Design-Objekten weiter reduziert werden.

Ziel-Entwurf Aussehen

Nach der Erstellung eines vereinfachten objektorientierten Systementwurfs und Übernahme einzelner Objekte aus diesem in das objektorientierte Ziel-Anwendungsmodell besteht die Neufassung des ursprünglich rein prozeduralen Ausgangssystems aus:

- Objekten, die im Zuge der Generierung des objektorientierten Ziel-Anwendungsmodells durch Abgleich von *reverse* und *forward* ooAM entstanden sind (sogenannte Analyse-Objekte).
- Objekten, die bei der Generierung des vereinfachten objektorientierten Ziel-Entwurfs und Untersuchung des objektorientierten Ziel-Anwendungsmodells in dieses übernommen wurden (sogenannte Design-Objekte).
- Prozeduralen Teilen des Ausgangssystems, die keinem Objekt (weder Analyse- noch Design-Objekt) zugeordnet werden konnten, für die Funktion des Systems jedoch erforderlich sind (das sogenannte prozedurale Rest-System).

8.5 Fallstudie IFAS

In diesem Abschnitt wollen wir einen vereinfachten objektorientierten Ziel-Entwurf der Fallstudie erzeugen, um bisher noch nicht abbildbare Objekte des *forward* ooAMs u.U. doch noch auf Source Code des prozeduralen Ausgangssystems abbilden zu können.

Dazu versuchen wir Design-Objekte – insbesondere an der Mensch-Maschine-Schnittstelle – zu identifizieren, indem wir die Informationen untersuchen, die ins System eingegeben bzw. vom System ausgegeben werden.

Solche Informationen sind u.a.:

- Bestellung (Eingabe über den Bildschirm)
- Lieferschein (Ein- und Ausgabe über den Bildschirm und Drucker)
- Auftragsbestätigung (Ausgabe über den Drucker)
- Offerte (Ausgabe über den Drucker)

Einige dieser ein- bzw. ausgegebenen Informationen wurden bereits im Zuge der bisherigen Teilschritte des COREM-System-Transformationsprozesses als Analyse-Objekte ins objektorientierte Ziel-Anwendungsmodell aufgenommen, die übrigen werden zu potentiellen Design-Objekten. In unserer Fallstudie ist dies:

- Auftragsbestätigung (Ausgabe über den Drucker)

Wie im vorigen Teil dieses Kapitels ausgeführt wurde, kann ein solches potentielles Design-Objekt als strukturierter Datentyp oder aber auch als Sammlung von Einzelkomponenten (z.B. bei Bildschirmmasken) im Programm implementiert sein.

In unserem Beispielprogramm ist das potentielle Design-Objekt `Auftragsbestätigung` als strukturierter Datentyp in Form eines Records realisiert:

```
TYPE Aufbest = RECORD
       datum : Datum;
       kundennr : WORD;
       offertnr : WORD;
       betrag : REAL;
       liste : p2Auftrag;
              END;
```

In diesem Fall ist die Identifikation des potentiellen Design-Objektes im Programm besonders einfach, und es ist nicht erforderlich, das Phasenkonzept zur Design-Objekt-Identifikation zu verwenden.

Das potentielle Design-Objekt `Auftragsbestätigung` tritt auch als Analyse-Objekt im *forward* ooAM auf, konnte bisher aber noch nicht auf ein Objekt des *reverse* ooAMs abgebildet werden, da die `Auftragsbestätigung` nicht abgespeichert (sondern nur ausgedruckt) wird und daher eine *Non-Data-Store-Entität* darstellt, die aber nicht als Objekt in das *reverse* ooAM aufgenommen wurde.

Da das potentielle Design-Objekt `Auftragsbestätigung` im *forward* ooAM erscheint, wird es als eigenes Objekt in das objektorientierte Ziel-Anwendungsmodell übernommen.

Analog zu den übrigen Analyse-Objekten lassen sich auch für dieses Objekt die Services bzw. Relationen mittels der (m,u)-Tabellen, der Zuordnung der Prozeduren zum Objekt aufgrund des *forward* ooAMs, der tatsächlichen Zuordnung der Implementierung der jeweiligen Prozeduren/Funktion u. dgl. ermitteln.

Nach der Aufnahme des Design-Objektes `Auftragsbestätigung` (in Abbildung 8.7 als `Aufbestg` abgekürzt) ergibt sich daher das in der folgenden Abbildung 8.7 dargestellte objektorientierte Ziel-Anwendungsmodell für unsere Fallstudie:

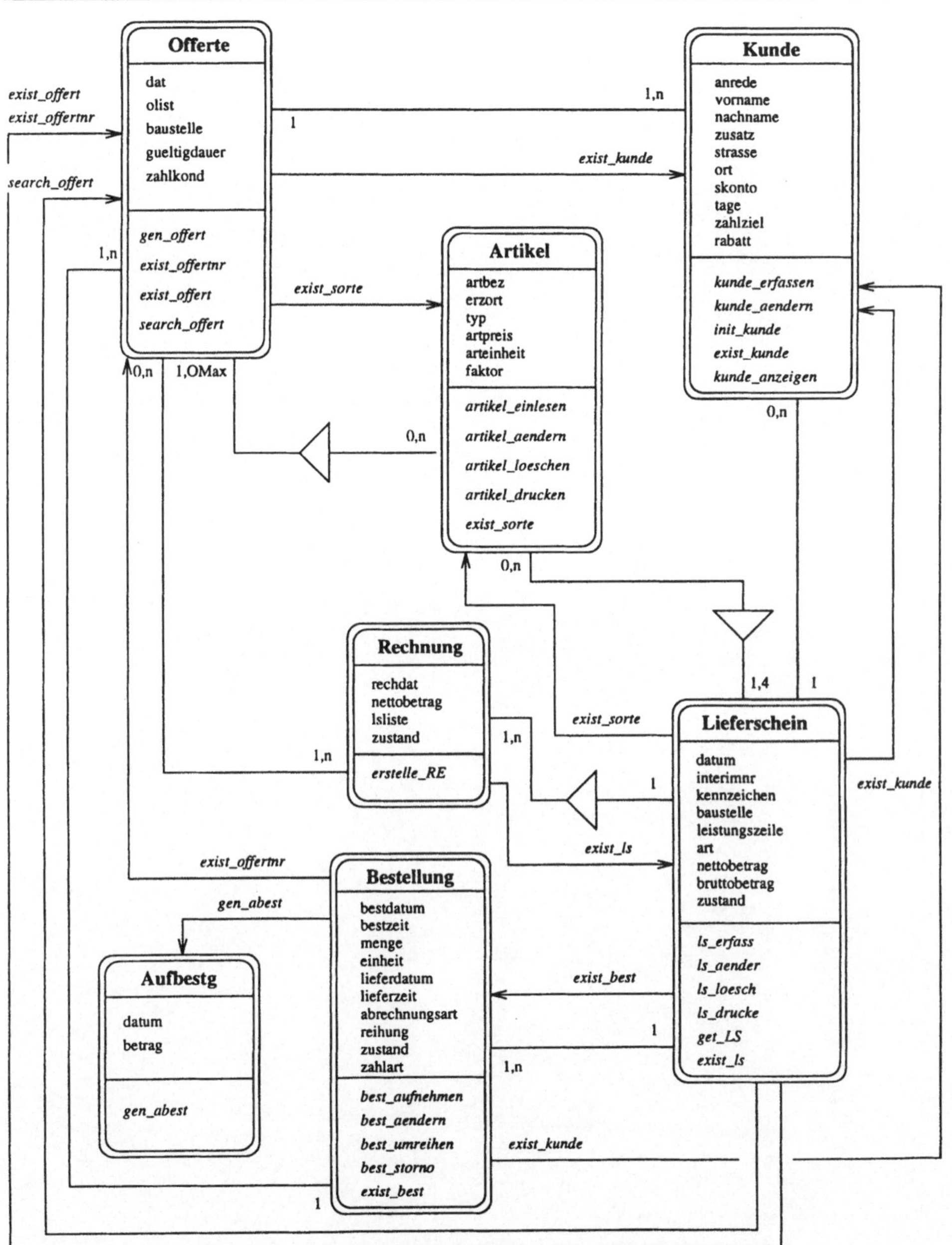

Abbildung 8.7: Erweitertes Ziel-Anwendungsmodell für die Fallstudie

Kapitel 9

Organisation des Ziel-Systems

Dieser Abschnitt soll die Transformation des prozeduralen Ausgangssystems in ein objektorientiertes Ziel-System (unter Verwendung der in den vorigen Schritten ermittelten Informationen) auf Implementierungsebene abschließen.

Nachdem zuerst mit relativ hohem Aufwand ein objektorientiertes Anwendungsmodell erstellt worden ist, können wir uns nun aufgrund der zahlreichen semantischen Informationen über das Ausgangssystem wieder der Implementierungsebene zuwenden und den verbleibenden Rest des prozeduralen Systems entsprechend organisieren.

Im nun folgenden Teilprozeß wollen wir die notwendigen Adaptierungen des entstehenden Ziel-Systems an die Vorgaben der entwickelten Modelle (insbesondere des Ziel-ooAMs) durchführen.

Aufgrund der bisher durchgeführten Schritte wurde das Ist-System in eine Menge von Objekten sowie in einen prozeduralen Rest gegliedert, der keinem Objekt zugeordnet werden konnte.

Die Organisation der Objekte entspricht dem aus der Anwendungsmodellierung gewonnenen und an das *reverse* ooAM angepaßten Ziel-ooAM. Ein bestimmter Anteil des prozeduralen Ausgangssystem konnte jedoch konzeptuell keinem Objekt zugeordnet werden.

Definition: *prozedurales Rest-System*

Unter dem prozeduralen Rest-System versteht man jenen Teil des prozeduralen Ausgangssystems (Prozeduren/Funktionen, Variablen u. dgl.), der keinem der im Zuge des COREM-System-Transformationsprozesses entstandenen Objekte zugeordnet werden konnte.

Definition: *objektorientierter Bereich des Ziel-Systems*

Unter dem objektorientierten Bereich des Ziel-Systems versteht man jenen Teil, der aus dem prozeduralen Ausgangssystem denjenigen Objekten zugeordnet wurde, die durch den COREM-System-Transformationsprozeß entstanden sind.

Da der COREM-System-Transformationsprozeß keine Änderung der Funktionalität des Systems vornimmt (d.h. der Kontrollfluß bleibt unverändert), besteht eine Wechselwirkung zwischen den Objekten und dem prozeduralen Rest-System (z.B. in Form von Prozeduraufrufen in beiden Richtungen).

Abbildung 9.1 zeigt die Struktur des durch die bisherigen Schritte des COREM-System-Transformationsprozesses entstandenen Systems.

In der Folge wollen wir uns mit der Adaptierung der aus dem prozeduralen Ausgangssystem entstandenen Teile näher beschäftigen.

9.1 Adaptierung der Objekte

Durch die Teilprozesse des COREM-System-Transformationsprozesses wurden Objekte definiert und diese auf Teile der Implementierung des Ausgangssystems abgebildet. D.h., es hat eine Zuordnung von Datenstrukturen zu Attributen und von Prozeduren (einer Menge von Prozeduren) zu Services von Objekten stattgefunden.

Dabei muß jedoch berücksichtigt werden, daß Prozeduren in Aufrufbäumen von Services Daten verwenden können, deren Sichtbarkeit sich über das betreffende Objekt hinaus erstreckt (globale Daten).

Im Zuge der Adaptierung der entstandenen Objekte muß dieses Problem nunmehr gelöst werden.

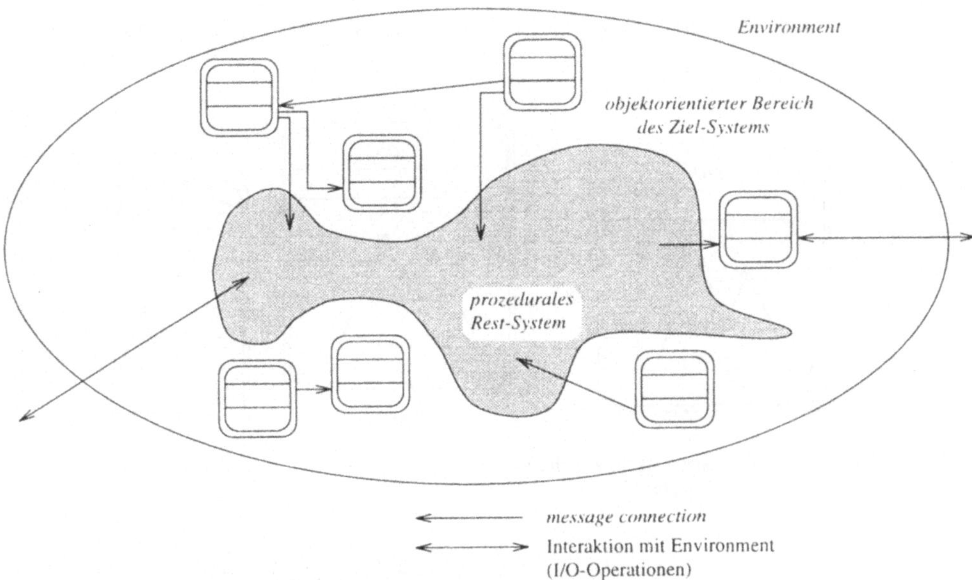

Abbildung 9.1: Struktur des entstandenen Ziel-Systems

9.1.1 Behandlung globaler Daten

Da das Ausgangssystem im prozeduralen Paradigma entstanden ist, muß davon ausgegangen werden, daß im System Daten mit globaler Sichtbarkeit vorhanden sind. Diese Daten stellen insbesondere dann ein Problem dar, wenn sich deren Sichtbarkeit über definierte Objekte hinweg erstreckt.

Für unsere weiteren Untersuchungen wollen wir den Begriff der globalen Daten im Zusammenhang mit Objekten definieren:

Definition: *globale Daten*

Unter globalen Daten verstehen wir jene Variablen, deren Sichtbarkeit sich über mehrere Objekte hinweg erstreckt.

Keine globalen Daten im Sinne unserer Definition sind daher Variablen, deren Sichtbarkeit sich über mehrere Prozeduren (innerhalb desselben Objekts), nicht jedoch über das Objekt hinaus, erstreckt (in Abbildung 9.2

z.B. V_i). GV_j hingegen ist eine globale Variable im Sinne obiger Definition.

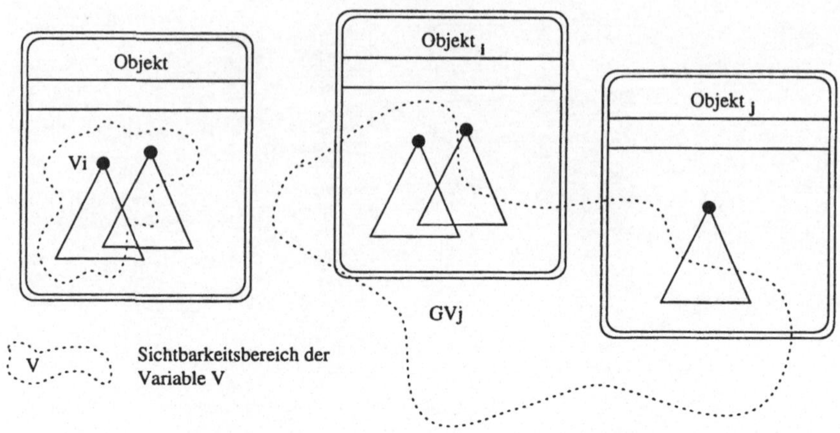

Abbildung 9.2: Globale Daten zwischen Objekten

Im Sinne einer im objektorientierten Paradigma vorgesehenen strengen Datenkapselung ist es jedoch erforderlich, globale Daten zu lokalisieren bzw. deren Verwendung konzeptuell sauber zu gewährleisten.

Für unsere weiteren Untersuchungen ist es dabei notwendig, zwischen der Verwendung und der Manipulation von globalen Variablen zu unterscheiden.

Definition: *Manipulation globaler Daten*

Eine Prozedur P manipuliert (*manipulates*) eine globale Variable GV, falls die Variable GV in zumindest einem Statement der Prozedur P auf der linken Seite einer Zuweisung auftritt.

Definition: *Verwendung globaler Daten*

Eine Prozedur P verwendet (*uses*) eine globale Variable GV, wenn die Variable GV in zumindest einem Statement der Prozedur P auf der rechten Seite einer Zuweisung und in keinem Statement der Prozedur P auf der linken Seite einer Zuweisung vorkommt.

globale Daten

Damit man nun einen konzeptuell sauberen Zugriff auf globale Daten erreichen kann, bieten sich folgende zwei Möglichkeiten an:

1. **Lokalisierung:**

   (a) Eine globale Variable wird ausschließlich von einem einzigen Objekt manipuliert oder verwendet.
   In diesem Fall erstreckt sich der Sichtbarkeitsbereich dieser globalen Variable u.U. zwar über mehrere Objekte, die Variable ist jedoch ausschließlich für ein Objekt von Interesse.

   (b) Eine globale Variable wird ausschließlich von einem Objekt manipuliert, von beliebig vielen anderen Objekten aber nur verwendet.

In beiden Fällen wird die globale Variable "lokalisiert", d.h. die Deklaration der globalen Variable wird in das betreffende Objekt, das die Variable manipuliert, gezogen. Im Fall 1b müssen die einzelnen Verwendungen der "lokalisierten" Variable adaptiert werden. Die prinzipielle Vorgangsweise versucht das nachstehende abstrakte Beispiel aufzuzeigen:

Beispiel:

Sei O_1 das die globale Variable GV manipulierende Objekt, O_2 das GV verwendende Objekt, so sieht nach der Lokalisierung von GV der Zugriff von O_2 auf die Variable folgendermaßen aus:

$$x := GV + const; \overset{Lokalisierung}{\Longrightarrow} x := O_1.GV + const;$$

Strenggenommen sollte es gemäß dem objektorientierten Paradigma überhaupt keinen direkten Zugriff von Objekten auf Variable anderer Objekte geben. Ein solcher Zugriff sollte ausschließlich über Services des betreffenden Objektes erfolgen.

Eine diesen strengen Anforderungen der objektorientierten Modellierung entsprechende Verwendung von Variablen kann durch Einführung von "Pseudo"-Services, wie z.B. *zeige_Wert(Variable)*, erreicht werden.

Die zuvor eingeführte Zuweisung

$$x := O_1.GV + const;$$

müßte somit folgendermaßen umgeformt werden (unter der Annahme, daß *zeige_Wert(V)* eine Funktion ist):

$$x := O_1.zeige\_Wert(GV) + const;$$

Da mit der Einführung solcher "Pseudo"-Services auch umfangreiche syntaktische Änderungen im Source Code erforderlich wären (Anpassung aller Variablen-Verwendungen in Funktionsaufrufe u. dgl.), wollen wir im folgenden nicht weiter auf diese strenge Konvention eingehen.

2. **Kapselung:**

   In all jenen Fällen, in denen eine globale Variable von mehreren Objekten manipuliert wird, kann keine Zuordnung (Lokalisierung) zu einem einzigen Objekt getroffen werden.

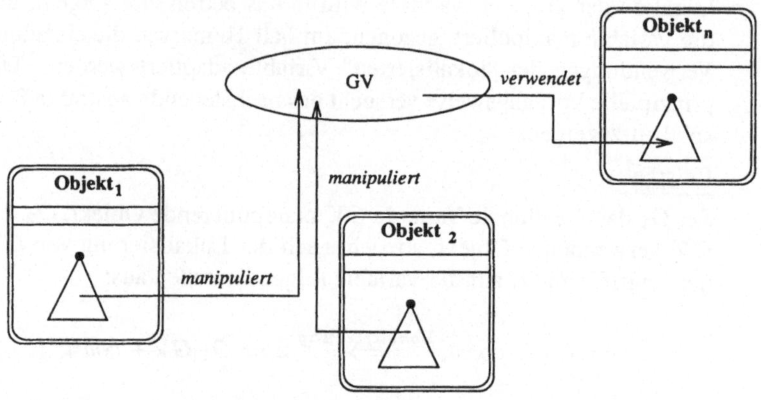

Abbildung 9.3: Kapselung von globalen Variablen

Um aber einen konzeptuell dem objektorientierten Paradigma entsprechenden Zugriff der Objekte auf diese globale Variable bewerkstelligen zu können, wird diese globale Variable in einem eigenständigen (Daten-)Objekt gekapselt. Es handelt sich dabei um ein Objekt, das keine Services, sondern nur Attribute (das sind die globalen Variablen) besitzt.

Gibt es im System mehrere globale Variablen dieser Art, so werden diese gemeinsam in ein einziges (Daten-)Objekt gekapselt. Im System entsteht somit ein (Daten-)Objekt, das alle globalen Variablen als Objekt im objektorientierten Sinne modelliert.

Die Verwendung der in diesem Objekt zusammengefaßten globalen Variablen muß ähnlich wie bei der Lokalisierung durch Voranstellen des Objektbezeichners syntaktisch adaptiert werden.

Beispiel:

```
TYPE Datenobjekt = OBJECT
                     GV_1 : onetype;
                     ...
                     GV_k : anothertype;
                   END;
```

Vorherige Verwendung in O_i:

$$GV_j := f(V_l, ...);$$

Nunmehrige Verwendung in O_i:

$$\mathit{Datenobjekt}.GV_j := f(V_l, ...)$$

Bei der Zusammenfassung globaler Variablen in ein einziges (Daten-) Objekt kann es vorkommen, daß globale Variablen gleich bezeichnet sind (diese müssen jedoch disjunkte Sichtbarkeitsbereiche für deren Eindeutigkeit im Ausgangssystem haben). Diese gleichnamigen globalen Variablen müssen bei der Zusammenfassung in ein (Daten-) Objekt verschieden benannt werden. Dabei muß natürlich die geänderte Bezeichnung an allen Stellen der Verwendung dieser Variable nachgezogen werden.

Beispiel:
Wurde bereits eine globale Variable mit der syntaktischen Bezeichnung i in ein Datenobjekt gegeben, so muß bei der Zusammenfassung weiterer globaler Variablen mit derselben Bezeichnung eine Umbenennung durchgeführt werden. Zur strikten Unterscheidung zwischen den beiden globalen Variablen i bietet sich z.B. eine fortlaufende Numerierung der Variablen i_1, i_2, ... an.

Nach der Einführung eines Datenobjektes zur Repräsentation von globalen Variablen in Objektform, besitzt das somit entstehende Ziel-System die in Abbildung 9.4 dargestellte Struktur.

Durch den gestrichelten Pfeil in der Abbildung wird die Verwendung einer globalen Variable des Datenobjekts dargestellt. Es handelt sich dabei nicht

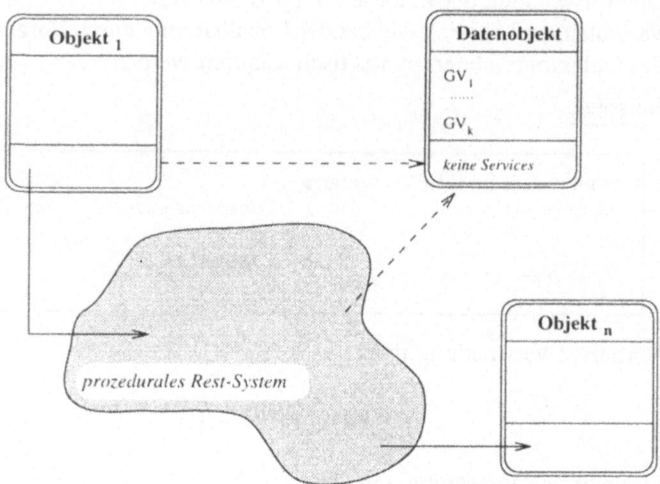

Abbildung 9.4: Datenobjekt im Ziel-System

um eine *message connection* im herkömmlichen Sinne (das Datenobjekt besitzt keine Services[1]), sondern zeigt die Verwendung einer globalen Variable durch das Objekt O_1, die im Source Code durch eine entsprechende Referenzierung (z.B. `Datenobjekt.GV_i` anstelle von `GV_i`) realisiert werden muß.

In diesem Zusammenhang muß berücksichtigt werden, daß die Verwendung globaler Variablen (aus dem Datenobjekt), deren Sichtbarkeit sich über mehrere Objekte und Teile des prozeduralen Rest-Systems erstreckt, auch im Source Code des prozeduralen Rest-Systems adaptiert werden muß.

Durch diese Vorgangsweise können globale Variablen, deren Sichtbarkeit sich über mehrere Objekte erstreckt, ebenfalls durch ein Objekt dargestellt werden, so daß die globalen Variablen im objektorientierten Bereich des Ziel-Systems konzeptuell sauber modelliert werden können.

9.1.2 Syntaktische Adaptierung der Objekte

Durch die Transformation des prozeduralen Ausgangssystems in das objektorientierte Ziel-System und der damit verbundenen Zuordnung von Da-

[1] Wie zuvor ausgeführt, wollen wir hier keine "Pseudo"-Services einführen.

tenstrukturen bzw. Prozeduren zu einzelnen Objekten, wird auch eine geringfügige syntaktische Adaptierung der Datenstrukturen bzw. Prozeduren für eine objektorientierte Verwendung erforderlich.

Diese Anpassung der Datenstrukturen bzw. Prozeduren, die einem Objekt zugeordnet werden konnten, stellt keinen Eingriff in den Kontrollfluß des Ausgangssystems dar, sondern lediglich eine syntaktische Umformung dieser Datenstrukturen bzw. Prozeduren für eine entsprechende objektorientierte Verwendung. Diese objektorientierte Verwendung wird hier mittels Turbo Pascal [Ezz89] gezeigt. Die zugrundeliegenden Konzepte sind aber als sprachunabhängig anzusehen.

9.1.2.1 Adaptierung der Prozedurschnittstellen

Prozeduren des Ausgangssystems, die Objekten als Methoden (Services) im objektorientierten Sinne zugeordnet worden sind, müssen syntaktisch hinsichtlich folgender Punkte adaptiert werden:

- Im Gegensatz zu Modulen bzw. Prozeduren im prozeduralen Paradigma haben Objekte einen inneren Zustand, der über die gesamte Objekt-Lebenszeit hinweg erhalten bleibt. Es ist daher – im Gegensatz zu prozedural implementierten Programmen – keine Initialisierung durch Eingangsparameter (dies würde der Übergabe eines Zustandes entsprechen) bei jedem Prozeduraufruf erforderlich.

  Die Daten (Attribute) des Objekts sind für jede der Objekt-Methoden (Prozeduren) sichtbar[2] und mit konkreten Werten belegt, so daß diese nicht in der Methodenschnittstelle übergeben werden müssen.

- Im objektorientierten Paradigma werden aufgrund der Datenkapselung Daten und Methoden zu Objekten zusammengefaßt. Beim Aufruf einer Prozedur, die eine Methode des Objekts ist, muß daher das betreffende Datum nicht explizit in der Prozedurschnittstelle mitübergeben werden, da dieses im Objekt ja ohnehin bekannt ist.[3]

  Wir wollen diesen Sachverhalt anhand eines besonders einfachen Beispiels genauer betrachten:

---

[2] Mit Ausnahme von privaten Daten eines Objekts, die aber hier nicht näher untersucht werden sollen.

[3] Die Attribute eines Objekts sind für alle Objekt-Methoden frei zugänglich und sind daher in der Methodenschnittstelle entbehrlich.

Beispiel:

```
PROCEDURE Move (VAR R:Rechteck; dx,dy:INTEGER);
```

Diese Prozedur dient dazu, ein `Rechteck` um einen Vektor `dx, dy` in xy-Richtung zu verschieben; da diese Prozedur die Werte der vier Punkte des Rechtecks ändert, wird in obiger prozeduraler Implementierung das `Rechteck` als Variablenparameter der Prozedur `Move` übergeben.

Wäre das `Rechteck` ein Objekt und `Move` eine zum Objekt gehörige Methode, so hätte die Prozedurschnittstelle folgendes Aussehen:

```
PROCEDURE Move (dx,dy:INTEGER);
```

Da die Prozedur `Move` direkt auf den Zustand des Objekts `Rechteck` (d.i. die aktuelle Position) zugreifen kann, ist eine Übergabe von speziellen Rechteckskoordinaten nicht erforderlich, da sich `Move` ohnehin nur auf die aktuelle Instanz von `Rechteck` bezieht, die mit einem Prozeduraufruf angesprochen wird.

Im folgenden wollen wir diesen Sachverhalt als Ausgangsbasis zur Definition eines Algorithmus nehmen, der entsprechende Anpassungen an den Schnittstellen von Prozeduren, die zu Services von Objekten werden, vornimmt. Dazu verwenden wir wiederum das bereits zuvor erwähnte Beispiel der Deklaration eines Rechtecks in Turbo Pascal. Damit wir allgemein gültige Regeln zur Schnittstellenreduktion ableiten können, betrachten wir zunächst die prozedurale Deklaration (Implementierung) des Rechtecks.

```
TYPE Point = RECORD
               x,y : INTEGER;
             END;

     Rectangle = RECORD
                   a,b,c,d : Point;
                 END;
```

Die Deklarationen der zugehörigen Prozeduren haben folgendes Aussehen:

```
PROCEDURE Init (VAR R:Rectangle; xa,xb,xc,xd:Point);
PROCEDURE Copy (VAR RN:Rectangle; R:Rectangle);
PROCEDURE Move (VAR R:Rectangle; dx,dy:INTEGER);
PROCEDURE Grow (VAR R:Rectangle; dx,dy:INTEGER);
FUNCTION Contains (R:Rectangle; P:Point):BOOLEAN;
FUNCTION AreaOf (R:Rectangle):REAL;
```

Die objektorientierte Deklaration bzw. Implementierung für dasselbe Rechteck sieht folgendermaßen aus:

```
TYPE Point = OBJECT
               x,y : INTEGER;
             END; {of object}

     Rectangle = OBJECT
                   a,b,c,d : Point;
                   PROCEDURE Init (xa,xb,xc,xd:Point);
                   PROCEDURE Copy (VAR RN:Rectangle);
                   PROCEDURE Move (dx,dy:INTEGER);
                   PROCEDURE Grow (dx,dy:INTEGER);
                   FUNCTION Contains (P:Point):BOOLEAN;
                   FUNCTION AreaOf ():REAL;
                 END; {of object}
```

Das objektorientiert dargestellte Rechteck besteht aus einem um Services erweiterten Record, das sämtliche Prozeduren des Objekts `Rectangle` beinhaltet, die es auch in der prozeduralen Version besitzt. Der prinzipielle Unterschied liegt jedoch in den Schnittstellendefinitionen der einzelnen Prozeduren: In der objektorientierten Implementierung erübrigen sich einige `Rectangle` Schnittstellenparameter, da der innere Zustand (die aktuelle Position) des Rechtecks bekannt ist.

Schnittstellenanpassung

Wir wollen nun im folgenden einen Algorithmus angeben, der eine solche Schnittstellenanpassung für Prozeduren (als Services eines Objekts) durchführt. Dieser Algorithmus wurde entsprechend den erhaltenen Ergebnissen (Ziel-ooAM, vereinfachter objektorientierter Ziel-Entwurf) von der ursprünglichen Version [GK93a], [GK93b] abgewandelt. Der Algorithmus wird für jedes identifizierte Objekt, für das eine Entsprechung im prozeduralen Ausgangssystem existiert, durchlaufen.

Dabei gilt im speziellen folgende Notation:

Σ_P bezeichnet die Menge aller Parametertypen (z.B. `Rectangle`, `Point`), die in der Schnittstelle der Prozedur P vorkommen

Σ_P^{Varp} bezeichnet die Menge der Variablenparameter in der Schnittstelle der Prozedur P

Σ_P^{Wertp} bezeichnet die Menge der Wertparameter in der Schnittstelle der Prozedur P

σ bezeichnet ein Vorkommen des gerade untersuchten Objekttyps in einer Prozedurschnittstelle

1. Untersuche jede Prozedurschnittstelle[4] auf das Vorhandensein des Objekttyps σ als Parameter.

2. Es werden alle jene Prozeduren P_i untersucht, in deren Schnittstelle σ einmal als Parameter auftritt ($|\Sigma_{P_i}| = 1$). Dies bedeutet jedoch nicht, daß keine weiteren Parameter in der Schnittstelle auftreten dürfen; diese sind jedoch keine Parameter vom Typ des untersuchten Objekts.

   Die Prozedur `Grow (VAR R:Rectangle; dx,dy:INTEGER)` z.B. besitzt eine solche Schnittstelle mit einem Vorkommen des Objekttyps (`R:Rectangle`), sowie zwei weiteren herkömmlichen Parametern (`dx,dy:INTEGER`).

   In diesem Zusammenhang muß berücksichtigt werden, daß der Objekttyp in der Schnittstelle der jeweiligen Prozedur sowohl als Werte- als auch Variablenparameter auftreten kann (z.B. `Copy (VAR RN:Rectangle; R:Rectangle)`). Abhängig vom Auftreten des Objekttyps in der Schnittstelle der Prozedur ergeben sich folgende Fälle:

   (a) Kommt der Objekttyp σ in der Prozedurschnittstelle sowohl als Werteparameter ($\sigma = WERTP$) als auch Variablenparameter ($\sigma = VARP$) vor, so wird der Werteparameter aus der Schnittstelle entfernt.

   Da der Werteparameter im prozeduralen System ja nur zur Übergabe von Initialisierungswerten für lokale Variablen der Prozedur dient (da diese keinen inneren Zustand besitzt), kann der Werteparameter aus der Schnittstelle entfernt werden, weil im Gegensatz dazu das Objekt einen solchen inneren Zustand besitzt.

   Der Objekttyp wird in der ursprünglichen Prozedurschnittstelle als Werteparameter übergeben und daher in der Prozedurschnittstelle des Objekts nicht mehr benötigt.

[4] Im folgenden beziehen sich alle Schritte sowohl auf Prozeduren als auch auf Funktionen, die als Methoden des untersuchten Objekts auftreten.

Beispiel:

```
PROCEDURE Copy (VAR RN:Rectangle; R:Rectangle);
⇓
PROCEDURE Copy (VAR RN:Rectangle);
```

(b) Ist der Objekttyp σ in der Prozedurschnittstelle nur ein Variablenparameter ($\sigma = VARP$), so wird dieser aus der Schnittstelle entfernt.

Die zu manipulierende Datenstruktur (übergeben als Variablenparameter) ist in diesem Fall ja der Objekttyp selbst, so daß er weder zur Initialisierung an die Prozedur übergeben noch als Ergebnis von der Prozedur zurückgeliefert werden muß. Die Prozedur manipuliert ja den betreffenden Objekttyp (im Beispiel `Rectangle`) direkt.

Beispiel:

```
PROCEDURE Move (VAR R:Rectangle; dx,dy:INTEGER);
⇓
PROCEDURE Move (dx,dy:INTEGER);
```

(c) Ist der Objekttyp in der Prozedurschnittstelle nur ein Werteparameter ($\sigma = WERTP$), so wird dieser aus der Schnittstelle entfernt.

Da die Datenstruktur innerhalb des Objekts sowieso bekannt ist, braucht sie nicht als Werteparameter an die manipulierende Prozedur übergeben werden.

Beispiel:

```
FUNCTION AreaOf (R:Rectangle):REAL;
⇓
FUNCTION AreaOf ():REAL;
```

Die beschriebene Vorgangsweise läßt sich kurz wie folgt darstellen:

$\forall \sigma \in \Sigma_P$ do:

IF ($\sigma = WERTP$) $\wedge$ ($\sigma = VARP$) THEN

- eliminiere $\sigma = WERTP$ aus der Schnittstelle
- ändere die Prozeduraufrufe entsprechend der neuen Schnittstelle

ELSE IF ($\sigma = VARP$) THEN

- eliminiere $\sigma = VARP$ aus der Schnittstelle
- ändere die Prozeduraufrufe entsprechend der neuen Schnittstelle

ELSE IF (σ = *WERTP*) THEN

- elminiere σ = *WERTP* aus der Schnittstelle
- ändere die Prozeduraufrufe entsprechend der neuen Schnittstelle

FI

3. Es werden alle jene Prozeduren P_i untersucht, in deren Schnittstelle σ mehrfach als Parameter auftritt ($|\Sigma_{P_i}| > 1$).

   In diesen Fällen muß vom Reuse Engineer mittels Untersuchung des Prozedurkörpers jener Parameter identifiziert werden, der das Objekt repräsentiert. Dieser Parameter kann dann aus der Schnittstelle eliminiert werden.

   Man muß dabei berücksichtigen, daß es u.U. erforderlich sein kann, die Implementierung der Prozedur (Prozedurkörper) an die Verwendung als Service anzupassen.

   Beispiel: `PROCEDURE max_shape (VAR R1,R2:Rectangle);`

   Diese Prozedur paßt die Fläche des kleineren an jene des größeren Rechtecks an. Es muß daher an das kleinere Objekt `Rectangle` eine Nachricht gesendet werden, damit dieses seine Größe entsprechend ändert.

9.1.2.2 Adaptierung der Datenstrukturen

Datenstrukturen, die im Zuge des COREM-Prozesses als applikationssemantisch und somit objektbildend identifiziert wurden, müssen nunmehr syntaktisch in eine entsprechende objektorientierte Notation übergeführt werden.

Im prozeduralen Ausgangssystem ist die applikationssemantische Datenstruktur beispielsweise als RECORD definiert und wird innerhalb ihres Sichtbarkeitsbereiches von einer Menge von Prozeduren verwendet bzw. manipuliert.

Durch den COREM-System-Transformationsprozeß wurden jene Prozeduren des Ausgangssystems identifiziert, die auf der jeweiligen applikationssemantischen Datenstruktur (=Objekttyp) operieren und somit dem daraus entstehenden Objekt als Services zugeordnet werden. In diesem Zusammenhang muß berücksichtigt werden, daß diese Prozeduren auch über mehrere verschiedene Module hinweg verstreut sein können und nunmehr in einer einheitlichen Objektstruktur zusammengefaßt werden.

Eine solche syntaktische Umformung von einer prozeduralen in eine objektorientierte Struktur veranschaulicht das nachstehende Beispiel.

syntaktische Umformung

Beispiel:

Prozedural erfolgt die Deklaration der applikationssemantischen Datenstruktur getrennt von den darauf operierenden Prozeduren und Funktionen:

```
TYPE DaStr = RECORD
               K1 : type_1;
               ...
               Kn : type_k;
              END; {of record}

PROCEDURE P1 (...);
BEGIN
...
END;
...
PROCEDURE Pm (...);
BEGIN
...
END;
```

Die objektbildende Datenstruktur ist `DaStr` und die darauf operierenden Prozeduren sind `P1 ... Pm`. Für eine objektorientierte Verwendung müssen Daten und Prozeduren zu einem Objekt verbunden werden:

```
TYPE DaStr = OBJECT
         K1 : type_1;
         ...
         Kn : type_k;

         PROCEDURE P1 (...); {Service-Deklarationen}
         ...
         PROCEDURE Pm (...);

    END; {of object}
```

Zu beachten ist dabei, daß in der Deklaration eines Objekttyps (im Beispiel `DaStr`) die Services des Objekts lediglich in ihrer Deklarationsform angeführt werden, die tatsächliche Realisierung der einzelnen Services erst an anderer Stelle im Source Code erfolgt:

```
PROCEDURE DaStr.P1 (...); {Methodenrealisierungen}
BEGIN
...    {Prozedurkoerper}
END;
...
PROCEDURE DaStr.Pm (...);
BEGIN
...
END;
```

Neben den Deklarationsteilen (Datenstrukturen wie Prozeduren) müssen natürlich noch die Aufrufe der einzelnen Services, entsprechend den vorigen syntaktischen Abänderungen, angepaßt werden. Ein Aufruf einer Prozedur, die zu einem Service eines Objekts wurde, muß demzufolge im Source Code wie folgt adaptiert werden:

```
DaStr.P1(...  {Aufrufparameter} ...)
```

All diese syntaktischen Änderungen müssen vorgenommen werden, um das System mit dem objektorientierten und dem prozeduralen Teil des Ziel-Systems lauffähig zu erhalten.

9.2 Adaptierung des prozeduralen Rest-Systems

Nach der Adaptierung der durch den COREM-System-Transformationsprozeß entstandenen Objekte (insbesondere der Umwandlung der globalen Daten in ein Datenobjekt), besteht das Ziel-System aus folgenden Elementen:

- Dem objektorientierten Bereich des Ziel-Systems, der wiederum aus folgenden Teilen besteht:
  - Objekten, die aufgrund des Ziel-ooAMs identifiziert und durch Teile des Source Codes des prozeduralen Ausgangssystems realisiert wurden.
  - Dem Datenobjekt, das die Kapselung der von mehreren Objekten verwendeten bzw. manipulierten globalen Variablen repräsentiert.
- Dem prozeduralen Rest-System

9.2.1 Beschreibung des prozeduralen Rest-Systems

Das prozedurale Rest-System ist jener Teil des Ausgangssystems, der im Zuge des COREM-System-Transformationsprozesses keinem der entstehenden Objekte zugeordnet werden konnte. Dieser Teil des Ausgangssystems ist für die Funktion des Gesamtsystems jedoch unbedingt erforderlich.

Das prozedurale Rest-System setzt sich aus allen jenen Elementen zusammen, aus denen auch das prozedurale Ausgangssystem besteht, wie etwa Prozeduren/Funktionen, lokale/globale Variablen (mit unterschiedlichsten Sichtbarkeitsbereichen), Konstanten u. dgl.

Da der Kontrollfluß des Systems durch den COREM-System-Transformationsprozeß unverändert bleibt, liegt ein beträchtlicher Teil des Kontrollflusses in diesem prozeduralen Rest-System. Es besteht somit eine starke Wechselwirkung (bezogen auf Prozeduraufrufe) zwischen den Objekten des objektorientierten Bereichs des Ziel-Systems und dem prozeduralen Rest-System.

Elemente des prozeduralen Rest-Systems, die keinem der entstandenen Objekte zugeordnet werden konnten, sind unter anderen:

- Datenstrukturen, die konzeptuell nicht objektbildend sind und auch keinem Objekt zugeordnet werden können, wie z.B. transiente Dateien und Hilfsvariablen.
- Prozeduren/Funktionen, die konzeptuell (entsprechend dem objektorientierten Anwendungsmodell) keinem Objekt zugeordnet werden können, wie z.B. Prozeduren zur Ablaufsteuerung (Hauptprogramm).
- Prozeduren/Funktionen im Schnittbereich mehrerer Aufrufbäume von Services unterschiedlicher Objekte, die wegen des Prinzips des *Information Hiding* keinem Objekt zugeordnet werden können.

Aufgrund der verschiedenen Funktionen des prozeduralen Rest-Systems, wollen wir im folgenden versuchen, dieses in mehrere Teile zu gliedern.

9.2.2 Strukturierung des prozeduralen Rest-Systems

Wie zuvor erwähnt, realisiert das prozedurale Rest-System eine Vielzahl unterschiedlicher Funktionen, die für das Funktionieren des Gesamtsystems unbedingt erforderlich sind, da sie in keinem der Objekte des objektorientierten Bereichs des Ziel-Systems enthalten sind.

Wir wollen nun eine weitere Strukturierung des prozeduralen Rest-Systems durchführen. Eine solche Strukturierung kann nicht gemäß den objektorientierten Konzepten (aufbauend auf einem objektorientierten Modell[5]), sondern nur aufgrund der verschiedenen Funktionen des prozeduralen Rest-Systems erfolgen.

Obwohl keine objektorientierten Modelle für eine Gliederung des prozeduralen Rest-Systems zur Verfügung stehen, wollen wir dieses ebenfalls in objekt-ähnliche Entitäten (Pseudo-Objekte) zerlegen, so daß auf diese Teile des Systems mit objektorientierten Konzepten zugegriffen werden kann. Falls das prozedurale Rest-System nicht in Pseudo-Objekte gegliedert wäre, könnten z.B. keine *message connections* von Objekten in das prozedurale Rest-System erfolgen, da diese dort keine objektorientierte Entsprechung finden würden.

Unser Ziel ist es daher, das prozedurale Rest-System vollständig in Objekte zu gliedern, die aufgrund funktionaler Kriterien entstehen (z.B. Sortieren auf transienten Dateien).

Dekomposition Aufgrund der verschiedenen Möglichkeiten des Zusammenhanges zwischen Kontrollfluß und Entitäten des prozeduralen Rest-Systems (d.s. Prozeduren/Funktionen, Module u. dgl.), definieren wir folgende Klassifikation:

1. *Master*-Objekt:

   Unter einem *Master*-Objekt verstehen wir jene Entitäten des prozedurale Rest-Systems, von welchen der Kontrollfluß ausgeht, d.h. von welchen ausschließlich Prozedur- bzw. Funktionsaufrufe (bzw. Service-Aufrufe) ausgehen. In solche Entitäten münden jedoch keine Aufrufe.

   Prozedurale "Hauptprogramme" stellen typischerweise solche zentralen Steuerungs- und Verteilungsentitäten dar.

   Aufgrund ihrer besonderen Bedeutung für das System und ihre Abgrenzbarkeit, wollen wir solche Entitäten zu einem *Master*-Objekt zusammenfassen, von welchem ausschließlich Service-Aufrufe ausgehen.

[5] D.h. die Strukturierung erfolgt nicht aufgrund eines objektorientierten Anwendungsmodells oder objektorientierten Entwurfs

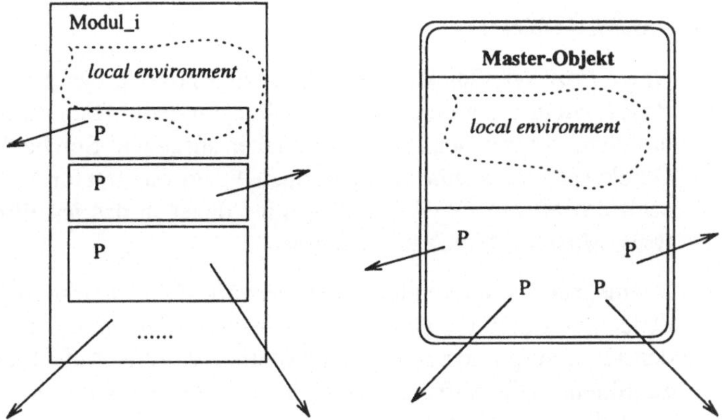

2. *Aggregations/Koordinations*-Objekt:

   Unter einem Aggregations/Koordinationsobjekt (AKO) verstehen wir Entitäten des prozeduralen Rest-Systems, von welchen sowohl Prozedur-/Funktions- (bzw. Service-) Aufrufe ausgehen, als auch münden (d.h. es werden Prozeduren/Funktionen dieser Entitäten von anderen Entitäten des prozeduralen Rest-Systems oder aber auch von Objekten des objektorientierten Bereichs des Ziel-Systems aufgerufen).

   AKOs erbringen eine bestimmte Funktionalität (z.B. Sortieren auf peripherem Speicher, Prüfsummenberechnung) und bedienen sich dazu u.U. sowohl der Services von Objekten, als auch der Prozeduren/Funktionen des Rest-Systems (ausgehende Prozeduraufrufe).

   AKOs werden aufgrund ihrer erbrachten Funktionalität zu Objekten zusammengefaßt. Dabei muß natürlich das für die zusammengefaßten Entitäten erforderliche lokale Environment aus dem prozeduralen Rest-System mitübernommen werden (z.B. globale Variable).

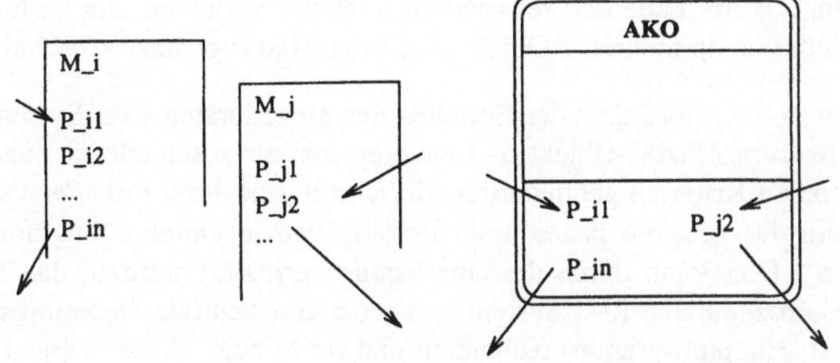

3. *Provider*-Objekt:

   Unter *Provider*-Objekten verstehen wir Entitäten des prozeduralen Rest-Systems, in welchen ausschließlich Prozedur-/Funktionsaufrufe münden, von welchen aber keine solchen ausgehen. Solche *Provider*-Objekte erbringen eine untergeordnete Funktionalität für AKOs (oder auch das *Master*-Objekt), und werden daher in das jeweilige AKO (bzw. *Master*-Objekt) aufgenommen.

   Bei mehrfacher Verwendung eines *Provider*-Objektes durch verschiedene AKOs muß der *Reuse Engineer* dieses *Provider*-Objekt einem der AKOs aufgrund zusätzlicher Kriterien (wie z.B. Aufrufhäufigkeit) zuordnen. Die Aufrufe dieses *Provider*-Objektes durch die anderen AKOs müssen dann syntaktisch adaptiert werden (vgl. Abschnitt 9.1.2).

   Lassen sich die *Provider*-Objekte konzeptuell keinem Objekt zuordnen (z.B. weil sie gleichermaßen von mehreren Objekten verwendet werden), so können sie auch zu einem oder ggf. zu mehreren *Provider*-Objekten (einfache Werkzeugkästen) zusammengefaßt werden.

AKOs realisieren eine bestimmte Funktionalität, die für das System erforderlich ist. Vielfach beinhalten sie auch Prozeduren, die in Aufrufbäumen mehrerer Services von verschiedenen Objekten vorkommen und daher für mehrere Objekte von Interesse sind (z.B. Überprüfungen, Abfragen oder Sortierfunktionen). AKOs können somit als "Werkzeuge" des Systems interpretiert werden, das prozedurale Rest-System wird also in verschiedene "Werkzeugkästen" gegliedert.

Bei der Umgruppierung von Prozeduren/Funktionen und Datenstrukturen aus den ursprünglichen Modulen des prozeduralen Ausgangssystems in die neuentstandenen Objekte (insbesondere AKOs), müssen dementsprechende syntaktische Adaptierungen des Source Codes vorgenommen werden, z.B. im Falle der Verwendung globaler Variablen, die nach der Umgliederung in mehreren Objekten sichtbar sind (vgl. dazu Abschnitt 9.1.1).

Durch die Zuordnung der Entitäten des prozeduralen Rest-Systems einerseits zum *Master*-Objekt und andererseits zu verschiedenen, nach funktionalen Kriterien gegliederten AKOs (mitsamt ihren *Provider*-Objekten), kann das gesamte prozedurale Rest-System in Objekte umgeformt werden. Dies kann durch die Überlegung verifiziert werden, daß Entitäten des prozeduralen Rest-Systems entweder eine zentrale Steuerungsfunktion (z.B. Hauptprogramm) realisieren und somit zum *Master*-Objekt werden, oder verschiedene, für das System erforderliche Funktionen erbringen (sogenannte Werkzeuge) und daher zu AKOs werden. Auch alle *Provider*-Objekte werden den jeweiligen AKOs bzw. dem *Master*-Objekt zugeordnet. Es kann daher kein prozeduraler Source Code übrigbleiben, der in irgendeiner Weise aufgerufen wird und nicht in irgendeine der oben eingeführten Kategorien fällt. Dies wäre ansonsten sogenannter "toter" Code, der niemals durchlaufen wird und für das System unnötig ist.

9.3 Resultierende Organisation des Ziel-Systems

Aufgrund der in diesem Kapitel beschriebenen Adaptierungen sowohl des objektorientierten Bereichs des Ziel-Systems, als auch des prozeduralen Rest-Systems, konnte die Struktur des entstandenen Ziel-Systems, wie sie in Abbildung 9.1 dargestellt wurde, in bezug auf das prozedurale Rest-System weiter vereinheitlicht werden.

Durch eine funktionale Gliederung des prozeduralen Rest-Systems konnte dieses in verschiedene Objekte strukturiert werden, die sowohl untereinander als auch mit dem objektorientierten Bereich und dem Environment in Wechselwirkung stehen.

Durch die "objektorientierte" Strukturierung des prozeduralen Rest-Systems kann eine vollständig objektorientierte Modellierung des objektorientierten Ziel-Systems erfolgen. Das prozedurale Rest-System wurde in verschiedene Objekte gegliedert, die zwar nicht nach objektorientierten Kriterien entworfen wurden, aber konzeptuell als Objekte verwendet werden können. So erfolgen beispielsweise keine Service-Aufrufe von Objekten in den prozeduralen Rest, sondern ausschließlich zwischen Objekten.

Abbildung 9.5 zeigt die somit entstandene Struktur des Ziel-Systems nach der weitergehenden Gliederung des prozeduralen Rest-Systems in Objekte.

syntaktische Adaptierung

Darüber hinaus wurden in diesem Kapitel die für die Transformation des prozeduralen Ausgangssystems in das objektorientierte Ziel-System erforderlichen syntaktischen Adaptierungen behandelt, wie etwa:

- Umformung von globalen Daten im objektorientierten Bereich des Ziel-Systems in ein Datenobjekt, um eine konzeptuell saubere Modellierung zu gewährleisten.

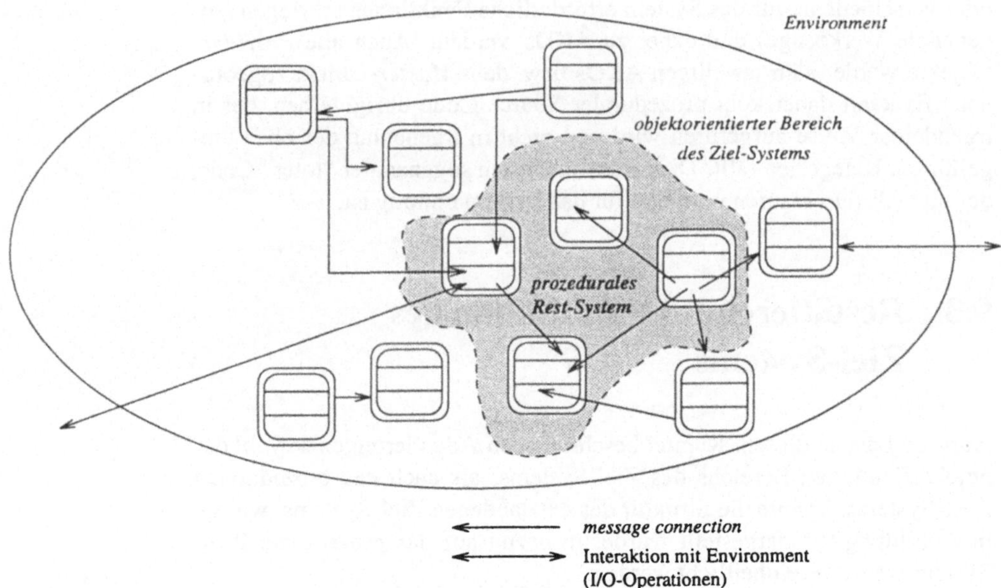

Abbildung 9.5: Struktur des Ziel-Systems nach den Adaptierungen

- Adaptierung der Schnittstellen von Prozeduren, die zu Services von Objekten wurden, sowie objektbildenden Datenstrukturen, um damit deren objektorientierte Verwendung zu ermöglichen.

9.4 Fallstudie IFAS

Nachdem die Fallstudie in mehreren Schritten in ein objektorientiertes Ziel-System umgewandelt wurde, wollen wir nun noch jene Teile, die keinem Objekt zugeordnet werden konnten (d.i. das prozedurale Rest-System), weiter organisieren.

Vorerst wollen wir jedoch die entstandenen Objekte syntaktisch so adaptieren, daß diese in objektorientierter Weise verwendet werden können.

1. **Behandlung globaler Variablen**

   Als solche globalen Variablen treten in der Fallstudie auch die Variablen für die Dateideklarationen auf, wie z.B.:

```
VAR liefdat: LiefDatei;
    kunddat: KundDatei;
    artdat: ArtDatei;
    bestdat: BestDatei;
    offertdat: OffertDatei;
    rechdat: RechDatei;
```

   Diese Variablen werden aber nur jeweils von einem Objekt verwendet bzw. manipuliert, d.h., sie könnten lokalisiert werden. Aus syntaktischen Gründen kann die Deklaration jedoch innerhalb des Objektes in folgender Form nicht erfolgen:

```
TYPE LSDatei = FILE OF Lieferschein;

     Lieferschein = OBJECT
          ...
          liefdat: LSDatei;
          ...
                    END;
```

   Die Deklaration der Dateien bleibt daher in unveränderter Form vorhanden (in jenem Modul, in welchem auch das Objekt definiert wird).

   Darüber hinaus gibt es in der Fallstudie die global verwendete Konstante `USt = 1.2`, die in mehreren Objekten für die Berechnung des Bruttobetrages verwendet wird.

   Da Konstante nicht innerhalb eines Objektes deklariert werden können, fassen wir diese im Datenobjekt (welches auch für andere globale Variable verwendet wird) zusammen:

```
TYPE Datenobjekt = OBJECT
       USt:REAL;
       PROCEDURE Init_Const;
                   END;

PROCEDURE Init_Const;
BEGIN
    USt:= 1.2;
END;
```

Der Objekt-Service `Init_Const` muß am Beginn des Programms aufgerufen werden, um die Konstante `USt` mit einem Wert zu belegen. Die Verwendung der Konstanten in den Objekten `Lieferschein`, `Rechnung` und `Offerte` muß von `USt` auf `datenobjekt.USt` geändert werden.

2. **Syntaktische Adaptierungen der Objekte**

   Durch die Transformation in ein objektorientiertes Ziel-System müssen die Prozedurschnittstellen z.T. syntaktisch adaptiert werden.

   Die Schnittstellen der Services von `Offerte` müssen angepaßt werden, da von jedem Service direkt auf den inneren Zustand des Objekts zugegriffen werden kann.
   Die Services von `Offerte` sind:

```
gen_offert(VAR o:Offerte);
exist_offertnr(nr:WORD; VAR o:Offerte):BOOLEAN;
exist_offert(knr:WORD; bau:string[40];
             VAR ol:Offertenliste):BOOLEAN;
search_offert(ol:Offertenliste; sorte:WORD;
              VAR of_position:Leistung):BOOLEAN;
```

   Für jeden Service müssen auch die Schnittstellen derjenigen Prozeduren angepaßt werden, die im Aufrufbaum des Services liegen und nur objekt-interne Verwendung besitzen. Wir haben diese objektinterne Verwendung im Abschnitt über das Objekt-Mapping mit "I" bezeichnet.

   Für das Service `gen_offert` ergibt sich folgende Änderung einer Prozedur-Schnittstelle: `init_offert(VAR o:Offerte)` wird zu `init_offert;`

   Für die restlichen Services für das Objekt `Offerte` werden die Schnittstellenanpassungen analog durchgeführt, so daß sich nach diesem Schritt das syntaktisch adaptierte Objekt wie folgt darstellt:

```
TYPE Offerte = OBJECT
       offertennr : WORD;
       dat : Datum;
       kundennr : WORD;
       olist : Offertenliste;
       baustelle : string[40];
       gueltigdauer : WORD;
       zahlkond : Zahlungskond;
       PROCEDURE gen_offert;
       FUNCTION exist_offertnr(nr:WORD;
                  VAR o:Offerte):BOOLEAN;
       FUNCTION exist_offert(knr:WORD;
                  bau:string[40];
                  VAR ol:Offertenliste):BOOLEAN;
       FUNCTION search_offert(ol:Offertenliste;
                  sorte:WORD;
                  VAR of_position:Leistung):BOOLEAN;
                END;
```

Nachdem alle Objekte wie oben beschrieben auf Deklarationsebene adaptiert worden sind, müssen diese Änderungen bei den Aufrufen dieser Prozeduren (= Services) berücksichtigt werden. Dies bedeutet, daß Services nicht mehr mit dem Prozedurnamen alleine angesprochen werden können, sondern daß zusätzlich der betreffende Objektname angegeben werden muß.

```
VAR o:Offerte; { Record-Typ }
BEGIN
  ...
  ok := gen_offert(o);
```

wird umgeformt in:

```
VAR o:Offerte; { Objekt-Typ }
BEGIN
  ...
  ok := o.gen_offert; { Objektbezeichner.Service }
```

Sollte im prozeduralen Ausgangssystem zuvor keine Variable für den durch COREM entstandenen Objekttyp vorhanden sein, so ist eine solche in der Service-Definition zu deklarieren.

3. **Adaptierung des prozeduralen Rest-Systems**

   Wir wollen nun jenen Teil des prozeduralen Ausgangssystems, der keinem Objekt zugeordnet werden konnte, organisieren und in Objekte aufspalten.

Diese Teile werden nach funktionalen Kriterien sowie aufgrund ihres Aufrufverhaltens in folgende Objekte gegliedert:

(a) *Master*-Objekt:

Dieses *Master*-Objekt entspricht dem Hauptprogramm der Fallstudie, nämlich dem Modul "ifas.pas". Dieses realisiert die zentralen Steuerungs- und Verteilerfunktionen.

Wir bilden daraus das folgende *Master*-Objekt:

```
TYPE ifas = OBJECT
         auswahl:BYTE;
         PROCEDURE start;
             END;
PROCEDURE ifas.start;
      PROCEDURE titlescreen;
      VAR r_file : file;
          schirm : array[0 .. 3999] of
                   char absolute $b800:0;
      BEGIN
         assign (r_file, 'c:\tp\title.scr');
         reset  (r_file, 1);
         blockread (r_file, schirm[0], 4000);
         close (r_file)
      END;
      PROCEDURE auswahl_fenster (VAR ch:BYTE);
      VAR x,y:BYTE;
      BEGIN
         window(10,5,70,20);
         ClrScr; Gotoxy(20,4);
         Write('(1) ... Lieferscheine');
         Gotoxy(20,5);
         Write('(2) ... Kunden');
         Gotoxy(20,6);
         Write('(3) ... Artikel');
         Gotoxy(20,8);
         Write('(4) ... Offerten');
         Gotoxy(20,9);
         Write('(5) ... Bestellungen');
         Gotoxy(20,10);
         Write('(6) ... Rechnungen');
         Gotoxy(20,12);
         Write('(0) ... Programmende');
         Gotoxy(20,15); TextColor(Red);
         Write('Ihre Auswahl (0-6) -->   ');
         x:=WhereX; y:=WhereY; ch:= 1;
         REPEAT Gotoxy(x,y); Read(ch);
         UNTIL (ch >= 0) AND (ch <= 6);
      END; { auswahl_fenster }                    ./.
```

```
BEGIN { Hauptprogramm }
  ClrScr;
  { Titelbildschirm zeigen }
  titlescreen; delay(2000);
  REPEAT
    ClrScr;
    balken('IFAS - Hauptauswahl');
    { Hauptauswahlfenster einblenden }
    auswahl_fenster(auswahl);
    { Auswahl Verteiler }
    CASE auswahl OF
      0: ;
      1:lief_verw.start; {Aufruf des AKOs}
      2:kunden_verw.start;
      3:art_verw.start;
      4:offerte_verw.start;
      5:best_verw.start;
      6:rech_verw.start;
    END;
  UNTIL (auswahl = 0);
  Window(1,1,80,25);
  TextBackground(Black); TextColor(White);
  ClrScr;
END;
```

Man beachte, daß im Hauptprogrammkörper die Aufrufe der Unterprogramme (z.B. `lief_verw`) syntaktisch an das objektorientierte Konzept angepaßt wurden.

(b) Aggregations/Koordinationsobjekte:

Als AKOs (Werkzeugkästen des Systems) identifizieren wir z.B. alle jene Prozeduren, die vom Hauptprogramm aufgerufen werden, bestimmte Funktionen ausführen (Benutzerführung u. dgl.) und dann wiederum Objekte aufrufen, wie z.B.:

- `lief_verw`
- `kunden_verw`
- `art_verw`

Diese werden zu Aggregations/Koordinationsobjekten, wie etwa:

```
TYPE lief_verw = OBJECT
        auswahl:BYTE;
        anz:BYTE;
        ml:MList;
        PROCEDURE start;
                  END;           ./.
```

```
PROCEDURE lief_verw.start;
BEGIN
  { Einblenden der Lieferscheinmaske }
  ml[1] := 'Lieferscheine erfassen';
  ml[2] := 'Lieferscheine aendern';
  ml[3] := 'Lieferscheine loeschen';
  ml[4] := 'Lieferscheine drucken';
  ml[5] := 'zurueck zur Hauptauswahl';
  anz:=5;
  REPEAT
    Werkzeuge.Balken('Lieferscheine Auswahl');
    Werkzeuge.auswahl2_fenster(auswahl,anz,ml);
    CASE auswahl OF
      1:Lieferschein.lserfass;
      2:Lieferschein.lsaender;
      3:Lieferschein.lsloesch;
      4:Lieferschein.lsdrucke;
    END;
  UNTIL (auswahl = 5);
END; { lief_verw }
```

(c) *Provider*-Objekte:

Zu den *Provider*-Objekten gehören alle jene Prozeduren/Funktionen, die nur aufgerufen werden, aber selbst keine anderen Prozeduren/Funktionen aufrufen, wie z.B.:

- `Meldung`
- `Balken`
- `init_datum`
- `WriteString`
- `ReadReal`

Da die meisten dieser Prozeduren/Funktionen von mehreren Objekten (auch AKOs) aufgerufen werden, können sie keinem dieser zugeordnet werden, so daß wir aus diesen ein eigenes Werkzeugobjekt generieren:

```
TYPE Werkzeuge = OBJECT
       PROCEDURE Meldung (s:String);
       PROCEDURE auswahl2_fenster (VAR ch:BYTE;
                 anz:BYTE; menu_list:MList);
       ...
                 END;
```

Es muß natürlich sichergestellt werden, daß alle Aufrufe (Verwendungen) von solchen Prozeduren/Funktionen syntaktisch adaptiert werden, wie dies im obigen Objekt `lief_verw` erfolgt, wo anstelle von

```
Balken('Lieferscheine Auswahl');
```

nunmehr

```
Werkzeuge.Balken('Lieferscheine Auswahl');
```

verwendet wird.

Nach der Durchführung dieser Maßnahmen erhalten wir daher ein objektorientiertes Ziel-System, wie es die folgende Abbildung 9.6 darstellt.

Durch die gestrichelte Umrahmung ist darin der Bereich des prozeduralen Rest-Systems, der nunmehr in mehrere Objekte gegliedert ist, angedeutet.

Der Kontrollfluß zwischen den Objekten entspricht jenem, der im prozeduralen Ausgangssystem vorhanden war. Der Kontrollfluß wurde durch die COREM-System-Transformation nicht verändert.

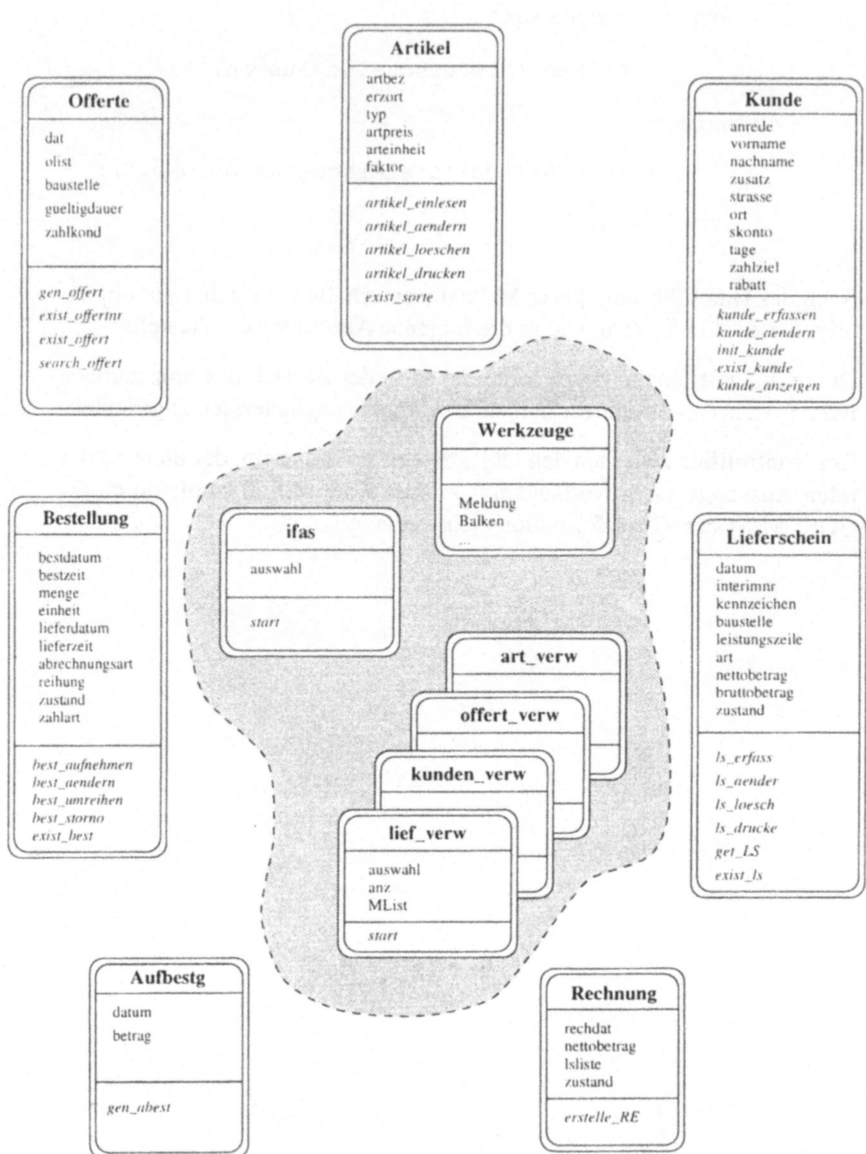

Abbildung 9.6: Objektstruktur des Ziel-Systems für die Fallstudie

Kapitel 10

Zusammenfassung und Ausblick

Die Software-Wartung als auch die Software-Wiederverwendung waren in den letzten Jahren Gegenstand intensiver Forschung. Die Erhöhung der Lebensdauer bestehender Applikationen hat sich zu einer zentralen Fragestellung für viele große EDV-Betreiber entwickelt, um so die Kosten und Risiken einer vollständigen Neuentwicklung zu vermeiden. Andererseits kann durch massive Wiederverwendung von bereits vorhandener Information unterschiedlichster Art (z.B. Analyse-Dokumente, Design-Informationen oder Implementierungsteile) eine deutliche Erhöhung der Produktivität im Software-Entwicklungsprozeß erreicht werden.

Reuse-Probleme

Insbesondere im Bereich der prozeduralen Software-Systeme (implementiert in klassischen Programmiersprachen, wie z.B. COBOL, C oder Pascal) existieren große Mengen Software, die einerseits gewartet werden müssen und sich andererseits für eine Wiederverwendung anbieten. Aber gerade die Wiederverwendung prozeduraler Software ist mit einer Reihe von Fragen und Problemen verbunden, wie z.B.:

- Welche Teile sollen tatsächlich wiederverwendet werden? Was versteht man unter dem Begriff "Software-Komponente"? Sind dies Prozeduren bzw. Funktionen, Module oder ähnliches?
- Wie können wiederverwendbare Software-Komponenten erzeugt werden? Sollen diese direkt (unabhängig von tatsächlichen Applika-

tionen) erzeugt werden, oder können diese aus bestehenden Software-Systemen extrahiert werden?

- Prozedurale Software-Komponenten sind vielfach schwer isolierbar und können meistens nicht unabhängig verwendet werden (z.B. durch Seiteneffekte oder globale Variablen-Sichtbarkeitsbereiche).

- Die Erzeugung neuer Software-Systeme aus bestehenden, prozeduralen Software-Komponenten (*System Composition*) ist ein äußerst komplexes und bisher weitgehend ungelöstes Problem.

Ein Großteil dieser Probleme scheint durch die Anwendung objektorientierter Mechanismen lösbar bzw. leichter handhabbar zu sein (z.B. die Systementwicklung, basierend auf unabhängigen Elementen, d.s. Objekte).

Die in diesem Buch beschriebene objektorientierte Reverse-Engineering-Methode (COREM) transformiert dazu ursprünglich prozedurale Software-Systeme in objektorientierte, wodurch die klassischen Probleme der *Module Interconnection* prozeduraler Komponenten durch objektorientierte Konzepte (Datenkapselung, Nachrichtenkonzept u. dgl.) auf einfache Weise gelöst werden können.

Wartbarkeit

COREM führt so nicht nur zu einer deutlichen Verbesserung der Wartbarkeit ursprünglich prozeduraler Systeme, indem objektorientierte Konzepte auf diese anwendbar werden, sondern bildet einen wichtigen Schritt für eine effektive Wiederverwendung von prozeduralen Software-Systemen. Software-Wiederverwendung läßt sich durch eine Transformation ursprünglich prozeduraler Software-Systeme in objektorientierte Systeme wesentlich effektiver realisieren. Das objektorientierte Paradigma vereinfacht durch seine grundlegenden Konzepte (wie z.B. die strenge Datenkapselung oder das Nachrichtenkonzept) maßgeblich sowohl den Prozeß der Extraktion von Objekten (*capsules*) aus bestehender Software als auch jenen der Generierung neuer Systeme aus bestehenden Objekten (*System Composition*).

Die Transformation eines prozeduralen Software-Systems in eine objektorientierte Architektur erfolgt durch die *Capsule Oriented Reverse Engineering Method* (COREM).

Nach der Einführung in das Reverse Engineerung und allgemeine, für diesen Prozeß erforderliche Methoden und Vorgangsweisen folgten die zentralen Schritte der Generierung eines objektorientierten Anwendungsmodells aus dem Source Code des prozeduralen Ausgangssystems.

Es hat sich gezeigt, daß es für den COREM-System-Transformationsprozeß erforderlich ist, mehrere – das Abstraktionsniveau erhöhende – Zwischenschritte durchzuführen, in welchen Information durch einen menschlichen *Reuse Engineer* zugeführt werden muß.

Abstraktionen

Ziel war es, das Abstraktionsniveau des prozeduralen Ausgangssystems schrittweise vom Implementierungsniveau auf das Analyseniveau anzuheben und ein Anwendungsmodell für das prozedurale Ausgangssystem zu generieren. Dabei wurde im Zuge dieses Prozesses direkt ein objektorientiertes Anwendungsmodell aus dem prozeduralen Source Code erzeugt, um die nachfolgenden Schritte des COREM-System-Transformationsprozesses (Object Mapping und Systemtransformation) zu ermöglichen.

Die schrittweise Erhöhung des Abstraktionsniveaus machte die *reverse* Generierung eines Entity-Relationship-Diagramms aus dem Source Code erforderlich, wobei in dieses Buches von einer dem prozeduralen Ausgangssystem zugrundeliegenden flachen Dateistruktur ausgegangen wurde. Für die *reverse* Generierung von Entity-Relationship-Diagrammen aus relationalen bzw. hierarchischen Schematas existieren einige wenige Ansätze (vgl. z.B. [BCN92], [NA87]), wogegen im Bereich der flachen Dateistrukturen kaum relevante Vorarbeiten existieren. Für die Generierung eines Entity-Relationship-Diagramms aus Source Code war es erforderlich, Zwischendokumente zu erzeugen, wie etwa Datenflußdiagramme, *Structure Charts* u. dgl. In diesem Bereich konnte auf Vorarbeiten von Benedusi et al. [BCD92], [BCD89] zurückgegriffen werden.

Aus dem Entity-Relationship-Diagramm wurde dann ein vereinfachtes, statisches objektorientiertes Anwendungsmodell erzeugt, welches sich vor allem auf die Identifikation der Objekte mit dessen Attributen sowie den Relationen zwischen den Objekten konzentrierte.

Da das statische objektorientierte Anwendungsmodell jedoch hauptsächlich aus dem Entity-Relationship-Diagramm abgeleitet wird, können darin nur die statischen Systemaspekte modelliert werden, weil im Entity-Relationship-Diagramm keine dynamischen Informationen vorhanden sind.

Der im Kapitel 6 beschriebene Prozeß versucht, diese im statischen Anwendungsmodell noch fehlenden dynamischen Systemaspekte in das objektorientierte Anwendungsmodell einzufügen, um somit das Ausgangssystem vollständig objektorientiert darzustellen.

Dazu ist es erforderlich, neben den Informationen aus dem statischen objektorientierten Anwendungsmodell (Objekte, Attribute, Attribut-Relationen) und dem Entity-Relationship-Diagramm (Identifikation von

Service-Kandidaten aus den allgemeinen Relationen) auch den Source Code des Ausgangssystems in Form der (m,u)-Tabellen (d.h. die funktionalen Zusammenhänge zwischen Entitäten bzw. Objekten) zu untersuchen.

dynamische Aspekte

Durch diesen Prozeß ist es möglich, das statische objektorientierte Anwendungsmodell um folgende dynamischen Aspekte zu erweitern:

- Identifikation der Services der einzelnen Objekte

  Dies erfolgt durch Untersuchung der allgemeinen Relationen zwischen Entitäten des Entity-Relationship-Diagramms, jedoch auf Prozedurniveau. Wie ausgeführt wurde, ist es erforderlich, die bestehende Modulstruktur des Ausgangssystems aufzuspalten und Prozeduren als das geeignete Abstraktionsniveau für Services von Objekten zu betrachten. Bei der Identifikation von Services wird es in einem weiteren Schritt sicherlich erforderlich sein, mehrere Prozeduren in einem Objekt zu einem Service zusammenzufassen.

- Zuordnung von Services (bzw. Service-Kandidaten) zu den entsprechenden Objekten

  Dies kann in manchen Fällen nicht eindeutig erfolgen, so daß Services vorerst mehreren Objekten zugeordnet werden. Diese Mehrdeutigkeit kann jedoch in einem späteren Schritt des Gesamt-Transformationsprozesses aufgelöst werden.

- Identifikation der *message connections* zwischen den Objekten

  Diese können bei Eindeutigkeit der Service-Zuordnung ebenfalls eindeutig erfolgen. Im Falle von mehrdeutigen Service-Kandidaten kann die Identifikation und Zuordnung der *message connections* erst nach der Elimination von mehrdeutigen Services erreicht werden.

Nach der Anwendung aller in den vorigen Kapiteln eingeführten System-Transformationsprozesse ist es gelungen, das ursprünglich nur in Source Code vorliegende prozedurale Ausgangssystem in einem objektorientierten Anwendungsmodell auf hohem Abstraktionsniveau (Analyseniveau) darzustellen (i.e. *reverse* ooAM).

Dabei ist jedoch zu berücksichtigen, daß durch das notwendige "Zuführen" von externer, *high-level* Information durch einen Reuse Engineer sowie durch die große Anzahl von komplexen Transformationsschritten möglicherweise Fehler in das objektorientierte Anwendungsmodell eingeschleppt werden können. Diese Fehler werden im Zuge des Mapping-Prozesses offensichtlich und können dann durch Information aus dem *forward* ooAM korrigiert werden.

Trotzdem haben wir als Ergebnis dieser Prozesse eine weitgehend objektorientierte (zumindest eine objektbasierte im Sinne der Definition von Wegner [Weg87]) Architektur des Ausgangssystems erhalten, die auch tatsächlich das Ursprungssystem S_p modelliert.

Anwendungsmodellierung

Darüber hinaus wurde in diesem Buch der Prozeß der objektorientierten Anwendungsmodellierung eingehend diskutiert. Die dabei vorgestellten Konzepte wurden für die Erstellung eines objektorientierten Anwendungsmodells, basierend auf der Anforderungsanalyse des prozeduralen Ausgangssystems, verwendet (*forward* ooAM). Das *forward* und das *reverse* ooAM dienen als Voraussetzung für die weiteren Teilschritte des COREM-System-Transformationsprozesses, insbesondere das COREM *Object Mapping*.

Das *forward* bzw. *reverse* ooAM dienen als Grundlage für den Object-Mapping-Prozeß und die tatsächliche Systemtransformation des prozeduralen Ausgangssystems in das objektorientierte Ziel-System.

Mapping

Durch den Object-Mapping-Prozeß wird aus dem *forward* ooAM ein objektorientiertes System-Anwendungsmodell erzeugt, dessen Objekte durch Abbildung auf Objekte des *reverse* ooAMs z.T. durch Source Code des prozeduralen Ausgangssystems realisiert werden können.

Im Zuge des Object-Mapping-Prozesses des COREM-System-Transformationsprozesses wurde versucht, durch eine Abbildung von Entitäten des *reverse* ooAMs auf jene des *forward* ooAMs, ein objektorientiertes Ziel-Anwendungsmodell zu erstellen, welches teilweise durch die Implementierung des prozeduralen Ausgangssystems realisiert werden konnte. Es erfolgte eine Zuordnung von Source Code des prozeduralen Ausgangssystems zu Objekten des objektorientierten Ziel-Anwendungsmodells.

Aufgrund der Unterschiedlichkeit der Paradigmen (prozedurales versus objektorientiertes) sowie der Abstraktionsniveaus (das Anwendungsmodell befindet sich auf Analyseniveau, während sich der Source Code des prozeduralen Ausgangssystems auf Implementierungsniveau befindet) konnten nicht alle Teile des objektorientierten Ziel-Anwendungsmodells durch Source Code des prozeduralen Ausgangssystems realisiert werden.

Durch Erzeugung eines vereinfachten objektorientierten Entwurfs aus dem objektorientierten Ziel-Anwendungsmodell (welcher sich hauptsächlich auf die Mensch-Maschine-Schnittstelle konzentrierte), konnten weitere, insbesondere am "Rand" des Systems liegende (Mensch-Maschine-Schnittstelle) Objekte des objektorientierten Ziel-Anwendungsmodells identifiziert werden und durch Implementierungsteile realisiert werden.

In einem weiteren Schritt wurde versucht, die im Source Code des prozeduralen Ausgangssystems identifizierten potentiellen Design-Objekte auf Objekte des objektorientierten Ziel-Anwendungsmodells abzubilden, um somit den Anteil der wiederverwendbaren Implementierungsteile weiter zu erhöhen.

Transformation

Im System-Transformationsprozeß wurde dargestellt, welche syntaktischen Adaptierungen des Source Code erforderlich sind, um das entstehende objektorientierte Ziel-System mit dem vorhandenen prozeduralen Source Code realisieren zu können (z.B. Schnittstellenadaptierungen oder Behandlung globaler Variablen). Darüber hinaus ist der keinen Objekten zuweisbare Source Code, der als prozedurales Rest-System bezeichnet wird, einer konzeptuell "sauberen" Verwendung zuzuführen.

Letztendlich wurde die Architektur des entstehenden objektorientierten Ziel-Systems genauer diskutiert und eine objektorientierte Strukturierung des prozeduralen Rest-Systems (d.s. jene Implementierungsteile, die keinem der entstehenden Objekte zugeordnet werden konnten) nach funktionalen Kriterien durchgeführt. Es wurde gezeigt, daß auch das prozedurale Rest-System in verschiedene (nicht aus der objektorientierten Anwendungsmodellierung ableitbare) Objekte gegliedert werden kann, so daß das entstehende Ziel-System vollständig objektorientiert modelliert werden konnte.

Die in diesem Buch beschriebene objektorientierte Reverse-Engineering-Methode (COREM) zeigte, daß es möglich ist, ein ursprünglich prozedurales Ausgangssystem in eine objektorientierte Architektur zu transformieren. Das entstehende Ziel-System wurde dabei einem tatsächlich objektorientierten Anwendungsmodell (*forward* ooAM) entsprechend modelliert und durch Implementierungsteile des prozeduralen Ausgangssystem realisiert.

Da diese Systemtransformation eine schrittweise Anhebung des Abstraktionsniveaus des prozeduralen Ausgangssystems erfordert und somit "menschliche" Information zugeführt werden muß, kann der COREM-System-Transformationsprozeß nicht vollständig automatisiert werden. In jenen Bereichen, in welchen solche "menschlichen" Entscheidungen erforderlich sind, wurden eine Reihe von Hinweisen und Indizien für diesen *Reuse Engineer* angegeben. Für weitgehend automatisierbare Teile wurden die Algorithmen definiert.

Obwohl keine vollständige Automatisierbarkeit erreichbar ist, erscheint die Entwicklung einer Reihe von Tools, die diesen objektorientierten Reverse-Engineering-Prozeß unterstützen, nicht nur sinnvoll, sondern auch notwendig, um die *Capsule Oriented Reverse Engineering Method* (COREM) für in der Praxis entstandene Systeme anwendbar zu machen.

Weitere Forschungsarbeiten im Bereich des objektorientierten Reverse Engineering beschäftigen sich daher mit folgenden Gebieten:

- Entwicklung eines Tool-Sets für die Teilautomatisierung des COREM-System-Transformationsprozesses.
- Ausführliche Behandlung des Auswahlprozesses für wiederverwendbare *capsules*, die im Zuge des COREM-System-Transformationsprozesses generiert werden (*Capsule Oriented Systems Evaluation - COSE*), sowie deren Organisation in einer *Software Components Library (SCL).*
- Diskussion von geeigneten SCL-Ansätzen für die durch den COSE-Prozeß identifizierten *capsules*.
- Beschreibung der objektorientierten Systementwicklung unter Verwendung der aus prozeduralen Systemen extrahierten und in die *Software-Components Library* eingebrachten *capsules*.

Glossar

Aggregations/Koordinationsobjekt (AKO)

Aggregations/Koordinationsobjekte (AKOs) sind Entitäten des prozeduralen Rest-Systems, von welchen sowohl Prozedur-/Funktions- (bzw. Service-) Aufrufe ausgehen als auch münden (d.h. es werden Prozeduren/Funktionen dieser Entitäten von anderen Entitäten des prozeduralen Rest-Systems oder aber auch von Objekten des objektorientierten Bereichs des Ziel-Systems aufgerufen).

Analyse-Objekt

Ein Analyse-Objekt ist ein Objekt des *forward* ooAMs, das im Zuge der objektorientierten Anwendungsmodellierung entsteht. Ein Analyse-Objekt ist somit ein Teil des objektorientierten Soll-Systems.

COREM

Die *Capsule-Oriented Reverse Engineering Method* (COREM) hat als Ziel die Untersuchung und Bearbeitung von bestehenden Software-Systemen, jedoch nicht mit dem ausschließlichen Zweck der Systemwartung, sondern mit dem Ziel, das behandelte Ausgangssystem in ein objektbasiertes System (*capsule based system*) zu transformieren. Diese objektbasierten Systeme bestehen zwar aus Objekten (im objektorientierten Sinne), besitzen aber keine Vererbungsstrukturen (*inheritance*). Daraus erwartet man sich eine Verbesserung der Wiederverwendbarkeit und eine Reduzierung des Wartungsaufwandes. Das so entstehende *capsule based* System S_{cb} besitzt dieselbe Funktionalität wie das ursprünglich prozedurale System S_p, besteht jedoch aus weitgehend unabhängigen *capsules*.

Design Recovery

Design Recovery ist ein Subprozeß des Reverse Engineering, in welchem zusätzliche Information (z.B. Wissen über die Anwendungsdomäne oder informale Beziehungen u. dgl.) verwendet wird, um Abstraktionen des untersuchten Systems zu generieren. Diese Abstraktionen gehen über jene hinaus, die ohne zusätzliche Informationen aus dem System ableitbar sind.

Data-Store-Entitäten (DSE)

Diese werden aufgrund der Informationen, die in Files des Systems abgespeichert werden, identifiziert. Alle Informationen in Files erscheinen im Datenflußdiagramm als *data stores*. Diese data stores werden direkt als Entitäten im Entity-Relationship-Diagramm (*Data-Store-Entitäten (DSE)*) dargestellt.

Design-Objekt

Ein Design-Objekt ist ein Objekt des Ziel-Entwurfs, das im Zuge dieses Entwurfs entsteht und einem Objekt des Ziel-Anwendungsmodells zugeordnet werden kann.

dynamische Integritätsbedingung

Eine dynamische Integritätsbedingung ist eine Integritätsbedingung, die über n Programmdurchläufe hinweg erfüllt sein muß. Zur Realisierung solcher Integritätsbedingungen ist es notwendig, Zustandsänderungen, die spätere Programmdurchläufe beeinflussen, persistent zu speichern.

entitätenbildende Datenstruktur

Eine entitätenbildende Datenstruktur ist eine Datenstruktur, die eine Record-Struktur aufweist und aufgrund von funktionalen Beziehungen zu DSEs als Entität des Systems abgebildet wird.

explizite Integritätsbedingung

Explizite Integritätsbedingungen sind Bedingungen, die direkt im Anforderungsdokument als solche erscheinen. Diese werden üblicherweise in einzelnen Sätzen ausgedrückt, in welchen eindeutig die betroffenen Entitäten sowie die Beziehung zwischen diesen, beschrieben werden.

forward ooAM

Unabhängig von der Implementierung wird mittels der Anforderungsanalyse vom *Reuse Engineer* ein objektorientiertes Modell der Anwendung erzeugt. Dieses hat den Charakter eines Soll-Systems, dem man sich in der Transformation soweit wie möglich annähert. Dieses wird als *forward* generiertes objektorientiertes Anwendungsmodell, *forward* ooAM, bezeichnet.

Das objektorientierte Anwendungsmodell (*forward* ooAM) stellt somit insgesamt eine Vorgabe für das zu generierende objektorientierte Ziel-System dar und bietet darüber hinaus eine Menge Detailinformationen, die für die Zuordnung von Prozeduren/Funktionen bzw. Datenstrukturen zu den Objekten (*capsules*) erforderlich sind.

funktionaler Zusammenhang

Dieser definiert den Zusammenhang von DSEs zu anderen applikationssemantischen Datenstrukturen des Systems, die durch Funktionen und Prozeduren definiert und zur Identifikation von NDSEs verwendet werden. Funktionale Zusammenhänge zwischen Entitäten werden in (m,u)-Tabellen repräsentiert.

implizite Integritätsbedingung

Eine implizite Integritätsbedingungen ist eine Bedingung, die nicht direkt (explizit) im Anforderungsdokument (Spezifikation) ausgedrückt wird, sondern aus der Gesamtheit der Information, die im Anforderungsdokument enthalten ist, abgeleitet werden kann.

Master-Objekt

Master-Objekte sind jene Entitäten des prozeduralen Rest-Systems, von welchen der Kontrollfluß ausgeht, d.h. von welchen ausschließlich Prozedur- bzw. Funktionsaufrufe (bzw. Service-Aufrufe) ausgehen. In solche Entitäten münden keine Aufrufe.

(m,u)-Tabelle

Für die Identifikation der funktionalen Beziehungen zwischen den Komponenten von DSEs und Komponenten von entitätenbildenden Datenstrukturen werden sogenannte m(*manipulate*)-Tabellen und u(*used*)-Tabellen erstellt. Ein Eintrag in einer m-Tabelle repräsentiert dabei eine Anweisung in einer Prozedur oder Funktion, mit der eine Komponente (K) einer Entität manipuliert wird. Steht eine Komponente auf der rechten Seite einer Anweisung, d.h., die Komponente wird nur verwendet, so wird diese Anweisung mittels Eintrag in die zugehörige u-Tabelle repräsentiert.

Non-Data-Store-Entität (NDSE)

Es gibt außer den DSEs weitere für das Reverse Engineering wichtige Entitäten, die nicht als Files im System auftreten. Diese Entitäten werden über funktionale Zusammenhänge zu DSEs identifiziert und werden als NDSEs bezeichnet.

objektorientierter Bereich des Ziel-Systems

Der objektorientierte Bereich des Ziel-Systems entspricht jenem Teil des prozeduralen Ausgangssystems, der durch den COREM-System-Transformationsprozeß auf Objekte abgebildet werden kann.

Objektkandidat

Ein Objektkandidat ist eine Data-Store-Entität des Entity-Relationship-Diagramms. Diese Objektkandidaten werden zur Definition der Objekte des statischen objektorientierten Anwendungsmodells herangezogen.

Phase

Eine Phase ist ein Interaktionsblock im Source Code, der zur Ein- bzw. Ausgabe eines Design-Objektes dient. Eine Phase besteht aus einer sequentiellen Abfolge von Operationen, die sich auf die Ein- bzw. Ausgabe genau eines einzigen Design-Objektes bezieht.

potentielles Design-Objekt (PDO)

Jede Phase (d.i. eine Menge von ein- bzw. ausgegebener Information samt den zugehörigen Ein-/Ausgabeoperationen) definiert ein potentielles Design-Objekt.

Provider-Objekt

Provider-Objekte sind Entitäten des prozeduralen Rest-Systems, in welchen ausschließlich Prozedur-/Funktionsaufrufe münden, von welchen aber keine solchen ausgehen. Diese *Provider*-Objekte erbringen eine untergeordnete Funktionalität für AKOs (oder auch das *Master*-Objekt) und werden daher in das jeweilige AKO (bzw. *Master*-Objekt) aufgenommen.

prozedurales Rest-System

Das prozedurale Rest-System ist jener Teil des prozeduralen Ausgangssystems (Prozeduren/Funktionen, Variablen u. dgl.), der keinem der im Zuge des COREM-System-Transformationsprozesses entstandenen Objekte zugeordnet werden kann.

reverse ooAM

Aus dem prozeduralen Source Code wird unter Zuhilfenahme von Design-Recovery-Methoden ein objektorientiertes Modell der Anwendung reverse generiert. Dieses wird als *reverse* generiertes objektorientiertes Anwendungsmodell, *reverse* ooAM, bezeichnet.

Redocumentation

Unter Redocumentation versteht man die Erzeugung oder Überarbeitung von semantisch äquivalenten Repräsentationen des Systems innerhalb desselben Abstraktionsniveaus (z.B. Darstellung des Datenflusses, des Kontrollflusses oder der Modulstruktur). Die resultierenden Darstellungen zeigen das System aus unterschiedlichen Sichten.

Restructuring

Restructuring ist die Transformation von einer Repräsentation des untersuchten Systems in eine andere, auf demselben Abstraktionsniveau. Durch den Prozeß des Restructuring wird das äußere Verhalten (Funktionalität und Semantik) des untersuchten Systems nicht verändert.

Reuse Engineer

Im Zuge des COREM-System-Transformationsprozesses muß an verschiedenen Stellen immer wieder "menschliche" Information zugeführt werden, insbesondere zur Erhöhung des Abstraktionsniveaus des prozeduralen Ausgangssystems. An solchen Stellen muß der *Reuse Engineer* eingreifen. Dazu benötigt der *Reuse Engineer* Wissen über die Anwendungsdomäne und die Anforderungen des prozeduralen Ausgangssystems. Daneben muß der *Reuse Engineer* auch bestimmte allgemeine Software-Engineering-Kenntnisse bzw. Fähigkeiten sowie Kenntnisse über den COREM-System-Transformationsprozeß besitzen.

Reverse Engineering

Unter Reverse Engineering versteht man den Prozeß der Analyse eines bestehenden Systems, mit dem Zweck der Identifikation von Systemkomponenten und deren Beziehungen untereinander, sowie der Erzeugung von Darstellungen des untersuchten Systems auf unterschiedlichen, höheren Abstraktionsniveaus.

Re-Engineering

Re-Engineering ist die Untersuchung und Änderung eines bestehenden Systems mit dem Ziel, das System in einer neuen, geänderten Form zu implementieren. Dies kann sich auch auf die Adaptierung des Systems an geänderte Anforderungen erstrecken.

Service-Kandidat

Ein Service-Kandidat für ein Objekt ist jene Prozedur des Ausgangssystems, in welcher jener funktionale Zusammenhang zwischen zwei Entitäten des Entity-Relationship-Diagramms auftritt, der eine allgemeine Relation zwischen diesen Entitäten definiert. Dabei unterscheiden wir zwischen eindeutigen und mehrdeutigen Service-Kandidaten. Eindeutige Service-Kandidaten sind Prozeduren, die sich einem Objekt eindeutig zuordnen lassen. Für mehrdeutige Service-Kandidaten läßt sich ohne Wissen über die Anwendungsdomäne nicht feststellen, welchem Objekt diese zugeordnet werden sollen.

Software-Wartung [ANSI/IEEE Std. 610.12-1990]

Software-Wartung ist die Modifikation eines Software-Produktes oder einer Komponente, nach der Auslieferung, mit dem Zweck der Fehlerkorrektur, der Verbesserung der Performance oder anderer System-Attribute oder der Adaptierung an eine geänderte Umgebung.

statische Integritätsbedingung

Unter einer statischen Integritätsbedingung versteht man eine Integritätsbedingung, die in jedem Programmdurchlauf erfüllt sein muß. Diese drückt sich daher direkt im Programmcode aus.

Ziel-ooAM

Die Objektkandidaten des *reverse* ooAMs werden in einem eigenen Schritt auf die Objekte des *forward* ooAMs abgebildet. Das Ergebnis der Synthese von *forward* und *reverse* ooAM wird als objektorientiertes Ziel-Anwendungsmodell, Ziel-ooAM, bezeichnet.

Ziel-Entwurf

Damit weitere Objekte zwischen Ziel-ooAM und Source Code zugeordnet werden können, wird ein objektorientierter Entwurf generiert, der als Ziel-Entwurf bezeichnet wird.

Ziel-System

Aufgrund des Ziel-ooAMs kann eine Systemtransformation auf Source-Code-Ebene durchgeführt werden. Das resultierende objektorientierte System wird als Ziel-System bezeichnet.

Literaturverzeichnis

[Abb83] R. Abbott. Program Design by Informal English Descriptions. *Communications of the ACM*, 26(11), November 1983.

[AMR94] P. Aiken, A. Muntz und R. Richards. DoD Legacy Systems: Reverse Engineering Data Requirements. *Communications of the ACM*, 37(5):26–41, Mai 1994.

[Ara85] G. Arango. Maintenance and porting of software by design recovery. In *Conference on Software Maintenance*, Seiten 42–49. IEEE Computer Society, 1985.

[Ara88] G.F. Arango. *Domain Engineering for Software Reuse*. Dissertation, University of California, Irvine, 1988.

[Ara89] G.F. Arango. Domain Analysis: From Art Form to Engineering Discipline. *SIGSOFT Engineering Notes*, 14(3), Mai 1989.

[Bai89] S.C. Bailin. An Object-Oriented Requirements Specification Method. *Communications of the ACM*, 32(5):608–623, Mai 1989.

[Bas90] V.R. Basili. Viewing Maintenance as Reuse-Oriented Software Development. *IEEE Software*, 7(1):19–25, September 1990.

[BBG78] C. Beeri, P.A. Berstein und N. Goodman. A Sophisticate's Introduction to Database Normalization Theory. In *Proceedings of the Forth International Conference on Very Large Databases*, Berlin, 1978.

[BC91] V.R. Basili und G. Caldiera. Identifying and Qualifying Reusable Software Components. *IEEE Computer*, 24(2):61–70, Februar 1991.

[BCD89] P. Benedusi, A. Cimitile und U. De Carlini. A Reverse Engineering Methodology to Reconstruct Hierarchical Data Flow Diagrams for Software Maintenance. *IEEE Conference on Software Maintenance*, Seiten 180–189, Oktober 1989.

[BCD92] P. Benedusi, A. Cimitile und U. De Carlini. Reverse Engineering Processes, Design Document Production, and Structure Charts. *The Journal of Systems and Software*, 19(3):225–245, November 1992.

[BCN92] C. Batini, S. Ceri und S.B. Navathe. *Conceptual Database Design*. Computer Science. The Benjamin/Cummings Publishing Company, Inc., Redwood City, California, 1992.

[BH92] E. Buss und J. Henshaw. Experiences in Program Understanding. Technical Report TR-74.105, IBM Canada Laboratory, 1992.

[Big89] T.J. Biggerstaff. Design Recovery for Maintenance and Reuse. *IEEE Computer*, 22(7):36–49, Juli 1989.

[BL91] P.T. Breuer und K. Lano. Creating Specifications from Code: Reverse-engineering Techniques. *Software Maintenance: Research and Practice*, 3:145–162, 1991.

[BMW93] T.J. Biggerstaff, B.G. Mitbander und D. Webster. The Concept Assignment Problem in Program Understanding. In *Proceedings of the 15th International Conference on Software Engineering, Baltimore, Maryland*, Seiten 482–498. IEEE Computer Society Press, Mai 1993.

[BMW94] T.J. Biggerstaff, B.G. Mitbander und D.E. Webster. Program Understanding and the Concept Assignment Problem. *Communications of the ACM*, 37(5):72–83, Mai 1994.

[Boe81] B.W. Boehm. *Software Engineering Economics*. Prentice-Hall, Englewood Cliffs, 1981.

[Boe88] B.W. Boehm. A spiral model of software development and enhancement. *IEEE Computer*, 21, Mai 1988.

[Boo91] G. Booch. *Object Oriented Design with Applications*. The Benjamin/Cummings Publishing Company, Inc., Redwood City, California, 1991.

[Bor90] Borland. *Turbo Pascal Database Toolbox.* Borland International, Inc., 1990.

[CC90] E.J. Chikofsky und J.H. Cross. Reverse Engineering and Design Recovery: A Taxonomy. *IEEE Software*, 7(1):13–17, Januar 1990.

[CDM90] A. Cimitile, G.A. Di Lucca und P. Maresca. Maintenance and Intermodular Dependencies in Pascal Environment. *IEEE Conf. on Software Maintenance*, Seiten 72–83, November 1990.

[Che76] P. Chen. Entity/Relationship Model - Toward a unified view of Data. *ACM Transactions on Database Systems*, 1(1), 1976.

[Che77] P. Chen. The entity-relationship model: A basis for the enterprise view of data. In *Proceedings IFIPS NCC 46, volume 1*, Seiten 76–84, 1977.

[Cod72] E. F. Codd. *Database Systems*, Kapitel Further Normalization of the Database Relational Model. Prentice-Hall, 1972.

[CPW86] P.C. Clements, D.L. Parnas und D.M. Weiss. Enhancing Reusability with Information Hiding. In P. Freeman, Hrsg., *Tutorial: Software Reusability*, Seiten 83–90. IEEE Computer Society, 1986.

[CS90] S.C. Choi und W. Scacchi. Extracting and Restructuring the Design of Large Systems. *IEEE Software*, 7(1):66–71, Januar 1990.

[CY91a] P. Coad und E. Yourdon. *Object Oriented Analysis.* Yourdon Press Computing Series. Prentice Hall, Inc., Englewood Cliffs, 1991.

[CY91b] P. Coad und E. Yourdon. *Object Oriented Design.* Yourdon Press Computing Series. Prentice Hall, Inc., Englewood Cliffs, 1991.

[DA83] S.R. Dumpala und S.K. Arora. *Entity-Relationship Approach to Information Modeling and Analysis*, Kapitel Schema Translation Using the Entity-Relationship Approach. North-Holland, 1983.

[Das89] B.K. Das. A Knowledge-Based Approach to the Analysis of Code and Program Design Language (PDL). *IEEE Conference on Software Maintenance*, Seiten 290–296, Oktober 1989.

[DeM79] T. DeMarco. *Structured Analysis and System Specification*. Prentice Hall, Inc., Englewood Cliffs, 1979.

[DNG89] W.C. Dietrich jr., L.R. Nackman und F. Gracer. Saving a legacy with objects. In *Proceedings of OOPSLA '89*, Seiten 77–83. ACM Inc., 1989.

[DS93] A.G. Darlison und N. Sabanis. *The REDO Compendium - Reverse Engineering for Software Maintenance*, Kapitel Data Remodeling, Seiten 311–325. John Wiley & Sons Ltd., Chichester, England, 1993.

[EGL89] H.-D. Ehrich, M. Gogolla und U.W. Lipeck. *Algebraische Spezifikation abstrakter Datentypen*. B. G. Teubner, Stuttgart, 1989.

[EKW92] D. Embley, K. Kurtz und W. Woodfield. *Object-Oriented Systems Analysis*. Prentice Hall, Inc., Englewood Cliffs, 1992.

[Ezz89] B. Ezzell. *Object-Oriented Programming in Turbo Pascal 5.5*. Addison-Wesley, 1989.

[FK92] R.G. Fichman und C.F. Kemerer. Object-oriented and conventional analysis and design methodologies. *IEEE Computer*, 25(10):22–39, Oktober 1992.

[Fra92] A. Frazer. Reverse Engineering - hype, hope or here? In P.A.V. Hall, Hrsg., *Software Reuse and Reverse Engineering in Practice*, Jgg. 12 of *UNICOM Applied Information Technology*, Seiten 209–243. Chapman & Hall, 1992.

[GK93a] H. Gall und R. Klösch. Capsule Oriented Reverse Engineering for Software Reuse. 4th *European Software Engineering Conference, ESEC '93, Garmisch-Partenkirchen, Germany*, Seiten 418–433, September 1993.

[GK93b] H. Gall und R. Klösch. Reverse Engineering for System Transformation. *International Symposium on Applied Computing: Research and Applications in Software Engineering, Databases and Distributed Systems, ISAC '93, Monterrey, Mexico*, Oktober 1993.

[GK94a] H. Gall und R. Klösch. Managing Uncertainty in an Object Recovery Process. In *Proceedings of the 5th International Conference on Information Processing and Management of Uncertainty in Knowledge-Based Systems (IPMU '94)*, Seiten 1229–1235, Paris, Juli 1994.

[GK94b] H. Gall und R. Klösch. Program Transformation to enhance the Reuse Potential of Procedural Software. In *ACM Symposium on Applied Computing, SAC '94*, Seiten 99–104. Phoenix, Arizona, ACM Press, März 1994.

[GKKW94] H. Gall, R. Klösch, E. Kofler und L. Würfl. Balancing in Reverse Engineering and in Object-Oriented Systems Engineering to Improve Reusability and Maintainability. In *Proceedings of the 18th IEEE Computer Software and Applications Conference (COMPSAC '94), Taipei*, Seiten 35–42. IEEE Computer Society Press, November 1994.

[GL91] K.B. Gallagher und J.R. Lyle. Using Program Slicing in Software Maintenance. *TSE*, 17(8):751–761, August 1991.

[Gom89] H. Gomaa. Structuring Criteria for Real-Time System Design. In *IEEE Int. Conference on Software Engineering ICSE'89*, 1989.

[GS79] C. Gane und T. Sarson. *Structured Systems Analysis*. Prentice Hall, Inc., Englewood Cliffs, 1979.

[HE90] B. Henderson-Sellers und J.M. Edwards. The Object-oriented Systems Life Cycle. *Communications of the ACM*, 33(9):142–159, September 1990.

[HL91] H.P. Haughton und K. Lano. Objects Revisited. *IEEE Conf. on Software Maintenance, Sorrento, Italy*, Seiten 152–161, Oktober 1991.

[HN90] M.T. Harandi und J.Q. Ning. Knowledge-Based Program Analysis. *IEEE Software*, 7(1):74–81, Januar 1990.

[IEE91] IEEE. *IEEE Software Engineering Standards Collection*. The Institute of Electrical and Electronics Engineers, Inc., April 1991.

[Jar93] S. Jarzabek. Domain Model-Driven Software Reengineering and Maintenance. *The Journal of Systems and Software*, 20(1):37–51, Januar 1993.

[JCJÖ92] I. Jacobson, M. Christerson, P. Jonsson und G. Övergaard. *Object-Oriented Software Engineering: A Use Case Driven Approach*. Addison-Wesley, ACM Press, 1992.

[JK88] P. Johannesson und K. Kalman. A method for translating relational schemas into conceptual schemas. In C. Batini, Hrsg., *Proceedings of the 7th International Conference on Entity-Relationship Approach*, Seiten 279–294. North-Holland, 1988.

[JL91] I. Jacobson und F. Lindström. Re-engineering of old systems to an object-oriented architecture. In *Proceedings of OOPSLA '91*, Seiten 340–350. ACM Inc., 1991.

[Kar90] V. Karakostas. The Use of Application Domain Knowledge for Effective Software Maintenance. *IEEE Conf. on Software Maintenance*, Seiten 170–176, November 1990.

[Laf90] G.M.E. Lafue. Panel on Software Re-Engineering. In *Proceedings of the 12th International Conference on Software Engineering*, Seite 118, Los Alamitos, CA, 1990. IEEE Computer Society Press, Inc.

[Lan91] K. Lano. Z++, an object-oriented extension to Z. In J. Nicholls, Hrsg., *Proceedings ot the 5th Annual Z User Meeting*. Springer Verlag Workshops in Computer Science, 1991.

[Lan93] N. Lang. Shlaer-Mellor object-oriented analysis rules. *ACM SIGSOFT Software Engineering Notes*, 18(1):54–58, Januar 1993.

[LBH93] K. Lano, P.T. Breuer und H. Haughton. Reverse-engineering COBOL via Formal Methods. *Journal of Software Maintenance: Research and Practice*, 5:13–35, April 1993.

[LS80] B.P. Lienty und E.B. Swanson. *Software Maintenance Management*. Addison-Wesley, 1980.

[LW90] S. Liu und N. Wilde. Identifying Objects in a conventional Procedural Language: An Example of Data Design Recovery. *IEEE Conf. on Software Maintenance*, Seiten 266–271, November 1990.

[Mar87] J. Martin. *Recommended Diagramming Standards for Analysts and Programmers*. Prentice-Hall Inc., Englewood Cliffs, 1987.

[Mat87] Y. Matsumoto. A Software Factory: An Overall Approach to Software Production. In *Tutorial: Software Reusability*, Seiten 155–178. IEEE Computer Society Press, 1987.

[McC92] C. McClure. *The Three Rs of Software Automation: Reengineering, Repository and Reusability*. Prentice Hall, Englewood Cliffs, 1992.

[Mey88] B. Meyer. *Object-Oriented Software Construction*. Prentice Hall, Inc., Englewood Cliffs, 1988.

[MF81] J. Martin und C. Finkelstein. Information Engineering. Technical Report 22, Savant Institute, Carnforth, Lancashire, UK, 1981.

[MHK+93] R. Mittermeir, E. Hochmüller, K. Kienzl, E. Kofler und H. Steinberger. CASE-Tool Evaluation in einem Multi-Development Projekt. In *Proceedings CASE '93*, Wien, 1993. ADV.

[Mil75] G.A. Miller. *The Magical Number Seven after Fifteen Years*. Wiley, studies in long-time memory. Auflage, 1975.

[MK93] R.T. Mittermeir und K. Kienzl. Intra-object schemas to enhance adaptive software maintenance. In *Proc. of the Austrian-Hungarian Joint Seminar on Systems Engineering, Budapest*, Februar 1993.

[MKG94] R.T. Mittermeir, R.R. Klösch und H.C. Gall. Object Recovery from Procedural Systems for Changing the Architecture of Applications. In *Proceedings of the 3rd International Conference on Systems Integration (ICSI '94), Sao Paulo, Brazil*. IEEE Computer Society Press, August 1994.

[MM83] J. Martin und C. McClure. *Software Maintenance: The Problem and its Solutions*. Prentice-Hall, Inc., Englewood Cliffs, 1983.

[MNB+94] L. Markosian, P. Newcomb, R. Brand, S. Burson und T. Kitzmiller. Using an Enabling Technology to Reengineer Legacy Systems. *Communications of the ACM*, 37(5):58–71, Mai 1994.

[MO92] J. Martin und J. Odell. *Object-Oriented Analysis and Design*. Prentice-Hall, Englewood Cliffs, NJ, 1992.

[MS92] J.D. McGregor und D.A. Sykes. *Object-Oriented Software Development: Engineering Software for Reuse*. Van Nostrand Reinhold, New York, 1992.

[MYTT90] K. Matsumura, A. Yamashiro, T. Tanaka und I. Takahashi. Modeling of Software Reusable Component Approach and its Case Study. In *Proceedings of COMPSAC'90*, Seiten 307–313. IEEE Computer Society Press, 1990.

[NA87] S.B. Navathe und A.M. Awong. Abstracting relational and hierarchical data with a semantic data model. In S. March, Hrsg., *Proceedings of the Sixth International Conference on Entity-Relationship Approach*. North-Holland, 1987.

[NEK94] J.Q. Ning, A. Engberts und W.V. Kozaczynski. Automated Support for Legacy Code Understanding. *Communications of the ACM*, 37(5):50–57, Mai 1994.

[Nil86] E.G. Nillson. The translation of a Cobol data structure to an entity-relationship type conceptual schema. In P.P. Chen, Hrsg., *In Entity Relationship Approach: The Use of ER Concepts in Knowledge Representation*, North Holland, 1986. IEEE CS Press.

[Par72] D.L. Parnas. On the Criteria to Be Used in Decomposing Systems into Modules. *Communications of the ACM*, 15(12):1053–1058, Dezember 1972.

[Par94] D.L. Parnas. Software Aging. In *Proceedings of the 16th International Conference on Software Engineering, Sorrento, Italy*, Seiten 279–287. IEEE Computer Society Press, Mai 1994.

[PB94] W.J. Premerlani und M.R. Blaha. An Approach for Reverse Engineering of Relational Databases. *Communications of the ACM*, 37(5):42–49, Mai 1994.

[Pri87] R. Prieto-Diaz. Domain Analysis for Reusability. *IEEE Computer Software and Applications Conference, COMPSAC '87, Tokyo, Japan*, Seiten 23–29, Oktober 1987.

[Qui94] A. Quilici. A Memory-Based Approach to Recognizing Programming Plans. *Communications of the ACM*, 37(5):84–93, Mai 1994.

[RBP+91] J. Rumbaugh, M. Blaha, W. Premerlani, F. Eddy und W. Lorensen. *Object-Oriented Modeling and Design*. Prentice Hall, Inc., Englewood Cliffs, 1991.

[RH90] R. Rock-Evans und K. Hales. *Reverse Engineering: Markets, Methods and Tools, Vol. 1-2*. OVUM Ltd., London, 1990.

[RN92] H. Ritsch und E. Nyrary. Reverse Engineering von JSP Programmen mit SpecView. In ADV, Hrsg., *Proceedings of the Reengineering Conference CASE'92 Update, Vienna*, Seiten 134–143, September 1992.

[Rob92] P.J. Robinson. *Hierarchical Object-Oriented Design*. Prentice Hall, Inc., Englewood Cliffs, 1992.

[Roy70] W.W. Royce. Managing the development of large software systems: concepts and techniques. In *IEEE WESCON*, Seiten 1–9. IEEE Computer Society, 1970.

[RW88] Ch. Rich und R.C. Waters. The Programmer's Apprentice: A Research Overview. *IEEE Computer*, 21(11):11–25, November 1988.

[RW90] Ch. Rich und L.M. Wills. Recognizing a Program's Design: A Graph-Parsing Approach. *IEEE Software*, 7(1):82–89, Januar 1990.

[Ser92] Software Engineering Services. *Soft-Reorg: Reverse Engineering System, Kurzbeschreibung des Toolset*. Müchen, 1992.

[SJ87] H.M. Sneed und G. Jandrasics. Software Recycling. *Conf. on Software Maintenance*, Seite 82 ff., 1987.

[SJ88] H.M. Sneed und G. Jandrasics. Inverse Transformation of Software from Code to Specification. *Conf. on Software Maintenance*, Seiten 102–109, 1988.

[SK90] H.M. Sneed und A. Kaposi. A Study on the Effect of Re-Engineering upon Software Maintainability. In *Proceedings Conference on Software Maintenance*, Seiten 91–99. IEEE Computer Society Press, 1990.

[SM88] S. Shlaer und S. Mellor. *Object-Oriented Systems Analysis: Modeling the World in Data*. Yourdon Press, Englewood Cliffs, 1988.

[Sne91] H.M. Sneed. Economics of Software Re-Engineering. *Journal of Software Maintenance: Research and Practice*, 3(3):163–182, September 1991.

[Spi89] M. Spivey. *The Z Notation*. Prentice Hall, Inc., Englewood Cliffs, 1989.

[SS83] G. Schlageter und W. Stucky. *Datenbanksysteme: Konzepte und Modelle*. Teubner Studienbücher Informatik, Stuttgart, 1983.

[vVl93] H. van Vliet. *Software Engineering: Principles and Practice*. John Wiley & Sons, Chichester, England, 1993.

[vZu93a] H.J. van Zuylen, Hrsg. *The REDO Compendium - Reverse Engineering for Software Maintenance*. John Wiley & Sons, Chichester, England, 1993.

[vZu93b] H.J. van Zuylen. *The REDO Compendium - Reverse Engineering for Software Maintenance*, Kapitel Understanding in Reverse Engineering, Seiten 81–92. John Wiley & Sons, Chichester, 1993.

[Wat88] R.C. Waters. Program translation via abstraction and reimplementation. *Transactions on Software Engineering*, 14(8):1207–1228, August 1988.

[WCW88] A.L. Wolf, L.A. Clarke und J.C. Wileden. A Model of Visibility Control. *IEEE Transactions on Software Engineering*, 14(4):512–520, April 1988.

[Weg87] P. Wegner. Dimensions of Object-Based Language Design. *Proceedings of OOPSLA 87*, Seiten 168–182, 1987.

[Weg90] P. Wegner. *Concepts and Paradigms of Object-Oriented Programming*. OOPS Messenger. ACM Press, 1990.

[Wei84] M. Weiser. Program Slicing. *IEEE Transactions on Software Engineering*, SE-10(4):352–357, April 1984.

[WM85] P. Ward und S. Mellor. *Structured Development for Real-time Systems*. Prentice Hall, Inc., Englewood Cliffs, 1985.

[WPM89] A.I. Wasserman, P.A. Pircher und R.J. Muller. An Object-Oriented Structured Design Method for Code Generation. *ACM SIGSOFT Software Engineering Notes*, 14(1):32–55, Januar 1989.

[WWW90] R. Wirfs-Brock, B. Wilkerson und L. Wiener. *Designing Object-Oriented Software*. Prentice Hall, Inc.,, Englewood Cliffs, NJ, 1990.

[YC79] E. Yourdon und L.L. Constantine. *Structured Design: Fundamentals of a Discipline of Computer Program and Systems Design*. Prentice Hall, Inc., Englewood Cliffs, 1979.

[You89] E. Yourdon. *Modern Structured Analysis*. Prentice Hall International, Inc., Englewood Cliffs, 1989.

[ZSG79] M.V. Zelkowitz, A.C. Shaw und J.D. Gannon. *Principles of Software Engineering and Design*. Prentice-Hall, Inc., Englewood Cliffs, 1979.

Index

Springer-Verlag und Umwelt

Als internationaler wissenschaftlicher Verlag sind wir uns unserer besonderen Verpflichtung der Umwelt gegenüber bewußt und beziehen umweltorientierte Grundsätze in Unternehmensentscheidungen mit ein.

Von unseren Geschäftspartnern (Druckereien, Papierfabriken, Verpackungsherstellern usw.) verlangen wir, daß sie sowohl beim Herstellungsprozeß selbst als auch beim Einsatz der zur Verwendung kommenden Materialien ökologische Gesichtspunkte berücksichtigen.

Das für dieses Buch verwendete Papier ist aus chlorfrei bzw. chlorarm hergestelltem Zellstoff gefertigt und im pH-Wert neutral.